NACH

SAMOA

Hinrich Siedenburg

NACH
SAMOA

Roman

ihleo ◯ verlag

Bibliografische Information
der Deutschen Nationalbibliothek

Die Deutsche Nationalbibliothek verzeichnet diese Publikation
in der Deutschen Nationalbibliografie; detaillierte bibliografische Daten sind im Internet über http://dnb.d-nb.de abrufbar.

Impressum

© Hinrich Siedenburg, Eckernförde 2019

© ihleo verlag, Husum 2019

Umschlaggestaltung: Ann Katrin Siedenburg

Gesamtherstellung: ihleo verlag – Dr. Oliver Ihle
    Schlossgang 10, 25813 Husum
    info@ihleo.de, www.ihleo-verlag.de

ISBN 978-3-940926-98-2

Gewidmet den Frauen meines Herzens:
I. S. und A. K. S.

Inhalt

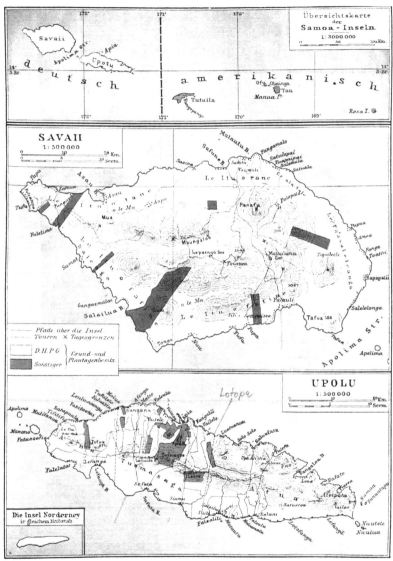

Die Samoa-Inseln. Übersicht des Grund- und Plantagenbesitzes.
Mit Benutzung der Karte von Paul Langhans.

Die deutsche Kolonie Samoa

Körperlichen und geistigen Vorzügen haftet ein Unheil an.
Es tut nicht gut, sich von seinen Mitmenschen zu unterscheiden.

Oscar Wilde

1 Die Perle der Südsee und päpstlicher Dispens

Ende März 1906: Ein gut aussehender junger Mann, mittelgroß, kräftig gebaut, eilt zu seiner Arbeitsstelle in der Wilhelmstraße in Berlin-Mitte. Er reiht sich ein in den Strom der zahllosen Passanten im Regierungsviertel – Beamte, Handwerker, Wäscherinnen – Menschen gleich ihm auf der Suche nach Glück, Anerkennung und einem Platz in der großen Stadt.

Die Kühle in den Schatten der Häuser lässt ihn frösteln. Den Kragen seines Mantels zusammenhaltend, schreitet er energisch aus. Der blank geputzten Schuhe wegen springt er über die Pfützen auf seinem Weg. Das Schlendern, das Flanieren entspricht ohnehin nicht seinem Naturell. Schulkinder, die ihm entgegenkommen, mit Kniestrümpfen auf Halbmast, treiben eine Blechbüchse über das Trottoir. Die Alleebäume knospen schon. Bei einem Kirschbaum öffnen sich erste Blüten. Die Erinnerung an gestern Abend lässt ihn lächeln. Lonas langes, seidiges Haar. Noch jetzt meint er, den Duft zu spüren …

Friedrich Jaeckel, genannt Fritz, ist verliebt. Und zwar seit Jahren schon. In seine Cousine Apollonia Biniek, die alle nur Lona nennen. Keine ganz einfache Situation, weil sie eine Cousine ersten Grades ist, seine und ihre Mutter Schwestern sind. Aber Fritz hat sich zu allen Fragen gründlich belesen: Das Risiko für die Weitergabe einer vorhandenen Erbkrankheit liegt bei etwa fünf bis sechs Prozent und ist damit doppelt so hoch wie bei der Normalbevölkerung. Es darf keine bemerkenswerten genetischen Defekte in ihren Stammbäumen geben, und es gibt auch keine. Er hat mit Lona nachgeforscht, mit Familienmitgliedern gesprochen. Sicher, man weiß nicht genau, wie in diesem Falle die Intelligenz, das Temperament und besondere Begabungen oder Schwächen weitergegeben werden. Ob ihre Kinder überdurchschnittlich intelligent werden würden oder eine Gefahr der Minderbegabung besteht. Das Pendel des Naturells könnte doppelt ausschlagen in Richtung Jähzorn, Gefühlsüberschwang, Ungeduld oder in Richtung Schüchternheit, Ängstlichkeit und Depression. Er weiß es nicht und will es auch gar nicht wissen.

Fritz ist vierundzwanzig Jahre alt, hat dunkle, leicht gelockte Haare, blaue Augen und ebenmäßige Züge. Mit kaum zwanzig ließ er ein Porträt von sich in Öl anfertigen, das ihn mit einem ernsten, gelassenen Gesichtsausdruck zeigt.

Ursprünglich stammt er aus Grünberg in Schlesien, wuchs dort mit sieben Geschwistern auf. Nach dem Abgang aus der elften Klasse des Realgymnasiums begann er zunächst als Gerichtsschreiber am Oberlandesgericht Breslau. Anfang 1905 wechselte er nach Berlin ins Auswärtige Amt, einem der Machtzentren des Deutschen Reiches. Seither hat er dort eine Stelle im Finanzressort der Kolonialabteilung, die ihm ein gutes Auskommen sichert.

Als Fritz ins Büro kommt, liegt auf seinem Schreibtisch eine Notiz von Rechnungsrat Marheineke, der ihn für elf Uhr in sein Dienstzimmer bestellt. Bedeutet das Gutes oder Schlechtes? Fritz ist sich nicht sicher.

Punkt elf klopft er an die Tür seines Vorgesetzten. Marheineke sitzt in seinem ledernen Sessel. Die Beine übereinandergeschlagen, zwirbelt er an einem Ende seines Schnauzbarts und schaut Fritz durch seinen Kneifer freundlich an.

»Nehmen Sie Platz, Herr Jaeckel. Ich komme am besten gleich zur Sache. Wären Sie gewillt, für eine gewisse Zeit zum Gouvernement Samoa überzutreten ...?«

Die Augen des Angesprochenen weiten sich.

Friedrich Jaeckel mit 20 Jahren

»Ich halte Sie für geeignet, den fraglichen Posten auszufüllen …
Sie sind jung, ungebunden, Sie sind zielstrebig und entwickeln eigene Ideen. Deswegen habe ich Sie vor allen anderen ausgewählt.«

Friedrich Jaeckel bringt kein Wort hervor, so sehr ist er überrascht. Im Hinterkopf ist die Möglichkeit, in die Kolonien zu gehen, schon immer vage präsent gewesen. Aber er hatte nicht damit gerechnet, dass sich diese Chance so schnell ergeben würde.

Der Rechnungsrat beugt sich vor und erhebt die Stimme:

»Die Sache ist für einen jungen, strebsamen Beamten wie Sie äußerst vorteilhaft. Auch ist Samoa wohl die ungefährlichste Kolonie.«

Fritz ist wie gelähmt, weiß immer noch nicht, was er antworten soll. Ihm wird heiß. Kaiser Wilhelm II. schaut von seinem Porträt hinter dem Schreibtisch mit durchdringendem Blick auf ihn herab, als würde er ihm zuraunen: *Auf, auf, wenn du ein Kerl bist, voran und unverzagt!*

Mit einem Ruck löst sich Fritz aus seiner Erstarrung, bringt zum Ausdruck, dass er sich geschmeichelt fühlt, und bittet um Bedenkzeit.

Während der verbleibenden Dienststunden kann er sich nur schwer auf die Arbeit konzentrieren. Er ist wie elektrisiert. Immer wieder schießen ihm Bilder von mit Palmen gesäumten Stränden, von Eingeborenen in Kanus durch den Kopf.

Ist er ein Träumer, der gerade den Sirenengesängen der Südsee erliegt? Wäre ein Ja zu diesem Angebot ein Symptom jugendlichen Überschwangs, ein Ausdruck von Romantisierung und Naivität? Oder wäre es ein mutiges Ergreifen der Chance, etwas zu erleben, das dem Leben Glanz verleiht, es bereichert, ihn vor anderen auszeichnet?

Am Ende des Tages steht sein Entschluss fest.

Als er am späten Nachmittag das Büro verlässt, steht der Kirschbaum an der Straßenecke bereits in voller Blüte. Ein Pärchen auf einer Parkbank darunter umarmt sich innig.

Fritz eilt, Fritz tanzt nach Hause. Ein von Kindern auf das Trottoir mit Kreidestrichen gemaltes »Himmel-und-Hölle«-Spiel verleitet ihn zum Hüpfen. Seine Gedanken hüpfen genauso wild durcheinander. Ohne Lona wird er nicht fahren, aber um sie mitzunehmen, müssten sie verheiratet sein. Und genau da liegt das Problem. Die katholische Kirche verbietet die Eheschließung zwischen so nahen Verwandten, sogar bis zu Cousins und Cousinen dritten Grades. Er muss wegen der Heirat auf dem schnellsten Wege eine Petition beim Bischof einreichen. Jetzt darf er nicht länger zögern.

Noch am Abend sucht er Lona in ihrem Elternhaus auf. Anton Biniek, Lonas Vater, könnte für seine Pläne ein ernstes Hindernis darstellen. Er ist ein streng religiöser Mann mit einem mächtigen, zweigeteilten Bart und hatte als hoch dekorierter Sergeant der Infanterie zwölf Jahre bei den Preußen gedient. Inzwischen versieht er als Schutzpolizist am Berliner Alexanderplatz seinen Dienst. Würde er seiner Tochter den sehnlichsten Wunsch abschlagen, wenn Fritz bei ihm um ihre Hand anhielte? Vielleicht kommt ihnen zugute, dass Anton von seinen zehn Kindern Lona besonders schätzt, dass er sie für die Schönste und Begabteste seiner Töchter hält, auch wenn er das nie offen aussprechen würde.

Kaum hat Fritz das Haus betreten, umarmt er Lona und redet freudestrahlend auf sie ein:

»Lona, ich habe dir etwas mitzuteilen! Doch setz dich doch erst einmal hin … Also, man hat mir eine neue Stelle angeboten! Eine vielversprechende, eine wunderbare! Und weißt du, wo? Das errätst du im Leben nicht! Nehmen wir mal an, wir könnten von Berlin aus mitten durch die Erdkugel reisen, dann würden wir auf der anderen Seite in dem Land wieder das Licht der Sonne erblicken, in dem ich sie antreten soll. Na, hast du eine Vorstellung, wo das ist?«

Lona schüttelt den Kopf.

Fritz kann nicht mehr an sich halten:

»In der Kolonie Samoa. Denk dir, Lona, du und ich am Palmenstrand mit Blick auf den Stillen Ozean!«

Lona starrt ihren Fritz staunend an. Er legt einen Arm um ihre Taille:

»Wir heiraten sofort, und dann hinaus in die Welt! Was sagst du?«

Lona lächelt.

»Heißt das, du bist einverstanden? Oder fragst du dich, ob ich verrückt geworden bin? Ob ich gar keine Angst vor den Wilden am anderen Ende der Erde habe … und dich tatsächlich in den Busch schleppen will? Ich habe keine Angst, Lona. Es wird großartig werden, das verspreche ich dir! Ich bin voller Tatendrang und Abenteuerlust, aber ich will nur gehen, wenn du mitkommst.«

Lona schüttelt den Kopf.

»Ich muss mich doch nicht sofort entscheiden, oder?« Sie sieht ihn schelmisch an. »Andererseits: Wenn ich an all die kastanienbraunen Südseeschönheiten denke, mein lieber Fritz, wer sollte denn da auf dich aufpassen?«

Sie schauen im Atlas nach. Deutsch-Samoa, ein Gebiet so groß wie das Saarland, bestehend aus den Inseln Savaii, Upolu mit der Hauptstadt Apia und den kleinen Eilanden Apolima und Manono. Einwohnerzahl etwa 30 000. Der Archipel nimmt eine besondere Stellung ein: Er ist die zuletzt erworbene und die entlegenste Kolonie des Deutschen Reichs.

Schon am nächsten Tag sind sie sich einig: Sie werden fahren – trotz vieler Bedenken von Eltern, Freunden und Bekannten. Sie sind jung, sie können es nicht wissen, aber sie spüren, dass dieser Mut, etwas völlig Unbekanntes zu wagen, der Schlüssel zum Leben sein kann. Das Ziel, die Motive, die Träume des Wagemutigen versteht nur der, der ähnlich denkt und fühlt, der das Wagnis-Gen in sich trägt.

»Ins Wasser springen, nicht nur das Schwimmbecken umkreisen«, ist Fritz' Devise. Mit Lona an seiner Seite kann er alles schaffen.

Er interessiert sich schon seit einer Weile für Samoa, verfolgt die Berichte in den Zeitungen und die Auseinandersetzungen im Reichstag. Das Deutsche Reich hatte gerade für den Erwerb der Marianen, Karolinen und der Palauinseln 17 Millionen Mark aus Steuereinnahmen gezahlt. Durch seine Arbeit weiß Fritz aus erster Hand, dass die Regierung Jahr für Jahr viel Geld ausgibt, um die Südseekolonien zu finanzieren. Die Linken halten diese deshalb für wirtschaftlich wertlos. Samoa steht im Grunde ganz gut da, aber große Gewinne sind auch dort nicht zu erwarten.

Nach Fritz' Eindruck sind ein Großteil der deutschen Bevölkerung und ihre politischen Vertreter eher kolonialskeptisch eingestellt. Die Mehrzahl der Deutschen wünscht sich eine Politik, die sich rein an Deutschland und den Deutschen ausrichtet und alle sozialen Verpflichtungen außerhalb seiner Grenzen ablehnt. Er und die Kollegen in seiner Behörde pflichten dagegen mehr dem Kaiser bei. Der hatte die Kolonialpolitik einen Zweig der Weltpolitik genannt, die das Deutsche Reich zum Schutz seiner kontinentalen Stellung verfolgen müsse. Die Zeit sei endgültig vorüber, in der das deutsche Spießbürgertum vergessen dürfe, was draußen in der Welt vorgehe. Das heißt nichts anderes als: Wir brauchen »einen Platz an der Sonne«.

Doch auch der Kaiser kann die deutschen Kolonien nicht richtig populär machen. Nur wenige deutsche Touristen reisen in die Südsee. Und es gibt kaum Romane, die in den überseeischen Besitzungen spielen und die Sehnsucht nach der Ferne wecken. Was der Kaiser nicht schafft, nämlich eine gewisse Samoa-Faszination zu erzeugen, gelingt aber dem Dandy-Abenteurer und Reiseschriftsteller Otto E. Ehlers mit seinem Buch »Samoa, die Perle der Südsee«. Sein spleenig-witziger Reisebericht befeuert Lonas und Fritz' Entschluss.

Ihnen bleiben nur zwei Monate Zeit für die Vorbereitungen. Sie setzen alle Hebel in Bewegung. Trotz vieler Widerstände, auch in ihren Familien, ertrotzen sie sich ihre Heirat. Das ist hauptsächlich Fritz' unbeirrter Energie zu verdanken. Er plant alles generalstabsmäßig, während Lona Schwierigkeiten hat, Prioritäten zu setzen und bis zuletzt mit Zweifeln kämpft, ob ihre Entscheidung richtig ist.

Eine Freundin schenkt ihr Tarotkarten und eine Anleitung dazu. Lona hat nicht die Zeit, sich intensiver damit zu beschäftigen, aber die Freundin versichert, dass das Wissen um die Bedeutung der Abbildungen und Symbole nicht allein wichtig sei. Die Karten könnten auch so zu ihr sprechen, indem sie einen intuitiven Zugang zum Unterbewussten unterstützten. Irgendwo in ihrer Persönlichkeit gäbe es Instanzen, die Antworten auf ihre Fragen bereithielten. Vielleicht verstehe sie dann besser, was gerade mit ihr geschehe und ob sie auf dem richtigen Weg sei. Im Beisein der Freundin wählt Lona am nächsten Abend die großen Arkana aus, die zweiundzwanzig Karten, die alle wichtigen Aspekte des Lebens, die Archetypen darstellen sollen. Sie mischt sie gut und legt dann die »Magische Sieben«. In der oberen Reihe links auf dem Platz für den »Einfluss der Umgebung« erscheint »der Herrscher«. Er ruht in sich, strahlt Kraft aus. Für die »Gegenwart« erscheint die »Gerechtigkeit«, auf dem Platz für »Hindernisse« der Hohepriester und als Karte für die »nahe Zukunft« zieht Lona »die Welt«, verkörpert durch eine leichtfüßige, tanzende Frau. Lona lächelt zufrieden. Auch der in eine Ritterrüstung gekleidete Tod taucht in ihrem Kartenbild auf, allerdings steht er, wie Lona inzwischen weiß, nicht für das physische Ableben, sondern für eine große Veränderung. Der Tod macht ihr keine Angst, wohl aber die letzte Karte, die »Synthese« der gesamten Lesung: Es ist der »Gehängte«. Eine seltsame Symbolik. Ein Mann, der an einem Fuß gefesselt kopfüber an einem Baum hängt. Der Kopf ist von einem Heiligenschein umgeben.

Die Freundin beruhigt sie. Diese Figur sei Sinnbild für Alles-aufgeben-können, für Freisein. Gemeinsam starren sie noch lange fasziniert auf die Karten, spüren den Assoziationen nach, die sie hervorrufen, und diskutieren Deutungen. Als Lona am darauffolgenden Abend ihrem überraschten Bräutigam davon erzählt, meint sie:

»Ich verstehe nicht alles, Fritz, aber zumindest so viel, dass wir wohl das Richtige tun. In den Karten stellst du – versteh' mich bloß nicht falsch – den Herrscher, die ruhende Kraft an meiner Seite dar. Die vielen Ratgeber sind eher hinderlich. Wir stellen unser Leben auf den Kopf, geben hier alles auf. Aber wir werden frei sein, ich werde endlich erwachsen und übernehme Verantwortung.«

Fritz ist gerührt, nimmt sie in den Arm und flüstert:

»Ja, Lona. Wir werden frei sein und eigene Entscheidungen treffen.«

Die Sondergenehmigung zur Hochzeit, der päpstliche Dispens, wird ihnen am 2. Juni 1906, zwei Tage vor ihrer Abreise, erteilt. Am Tag darauf heiraten sie im Rahmen einer schlichten Zeremonie und Feier. Endlich haben sie es geschafft! Es ist Sommer, Fritz hat die geliebte Frau an seiner Seite. Beide sind jung und stürmen ins Leben hinaus, bereit, den Sprung ins Ungewisse zu wagen, ins große Abenteuer: die deutsche Kolonie Samoa am anderen Ende der Welt.

Das Leben erscheint als Verheißung.

Auf denn! Noch ist es Zeit,
nach einer neuern Welt uns umzusehen!
Stoßt ab, und, wohl in Reihen sitzend, schlagt
die tönenden Furchen: Denn mein Endzweck ist,
der Sonne Rad und aller Westgestirne
zu übersegeln – bis ich sterben muss!
Vielleicht zum Abgrund waschen uns die Wogen:
Vielleicht auch sehn wir die glücksel'gen Inseln ...
Alfred Tennyson, Ulysses

2 Spuckende Amerikaner und hässliche Städte

Am 4. Juni 1906, dem Morgen nach der Hochzeit von Lona Biniek und Fritz Jaeckel, versammelt sich eine kleine Gesellschaft am Berliner Bahnhof Zoo. Außer Atem, übernächtigt – auch vor Aufregung – und leicht verkatert stehen die jungen Eheleute auf dem Bahnsteig. Die Familie Jaeckel ist mit sechs, Familie Biniek, Lonas Eltern und Geschwister, mit zwölf Köpfen vertreten, das Kollegium durch Herrn Winzer. Alle sind hier, um Abschied zu nehmen. Nach den hektischen Tagen bleibt auch jetzt nicht viel Zeit für Tränen. Auf Seiten ihrer Schwestern spürt Lona ein wenig Neid, Neid auf ihr bevorstehendes Abenteuer und den schönen Mann an ihrer Seite. Um zwölf Uhr mittags ruckt der Zug zischend an.

Fritz fühlt sich wie eine gespannte Feder.

Von nun an führt er Tagebuch, hält Eindrücke und Begegnungen fest, fügt kleine Zeichnungen, fotografische Abbildungen und geografische Karten ein und hinterlässt seinen Nachkommen eine schillernde Reisebeschreibung.

Gleich auf der Fahrt nach Bremen machen Fritz und Lona Jaeckel die Bekanntschaft eines Amerikaners, der ihnen Auskünfte über Amerika gibt und das Hotel Belvedere in New York empfiehlt. Im Abteil sitzt außerdem ein Pole, der nach Paris will – ans Konservatorium. Fritz und der Yankee kramen eine Cognacflasche und Schnapsgläser hervor, während der Pole auf seiner Violine spielt. Alle stoßen auf das Gelingen ihrer Vorhaben an. Die Herren entzünden Zigarren. Man fühlt sich bald kommod, die Anspannung der letzten Tage fällt allmählich von den frisch Vermählten ab. Den Rest der Fahrt verschlafen sie.

Reisegepäck

Abends in Bremen treffen sie in der Lloyd-Halle zum ersten Mal mit den Zwischendeckern zusammen, den Leuten, die das Zwischendeck auf dem Transatlantikdampfer gebucht haben. Ein unangenehmer, nahezu beklemmender Eindruck. Zu allem Unglück gehen der große Zinkkoffer und der braune Handkoffer verloren, der ihre gesamte Reisewäsche enthält. Auf Fritz' Drängen hin wird nach den verschiedensten Stationen telegrafiert.

Sie besichtigen eng umschlungen die Bremer Altstadt und bummeln zur kaffeebraunen Weser.

»Die haben's gut, die Bremer. Die brauchen nur ihr Flusswasser zu erhitzen«, meint Fritz.

Erst in der Nacht, wenige Stunden vor Abfahrt des Zuges, treffen die vermissten Koffer wieder ein. Man hatte sie von Hannover irrtümlich nach Köln weitergeleitet. Im Sonderzug nach Bremerhaven gibt es nur Zweite-Klasse-Abteile. Es herrscht ein furchtbares Gedränge. Ihnen gegenüber sitzt ein betagter Amerikaner, der 1879 aus dem Rheinland ausgewandert war. Der Mann hat als Soldat gedient und wohnt jetzt als Farmer nicht weit von Chicago. Er preist mit Nachdruck die amerikanischen Verhältnisse, was Fritz erstaunt und ein wenig ärgert.

Der Zug fährt bis unmittelbar an das Schiff. Unter den Klängen des »Muss i denn, muss i denn« gehen sie an Bord des Ungetüms.

Beide kennen bis dahin nur die kleinen Spree- und Haveldampfer. Der erste Eindruck von der »Kaiser Wilhelm II.« ist überwältigend. Dieser Doppelschrauben-Schnellpostdampfer gehört neben der »Kaiser Wilhelm der Große« und den Schwesternschiffen »Kronprinz Wilhelm« und »Kronprinzessin Cecilie« zu den »vier Ozean-Windhunden« des Norddeutschen Lloyd. Dominierte in den Achtzigerjahren noch England die transatlantische Passagierfahrt, herrschen jetzt die deutschen Giganten. Fritz hat schon viel von der »Kaiser Wilhelm II.« gehört. Das Schiff besitzt vier Schornsteine. Die gelten als Gütesiegel und Symbol für Qualität,

Komfort, Schnelligkeit und Sicherheit, vergleichbar mit den Sternen auf Cognacflaschen. Deshalb wähnen sich die Jaeckels auf dem besten und sichersten Ocean Liner, den es gibt. Wegen dieses vermeintlichen Qualitätsmerkmals wird man später die »Titanic« ebenfalls mit vier Abzugsrohren ausstatten, obwohl die Maschinen nur drei benötigen. Das vierte stellte eine Attrappe dar.

Schließlich ertönen Trompetenklänge als Zeichen dafür, dass das Schiff bald losfährt. Fritz bittet sogleich den Obersteward, ihnen eine Platzierung in angemessener Umgebung zu ermöglichen. Dieser weist ihnen Platz zwei und vier an der Haupttafel an.

Am späten Nachmittag wird die Nordsee unruhig. Trotz aller Superlative: Ruhig liegt das 215 Meter lange Monstrum nicht. Selbst bei mäßigem Seegang rollt der Dampfer beträchtlich, sodass das Wort »Schlinger-Willi« die Runde macht. Überall stößt man auf Seekranke. Auch Fritz und Lona ist es hundeelend. Doch sie gewöhnen sich schnell, die Übelkeit legt sich, und so wird es bleiben auf dieser Reise. Ihr amerikanischer Bekannter stärkt sie mit Cognac.

In der dritten Klasse, im Zwischendeck, hausen die Auswanderer. Auf dem Weg zum Packraum müssen Fritz und Lona diesen Bereich durchqueren. Ein grausiger Anblick! Niemals würden sie so reisen wollen. Das Zwischendeck hat drei Abteile: ledige Männer, »ledige Weiber«, Familien. Dort steht Bett neben Bett, immer zwei übereinander. Kasernenstuben sind komfortabel dagegen.

Die Kabinen der zweiten Klasse liegen im hinteren Teil des Hauptdecks. Die Fahrgäste hier – Militärs, Kolonialbeamte, außerdem Händler und wohlhabende Touristen – treten aus beruflichen Gründen die Fahrt an. Beim Abendessen lernen sie an ihrem Tisch einen Kollegen kennen, der mit ihnen nach Samoa reist: den Postbeamten Erich Rotlow. Außerdem sitzen an ihrer Tafel zwei Geistliche und mehrere französische Nonnen, die nach Fritz' und Lonas Einschätzung zur besseren Gesellschaft gehören. Aber auch die anderen Reisenden in der zweiten Klasse – Po-

NORDDEUTSCHER LLOYD. BREMEN

D. KAISER WILHELM II.
Länge 215 M. 707 Fuss, Tonnage 19.500.

NORDDEUTSCHER LLOYD, BREMEN.

BESTECK-KARTE
des
Doppelschrauben-Schnellpostdampfers
„KAISER WILHELM II" Kapitän D. Högemann.

Juni 1906.	Meilen	Nördl. Breite	Westl. Länge	Bemerkungen
6.				Passierten Cherbourg Mole 6,10 Nachm. M. Greenw. Zeit
7.	431	49·54	12·36	Bewölkt, klares Wetter
8.	500	48·3	25·2	Bedeckt und häsiges Wetter
9.	383	45·20	36,4	Bewölkt, häufige Regenschauer
10.	480	41·39	45·40	Bewölkt und klares Wetter
11.	500	41·7	56·31	Schönes klares Wetter
12.	485	40·25	67·12	Bewölkt, Staubregenschauer
13	296			Schönes klares Wetter
				Passiert. Sandy Hook Feuerschiff 3,05 Vorm. Stand. Zeit

Distanz: 3175 Meilen.   Reisedauer 6 Tage 13 Stunden 55 Minuten.
Durchschnitts-Geschwindigkeit 20.16 Knoten.

Besteckkarte der »Kaiser Wilhelm II.«

len, Magyaren, viele Österreicher – empfinden sie als durchweg anständige Leute.

Lona und Fritz geben auf See nur einige Pfennige aus. Bei Tisch trinken sie Wasser gleich allen anderen. Schnell vergewissert man sich in der Runde gleicher Wertvorstellungen. Einer der Herren formuliert es überspitzt, spricht ihnen aber doch aus dem Herzen: »In der dritten Klasse gibt es Männer und Frauen, in der ersten und zweiten Klasse Damen und Herren.«

Dennoch lässt sich nicht leugnen, dass nahezu alle an dieser Tafel neidisch einen Blick in die Räumlichkeiten der ersten Klasse werfen, dem Aushängeschild der Reederei. Für die Großen aus Finanzen, Handel und Industrie, um die ein Heer von Bediensteten wuselt, scheint nichts zu gut zu sein. Die Herrschaften entfalten in Bezug auf Kleidung viel Prunk. Ein Frack ist da jedenfalls unabkömmlich.

Während die Nonnen beim Abendessen verstohlen zu Fritz herüberschauen, hat dieser nur Augen für Lona und kann sich kaum auf die Gespräche mit den Tischnachbarn konzentrieren. Die Hochzeitsnacht war einfach zu kurz und überschattet von der Abreise am nächsten Morgen. Er reckt sein Kinn vor. Sein Blick haftet an Lonas braunen Augen, die so melancholisch schauen können, an ihren hohen Wangenknochen, ihrem langen, brünetten Haar, das ihr geliebtes Gesicht umrahmt. Er lauscht ihrer sanften, angenehmen Stimme.

Lona trägt ein malvenfarbiges Kleid mit einem dazu passend eingefärbten Spitzenbesatz, der sich elegant um ihren Hals schmiegt. Wie lange er wohl braucht, ihr das alles vom Leib zu reißen? Als Ehemann hat er endlich die Lizenz dazu. Und Lona spielt mit, sie liefert eine erstklassige Show für ihn. Abwechselnd legt sie den Kopf schräg, lächelt, während sie ihn über den Tisch hinweg ansieht. Das Tafelwasser trinkt sie, als sei es Sekt. Sie, die noch nie geraucht hat, stibitzt ihrem ungarischen Nachbarn eine Zigarette und bittet um Feuer. Die Männer am Tisch heben die Augenbrauen, sind plötzlich hellwach. Fritz will etwas sagen, schweigt dann aber und staunt. Sie bedankt sich bei dem Herrn, pafft ihm dabei Rauch ins Gesicht. ›Dieses Weib!‹, denkt Fritz. Nun mit Zigarette ausgestattet, gibt sie den Vamp, der hinter schläfrigen Lidern die Blicke schweifen lässt. Sie hebt und senkt den Busen, seufzt. Seine und ihre Beine berühren sich unter dem Tisch.

Wegen eines Hustenanfalls drückt sie schließlich die Zigarette aus. Keineswegs verlegen schenkt sie der Runde ein selbstbewusstes Lächeln. Erst nach einer gefühlten Ewigkeit gibt sie das verabredete Signal zum Aufbruch: Sie lächelt ihn an und tut so, als müsse sie ein Gähnen unterdrücken.

Vor der Kabinentür nimmt Fritz seine Apollonia, die dem Apollo Geweihte, dem Gotte des Lichts, der Künste und der Weissagung, der sittlichen Reinheit und Mäßigung, auf den Arm und trägt sie über die Schwelle zur engen Kammer. Ihrer Halsbeuge entströmt der Duft von Maiglöckchen und Wacholder.

Der Kapitän setzt andere Prioritäten. Am nächsten Tag lässt er die Passagiere um sieben Uhr mit einem Trompetensignal wecken. Die Flitterwöchner reißt er damit aus dem Tiefschlaf. Sie lassen das Frühstück verstreichen. Nach dem Aufstehen rennen sie wie gackernde Teenager durch das Labyrinth der vielen Decks. Sie sind hingerissen vom Dekor der Innenräume dieses schwimmenden Palastes, kommen sich, obwohl sie Berliner sind, wie Leute vom Lande vor, die zum ersten Mal in der Großstadt weilen. Dem Zeitgeschmack entsprechend geben Plüsch und Pomp, Putten, Quasten, Goldstuckaturen und Glasmalereien den Ton an. Es gibt ein Wiener Kaffeehaus, Bibliotheken, einen Speisesaal, der sich über zwei Decks erstreckt und mit einer Glasdecke abschließt. Auch in der zweiten Klasse fühlen sich die beiden wie in einem Luxushotel. Hier wird nach Lonas Eindruck versucht, das Innere eines Herrenhauses mit den Merkmalen eines Bürgerhauses zu vereinen. So kann man gut die Fährnisse des Nordmeeres, die Unbilden des

Wetters vergessen. Sie haben kein Verständnis für Passagiere, die den Einrichtungsstil als »Bremer Barock« oder »Bordell-Barock« verspotten. Einer aus ihrer Tischgesellschaft versteigt sich gar zu der Behauptung, dieser Luxus und Komfort stelle eine Frivolität dar angesichts der Unberechenbarkeit der Witterung und der salzigen, abgrundtiefen Wüstenei jenseits der Bordwand.

Nach einer Weile sind Fritz und Lona hungrig wie Schiffsbrüchige auf einer öden Felsinsel. Zu ihrem Glück reichen die Stewards im Laufe des Vormittags Bouillon und belegte Brötchen an Deck herum. Während des Essens in ihrem Liegestuhl beobachten sie, dass die Amerikaner nichts dabei finden, überall ihre Spucke zu hinterlassen.

Inneneinrichtung der »Kaiser Wilhelm II.«

27

Um drei Uhr nachmittags erreichen sie die Linie Dover/Calais. Weiter geht's an den in der Sonne leuchtenden Kreidefelsen vorbei – an Backbord die Isle of Wight – nach Southampton. Bei einem Landgang fällt Fritz auf, dass die Straßen verschmutzter sind als in Berlin. Aber die ihnen entgegenkommenden englischen Hafenarbeiter benehmen sich, wie er gegenüber Lona bemerkt, hochanständig.

Scharen von Möwen folgen dem Schiff bei der Weiterfahrt. Fritz unterhält sich angeregt mit dem schon mehrfach erwähnten Amerikaner über die Ursachen des Sozialismus in Deutschland. Nach dessen Ansicht sei der Hauptgrund nicht die wirtschaftliche Lage, sondern vor allem die schlechte Behandlung der Arbeiter seitens der besitzenden Klasse. Darin sähe er den Hauptunterschied zwischen Amerika und Deutschland.

In Cherbourg kommt mit einem Hilfsdampfer noch eine Reihe von Passagieren an Bord, sodass die zweite Klasse schließlich übervoll ist. Fritz interessiert sich, wie bei jedem Hafen, für die Befestigungsanlagen.

Während der Dauer der ganzen Seereise halten sich Lona und Fritz von früh bis abends an Deck auf, mit Ausnahme der Essenszeiten. Sie genießen das Leben an Bord. Lona im Liegestuhl, in wollene Decken gehüllt. Begierig saugen sie das Neue ein: der luxuriöse Ozeanriese, die Häfen, das Leben auf hoher See, die vielen so verschiedenartigen Mitreisenden und das Essen. Die Kolonialabteilung des Auswärtigen Amtes meint es gut mit ihnen. Die »Kaiser Wilhelm II.« ist ein schnelles Schiff. Es hatte zwei Jahre zuvor das »Blaue Band« für die rascheste Überfahrt nach Amerika gewonnen. Erst kürzlich befeuerten die Zeitungen die nationale Massenhysterie um dieses Rennen. Mit Stolz schauen Lona und Fritz zu dem blauen Wimpel am Großmast empor, der die Siegerin ziert. Ebenso erfüllt es sie mit Freude, wenn in den Häfen und bei Begegnung mit anderen Schiffen am Heck die deutsche Flagge gehisst wird. Aber das Entscheidende ist: Dies ist ihre Hochzeitsreise, die Zeit der Flitterwochen, auch wenn Stockbetten nicht gerade als ideal gelten können. Ebenso wenig die Trompetenstöße, die sie frühmorgens aus den Kojen treiben. Andererseits: Es gibt keine beruflichen Verpflichtungen. Sie können sich, abgesehen von den festen Essenszeiten und den ungeschriebenen Regeln der Konvention, treiben lassen – ohne den strengen Blicken von Vorgesetzten oder Eltern ausgesetzt zu sein. Manchmal beteiligen sie sich an den Belustigungen und sportlichen Vergnügungen an Bord, zum Beispiel am Ringwerfen oder Seilspringen.

Am Nachmittag des 7. Juni bricht ein Schiffsschraubenflügel, sodass die unvergleichliche »Kaiser Wilhelm II.« in der Folge stündlich zwei bis drei Seemeilen einbüßt. Das Wetter bleibt während der Überfahrt günstig. Wenn es mal regnet, was selten geschieht, können sie immer noch an Deck bleiben. Sie sehen einige Male große Fische, die mehrere Meter über das Wasser emporschnellen, aber keine Seevögel. Erst kurz vor Amerika tauchen die Möwen wieder auf.

In der Nacht des 13. Juni 1906, nach 3175 Seemeilen und sechs Tagen, 13 Stunden und 55 Minuten Reisedauer, läuft der Dampfer New Jersey an. Die Durchschnittsgeschwindigkeit betrug 20,16 Knoten. Morgens beim Erwachen nähern sie sich bereits dem Bremer Dock in Hoboken. Umfängliche Einreiseprozeduren erfolgen schon vor dem Anlegen. Der Mann, der ihren Gesundheitszustand untersucht, fummelt wie ein Viehdoktor an Fritz' Augen herum. Danach schwärmt alles auf dem Deck wie ein Bienenschwarm durcheinander.

Fritz und Lona verlassen das Dock und nehmen die Dampffähre hinüber nach New York. Ihr erster Eindruck: hässliche Straßen, außerordentlich schmutzig und schlecht, zum Teil gar nicht gepflastert. Überall geht es ums Geschäft. Ein Strom von Menschen ergießt sich über die Gehwege. Mit der elektrischen Trambahn erkunden sie Manhattan. Sie fahren von der vierten bis zur 125. Straße eineinhalb Stunden in rascher Fahrt, fast immer auf dem Broadway. Die Wagen sind offen und nicht so elegant wie die Berliner. An Schönheit kann sich ihrer Meinung nach New York nicht mit der deutschen Hauptstadt oder einer anderen Großstadt Deutschlands messen. Alles trägt den Stempel des Geschäftlichen. Auffallend ist die große Zahl der Stiefelputzer, ein im Deutschen Reich beinahe unbekannter Beruf. Kein Wunder bei dem schauerlichen Straßenpflaster! Staunend zählen sie die Stockwerke der zahlreichen Wolkenkratzer: bis vierundzwanzig Etagen. Die Trinitatiskirche in der Fifth Avenue wirkt winzig dagegen.

Von der 125. Straße gehen sie zu Fuß zum Bahnhof in der Bronx und von dort in den Central Park. Sie sind beeindruckt: herrliche Felspartien, mehrere Seen und Grotten, Denkmäler von Shakespeare, Byron, Scott, und an der Ecke zur Fifth Avenue, der New Yorker Prachtstraße, ein Memorial, das Alexander von Humboldt darstellt, worüber sie sich überaus freuen. Zu dieser Tageszeit herrscht reges Leben im Park. Viele Reiter und elegante Fuhrwerke sind unterwegs. Auf einer Terrasse nehmen die beiden eine wunderbar schmeckende, eiskalte Erfrischung zu sich. Es ist angenehm warm.

Um zweiundzwanzig Uhr besteigen sie in der Grand Central Station den Nachtzug nach Chicago. Der Zug braucht dafür vierundzwanzig Stunden, und jeder Reisende kann 150 Pfund Freigepäck mitnehmen.

Es beginnt eine der hundsmiserabelsten Nächte, die Fritz je erlebt hat. Sie fahren nichts ahnend in der gewöhnlichen Wagenklasse statt im Pullmanwagen. Ihr Waggon füllt sich in der Nacht bis auf den letzten Platz, sodass man nicht einmal die Beine auf die gegenüberliegende Seite legen kann. Da Fritz in dieser Nacht zu allem Überfluss mit einem Geschwür am Gesäß gesegnet ist,

leidet er Höllenqualen. Welche Erleichterung, als der Tag herauf-
dämmert und das Land langsam aus dem Nebel steigt.

Der Zug durchquert fruchtbare Gegenden, Laubwälder wechseln mit prachtvollen Wiesengründen ab. Ab und an tauchen kleine Ortschaften mit Holzhäusern auf. Bei einem Stopp in Buffalo
essen sie vorzügliche Erdbeeren mit Sahne, die sie von nun an täglich kaufen. Gegen neun Uhr morgens erreichen sie Niagara Falls.

Bereits im Zug haben sie die Billetts für eine Wagenfahrt zu
allen Sehenswürdigkeiten erworben. Sie teilen sich die Kosten mit
dem aus Deutschland mitreisenden Erich Rotlow und einem in
Wien geborenen Amerikaner, der sich ihnen als Dolmetscher anschließt.

Bei bestem Wetter kutschieren sie in einem viersitzigen Wagen
durch herrlichen Laubwald. Schon von fern hören sie das Rauschen. Die Spannung steigert sich, als sie über den Niagara nach
Goat Island fahren, einer Insel oberhalb der Fälle mitten im River.
Um sie herum gurgelt der gewaltige Strom. Die Wassermassen
drängen durch die Stromschnellen, schießen auf das Eiland zu
und werden dort auseinandergerissen. Schließlich steht die kleine Gruppe auf einem schlüpfrigen Felsvorsprung am nördlichs-
ten Punkt des Eilands, am Rande des amerikanischen Katarakts.
Auf etwa vierhundert Metern Länge stürzt das Wasser über eine
gerade Felskante senkrecht in die Tiefe. Ein grandioser, zugleich
furchterregender und berauschender Anblick, ein irres Brausen,
Donnern, Grollen. Sie können sich nur mit Gesten verständigen.
Trotz der enormen Tiefe spritzt die Gischt bis zu ihnen hoch.

Weiter geht ihre Fahrt durch den Ort etwa vier Kilometer
stromabwärts zu den Whirlpool Rapids. Der westliche Arm des
Niagara River zwängt sich durch eine enge Schlucht in Nord-
Süd-Richtung, prallt an dieser Stelle mit ungeheurer Wucht gegen eine quer stehende Felswand, wird zurückgeschleudert und
wirbelt schäumend und strudelnd in einem mächtigen Malstrom
im Kreis herum. Im Laufe der Zeit entstand so ein rundes Felsen-

becken, ein riesiger Whirlpool, dessen Turbulenzen ihn zu einem der gefährlichsten Wildwasser der Welt machen. Den einzigen Ausgang findet das weiße Wasser in einer weiteren Enge, die sich in östlicher Richtung in einem Neunzig-Grad-Winkel anschließt. Mit einer Drahtseilbahn gelangen die Reisenden in die Tiefe. Unten ist es kalt. Ein Guide berichtet ihnen von dem britischen Kapitän und Langstreckenschwimmer Matthew Webb, der als erster Mensch ohne Hilfsmittel den Kanal von Dover nach Calais durchschwommen und hier in diesem Hexenkessel den Tod gefunden hatte. Übermächtige Strudel hatten ihn in die Tiefe gerissen.

Die Reisegruppe lässt sich vom Whirlpool über eine Brücke hinüber nach Kanada chauffieren. Die Aussicht auf den zweiten Wasserfall, den doppelt so breiten, bogenförmigen Horseshoe Fall ist grandios. Während der amerikanische Katarakt weiß wirkt, sind die »Hufeisenfälle« wohl wegen ihrer größeren Wassermenge tiefgrün. Über der Gischt im Zentrum des Halbkreises liegt ein Regenbogen.

Sie hätten auch ein kleines Dampfboot besteigen können, das Touristen, bekleidet mit Regenmänteln, von unten an die Fälle heranfährt. Sie bedauern im Nachhinein, dies mit Rücksicht auf die hohen Kosten nicht genutzt zu haben.

Nach etwa vierstündiger Fahrt essen sie in Niagara im Clifton House zu Mittag. Erstaunt bemerken sie, dass sie von Damen bedient werden. Nach beendigtem Mahl legt die junge Frau die Rechnung unter das zum Händewaschen gereichte Becken, worauf man an der Kasse zahlt.

Gegen sechszehn Uhr beginnt die Weiterreise. Die Eisenbahn rollt noch einmal dicht an den Fällen vorbei. Fritz und Lona sehen sich glücklich an. Die Strecke führt sie auch durch Kanada. Aus dem Zugfenster erblicken sie ausgedehnte, eingezäunte Weideflächen, Laubwälder und durch Brandrodung abgestorbene Bäume und Büsche. Während der Fahrt werden sie mehrfach von Hausierern belästigt.

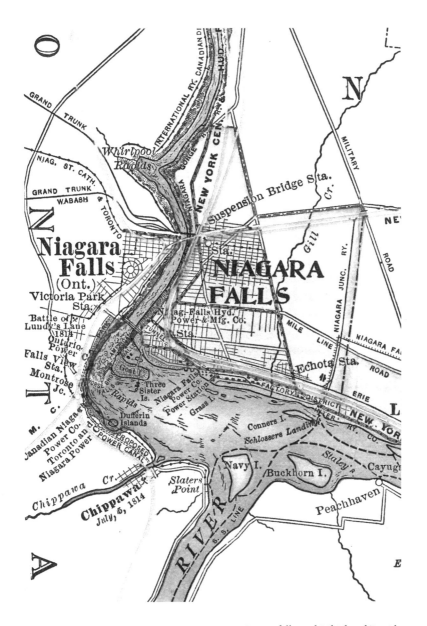

Niagarafälle und Whirlpool Rapids

Am frühen Morgen erreichen sie Chicago. Nach dem Frühstück begeben sie sich auf die Suche nach einer öffentlichen Badeanstalt. Ohne Erfolg, obwohl man ihnen überall mit Achtung und Liebenswürdigkeit begegnet. Endlich treffen sie einen deutschen Straßenkehrer, der sie darüber aufklärt, dass Chicago ebenso wie alle anderen amerikanischen Städte keine öffentlichen Badeanstalten besitzt. Vielleicht ließe sich eine solche in einem Hotel finden oder bei einigen Barbieren. Während sie noch mit ihm sprechen, tritt ein weiterer Deutscher hinzu.

»Alles, was Fürsorge für die unteren Klassen in Amerika anlangt, liegt furchtbar zurück«, lässt er sie wissen.

In den restlichen Vormittagsstunden besichtigen die Jaeckels die Stadt. Das Straßenbild ist ähnlich wie in New York, ebenfalls eine große Anzahl Stiefelputzer und dasselbe lebhafte, geschäftliche Treiben. Mehrfach preisen Männer vor Geschäften lautstark ihre Waren an. Die Häuser sind niedriger als in New York, ansonsten, wenn man sie mit deutschen Städten vergleicht, schlecht und einförmig gebaut, unsauber und verräuchert. Weil es zu regnen beginnt, verzichtet das junge Ehepaar darauf, zu einem der Parks hinauszufahren. Im »Northwestern Hotel« nehmen sie schließlich die ersehnten Bäder.

Also lichte die Anker.
Verlasse den sicheren Hafen.
Lasse die Passatwinde in die Segel schießen.
Erkunde. Träume. Entdecke.

Mark Twain

3 Die Farben der Hölle und zerschmolzene Telegrafenköpfe

Am frühen Abend besteigen Fritz und Lona den Zug nach San Francisco, diesmal einen Pullmanwagen. Durch die vorangegangene Mühsal zu Tode erschöpft, klappen sie sofort die Betten von der Wand, richten sie her und legen sich schlafen. Lona sorgt sich um Fritz. Hoffentlich überfordert er sich nicht. Er mag keine Sehenswürdigkeit auslassen, organisiert und kümmert sich um alles.

Trotz der Fahrgeräusche und des Schlingerns erwachen sie ausgeschlafen. Ein herrlicher, neuer Tag bricht an. Abermals ein Tag mit der Hoffnung auf Unerwartetes, auf schöne Landschaften, interessante Begegnungen. Draußen fliegt jetzt die Prärie vorüber. Endlose Weideflächen bis zum Horizont, ganze Ozeane von frischgrünem Büffelgras, die Prärie der Karl May'schen Indianergeschichten, größtenteils Wildnis, durch die einst riesige Bisonherden zogen. Größere Ortschaften sehen sie geraume Zeit nicht mehr. Nur ab und zu ein Gehöft und Pferde- oder Rinderherden. Um dem Wassermangel abzuhelfen, stellt man überall Windmotoren auf, die das Wasser der Tiefe in die Tränken heben. Am Nachmittag fahren sie lange Zeit den Platte River entlang. Dieser führt Hochwasser und überschwemmt mit seinen braunen Fluten weite Flächen des Landes.

Das amerikanische Essen im Speisewagen und auch in den Restaurants unterwegs schmeckt Lona und Fritz nicht. Gemüse wird nur in Wasser gekocht. Würzen muss man selbst. Leidlich sind die Suppen, weniger gut das Fleisch. Davon gibt es zwar gewaltige Stücke, aber die sind meistens zäh, weil nicht durchgebraten. Sehr gut schmecken dagegen die Mehl- und Fruchtspeisen sowie die frischen Früchte. Als Getränk gibt es fast immer Eiswasser. Nur wenige Menschen trinken Wein oder Bier zum Essen. Man isst in Amerika überall à la carte. In keinem Gasthaus entdecken sie ein komplettes Menü.

Gegen Abend geht in der Ferne ein Gewitter nieder. Durch das Abteilfenster verfolgen sie die herrliche Wolkenbildung, die fortgesetzt durch flammende Blitze unterbrochen wird.

Am 16. Juni 1906 gegen einundzwanzig Uhr hält der Zug in Denver, angeblich eine der schönsten Städte Amerikas und eine der reichsten. Hauptstadt eines großen Minenbezirks. Im Zug haben sie schon das Hotel gebucht, bei einem »Checkman«, einem Hotelvermittler, der Deutsch sprach. Im Hotel Albert sind sie tatsächlich gut aufgehoben. Ein Kingsize-Bett wartet auf sie. Zur Zimmerbedienung haben sie einen »Neger«. Dies ist aber schon ein gewohnter Anblick, denn im Schlaf- und Speisewagen wird alle Bedienung von Schwarzen besorgt.

Heute ist Sonntag. Sie frühstücken spät, es ist schon nach Mittag, und wieder gewittert es gewaltig. Sobald sich das Wetter beruhigt hat, besteigen sie einen elektrischen Wagen mit der Aufschrift »Seeing Denver by car«. Vorn, an der ersten Bank, steht der Reiseführer, der ihnen mit einem Sprachrohr alle Sehenswürdigkeiten zuschreit. Denver scheint ihnen in der Tat schön mit seinen eleganten, sauberen Geschäftsstraßen und vor allem den herrlichen Vorstädten. An promenadenartig angelegten Straßen reiht sich Landhaus an Landhaus, alle klein, offenbar nur für eine Familie bestimmt. Denver besitzt bemerkenswert viele und schön gebaute

Schulen und Kirchen. Das attraktivste Gebäude ist das Capitol. Von einem Aussichtspunkt sehen sie in der Ferne wie eine gemalte Filmkulisse die Rocky Mountains. Alle Berge überragt der von ewigem Schnee bedeckte Pike's Peak.

Der Truthahn abends im Hotel schmeckt köstlich. Der Eigentümer, ein Deutscher namens Oppenheim, gesellt sich zu ihnen. Dieser Gentleman war vor sechsunddreißig Jahren, wie er berichtet, nach Amerika geflohen, um dem Kriegsdienst zu entgehen. Da die Abfahrt schon recht nahegerückt ist, begleitet er sie zum Bahnhof, sogar bis zum Coupé ihres Pullmanwagens. Gegen neunzehn Uhr verlassen Fritz und Lona Denver und haben sehr angenehme Erinnerungen im Gepäck.

Nun rattert der Zug am Fuße der Rocky Mountains entlang. Beim Erwachen am anderen Morgen befinden sie sich mitten in der Gebirgskette, auf einer beträchtlichen Höhe. Vor ihnen liegt eine sich bis zum Horizont erstreckende, wüstenhafte Hochebene, auf der zwischen Sand und Fels nur spärliches Gras und Knieholz wachsen. Das einzige Tier: ein Fuchs oder Kojote. An den Wasserstellen, zum Beispiel in Schluchten, sieht man etwas Viehzucht, Pferde, Schafe und Rinder. Auf einer Farm werden gerade Schafe geschoren. Die Ortschaften, die sie passieren, bestehen aus wenigen Holzhäusern. Fritz ist enttäuscht. Er hat sich das Felsengebirge waldreicher vorgestellt.

Zuletzt kommen sie den Schneebergen sehr nahe. Die Landschaft wird abwechslungsreicher, als die Bahn durch viele Tunnel, vorbei an Wasserfällen und einem rasch fließenden Fluss entlangfährt. An einer Stelle beobachten sie verwundert eine Frau, die gleich einem Manne zu Pferde sitzt.

Auf der Reise lernen sie einige ausgesprochen nette Menschen kennen. Trotz seines mangelhaften Englischs kommt Fritz mit einem Herrn in einen lebhaften politischen Disput. Auf den deutschen Kaiser ist dieser Herr nicht gut zu sprechen. »Too turbulent«, lautet sein Urteil, hingegen steht die Persönlichkeit Prinz Heinrichs überall in gutem Andenken.

Eine angenehme Unterbrechung ist die Fahrt durch den Salt Lake. Mehrere Stunden reisen sie auf einem künstlichen Damm durch den See. Das Züglein zuckelt dahin, mit kaum mehr als fünfzig Kilometern die Stunde. Der See ist so salzhaltig, dass die Steine am Ufer von einer Salzkruste überzogen sind. Auf diesem Streckenabschnitt halten sie sich einige Stunden im Observation Car auf, einem verglasten Aussichtswagen am Schluss des Zuges.

Früh am anderen Morgen begrüßt sie erneut der Ausblick auf eine steinige, öde Hochebene. Nach dem Frühstück Reno, eine kleine, schöne Stadt auf dem Gebiet Kaliforniens, die schon den Hauch des Südens an sich hat.

Dann die Sierra Nevada. Großartig! Von Wald bedeckte Berge, endlose Schneefelder, die Wasser der Schneeschmelze, die zu Tale rauschen, die Bergluft. Einige Mitreisende erzählen ihnen, dass sie demnächst circa 15 000 Fuß über dem Meer sein würden. Kilometerweit rumpeln sie durch künstliche Holztunnel, die verhindern, dass die gewaltigen Schneemassen auf die Gleise fallen. Dann ein herrlicher, tief eingebetteter, grüner See zu ihren Füßen.

Allmählich kommen sie in das Land des Südens. Im Wagen wird es ungemütlich warm. Auf den Zwischenstationen bieten Händler Pfirsiche, Kirschen und Pflaumen zum Kauf. Das Obst schmeckt köstlich. Um vier Uhr stoppt der Zug in Sacramento, der alten Goldgräberstadt. Sie sehen die ersten im Freien wachsenden Palmen. Kurz vor San Francisco gleitet der gesamte Eisenbahnzug auf eine Eisenbahnfähre, die sie über den Sacramentostrom bringt. Gegen achtzehn Uhr treffen sie in Oakland Peer ein. Endstation. Eine Vorortbahn bringt sie nach Oakland, in die Stadt diesseits der San Francisco Bay. Dort bleiben sie über Nacht, weil in Frisco die Unterkünfte ausgebucht sind.

Der erste Gang führt sie zum Büro der Oceanic Steamship Company. Nur mit Mühe können sie sich verständigen. Die Plätze auf dem Oberdeck sind ihnen zu teuer, also buchen sie das Hauptdeck.

Von allen bis dato gesehenen amerikanischen Städten findet Fritz das Straßenbild in Oakland-Frisco am unerfreulichsten: nur wenige schöne Häuser, teilweise mit Erdbebenschäden, die Bevölkerung international (Chinesen, Japaner, Schwarze und alle Schattierungen in Weiß). Hier sieht er das erste Mal Gesichter à la Friedrichstraße in Berlin: geschminkte, freche Weiber und »strolchartiges Gesindel«. Das Wetter ist aber denkbar schön und erinnert durch die Hitze schon an die Tropen, die Pflanzenwelt genauso.

Die ihnen diesmal empfohlene Unterkunft heißt Touraine. Der Wirt dieses First-Class-Hotels ist gebürtiger Franzose, die Bedienung ausschließlich in der Hand von Chinesen. Am anderen Morgen kommen sie fast zu spät zum Frühstück. Ein Oberchinese empfängt sie im Speisesaal und geleitet sie an einen Tisch. Lona will sich diese Bevormundung nicht gefallen lassen und selbst einen Tisch wählen. Das nimmt man ihr übel. Fritz wiederum fühlt sich durch die chinesische Bedienung unangenehm berührt, und die Angaben auf der umfangreichen Speisekarte bleiben ihm ein Rätsel.

Nach dem Mittagessen setzen sie nun endlich mit einem Fährschiff nach dem berühmten Frisco über. Schon am Bahnhof beginnen die Ruinen.

Fritz und Lona sehen die Schlagzeilen und Berichte in den Berliner Tageszeitungen noch vor sich: »San Francisco in Trümmern!« Erst vor vier Monaten hatte ein furchtbares Erdbeben die Stadt getroffen. Einem kurzen Vorbeben folgte das Hauptbeben, das 47 Sekunden andauerte. Mit einer Geschwindigkeit von 7000 Meilen pro Stunde breitete es sich über 477 Kilometer in nördlicher und südlicher Richtung aus. 26 Nachbeben folgten am selben Tag. Dieser Erdstoß, so schrieben die Zeitungen, sei die schlimmste Naturkatastrophe in der Geschichte der noch jungen USA. Man geht von einem wirtschaftlichen Schaden von zehn Milliarden Dollar aus. Vor Ort hören sie, dass von den damals 400 000 Einwohnern San Franciscos über 2500 Menschen, meist zur Unkenntlichkeit verkohlt, in den Trümmern lagen. Noch immer seien nicht alle Toten geborgen. Es gab mehr als 225 000 Verletzte. Die Hälfte der Bewohner sei obdachlos. Viele hätten mit Fähren die Stadt verlassen. Es scheinen unvorstellbare Zahlen. Lona und Fritz kaufen sich ein Heft mit Fotos und Augenzeugenberichten vom Erdbeben. Dort berichtet ein Bergarbeiter, der sich am frühen Morgen des 18. April 1906 im St. Francis Hotel aufhielt, von einem plötzlichen, laut grollenden Geräusch. Es habe ihn an eine Mischung aus den Tönen eines Orkans erinnert, der durch einen Wald jagt, oder an die Brandung an einer Felsküste. Unmittelbar danach habe das Gebäude in seinen Grundfesten gewankt, als hätte es in unmittelbarer Nähe eine große Explosion gegeben. Die Wände des Hotels hätten sich gedreht, zur Seite geneigt – begleitet von knarrenden, mahlenden und krächzenden Geräuschen. Mit einem fürchterlichen Krach seien daraufhin die Simse und Schornsteine der benachbarten Gebäude zusammengefallen.

Fritz und Lona lesen auch ein Interview mit Enrico Caruso, dem weltberühmten Star-Tenor, der einen Abend zuvor im Opera House einen glanzvollen Auftritt hatte. Er schildert dem Reporter, dass sich alles im Raum gedreht habe, als er aufgewacht sei. Der Kronleuchter schwang bis an die Decke, die Stühle verfolgten sich gegenseitig. Es sei ein ungeheurer Lärm gewesen. Überall fielen Wände um, und Wolken von gelbem Staub stiegen empor. Die Bedrohung sei ihm endlos vorgekommen.

Andere Augenzeugen erzählen, dass es noch nicht dämmerte, als das Erdbeben losbrach. Leute strömten aus ihren Häusern in die dunklen Straßen, einige schrien, die meisten noch im Nachtgewand. Einige waren in den völlig aus dem Lot geratenen Gebäuden, deren Türen sich nicht mehr öffnen ließen, gefangen.

Viele der Bauwerke kollabierten, begruben Hunderte, Tausende von Menschen unter sich. Aber schlimmer noch als das Erdbeben sei der über mehrere Tage wütende Feuersturm gewesen, ausgelöst durch die in vielen Stadtteilen zerstörten Gasleitungen, Öfen, Kamine und zerplatzten Gaslaternen. Zwar seien die Feuerwehrmänner ausgerückt mit ihren Pferden und Löschwagen, doch die Hydranten hätten bis auf eine Hauptleitung kein Wasser geliefert, da auch sie geborsten seien. Es gäbe wohl noch vierundzwanzig Zisternen aus der Zeit des Goldrauschs, aber der Feuerwehrchef lag im Sterben, und nur die ältesten Feuerwehrmänner erinnerten sich an deren Standorte. Schon um sieben Uhr morgens brannte es überall. Die Straßen waren verstopft, weil jeder mit seinen Angehörigen und dem wichtigsten Besitz mit allem, was Räder hatte, unterwegs war. Manche versuchten sogar, Klaviere die Straße hinunterzuschieben.

Ein Police Officer berichtet von einer Herde Longhorn-Ochsen, die von einem Hof in der Nähe in panischer Flucht die Mission Street hinaufgeprescht sei. Die Tiere brüllten und trampelten alles und jeden nieder, der ihren Weg kreuzte. Wie eine Urgewalt stoben sie über die Bürgersteige. Ein Teil der Herde sei von der Straße direkt ins Untergeschoss eines Kaufhauses eingedrungen. In dem Moment sackte das Gebäude in sich zusammen und begrub die Stiere unter sich. Man sei gezwungen gewesen, die restlichen sechzig Ochsen, die weiter die Mission Street hinaufhetzten, zu erschießen. Einige von ihnen hätten das Palace Hotel erreicht. Ein panischer Stier sei durch Chinatown gerast, wo er Angst und Schrecken unter den Chinesen verbreitete, die dies als schlechtes Omen werteten.

Am Abend des ersten Tages nach dem Erdbeben und dem Flammeninferno standen 100 000 Menschen auf der Straße. Um Mitternacht vereinigten sich die Brände des Gebietes um die Market Street mit dem South of the Slot-Feuer. Die Hitze sprengte die Fenster.

Die Flammen wüteten noch zwei weitere Tage und verschlangen mehr als 490 Häuserblocks, 30 Schulen, 80 Kirchen und 250 000 Wohnungen. Jack London, der ebenfalls vor Ort war, berichtete von einem dämonischen Rauchschleier, der die Stadt in ein fahles Dämmerlicht tauchte, sodass man tagelang keine Sonne sehen konnte, nur einen von Lavendelschattierungen durchzogenen, seltsam rosafarbenen Himmel. Es seien die Farben der Hölle gewesen.

Erst als in der Nacht zum vierten Tag ein Regen einsetzte, kamen die Brände zur Ruhe. Zwar stieg aus den dampfenden, heißen Trümmern noch Rauch auf, aber die Luft wurde klarer.

Eine gespenstische Stille lag über der Stadt.

Es sind erst drei Monate ins Land gegangen, als Fritz und Lona nun durch die Straßen gehen, vorsichtig und im Zickzack die Market Street, die Hauptstraße von Frisco hinauf. Trümmer bedecken die Bürgersteige bis in die Fahrbahn hinein. Da der Wagenverkehr rege ist – auch die Elektrische fährt wieder – ist der Weg gefahrvoll. Zudem ist jederzeit damit zu rechnen, dass etwas von den Ruinen herabfällt. Die Fassaden von manchen Häusern neigen sich schräg zur Straße. Die granitenen Borde der Straßen und die Kirchenstufen sind mürbe und zerfallen wie Pulver.

Bald biegen sie in ruhigere Straßen ein. Gleich vielen anderen suchen sie nach Raritäten unter dem Schutt. Das Geschäft blüht. Überall stehen Händler, die Besonderheiten und Kuriositäten aus den Ruinen feilbieten.

Wie groß die Hitze bei dem Feuersturm gewesen sein muss, wird ihnen deutlich, als sie als Andenken zerschmolzene Telegrafen-Porzellanknöpfe erwerben.

Auf einer Grünfläche, später Golden Gate Park genannt, hat sich ein Heer von Obdachlosen eine Hüttenstadt gebaut, notdürftig errichtet aus Mammutbäumen und Tannen. Einige Banken haben ihren Betrieb wieder aufgenommen. Vor einem Bankgebäude liegt ein Dutzend geöffneter Safes.

Der Staub und die gleißende Sonne setzen ihnen zu, trotzdem steigen sie noch hinauf in die Hügel, die die Stadt umgeben. Oben angekommen bietet sich ihnen ein unbeschreiblicher Anblick: Vor ihnen liegt eine Fläche, die bis zum tiefblauen Meer mit Trümmern gefüllt ist. Nur wenige Gebäude stehen noch, einige Feueressen, ein paar Mauern. Auch hier oben, in den ehemaligen Prachtgärten der Reichen hausen jetzt Obdachlose in Zelten. Auf anderem Wege wandern sie – immer durch Ruinen – wieder zum Bahnhof zurück.

San Francisco nach dem Erdbeben, 1906

43

Am Morgen des 21. Juni 1906 begeben sich die Jaeckels zum Pier in Frisco, kaufen kalifornische Früchte und besteigen gegen Mittag die S. S. Ventura. Als die letzte englische Post eingetroffen ist, legt der Dampfer gegen achtzehn Uhr ab. Laut Passagierliste reisen nur Fritz, Lona und der Postbote Rotlow nach Pago Pago, einer Hafenstadt auf Tutuila, Ostsamoa, die unter amerikanischem Einfluss steht.

Das Schiff ist verglichen mit dem der Lloyd kläglich. Die erste Klasse ist hier minderwertiger als die zweite dort. Die S. S. Ventura führt zwei Klassen und ein Zwischendeck, Letzteres nur für Männer. Die Kabinen sind eng, wenig komfortabel und furchtbar heiß. Lona reißt sich sofort das Korsett vom beengten Leib, was Fritz begrüßt.

Nachts bedecken sie sich nur mit einem Laken. Sie schlafen bei offener Luke und geöffneter Tür. In der Früh ist infolgedessen häufig die Kabine nass, so spritzt das Wasser herein. Denn kaum, dass das Schiff Frisco verlassen hatte, waren sie in schwere See geraten. Zunächst bemerkten sie nichts, sondern wunderten sich nur, dass die Stewards anfingen, die Aschenbecher und Blumenvasen von den Tischen einzusammeln. Doch als dann die ersten groben Roll- und Stampfbewegungen einsetzten, wurde ihnen schnell klar, dass ein Sturm auf sie zukam. Die Wogen ergossen sich über das gesamte Deck, das schließlich geräumt werden musste.

Schon in der ersten Nacht waren Lona und Fritz furchtbar seekrank geworden. Die Koffer und alles Sonstige spielten in der Kabine Fangball. Überall im Schiff hörte man es krachen und klirren. Der nächste Tag verlief nicht anders.

Erst danach schleppen sich Lona und Fritz *mühselig an Deck, lagern sich mithilfe des Stewarts auf die mittschiffs aufgestellten Liegestühle und k … euchen*, wie Fritz in seinem Tagebuch notiert.

Wellen schlagen über sie hinweg. Bald entzünden sich ihre Gesichter vom Salzwasser.

S. S. VENTURA

FOR

Honolulu, Pago Pago, Auckland and Sydney

SAILING FROM SAN FRANCISCO
THURSDAY, JUNE 21, AT 2 P. M.

J. D. SPRECKELS & BROS. CO., General Agents, San Francisco

OFFICERS S. S. VENTURA

H. M HAYWARD, Commander

J. L. COWELL	..............Chief Officer	T. W. LAWRENCE...........	Chief Engineer
	F. B. CAVARLY	.....................Purser	
G. W. CLARK	........................Surgeon	———.....	Chief Steward

FIRST CABIN

HONOLULU

Mrs A. Berg and two children
Geo. Carr
C. P. Colburn
Mrs. Decoto
Mrs. Gannon
F. E. Jenks
J. Kenney
Mrs. Kenney
W. Krause
Mrs. E. Lawlor
C. J. Ludwigsen, Jr.
Mrs. F. D. McKernan

Miss May Nichols
Col. J. R. Parker
M. Rothman
S. E. Sairon
H. Sauber
H. B. Schrotke
Arthur Sherwill
E. H Sparks
Mrs. Sparks
Mrs. C. C. Tuttle
Geo. Von
Mrs. Von

PAGO PAGO

* F. Jaeckel
* Mrs. Jaeckel

* E. Retzlaff

AUCKLAND

A. G. Glover
A. Harding
Mrs Harding

Miss Harding
Samuel Lowe
Leonard Wilstead

SYDNEY

Miss L. Cowell
Miss Rita L. de Coque
Chas. Haney
Thos Hughes
Alex L Lion
Mrs. Lion
W. G. McLaren
W. B. Morse
Mrs. Morse
J. A. Okerbloom

Mrs. Okerbloom
Miss J. M. Okerbloom
Miss F. Okerbloom
A. J. Prince
Mrs. Prince
J. C. K Sands
Affeck Scott
F. G. Skempton
J. Nevin Tait
J. Neale Taylor

Passagierliste der »S. S. Ventura«, 1906

Oceanic
Steamship
Company

CIRCULAR QUAY, PORT JACKSON, SYDNEY

On Board O. S. Co's S. S._____ *190*

 ...DINNER...

WEDNESDAY, JULY 4, 1906.

INDEPENDENCE DAY

Eastern Oysters on Half-Shell   Queen Olives

SOUP

Green Turtle   Creme au Riz

FISH

Baked Salmon, Lemon Butter

ENTREES
Chicken Croquettes aux Petit Pois
Terrapin a la Maryland   Banana Fritters, Brandy Sauce

ROASTS

Ribs of Beef, Brown Potatoes   Young Pig with Baked Apples

POULTRY
Roast Turkey, Cranberry Sauce

BOILED
Corned Pork and Cabbage

VEGETABLES
Boiled and Mashed Potatoes

Cauliflower   Fried Egg Plant

SALAD a la WALDORF

SWEETS
Cabinet Pudding, Cream Sauce
Vanilla Ice Cream   Blanc Mange and Jelly   Meringue Kisses
Apple Pie   Blackberry Pie   Assorted Cake
Fruit in Season   Prunes   Almonds   Raisins
Crackers   Cheese   Tea   Coffee

Dinnerkarte auf der »Ventura«, 4. Juli 1906

Gegen Abend wird es besser. Gegessen haben sie noch nichts. Fritz hat Angst, in den Speisesaal zu gehen. Das sei seine eigentliche Seekrankheit, erklärt er Lona.

Bis Honolulu ist das Schiff voll besetzt. Nach sechstägiger Fahrt erreichen sie die Hauptinsel des Hawaii-Archipels. Da der Dampfer Kohlen bunkern muss, haben sie einen ganzen Tag an Land zu ihrer Verfügung.

Als nächstes Ziel steuern sie Pago Pago an. Es folgen Tage mit unendlichem Horizont und einer ultramarinblauen See, deren Grund viele Kilometer unter ihnen liegt. Kein einziges Schiff begegnet ihnen. Dieses Meer macht auf der restlichen Strecke seinem Namen alle Ehre. Schon um die Jahreswende 1520/21 hatte der Portugiese Fernando Magellan es so überraschend ruhig und windstill erlebt. Er nannte den Ozean daher »Pacifico«, den Stillen, den Friedlichen.

Fritz und Lona haben manchmal das Gefühl, als atme die See. So sanft und leicht ist die Dünung. Am Tag vor ihrer Ankunft schwebt ein schwarzer Vogel über dem Schiff. Der erste seit vielen Tagen. Elegant über den Wellen schwebend und mit dem Winde spielend, scheinbar ohne Flügelschlag begleitet er den Dampfer. Ein Fregattvogel. Ein sicheres Zeichen, dass das Land nicht mehr weit ist.

In Pago Pago steigen sie um auf ein kleineres Boot, das sie nach Apia auf Upolu, der Hauptinsel des West-Samoa-Archipels, bringt.

Achtunddreißig Tage sind sie nun schon unterwegs.

Das Land ist von paradiesischer Schönheit,
das Klima das denkbar angenehmste,
der Boden von unerschöpflicher Fruchtbarkeit und
die Bevölkerung die liebenswürdigste unseres Planeten.
Dass die guten Leute sich je zu regelmäßiger Arbeit
bequemen werden, ist allerdings kaum anzunehmen.

Otto E. Ehlers

4   Fa'a Samoa und die Dunkelheit der Weißen

Anfang Juli 1906: Bereits vor Sonnenaufgang stehen Lona und Fritz an Deck. Es hielt sie nichts mehr in ihren Kojen. Ihr Reisegefährte Rotlow, ebenso aufgeregt wie sie, hat sie geweckt. Schon erahnen sie die Silhouette einer Insel. Die Scheibe des Vollmonds spiegelt sich in den Wellen. Fritz staunt und erschrickt: Im Zwielicht ist direkt unter ihm auf den Decksplanken ein schwarzer unregelmäßiger Fleck zu sehen. Lona runzelt erstaunt die Stirn. Erst nach einer Weile begreifen sie, dass der Fleck keine Pfütze ist, sondern Fritz' eigener Schatten. An dieser Stelle der Erde steht der Mond nahezu senkrecht über ihnen. Beide müssen lachen.

Ein rosa Schimmer überzieht den Himmel. Mit den ersten Sonnenstrahlen erhebt sich Upolu aus dem azurblauen Meer, vom Strand bis in die Gipfel von tropischem Grün überzogen. Hier, an diesem herrlichen Morgen, Arm in Arm an der Reling stehend, umstrichen von einer sanften, warmen Brise erleben sie staunend eine fremde Welt. Sie sind überwältigt und sich der Schönheit des Augenblicks bewusst. Ein Traum ist in Erfüllung gegangen.

Durch die Kronen tropischer Bäume leuchten weiße Holzhäuser, und dann tauchen vor ihnen die Masten mehrerer Schiffe auf. Der Kapitän steuert das Schiff durch die Passage im Riff, vorbei an einigen Bootswracks, in das ruhige, türkisfarbene Wasser des

Hafens von Apia. Kaum sind die Anker gefallen, gleiten von zwei Seiten Kanus auf den Dampfer zu. Die Menschen in den Booten bieten allerlei seltene Dinge wie Muscheln, Korallen, Körbchen und Fächer feil, außerdem Bananen, Orangen, Passionsfrüchte und Kokosnüsse. Plötzlich wird das Gewirr der Stimmen übertönt durch Musik: Der auf Reede liegende deutsche Kreuzer Falke schickt die Klänge der »Wacht am Rhein« herüber. Lonas und Fritz' Mienen strahlen.

Ein an Bord gekommener Sanitätsbeamter untersucht die Passagiere auf ansteckende Krankheiten und gibt dann den Verkehr frei. Sofort strömen Europäer und Eingeborene an Deck. Überall fröhliche, freundliche Gesichter. Das ist ein Lachen, Fragen und Schwatzen! Wohlgefällig betrachten Lona und Fritz die Samoaner mit ihren schönen Körpern, ihren sympathischen Gesichtern, ihrer farbigen Tracht. Die Männer sind nur mit einem Hüfttuch bekleidet, tragen Blütenketten um den Hals und Blumen im Haar. An den Knien sind Tätowierungen zu erkennen.

Die Europäer dagegen haben trotz der schon beginnenden Hitze ihren *Zivilisationspanzer* angelegt, wie Otto Ehlers es in seinem Reisebericht formuliert hatte. Geharnischt seien sie von oben bis unten in gestärkten Hemden, Hosen und Röcken, nahezu luftdicht abgeschlossen wie rosarote Hummer in ihrer Schale. Die frisch gestärkten Hosen könne man gewiss wie zwei Ofenrohre auf den Boden stellen.

Am Anlegesteg klingt Lona und Fritz ein lautes und fröhliches »Talofa, Talofa!« entgegen. Ein Kollege aus der Gouvernementsverwaltung erwartet sie. Sie laden ihr Gepäck in eine vierrädrige Kutsche, die von zwei Pferden gezogen wird, und zuckeln auf der unbefestigten Straße gemächlich los.

Die Stadt ist aus vier Dorfschaften entstanden, die sich entlang der halbmondförmigen Hafenbucht an der Hauptstraße aneinanderreihen. Mit seinen kleinen, weiß gestrichenen Holzhäusern zwischen gewaltigen, ihnen noch unbekannten Bäumen und seinen herumstehenden oder sich bedächtig bewegenden Menschen wirkt Apia wie ein erst kürzlich gegründeter Badeort.

Der Kutscher lenkt das Fahrzeug weg von der Küste nach Lotopa, einer Ansiedlung etwas außerhalb der Ortschaft. Der Erdboden ist hier von rötlicher Farbe, Bananenstauden und andere tropische Pflanzen begrenzen die Straße.

Schließlich sind sie da.

Lona und Fritz sind über die Maßen beglückt. Vor sich sehen sie ein prächtiges Holzhaus mit rotem Wellblechdach, weiß gestrichenen Wänden und grün umrahmten Fenstern und Türen. Es steht auf Stelzen von etwa eineinhalb Metern Höhe und ist ringsum von einer Veranda umgeben, die mittendrin in einen großzügigen Balkon mit geschmackvollen, bequemen Korbmöbeln ausläuft. Das Haus mit seinem kunstvoll verzierten Giebel wurde, wie sie später erfahren, mit Fertigteilen aus dem Holz des kalifornischen Mammutbaums und Palisander gebaut, importiert aus den USA.

Auf dem gepflegten Rasen stehen Büsche mit rotem und rosafarbenem Hibiskus. Zur Linken erstrecken sich eine Kokosplantage mit dunkelgrünen Palmen, davor einige Bananenstauden und ein blätterloser Feuerbaum mit einer flammend roten Blütenkrone.

Fritz und Lona stellen ihr Gepäck am Fuße der Treppe ab und betreten Arm in Arm ihr neues Reich. Es besteht aus vier Zimmern, die zum Teil noch möbliert werden müssen. Das dunkle Holz verströmt einen angenehmen, herben Duft. Es gibt keine Küche, sondern, wie der Ratten und Insekten wegen auf Samoa üblich, ein »Kochhaus«. Es steht etwas abgesondert hinter dem Haus, dort finden sich auch zwei große Behälter für das Regenwasser, das vom Dach über Rinnen und Rohre dorthin geleitet wird. Denn fließendes Wasser haben sie hier nicht, ebenso wenig wie elektrischen Strom. Das Bad besteht aus einem Verschlag für ein Brausebad. Gekocht wird mit Petroleumkochern. Fritz spürt Lonas Verunsicherung. Er schaut sie an.

»Keine Angst, Lona. Das wird ein herrliches Leben hier.«

In den nächsten Wochen setzen die Jaeckels alles daran, sich ein behagliches Heim zu schaffen. Bald grasen zwei Pferde vor ihrem Haus. Die Tiere zu halten, ist nicht schwierig und kostet nahezu nichts, sie können das ganze Jahr über im Freien bleiben. Zum Glück haben Fritz und Lona schon in Berlin Reitunterricht genommen. Ein leichter, zweirädriger Buggy parkt neben dem Haus, und ein Zwergpinscher namens Flocki »bewacht« es. Wie alle Weißen stellen die Jaeckels Bedienstete ein: für den Garten, die Pferde, zum Putzen, zum Kochen. Zwei chinesische Diener schlafen in einem kleinen Raum im hinteren Teil des Gebäudes. Beide sind jung, kaum größer als einen Meter fünfzig und heißen Po Ching und An Sam.

Tagsüber spielt sich das Leben auf der Veranda ab. Dort werden auch die Gäste empfangen. Die Innenräume werden fast ausschließlich zum Schlafen genutzt. Fenster und Türen des Hauses stehen Tag und Nacht offen. So fährt der meist sanfte Passat mit seinen Gerüchen vom Ozean und von den Blüten des Gartens wie ein sanftes, lebendiges Wesen durch alle Räume und bringt Erfrischung. Hier fühlt man sich der Natur, dem Leben nahe. Die Wärme ist selten unerträglich, eher angenehm. Nur in der Regenzeit, von Dezember bis März, gibt es schwüle Tage. Aber wird Lona sich an die Ratten, die Geckos an den Wänden und die fetten Kakerlaken gewöhnen können? Kann sie hier ein Kind großziehen?

Sie schicken Fotos in die Heimat: Lona und Fritz stolz auf der Veranda ihres Hauses, Fritz im hellen Anzug mit Schlips, Lona im weißen, hochgeschlossenen, langärmeligen Kleid, dessen Saum bis auf den Boden reicht. Die Verwandten fragen später in ihren Briefen, wie sie es nur in dieser Kleidung bei fünfundzwanzig Grad aushalten und wer die vielen weißen, durchgeschwitzten Wäschestücke wäscht. Auf dem Foto wartet einer der beiden chinesischen Diener in der Kutsche auf dem Rasen davor auf ihre Anweisungen, auch er in einem weißen Anzug mit einem runden Strohhut auf dem Kopf. Fritz sieht jetzt männlicher aus und trägt statt eines wilhelminischen Schnauzers einen kurzen Schnurrbart.

Nach und nach gewöhnen sich die beiden Diener an die Besonderheiten des Landes und das Kochen im Kochhaus. Denn besonders bei Unwetter ist das eine Herausforderung, manchmal regnet es rein oder der Wind bläst die Kochflamme aus. Auch ist der Weg dorthin nicht überdacht. Po Ching lernt jedoch immer besser, mit diesen Problemen fertig zu werden.

Wie von den anderen Familien empfohlen, baut Fritz einen Hühnerstall und Lona legt einen Gemüsegarten an, den sie gemeinsam mit An Sam betreut. Die Saat kauft sie in dem Kolonialwarenladen in Lotopa oder auf dem Markt in Apia direkt am Meer. Heimisches Gemüse wie Tomaten, Radieschen, Bohnen, Gurken und Salat gedeiht nach kurzer Wachstumsphase mit üppigen, zum Teil mehrfachen Ernten. Lona scheint es so, als könne

Vor dem Ausritt. Haus der Jaeckels in Lotopa

man auf Samoa einen Stock in die Erde stecken und nach wenigen Tagen schlüge er Wurzeln und trage im Jahr darauf Früchte. Aber Unkraut wächst natürlich auch.

Lona baut Taro und Jams an, Gewächse, die im Geschmack der Kartoffel ähneln. Bananen, Mangos, Papayas pflückt sie von den vorhandenen Bäumen auf ihrem Grundstück. Fleisch oder Fisch gibt es jeden Tag frisch in Apia. Ab und zu kauft Lona Ananasfrüchte, die wohl nirgends köstlicher schmecken als hier. Wie in den Tropen üblich, gewöhnen sie sich ganz automatisch an, fettärmer zu essen – weniger Fleischspeisen und mehr vegetarische Nährstoffe zu sich zu nehmen – und die Speisen stärker zu würzen.

Die hauptsächliche Arbeit leistet Fritz in den frühen Morgenstunden. Er hat sich in der Gouvernementsverwaltung um die Finanzen zu kümmern und knüpft schnell berufliche Kontakte. Auch Lona hat keine Probleme, Anschluss zu finden. Die wenigen deutschen Frauen auf Samoa begrüßen jede neu ankommende Landsmännin mit Freuden. Sie sind neugierig auf Lona und helfen gern mit Rat und Tat bei diesem Neuanfang.

Das gesellschaftliche Leben auf der Insel wird stark von der Etikette bestimmt. Vielleicht gerade deshalb, weil man hier auf einer zivilisationsfernen Insel lebt. So ist es für alle Neuankömmlinge üblich, in den Kreisen, in denen sie verkehren wollen, Antrittsbesuche zu machen. Man wird in der Regel auf der Veranda empfangen und bleibt eine viertel oder halbe Stunde. Besucht man allerdings zum ersten Mal eine Pflanzung, nimmt das Beschnuppern einen ganzen Tag bis einschließlich des Abends in Anspruch. Und nicht nur das ist genau festgeschrieben: Es gilt als schwerer Fehler, nicht die richtige Reihenfolge einzuhalten oder jemanden zu vergessen. Dann wird man von den gekränkten Leuten erst mal wie Luft behandelt. Und ganz entscheidend ist, zum Abschied dem Gastgeber immer eine Visitenkarte in die Hand zu drücken. Ohne Visitenkarte geht gar nichts. Bei den Dinners der Deutschen Handels- und Plantagengesellschaft, genannt die »Firma«, erscheinen die Herren im Frack, die Damen in Abendtoilette. Wenn ein- bis zweimal im Jahr ein Kriegsschiff im Hafen ankert, jagt eine Lustbarkeit die andere. Es werden Picknicks organisiert, und jeden Abend spricht eine andere Familie eine Einladung an die schneidigen Herren Offiziere aus. Der Verein »Concordia« oder der »Militärverein« veranstaltet zu deren Ehren ein Fest. Die Schiffsbesatzungen ihrerseits bewirten die Honoratioren der Insel an Bord.

So *beehrt sich* der Sekretär des Gouverneurs *ergebenst im Auftrage seiner Excellenz* aus Anlass der Anwesenheit der S.M.S. Condor, Fritz auf den Exerzierplatz in Vaimea zur Fita-Fita-Parade einzuladen. Das heißt: Die Polizeitruppe der Eingeborenen exerziert in der Nachmittagssonne mit nackten Füßen auf kurz geschorenem Rasen. Das pflegt bei den deutschen Zuschauern, speziell den Männern, heimatliche Gefühle zu wecken und wird als Beweis dafür gesehen, dass sich die Zivilisation in die entlegensten Winkel der Erde tragen lässt.

Die Jaeckels sind bald Teil des Karussells der Einladungen in der kleinen deutschen Kolonie. Aber abgesehen von den festlichen, ritualisierten Gesellschaften und den Antrittsbesuchen der Neuankömmlinge verkehrt man hier herrlich ungezwungen miteinander. Lona und Fritz können ihre Freunde ohne Voranmeldung nahezu zu jeder Tages- und Nachtzeit besuchen. Immer werden sie herzlich empfangen und bewirtet, und sie halten es genauso. Die deutsche Gemeinschaft hat sich wohl von der sprichwörtlichen Gastfreundschaft der Samoaner anstecken lassen. Sie hören, dass diese es dahingehend deutlich toller treiben. Ganze Dorfschaften besuchen sich gegenseitig, reisen auch auf die Nachbarinseln und bleiben so lange, bis beim Gastgeber alle Vorräte verspeist sind. Irgendwann sind dann die Gäste mit der Gegeneinladung dran. Sparen ist den Samoanern völlig fremd.

Neben den Kontakten zu Landsleuten pflegen die Jaeckels gelegentlich auch welche zu den Samoanern. Fritz fühlt sich haushoch überlegen, als Vertreter der Zivilisation unter Wilden. Doch es gibt bei diesen Begegnungen Momente, in denen sich trotz der ideologischen Scheuklappen der Kaiserzeit bei ihm auch zarte Gefühle der Bewunderung und des Neides zeigen. Das ist schwer zuzugeben, das hat er nicht erwartet. Im Laufe der Wochen und Monate gewinnt er zunehmend den Eindruck, als seien die Eingeborenen eher in der Lage, glücklich im Hier und Jetzt zu leben.

Auf einer seiner Dienstreisen paddelt er mit einem Kanu durch die Korallengärten in der Bucht von Lefaga. Schwärme von Fliegenden Fischen stieben vor ihm auf. In der Nähe einer Riffpassage trifft er zwei Fischer. Sie bewegen ihr Auslegerkanu mit Paddel und Stangen vorwärts und schwatzen und lachen die ganze Zeit. Stolz zeigen sie ihm ihren Fang. Das Boot ist zu einem Drittel mit türkisfarbenen Fischen gefüllt. Die Fischer erzählen, sie seien Junggesellen. Die Fische bräuchten sie für die Mädchen. Lachend und singend treten sie die Rückfahrt an. Die Sonne scheint warm und mild, das Wasser der Lagune leuchtet in aquamarinfarbener, durchsichtiger Klarheit, die palmenbewachsenen Ufer bilden den Rahmen. Fritz fühlt sich in einem magischen Kreis. Vor dem Hintergrund des weißen Korallensandes sieht das Meer in Ufernähe hell und transparent wie Trinkwasser aus. Mit zunehmender Tiefe wechselt die Farbe in ein helles Lindgrün. Die leichte Brise wirft winzige Wellen von zartvioletter Schattierung auf. Der Himmel, über den von unten beleuchtete rosa Wolken ziehen, ist dunkelviolett getönt. Ein Augenblick vollkommener Schönheit …

Fritz nimmt das alles wahr und genießt es. Und doch ist es so, wie es die Matai als typisch für den weißen Mann beschreiben, den sie hier Papalagi nennen. Nach kurzer Zeit tauchen bei ihm Gedanken auf, die die Einzigartigkeit und Vollkommenheit der Situation gleich wieder zerstören. Er macht sich Sorgen, dass das Wetter sich plötzlich verschlechtern und ein Sturm aufkommen könnte. Berufliche und familiäre Angelegenheiten gehen ihm durch den Sinn, für die er noch eine Lösung finden muss.

›Irgendwie spinnen wir doch, wir Weißen‹, denkt Fritz.

Die Insulaner sind natürlich privilegiert durch das Klima, die Schönheit und Fruchtbarkeit des Landes. Aber zugleich geht so viel Leichtigkeit von ihnen aus. Fast mühelos gedeihen Bananen, Ananas, Apfelsinen, Mangos, Papayas, Brotfrucht, Taro, Jams und nicht zu vergessen Kokospalmen. In den Ansiedlungen werden Schweine und Hühner gehalten, den Urwald bevölkern schmackhafte Tauben. Das Meer vor oder hinter dem Riff bietet eine Fülle essbarer Fische, dazu Schildkröten, Krebse, Seeigel, Seegurken, Würmer, Tintenfische und andere Tiere. Hier scheint der Kampf ums Dasein nie gekämpft worden zu sein.

Fritz gelangt auch immer mehr zu der Überzeugung, dass die Samoaner die Arbeit nicht als Last empfinden, weder beim Herstellen von Dingen des täglichen Bedarfs oder in den Gärten noch beim Fischen. Sie ist nicht spezialisiert und eintönig. Man zieht gemeinsam los und singt dabei. Gespräche mit Nachbarn und Freunden sind jederzeit möglich. Es gibt oft Zusammenkünfte, Gelegenheiten zu Musik, Gesängen und Tanz, zu denen man sich liebevoll schmückt. Jeder kann tanzen, ein Instrument spielen, singen.

Je länger Fritz und Lona auf Samoa sind, desto öfter werden sie zu den schönen Festen der Eingeborenen eingeladen. Sie erleben den berühmten »Siva«, den ekstatischen Tanz der Frauen, mit, und Fritz ist bei einer Kawa-Zeremonie dabei. Kawa ist das Nationalgetränk der Samoaner, ursprünglich nur der Männer. Keine Gastfreundschaft, kein Vergnügen ohne Kawa. Man gewinnt es aus der Knolle der Kawa-Pflanze, die in kleine Würfel geschnitten und dann von jungen Mädchen gekaut wird. Die gekaute Masse sammelt man in einer auf sechs bis zwölf Füßen ruhenden Schale aus dem Stamm des Brotfruchtbaumes. Mit Wasser versetzt und mit den Händen durchgeknetet, löst sich das milde Narkotikum darin. Das fertige Getränk wird nun in einer halben polierten Kokosnussschale gereicht – meist von der Dorfjungfrau in einer

Zeremonie, in der der Rang des Gastes und der anderen Anwesenden zu berücksichtigen ist. Fritz ist vorgewarnt, als er in einer Kawa-Runde mit samoanischen Gastgebern sitzt. Das Gebräu ist von gräulicher beziehungsweise grünlicher Farbe, sieht aus wie Abwasch- oder Seifenwasser. Er nimmt, da sich alle Augen auf ihn richten, mit Todesverachtung gleich zwei, drei Schlucke aus dem Becher. Die Wirkung ist entspannend. Er verspürt eine leichte Euphorie. Die Gespräche scheinen lebhafter zu werden. Zur gleichen Zeit meint er, leichte Taubheitsgefühle in Lippen und Zunge wahrzunehmen. In der Nacht schläft er tief und fest. Nachwirkungen am nächsten Tag stellen sich nicht ein, aber dass Fritz »abwaschwassersüchtig« wird, ist doch nicht zu erwarten, wie er selbst Lona gegenüber feststellt.

Wie Fritz bald herausfindet, leben die Samoaner außerhalb von Apia wie bisher nach ihren traditionellen Regeln und verwalten sich, solange alles friedlich bleibt, ohne Einmischung der deutschen Obrigkeit selbst. Ihre »Fa'a Samoa« genannte, friedliche, zutiefst demokratische Form des Zusammenlebens entwickelten die Insulaner bereits um 1600, als sie sich vom Joch der Tonganer befreiten. Dazu gehört die Ehrfurcht vor den Gesetzen der Natur. Man entnimmt nur das, was man für Hausbau, Kleidung und Essen braucht.
Grundlage der gesellschaftlichen Ordnung sind die samoanischen Großfamilien, die Aigas, die aus mehreren Elternpaaren, deren Kindern, den Großeltern und Verwandten bis zum dritten Grad bestehen. Das friedliche Miteinander und das Füreinandereintreten werden durch das Grundprinzip des wechselseitigen Gebens und Nehmens, des Teilens und Unterstützens angestrebt. So haben alle etwa gleich viel Besitz. Besitzt einer durch Glück, zum Beispiel beim Fischfang, oder durch eigene Anstrengung mehr als die anderen, so erwarten diese, dass er ihnen von seinem Segen abgibt. Man kann auch sagen: Alles gehört allen, oder

individueller Besitz ist gleichgültig. Geld als Tauschwährung gibt es nicht.

Die Samoaner leben in einer über- und durchschaubaren Welt, in der Kinder sich frei bewegen können und bekannte, liebevolle Erwachsene immer in der Nähe sind. Der andere wichtige Baustein des Zusammenlebens ist das Matai-System. Die Aiga wählt aus ihren Reihen ein nach Ansehen, Intelligenz und Bildung qualifiziertes Familienoberhaupt, Matai genannt, meistens einen Mann. Er vertritt die Sippe im Dorfrat und sorgt für den Schutz der Familienmitglieder. Macht er seine Sache schlecht, kann er abgewählt werden.

Die Samoaner konzentrieren sich in ihrer Lebensweise, so scheint es Fritz, viel stärker auf den Menschen als soziales Wesen, als Teil einer Gemeinschaft. Was allerdings auch bedeutet: weniger Intimsphäre, Privatheit, Eigeninitiative und individuelle Selbstverwirklichung. Zugleich beschränkt sich dieses Füreinandereinstehen hauptsächlich auf die eigene Aiga. Zwischen den Clans gibt es seit Jahrhunderten immer wieder Streitigkeiten und Kämpfe.

Natürlich sind die Insulaner keine edlen Wilden. Auch sie haben Schwächen, Laster und machen Fehler, fühlen Missgunst, wie Menschen überall auf der Welt. Und doch nehmen Fritz und Lona bei den Samoanern Vitalität, Farbigkeit, Lebensfreude und Musikalität wahr, körperliches Selbstbewusstsein, Präsenz, Gemeinschaftssinn.

Fritz ist als Eroberer, Herr und Sendbote der Zivilisation hierher gekommen. Und was machen die »Wilden« trotz ihrer Unwissenheit und Naivität mit ihm? Sie verunsichern ihn. Zumindest in einem entlegenen Teil seiner Seele kann er zulassen, dass er sich blass, farblos und ungeschickt vorkommt. Nicht so eins mit seinem Körper und der Umgebung. Europäer wie er tragen Schwarz, Weiß oder Grau, laufen mit ernster Miene herum und bewegen sich ungeschickt.

Am Sonntag beim Kirchgang allerdings tragen auch die einheimischen Frauen schneeweiße Kleider, was gut zu dem warmen Bronzeton ihrer Haut passt und dafür sorgt, dass sie in dem gedämpften Licht des Kirchenschiffs leuchten wie Sendboten des Himmels. Bei den Kirchenliedern füllen die lauten, inbrünstigen Stimmen der Besucher den hohen Raum der Basilika. Wie armselig erscheint Lona und Fritz dagegen der Gesang der versammelten Kleinstgemeinde in einer Kirche im heimatlichen Deutschen Reich.

Und wie denken die Samoaner, die »naiven Naturkinder«, über die Menschen aus der fremden Welt, die Papalagi? Die junge, vom deutschen Erziehungssystem geprägte, samoanische Elite ist mit der Bevormundung unzufrieden. Soweit Fritz das beurteilen kann, scheinen die Samoaner ansonsten weitgehend immun zu sein gegenüber den Verheißungen der europäischen Zivilisation. Sie schütteln oft den Kopf über das seltsame Denken und Verhalten der Fremden. Einer der Matai soll gesagt haben: »Die Weißen glauben, den Samoanern das Licht zu bringen, aber in Wirklichkeit ziehen sie uns eher mit in ihre Dunkelheit hinein.«

Aufstehen sollte ich und schweifen,
wo die gold'nen Äpfel reifen
und wo unter fremden Himmeln Papageieninseln ankern.
Robert Louis Stevenson

5 Spitzenhäubchen im Mondschein und Lavalavas im Royal-Stewart-Muster

Zu den Menschen, die Fritz und Lona auf Samoa kennenlernen, gehört auch Gustav Kunst, ein deutscher Kaufmann aus Hamburg. Er hat als Pelzhändler in Wladiwostok so viel Geld gemacht, dass er auch noch Wohnsitze in Hongkong und Waikiki unterhält. Sie freunden sich bei einem Fest des Vereins Concordia an, und Kunst lädt sie in sein Haus nach Vailima ein. Er bewohnt auf Samoa nicht irgendein Haus, sondern das von Robert Louis Stevenson und seiner Familie. Lona, die in der Heimat als Buchhändlerin gearbeitet hatte, kennt Stevensons verrückte Lebensgeschichte und weiß, dass er vier Jahre auf Upolu gelebt hat. Sie hatte schon lange davon gesprochen, das Haus besuchen zu wollen, und nun ergab es sich auf angenehmste Weise.

Stevenson hatte sich im Jahr 1876 in einer Künstlerkolonie in der Nähe von Paris in die amerikanische Malerin Fanny Osbourne verliebt. Fanny war zehn Jahre älter als er, damals noch verheiratet und hatte drei Kinder. Mit Führer, Eseln und einer kleinen Tochter hatte sie, größtenteils zu Fuß, die Sümpfe des Isthmus von Panama durchquert, um mit ihrem ersten Ehemann unter Goldsuchern im Wilden Westen zu leben. Sie war eine charismatische, willensstarke und unabhängige Frau. Die Begegnung wurde für beide zu einem Wendepunkt.

Fanny rang sich in einem schmerzhaften Prozess zur Scheidung durch und löste damit im puritanischen Kalifornien einen Skandal aus. Stevenson folgte ihr von Schottland nach San Francisco. Vier Jahre nach ihrem ersten Zusammentreffen heiratete Fanny diesen langen, dünnen Schlacks, der seit Jahren lungenkrank und schon mehrfach dem Tode nahe gewesen war. Sie wusste um sein schriftstellerisches Genie und tat in Zukunft alles, um seine Gesundheit zu stabilisieren und gute Arbeitsbedingungen für ihn zu schaffen. Alle bisherigen Aufenthaltsorte waren seiner empfindlichen Konstitution nicht zuträglich gewesen, also entschloss man sich zu einer großen Pazifikreise. Durch eine Erbschaft – sein Vater war der Erbauer zahlreicher Leuchttürme an der schottischen Küste –, aber vor allem durch seine Bücher, »Treasure Island« und »The Strange Case of Dr. Jekyll and Mr. Hyde«, sowie einige Reiseberichte war Stevenson damals finanziell unabhängig.

Fanny charterte kurzerhand den Schoner Casco für die Familie, die Europa nie wiedersehen sollte. Von San Francisco aus segelten sie zu den Marquesas-Inseln, zum Tuamotu-Archipel, nach Tahiti und Honolulu. Über sich den azurblauen Himmel und Sonne, Sonne, Sonne. Stevenson war »schwarz wie eine Pflaume« geworden und fühlte sich so gesund wie seit Langem nicht mehr.

Ich hätte mir nie träumen lassen, dass es solche Orte gibt und solche Völker!, notierte er in seinem Tagebuch.

Er drang auf dieser Reise tief in die Welt des Pazifischen Ozeans ein, freundete sich mit dem König von Hawaii an, besuchte eine Leprainsel und geißelte die Scheinheiligkeit des Kolonialismus und der Missionare. Es war ein unbekümmertes, unbeschwertes Leben. Auch seine alte Mutter war mit ihnen unterwegs. Fanny beschreibt in ihrem Reisebericht, wie diese mit einem Spitzenhäubchen auf dem Kopf bei Mondschein mit einem kaum durch ein Taschentuch bedeckten Herrn am Strand spazieren ging. Fritz und Lona mussten später oft an dieses Bild denken.

Sieben Monate waren die Stevensons auf Reisen. Fünf davon verbrachten sie in Honolulu, um anschließend mit einem kleinen Küstenschiff nach Samoa zu segeln. In Apia ging die bunte Vagabundentruppe vor Anker. Zum ersten Mal im Leben fischte Stevenson hier in den Wasserlöchern des Riffs. Er schwamm, er ritt, er tanzte sogar. Sie beschlossen zu bleiben, kauften ein großes Stück Dschungel, fünf Kilometer außerhalb von Apia am Fuße eines Vulkankegels gelegen. Sie ließen das Grundstück in zäher Arbeit roden und ein Haus bauen. Sie nannten es Vailima, wegen der »fünf Wasserläufe«, die das Anwesen querten.

Nun also sollten Fritz und Lona dieses Haus kennenlernen. Zu Hause in Berlin hätte Lona es sich nicht träumen lassen, dem von ihr geschätzten Dichter jemals näher zu kommen als durch die Lektüre seiner Bücher. Als ihre Kutsche auf die Zufahrt zur Villa einbiegt, gesteht sie Fritz, wie aufgeregt ihr Herz schlägt.

Fritz lächelt liebevoll. Von den wenigen Dingen, die ihn mit seinem Schwiegervater verbinden, ist eines der Stolz auf Lonas Wissen und die Tatsache, dass sie einen Beruf erlernt hat.

Das Anwesen der Stevensons liegt auf einer großen Rasenfläche, eingefasst von Hibiskussträuchern und Orangen- und Limonenbäumen voller Früchte. Es Haus zu nennen, wäre zu wenig, denn es sind eigentlich drei Häuser, die ineinander übergehen. Die Fassaden sind blaugrün gestrichen, Dach, Fensterläden, Stützpfeiler und Geländer leuchten in venezianischem Rot. Rechter Hand die steil ansteigenden, bewaldeten Hänge des Vaea, dahinter mächtige Banyan-Bäume, links die Reste der ehemaligen Plantagen. Es ist der schönste und größte private Gebäudekomplex in Samoa. Nie zuvor hat jemand auf den Inseln etwas Vergleichbares gebaut.

Gustav Kunst kommt ihnen lächelnd entgegen. Seine Haut ist von rötlich brauner Farbe, der Kopf in der Mitte kahl, der seitliche graue Haarkranz zu einem Pferdeschwanz gebunden. Um den Hals trägt er eine Kette mit weißen Frangipani-Blüten, um den Leib einen schwarzen, mit orangeroten Strelitzien bestickten Kimono, der von einer Schärpe zusammengehalten wird. Daraus ragen nackte Beine hervor.

Er bittet sie, auf der Veranda Platz zu nehmen.

»Wissen Sie, was das Schönste an diesem Haus ist?«, fragt ihr Gastgeber, noch bevor sich Lona und Fritz von ihrem Erstaunen erholen können. »Es ranken sich so viele Geschichten darum. Als es gebaut wurde, gab es noch keine Straße von Apia hierher, nur einen Weg, der sich während der Regenzeit von Oktober bis Mai in einen Schlammpfad verwandelte.«

Lona und Fritz sehen sich um. Das Haus befindet sich zweihundert Meter über dem Meeresspiegel. Von der Veranda aus schaut man auf eine weitläufige Rasenfläche. Dahinter Sträucher und Bäume bis hinab in die Ebene, in der Ferne leuchten die Kathedrale von Apia und das Türkis der Lagune. Man sieht den weißen Strich der Brandung am Riff und dahinter das königsblaue Meer, aber kein anderes Dach, kein Feld, keine fremde Wiese.

»Bevor West-Samoa deutsche Kolonie wurde«, fährt Gustav Kunst fort, »haben Deutschland, England und die Vereinigten Staaten um diese Inselgruppe gerungen. Um ihren Einfluss zuungunsten der anderen Parteien zu vergrößern, schlossen die Länder Bündnisse mit bestimmten Oberhäuptlingen. So lagen auch die Samoaner untereinander ständig im Streit. Aber das wissen Sie sicher.«

Fritz nickt.

»Und die Stevensons schlugen sich ganz auf die Seite der Eingeborenen, soviel ich weiß.«

»Das stimmt«, bestätigt der Hausherr. »Sie haben versucht, kriegerische Auseinandersetzungen zu verhindern. Ihre Unterstützung galt dem alten, weisen Häuptling Mataafa, dem nach Abstammung, Titeln und Tradition das höchste Amt zustand, und seinen Anhängern ...«

Zwei Diener bringen dampfenden Kaffee heraus. Gustav Kunst unterbricht sich kurz und fährt dann fort, sobald seine Gäste versorgt sind:

»Mr. Stevenson war eben ein verdammter Bohemien, ein naiver Sozialromantiker, aber ich mag ihn … Die Einheimischen haben ihn ›Tusitala‹ genannt, den Geschichtenerzähler. Er hat viel Zeit mit ihnen verbracht, selbst an Weihnachten, und sich nie gescheut, Position zu beziehen, obwohl er damit oft die Ausweisung der ganzen Familie riskierte.«

»Häuptling Mataafa ge-

Mataafa – Häuptling der Häuptlinge

hörte zu denen, die von den Deutschen, Engländern und Amerikanern inhaftiert worden sind, nicht?«, fragt Fritz.

»Ja, stimmt.« Gustav Kunst lehnt sich in seinem Stuhl zurück. »Stevenson hat Mataafa und die ihn unterstützenden Clanchefs oft besucht, auch im Gefängnis. Dafür wurden Fanny und er als die einzigen Freunde geehrt, die die Samoaner unter den Weißen hatten. Sie wurden zum Kawa-Trinken eingeladen, das in Polynesien eine große zeremonielle Bedeutung besitzt. Die Häuptlinge haben dabei ihre Ulas, die Häuptlingsketten aus roten Samenkörnern, von ihren Hälsen genommen, um sie ihren weißen Unterstützern umzulegen. Stevenson ist anschließend mit seiner Familie durch die Stadt hierher zurückgeritten. Behängt mit den Ulas und mit vielen Geschenken im Gepäck und bewundert von den Samoanern. Die weiße Obrigkeit hingegen schäumte.«

»Damit nicht genug«, sagt Lona. »Fanny hat auch einen alten, erkrankten Gefangenen mit zu sich nach Hause genommen, pflegte ihn gesund und lieferte ihn hinterher, wie versprochen, wieder im Gefängnis ab.«

Gustav Kunst zieht bewundernd die Augenbrauen hoch.

»Ich sehe schon, Sie kennen das Land und die Geschichten hier.«

»Nicht alle«, antwortet Lona ein wenig verlegen. »Ich bin mir nicht sicher, ob ich das Ende der Geschichte um Häuptling Mataafa schon gehört habe.«

Gustav macht eine ausladende Geste. »Das können Sie hier vor Ort mit eigenen Augen sehen. Als die achtzehn Häuptlinge nach einem Jahr entlassen wurden, haben die jungen Männer aus den jeweiligen Dörfern als Dank die Straße hier gebaut, auf der Sie hergekommen sind. Sie verbindet die Villa Vailima mit der Hauptstraße. Das war ein großes Geschenk an die Stevensons, denn eigentlich verabscheuen die Samoaner ja nichts mehr als körperliche Arbeit, wie Sie wissen.«

Fritz kann einen Seufzer nicht unterdrücken. Dieser Umstand machte die Arbeit der Kolonialbehörden nicht eben leichter.

»Jedenfalls«, setzt Gustav seine Schilderung fort, »gab dieser Umstand der Straße ihren Namen. Sie heißt bei den Einheimischen ›Straße der Dankbarkeit‹ oder ›Straße der liebenden Herzen‹. Letzteres geht wohl darauf zurück, dass Stevenson auf der Feier zum Abschluss der Bauarbeiten gesagt haben soll, dass er die Samoaner liebe und dass er sie als die Menschen erwählt habe, mit denen er leben und sterben möchte.«

Lona und Fritz blicken zur Straße hinüber.

»Ich frage mich dennoch, warum Stevenson für die drei Gouverneure so sakrosankt war«, sagt Fritz schließlich.

»Ja, das habe ich mich auch gefragt«, bestätigt Gustav. »Man hat mir erzählt, der englische Gouverneur habe Stevensons Ausweisungsbescheid schon in der Hand gehabt. Aber der Schriftsteller war inzwischen durch seine Briefe an Freunde in Europa, den Vorabdruck seiner Romane in Zeitungsserien und die vielen Zeitungsberichte weltberühmt. Er wurde in Europa, in Amerika und Australien gefeiert. Die Eingeborenen verehrten ihn, und viele Weiße waren mit ihm trotz unterschiedlicher politischer Auffassungen befreundet. Ich will es mal so ausdrücken: Stevenson war, obwohl er keine politische Macht besaß, wegen seiner literarischen Bedeutung, seiner Rolle als unabhängiger Denker und wegen seiner äußeren Stellung die einflussreichste Persönlichkeit der Insel. Er spielte gesellschaftlich die erste Geige.«

Gustav Kunst macht eine Pause und lächelt. In seiner exotischen Aufmachung sieht er aus wie ein asiatischer Fürst.

»Wissen Sie, ich leide noch heute unter Stevensons Popularität. Vor allem für Menschen aus der englischsprachigen Welt ist er ein Lockmittel und Vailima ein Wallfahrtsort. Das war schon während der vier Jahre so, die er hier lebte, und ist heute nicht anders. Alle Nase lang kommen durchreisende Fremde hierher. Neulich, als ich gerade in Hongkong weilte und mein Verwalter in Geschäften unterwegs war, ist eine Horde neuseeländischer Literaturfreunde hier eingefallen. Sie haben alles befingert und mehrere wertvolle und seltene samoanische Kunstgegenstände mitgenommen. Im Gegenzug hinterließen sie mir einen hingekritzelten Zettel und ein paar Schillinge, für die man sich in Apia kaum ein Bier leisten kann.«

Fritz und Lona schütteln den Kopf und drücken ihr Unverständnis aus.

Die Bäume des Urwalds rauschen, ebenso das Wasser des Flusses hinter dem Haus. Sie betrachten den üppigen Hibiskus, die vielen anderen tropischen Blumen und stellen sich Robert Louis Stevenson auf dem Zenit seiner Berühmtheit vor. Einen Mann, dessen Nimbus als Schriftsteller auf ewig mit diesem Ort auf einer exotischen Insel verbunden sein wird.

»Es ist schon beeindruckend, was man hier sieht«, sagt Fritz nach einer Weile, »und ebenso alles, was Sie über die Familie erzählt haben. Trotzdem … Ich mag die meisten Samoaner, aber zu viel Nähe zu ihnen ist mir suspekt und unverständlich. Für mich sind sie zwar keine ›Kanaken‹ – wie für viele Seeleute auf den Kriegsschiffen –, aber doch Menschen, die weit unter der Entwicklungsstufe der Europäer stehen. Da sind wir uns wohl einig.«

Gustav stimmt mit einem Kopfnicken zu.

»Wenn Stevenson sich durchgesetzt hätte mit seinem Samoa für die Samoaner«, fährt Fritz fort, »säßen wir dann jetzt hier? Die Insulaner würden weiter vor sich hindämmern, und warum soll das Deutsche Reich nicht die Schätze des Landes für sich nutzen? Wir schenken den Eingeborenen ja schließlich unsere Kultur und unsere Zivilisation.«

»Das sehe ich genauso. Man muss seine Chancen nutzen. Das habe ich immer so gehalten. Auch mit meinem Pelzhandel. Wie in der Natur: Der Stärkere setzt sich durch … Aber andererseits haben die Eingeborenen einen Charme, dem ich mich nicht entziehen kann.«

»Ich habe Angst, dass wir den zerstören könnten«, sagt Lona vorsichtig. »Von ihrer Kultur geht auch ein großer Zauber aus. Sie ist ungewohnt, fremdartig und aufregend.«

»Ja, durchaus. Sie haben vollkommen recht, wir müssen einen Weg finden, der beiden Seiten gerecht wird.« Gustav Kunst lächelt Lona bewundernd an, lenkt aber dann das Gespräch in eine andere Richtung: »Sie möchten doch sicherlich noch einen Blick in das Innere des Hauses werfen, oder?«

»Sehr gern«, antworten Lona und Fritz fast gleichzeitig.

Ihr Gastgeber erhebt sich und geht voraus. Er zeigt ihnen im Inneren einige Möbel, die Stevenson aus seinem Elternhaus in Edinburgh mitgebracht hat. Im Tapa-Zimmer sind alle Wände mit kunstvoll bedruckten samoanischen Rindenstoffen bedeckt. Dort steht auch der einzige Kamin im gesamten Pazifik.

»Fanny hat ihn einbauen lassen«, erklärt der Hausherr. »Sie wollte ihren krankheitsanfälligen Mann vor Erkältungen schützen.«

»Ein Stück Heimat«, sagt Lona und streicht vorsichtig über die Kacheln.

Besonders beeindruckt sind sie jedoch von der großen Halle. Sie misst etwa zwanzig mal dreizehn Meter und ist voller Artefakte: Glasschränke mit asiatischen Kunstgegenständen an den Wänden, Jadefiguren, kunstvolle Netsukes und mehrere bemalte chinesische Paravents.

»Wissen Sie, wer damals alles in dem Haus wohnte?«, erkundigt sich Fritz.

»Oh ja, das war nicht etwa nur das Ehepaar Stevenson. Soviel ich weiß, wohnten hier weitaus mehr Familienmitglieder: Fannys Tochter aus erster Ehe mit ihrem Mann und deren Sohn, Fannys erwachsener Sohn, Louis' Mutter und sieben Diener, die aber ihrerseits noch über eine zahlreiche Familie mit Eltern, Cousins und so weiter verfügten. Die Diener trugen übrigens alle Lavalavas in dem für Schotten typischen Karomuster, dem Royal-Stewart-Tartan. Man könnte sagen: die ozeanische Version eines Kilts.«

Lona kann sich ein Lachen nicht verkneifen.

»Das war aber auch eine stattliche Zahl, die täglich unterhalten und beköstigt werden musste«, bemerkt sie dann. »Hatte Stevenson wirklich so viel Geld?«

»Das haben sich die Samoaner auch gefragt«, entgegnet Gustav Kunst. »Es war ihnen nicht entgangen, wie viel Baumaterial herbeigeschafft wurde, sie staunten über das Tafelsilber, die Kristallgläser, das edle Porzellan, die Stoffe für die Kilts und die vielen Flaschen Wein und die Bücher. Aber sie sahen den Mann niemals arbeiten. Er besaß keine Plantage, betrieb in Apia kein Hotel oder Geschäft. Wie um alles in der Welt kam der Mensch zu solchem Reichtum?«

»Eine nachvollziehbare Frage aus ihrer Sicht«, sagt Lona. »Ließ sich das den Einheimischen nahebringen?«

»Oh ja, und zwar durch einen seiner Texte: ›The Bottle Imp –
Das Flaschenteufelchen‹ erschien kurz nach Beendigung der Bauarbeiten hier in einer Zeitung. Es war Stevensons erste Veröffentlichung in samoanischer Sprache. Kennen Sie die Geschichte?«

Lona nickt.

»Ja, sie handelt von einem Hawaiianer und einem Flaschengeist,
der ihm alle Wünsche erfüllen konnte.«

»Genau, das ist sie. Die Insulaner waren jedoch mit derartigen Texten noch nie in Berührung gekommen und nahmen die
Geschichte für bare Münze. Sie hielten das für des Rätsels Lö-

Robert Louis Stevensons Familie

sung. Der Tusitala, der Geschichtenerzähler, besaß die Flasche mit dem Geist darin. Daher sein Reichtum, seine Macht, seine offensichtlich übernatürlichen Zauberkräfte. Die wurden auch seiner Frau zugeschrieben, die Vorahnungen hatte und durch das Vertreiben böser Geister Kranke heilen konnte. Die Samoaner beobachteten ferner, dass Louis ein guter Matai war. Als Familienoberhaupt herrschte er streng, aber gerecht über seine Aiga, seine Großfamilie und die Dienerschaft, und half ihnen mit Rat und Tat.«

Inzwischen sind sie am Ende ihres Rundgangs angekommen und stehen wieder auf der Veranda. Zwei Diener in weißen Pluderhosen und mit roten Turbanen reichen Sherry und Gebäck.

»Die Stevensons waren schon eine außergewöhnliche Familie«, sagt Fritz nachdenklich.

Und Lona fügt hinzu, dass ihr das Haus vorkomme wie ein »Feenschloss in der Waldeinsamkeit«.

Gustav Kunst prostet ihnen zu. »Interessiert es Sie, wie Stevenson starb?«, fragt er dann.

»Oh ja, natürlich«, erwidert Fritz, »Sie haben ja auch die Gabe eines Tusitala.«

Gustav winkt ab.

»Das bringt das Haus so mit sich, und natürlich auch die Geschichten, die über Stevenson kursieren. Die Häuptlinge aus der Umgebung und unsere deutschen Landsleute hier können darüber viel mehr berichten als ich.«

Er schenkt ihre Gläser noch einmal voll.

»Stevenson starb vor dreizehn Jahren, am Abend des 3. Dezember 1894, nicht an seiner alten Feindin, der Tuberkulose, wie immer befürchtet wurde, sondern ganz plötzlich an einem Blutgerinnsel im Gehirn. Er ist nur vierundvierzig geworden. Der Arzt beschwor Fanny, den Leichnam wegen der Hitze und der Feuchtigkeit spätestens bis zum Nachmittag des nächsten Tages zu begraben. Es war aber Stevensons Wunsch, auf dem Gipfel des erloschenen Vulkankegels Vaea bestattet zu werden. Fanny schickte sofort Boten zu allen Häuptlingen. Ihr Sohn eilte währenddessen mit Gefolge nach Apia, ließ die Läden öffnen, durchkämmte die Lager nach Äxten, Spitzhacken, Schaufeln und Macheten. Unterwegs bat er andere Europäer um Hilfe. Die ganze Nacht hindurch hallten vom Abhang des Vaea die Axtschläge, das Zerbersten umstürzender Bäume und das Geraune von zweihundert Menschen herüber.«

»Unglaublich«, wirft Lona ein. »Ich bekomme Gänsehaut trotz der Wärme.«

Fritz streicht ihr sacht über die Hand.

»Die Nachricht von seinem Tode hat sich vermutlich wie ein Lauffeuer herumgesprochen.«

»Natürlich«, antwortet Gustav. »Zumal bei einem so berühmten Mann. Schon am nächsten Tag trafen die Matais mit Blumenkränzen und Trauergaben ein. Um ein Uhr mittags haben sechs Männer den Sarg auf ihre Schultern genommen und sind damit den steilen, glitschigen Pfad hinaufgestiegen. Sie mussten immer wieder abgelöst und an einigen besonders schwierigen Stellen durch Seile um ihre Hüften von den Kameraden gehalten werden. Hinter dem Sarg folgten die Weißen und die Eingeborenen in einer langen Prozession. Sie brauchten zweieinhalb Stunden bis hinauf zum Gipfel.«

»Fantastisch«, kommentiert Fritz. »Waren Sie selbst schon oben?«

»Mehr als einmal«, sagt Gustav Kunst. »Und ich kann Ihnen diesen Aufstieg nur ans Herz legen. Fanny hat später dort auch ihr Grab gefunden, und der Ausblick ist einmalig.«

Erst später erfahren sie, dass Gustav Kunsts Verwalter der Mann ist, der mit einer Gruppe von Samoanern drei Jahre lang durch Europa getourt war. Sie hatten in den heimischen Zeitungen davon gelesen. Die Rede war dort von einer Völkerschau mit »unseren Wilden aus der Südsee«, so wie Europäer sie sich vorstellen: ungebildet und kulturlos. Auch der Matai Tuiavii, der durch seine kritischen Reden über die Weißen eine gewisse Berühmtheit erlangt hatte, soll dabei gewesen sein.

Als Lona und Fritz schließlich zurück nach Lotopa fahren, haben sie das Gefühl, dem Land ein großes Stück nähergekommen zu sein. Dennoch kehren sie erst gegen Ende ihres Aufenthaltes in Samoa nach Vailima zurück. Sie überqueren – an einem Bambushain vorbei – den Bach hinter Stevensons Haus, verscheuchen magere, wilde Hunde und pilgern den steilen, schmalen, kaum erkennbar präparierten Pfad hinauf zum Gipfel des Mount Vaea. Eine Stunde lang kämpfen sie sich durch den feuchtheißen Tropenwald. Auf der Spitze des Berges empfängt sie eine Lichtung im Urwald, etwa so groß wie ein Wohnraum, geöffnet zum Meer, nach Apia. Inmitten dieser kleinen, intimen Fläche ruht der Sarkophag des Schriftstellers, aus grauem Stein geformt mit drei Grabplatten. Eidechsen huschen in die Ritzen der Steine. Die Inschriften lassen noch einmal das Leben der beiden außergewöhnlichen Menschen, Robert Louis Stevenson und seiner Frau Fanny Osbourne, aufleuchten und berühren Fritz und Lona.

Under the wide and starry sky,
Dig the grave and let me lie.
Glad did I live and gladly die
And I laid me down with a will.

Auf Fannys Grabplatte ist ein Auszug aus einem Gedicht Stevensons eingraviert:

Teacher, tender, comrade, wife,
A fellow-farer true through life,
Heart-whole and soul-free
The august father gave to me.

Ein unsagbar geheimnisvoller Zauber schwebt um dieses
Meer; mild und erhaben ist sein Gewoge und scheint eine
Seele zu künden, die in seinen Tiefen verborgen liegt ... Für
jeden grüblerischen, den dunklen Mächten zugeneigten
Wanderer muss der magisch blaue Pazifik, einmal gesehen,
für alle Zeit das erwählte Meer seines Herzens sein.
Herman Melville, Moby Dick

6   Ein nackter Araber mit Turban und ein übernatürliches Wesen

Fritz und Lona lieben das Klima auf Samoa, die milde, angenehme Wärme. Es gibt keine Jahreszeiten, immer herrscht Sommer. Die Luft ist euphorisierend, sie scheint stofflich zu sein, als habe sie eine Konsistenz. Als würde der Körper von einem warmen, seidenen Tuch umhüllt, das sich bewegt. Stets riecht man den Ozean, den exotischen Duft der immer blühenden Blumen, besonders der Blüten des Frangipani-Baumes. Von ihrer Veranda aus hören sie das Rascheln der Palmwedel und das entfernte Donnern der Brandung am Riff, das wie eine unterseeische Schutzmauer die Insel umgibt. Auf dem Atoll leben keine giftigen Schlangen, keine gefährlichen wilden Tiere. Es ist zwar nicht moskito-, aber völlig malariafrei. Feuchte und Wärme bewirken, dass Upolu ein einziger grüner Garten ist. Die Jaeckels sind sich sicher: Auch durch die Menschen hier droht keine Gefahr, weder von den Samoanern noch von den chinesischen Kulis. Der letzte Störenfried, ein Halbsamoaner namens Pullak, ist gerade von der Insel verbannt worden.

Abends sitzen Fritz und Lona oft draußen und lassen ihre Gedanken schweifen oder unterhalten sich. Sie spüren den angenehm kühlenden Wind von den Bergen. Von fern klingen Musik und Lachen herüber. Sie hören, begleitet von Trommeln und Ukulele, den fröhlichen Singsang der Frauen, manchmal unterbrochen von kraftvollen, gutturalen Männerstimmen. Sie haben in Samoa weniger Anregung und Zerstreuung. Das Leben ist entbehrungsreicher, unbequemer, und doch sind sie glücklich.

Sie trinken etwas von dem Rum, der in einer Karaffe auf dem Tisch steht. Eine samtene Wärme durchströmt ihre Körper. Die Zeit scheint still zu stehen. Aus Richtung der Berge hören sie den harten, krächzenden Ruf eines Honigfressers. Oben am Himmel das »Kreuz des Südens«. Allmählich schiebt sich eine dunkle Wolkenwand davor. Es wird Regen geben …

Nach einiger Zeit fährt ein erster Windstoß in die Palmen und Bananenstauden hinter dem Haus. Sie beginnen zu rauschen, zu flüstern. Die angepflockten Pferde scharren unruhig und schnauben, die Hühner flattern umher, gackern leise. Dann heftigere Böen, die durch die hohen Bäume wühlen, Wetterleuchten über dem Meer. Po Ching und An Sam sind unterwegs, besuchen Landsleute. Fritz und Lona gehen ins Haus, entkleiden sich und strecken sich auf dem großen Eisenbett unter dem Baldachin des Moskitonetzes aus. Fritz hat irgendwo gelesen, dass eine Frau für einen Mann Wein oder Brot sein kann, Begehren und Rausch oder Vertrautheit und Erdung. Für ihn ist Lona beides zugleich.

Die ersten Tropfen fallen, fett und groß wie silberne Markstücke. Es werden ständig mehr. Dann prasselt es mit Macht auf das Wellblechdach. Es rieselt, dröhnt, plätschert, schmatzt in vielstimmigen Akkorden. Lona mag diesen Ton, halb Gebrüll, halb Geflüster. Es gurgelt, orgelt und rauscht in den Abflussrinnen, ergießt sich schäumend in die Zisternen. Die laufen bald über und bilden einen See hinter dem Haus, sodass man meint, das Haus könne fortschwimmen. Das Dachblech vibriert, wenn kurze, heftige Regenböen darüber herfallen. Fensterläden klappern. Atemlos liegen beide da, lauschen. Sie hören, wie die Palmenwedel aneinanderklatschen oder herabstürzen. Kokosnüsse krachen zu Boden. Die Bambusvorhänge zittern. Es ist ein monotones, rauschhaftes, beruhigendes Trommeln. Sie könnten ewig so daliegen. Wäre das auch in der Heimat möglich?

Fritz und Lona lieben diese friedlichen, geheimnisvollen Momente und die leisen Gespräche, die sie dann miteinander führen. Fritz erzählt von seiner Arbeit, von den Streitereien mit dem Kollegen Häußler und davon, dass Gouverneur Solf ihn für eine Beförderung im April vorgesehen habe. Freudig überrascht umarmt und küsst Lona ihn. Sie weiß, wie sehr Fritz darunter leidet, dass er kein Abitur hat und ihm im Gegensatz zu seinem Vater deshalb nur die mittlere Beamtenlaufbahn bleibt.

»Ja, es lässt sich gut an hier, Lona. In Vailima soll eine neue Schule für vierzig Zöglinge gegründet werden. Die finanzielle Abwicklung ist mir übertragen worden.«

»Das ist ja wunderbar! In Vailima? Das ist ja geradezu, als hätte uns der Besuch in Stevensons Haus Glück gebracht.«

Sie lächeln glücklich und hängen eine Weile ihren Gedanken nach, lauschen dem gleichförmigen Rauschen des Regens.

Schließlich holt Lona tief Luft, um etwas zu sagen, aber Fritz beginnt gerade, ihr von seiner Dienstreise nach Savaii zu berichten, der Nachbarinsel, wo es mehrere Hundert größere und kleinere Vulkane gibt. Der dortige Amtmann hatte ihn zu einer Bootsfahrt mitgenommen, zu der Stelle, wo sich der Vulkan Matavanu ins Meer ergießt.

»Es war eine lange Fahrt, Lona. Schließlich haben wir an einer frisch erkalteten Lavawand Halt gemacht, die eine neue Lagune gebildet hatte. Ihre Ausläufer haben wie Finger ins Meer gegriffen, und über dem Wasser stand eine meterhohe wirbelnde Dampfschicht. Es war beeindruckend!« Er streicht Lona sanft über den Bauch. »Als ich meine Hand ins Wasser tauchen wollte, habe ich mir fast die Finger verbrannt, so heiß war es. Und es roch schrecklich nach verfaulten Eiern.«

Fritz beschreibt ihr in lebendigen Bildern den heißen, flüssigen Lavabrei, der sich wie ein orangeroter Wasserfall über die schwarze Lavaküste ins Meer ergossen habe und eine hohe Dampfsäule hinauf in den Himmel sandte. Aber Lona kann kaum noch an sich halten. Schließlich unterbricht sie ihn.

»Ich bin schwanger, Fritz!«

Fritz fährt hoch, erschrocken und voller Freude zugleich. Sein Kopf verfängt sich im Moskitonetz, sodass er aussieht wie ein nackter Araber mit Turban. Aufgeregt wedelt er mit den Armen. Beide müssen lachen.

Als der Regen aufhört, ist die Luft samten wie zuvor.

Vage und entfernt geht ihnen zwar der Gedanke durch den Kopf, Kinder von Cousin und Cousine sind doppelt so häufig behindert wie in der Normalbevölkerung. Doch sie sprechen ihre Unsicherheit nicht aus, überlassen sich ganz ihrer Freude.

Am nächsten Morgen werden Lona und Fritz durch die Hühner geweckt. Die chinesischen Boys sind zurückgekehrt, arbeiten schon geschäftig im Küchenhaus. Kaffeeduft macht sich breit. Im Garten ist das Unkraut wie durch Zauberhand in die Höhe geschossen. Die Sonne spiegelt sich in dem See hinterm Haus und in den vielen Pfützen. Sie glitzert tausendfach auf den Wassertropfen überall. Die Pferde sind noch immer pitschnass und lassen ihr struppiges Fell von der Sonne trocknen. Der Boden dampft, Erde und Pflanzen verströmen ein intensives, würziges Aroma. Der poröse Untergrund saugt schnell die Feuchtigkeit auf. Schon nach kurzer Zeit hat die Wärme alle Spuren der Nacht getilgt.

An Wochenenden unternehmen sie Ausflüge. Sie verabreden sich mit Freunden am Papaseea Sliding Rocks, einem Wasserfall, der nicht weit von Apia im Landesinneren liegt. Dort rauscht das Wasser über einen glatten, etwa sieben Meter hohen Felsen in ein reizendes Wasserbecken. Vor allem jugendliche Samoanerinnen tummeln sich hier wie Waldnymphen. Sie machen sich einen Spaß daraus, den Felsen seitlich zu erklimmen, auf der Rutschbahn des etwa sechzig Grad geneigten Felsens mit einem lauten Juchzer in den Pool zu gleiten, das ganze Becken unter Wasser zu durchschwimmen und wie ein Fischotter wieder aufzutauchen. Das spricht sich natürlich herum. Deshalb sind die Sliding Rocks stets von europäischen Männern belagert. Wenn eine braune Wassernixe sich anschickt, in die Tiefe zu sausen, sitzt im nächsten Augenblick ein Jüngling in ihrem Rücken. Und mit »Hallo« geht es gemeinsam abwärts. Auch Fritz lässt es sich nicht nehmen, die Rutschpartie zu wagen.

Sie schwimmen in der Lagune. Sobald ihre Füße den Strand berühren, huschen Palmenkrebse in ihre Löcher. Das Wasser ist warm, nahezu transparent und seidig. Schwärme bunter Fische begleiten sie. Bei Ebbe wandern sie manchmal am Riff entlang und entdecken auf ihren Streifzügen immer neue bezaubernde Lebewesen: gefleckte, kleine Rochen, schimmernde Porzellanschnecken und gelbe Clownsfische, die in den sich sanft in der Dünung wiegenden Tentakeln der Seeanemonen verschwinden und wieder auftauchen.

Oft sehen Fritz und Lona den einheimischen Männern zu, wie sie Kanus ins Wasser schieben oder für Wettkämpfe trainieren. Dann dringen Bootsgesänge über das Wasser zu ihnen. Das Lied wird im Takt der Ruderschläge gesungen, die allmählich immer schneller und schneller werden. Der Gesang klingt rau, wie ein rhythmisches Brummen. Er kommt aus tiefer Kehle und steigert sich zu einem Gebrüll. Jedes Dorf hat eigene Bootslieder. Sie werden dreistimmig intoniert und klingen sehr melodiös.

Siebzehn Monate nach ihrer Hochzeit wird Lona und Fritz Jaeckel der lang ersehnte Stammhalter geboren. Am 23. Oktober 1907, nach drei Tagen, in denen die zarte Lona in den Geburtswehen liegt, erblickt Siegfried Anton Gustav in Apia auf Upo-

Papaseea »Sliding Rock«

lu, der Hauptinsel der deutschen Kolonie Samoa, das Licht der Welt. Alle geheimen Sorgen waren umsonst. Der Knabe scheint völlig gesund zu sein und ist putzmunter. Die Eltern sind überglücklich.

Die Samoaner nennen Siegfried »Papalagi lai kiki«, kleiner Himmelszerschmetterer, weil zum Zeitpunkt seiner Geburt ein französisches Schiff vor der Inselgruppe mit Kanonen Salut schießt.

Ehrfürchtig betrachten die Einheimischen den nackt in seinem Körbchen liegenden Knaben. Für sie ist es ein fremdes, übernatürliches Wesen. Sie haben noch nie ein solches Baby gesehen, denn Siegfried ist das erste weiße Kind, das auf Westsamoa geboren wird. Erst nach langem Zögern wagen sie, es mit den Fingern zu berühren. Selbst die vier bis fünf Hunde aus der Nachbarschaft, die sonst überall herumschnüffeln, bleiben auf Abstand. Nur Familienhund Flocki hopst nachts zu Siegfried ins Körbchen.

Fritz und Lona stellen eine Kinderfrau ein und haben großes Glück mit ihrer Wahl. Die Samoanerin Wah trägt Siegfried wie ihr eigenes Kind herum und sorgt sich um sein Wohl. Und auch die beiden chinesischen Diener sind stets um das Baby bemüht. Aber Siegfried strampelt und schreit, als wolle ihm das Erdendasein nicht gefallen.

Später wird Lona zu ihrem Sohn sagen:

»Du wolltest nicht in diese Welt, passt auch nicht dorthin. Die anderen sind dir immer über.«

Noch vor der kirchlichen Taufe tun die Eltern etwas, was siebzig Jahre später bei den Hippies üblich wird: Sie fahren mit Siegfried ans Meer, tauchen ihn in den glasklaren, warmen Ozean und lassen ihn vom Wasser sanft wiegen. Sie machen ihn vertraut mit einem Tröster, einem Weisen, mit der natürlichen Majestät der See, mit Salz und Wind. Der Kleine blickt aufmerksam, scheint es zu genießen, dass das Wasser seinen Körper umhüllt. Das Meer, Möwen, Sand und Meerestiere werden ihn fortan ein Leben lang begleiten.

Die kirchliche Taufe durch Pater Huberty gerät zu einem gesellschaftlichen Ereignis. Sie findet in der von Franzosen im Stil der Pariser Notre Dame erbauten Kathedrale »Zur Unbefleckten Empfängnis« statt. Selbst Dr. Wilhelm Solf, der kaiserliche Gouverneur, ist zugegen. Für die anschließende Feier lässt Fritz Tischkarten mit der Speisenfolge drucken. Trinksprüche werden dargebracht. Es erhebt sich die Frage, was soll der Papalagi lai kiki werden, welche Profession wird er ausüben? Die Anwesenden nennen die verschiedensten Berufe: Gouverneur, Bischof – wovon die fromme katholische Lona sehr angetan ist –, bedeutender Wissenschaftler oder Arzt. Kaufmann wird abgelehnt, und zwar mit Recht, wie sich noch herausstellen wird.

Lona und Fritz platzen beinahe vor Stolz. Sie sind nicht nur die Eltern des ersten weißen Babys in Samoa, der Knabe ist außerdem so gut gelungen. Zur Taufe in der Kathedrale sind alle Würdenträger der Kolonie anwesend, sie erhalten wohlwollende Segenswünsche von allen Seiten. Jetzt weiß jeder, wer die Jaeckels sind! Sie fühlen sich beschenkt und gesegnet, wissen aber auch, dass die nächsten Jahre neben der Freude auch Angst und Sorge um dieses hilflose Wesen ihre Begleiter sein werden.

Die nicht unbescheidenen beruflichen Prophezeiungen der Taufgesellschaft für den Knaben schmeicheln ihnen. Sie legen den Keim für einen Lebensentwurf, der über ein Dasein als Buchhändlerin oder mittlerer Beamter hinausgehen soll. Es sind hohe Erwartungen und Ansprüche an das Kind, die Siegfried im Laufe seiner Entwicklung natürlich nicht verborgen bleiben werden.

Er gedeiht vorzüglich, weilt Tag und Nacht an frischer, milder Luft, kann sich fast ohne Kleider frei bewegen. Weder rauer Wind noch Zugluft oder kalter Nebel bedrohen seine Gesundheit. Heimische Kinderkrankheiten kommen hier nicht vor, die Gefahr von Infektionen ist gering. Lona stillt ihren Sohn lange, worauf dieser später seine großen körperlichen Kräfte zurückführt.

Siegfried im Taufkleid, sieben Monate alt

Wo immer sie hinkommen, steht Siegfried im Mittelpunkt. Er ist ein hübsches Baby mit einem großen Kopf, durchscheinend weißer Haut, blauen Augen und hellblondem Haarflaum. Vor allem die Einheimischen bestaunen und bewundern ihn. Lona muss oft stehen bleiben und sich die Komplimente anhören. Sobald Siegfried ein paar Schritte alleine gehen will, strecken sich ihm hilfreiche Arme entgegen.

Daheim in Berlin nimmt ein Verwandter die Namensgebung des Neugeborenen allerdings nicht gut auf. Fritz' jüngster Bruder Siegfried Heinrich Ferdinand Jaeckel, genannt Siegfried, bekommt mit seinen gerade mal fünfzehn Jahren einen Tobsuchtsanfall, als er vom gleichen Vornamen erfährt. Er zertrümmert einen Spiegel und wirft außer sich vor Wut Sachen aus dem Fenster, sogar Geld, als ahne er, dass aus der Namensgleichheit einmal schwierige Situationen entstehen würden. Aus diesem Ärger heraus verbreitet er sogar die Behauptung, Lona habe ihren Vetter Fritz verführt.

Die glücklichen Eltern indes hatten keineswegs den jungen Onkel im Sinn, sondern benannten ihr Kind – wie es der Tradition entspricht – nach dem in der Familie verehrten, tüchtigen und hochgeachteten Urgroßvater Siegfried Bittner.

Drei Dinge sind uns aus dem Paradies geblieben:
Sterne, Blumen und Kinder!
Dante Alighieri

7 Eine Kraterseetaufe und Männer in cremefarbenen Leinenanzügen

Einige Wochen nach der Taufe machen die Jaeckels einen Ausflug an den Kratersee Lanutoo. Ein befreundeter Arzt hat Fritz diesen Floh ins Ohr gesetzt und davon geschwärmt. Einmal während seiner Zeit auf der Insel müsse man dort oben gewesen sein, siebenhundert Meter über dem Meeresspiegel. Fritz ist wie immer von schnellem Entschluss, und Klein-Siegfried soll selbstverständlich mit dabei sein. Dazu ist aber fast eine kleine Expedition nebst Packpferden und Trägern notwendig.

Dem Unterfangen schließt sich ein Neuzugang an. Er heißt Wilhelm Petersen und ist erst seit wenigen Wochen auf der Insel. Lona und Fritz werden von ihren chinesischen Dienern begleitet, von Wah, der Nanny, und natürlich von dem kleinen »Prinz von Lotopa«. Nur in der ersten Stunde können sie mit einer Kutsche auf einem halbwegs ebenen Weg fahren. Dann geht es mitten hinein in die grüne Dämmerung des Urwalds. Mit Pferden klettern sie einen steilen Bergweg hinauf. Lona reitet nun erstmals selbst wie ein Mann, denn der Damensitz wäre hier ein halsbrecherisches Unterfangen. Die gedrungenen einheimischen Tiere kommen mit den Geröllpartien und dem rutschigen Lehmgrund erstaunlich gut zurecht. Aber die Reiter sind doch genötigt, die schwer keuchenden Rösser zu schonen und ihnen nach der mehrstündigen Anstrengung eine Pause zu gönnen. Der verbliebene Weg gleicht zunehmend einer Wildspur. Schließlich steigen die

Reiter ab und führen die Pferde am Zügel. Es ist schwül unter dem Blätterdach, einem verschlungenen Gewirr aus Licht und Schatten. Mannshohe Farne, Bäume mit Brettwurzeln, schlanke Malilis, aus deren Holz die Samoaner ihre Kanus bauen, säumen die Strecke. Schmarotzerpflanzen kleben an den Ästen. Ranken und armdicke Lianen verbinden alle Arten von Gewächsen mit unterschiedlichen Blattformen und Grüntönen zu einem kompakten Dickicht. Auf dem Boden Moose und Flechten. Durch dieses unwegsame Gelände schleppt der ehrgeizige Vater den kleinen Siegfried unter großen Mühen hinauf zum Gipfel. Seine getreue Ehefrau folgt hinterdrein.

Da die ganze Unternehmung an einem Tag nicht zu bewerkstelligen ist, haben sie eine Übernachtung am Kraterrand eingeplant und wollen rechtzeitig vor der hereinbrechenden Dunkelheit oben bei den Schutzhütten sein. Die Pferde sind dafür hinlänglich mit Moskitonetzen, Decken, Proviant und allem Möglichen bepackt.

Als sie am späten Nachmittag schließlich ihr Ziel erreichen und aus dem Halbdunkel des Waldes heraustreten, bietet sich ihnen ein Bild von erhabener Schönheit: ein runder, unergründlicher, smaragdgrüner See, umrahmt von den dunklen Hängen des Dschungels. An der breitesten Stelle des Kraterrandes drei Hütten, davor ein Steg, an dem ein kleines Ruderboot vertäut ist. Die Herren und Damen lassen sich vom Steg gleich ins Wasser gleiten, um sich abzukühlen und den Schweiß des Aufstiegs abzuwaschen. Man ist nicht zimperlich in Samoa. Die Sonne steht nur wenige Stunden direkt über dem See; meist liegt er im Halbschatten und ist daher recht kühl. Während die Schwimmer vor Behagen stöhnen, juchzen und sich voller Übermut gegenseitig nass spritzen, bereiten die Chinesen das Abendessen in der Kochhütte zu und schichten Holz für ein Lagerfeuer zwischen den Steinen am Ufer auf.

Nach dem Mahl sitzen die Wanderer entspannt auf den noch warmen Steinblöcken. Langsam senkt sich die Dämmerung herab. Eine Weile noch taucht die Sonne die Spitzen der Urwaldriesen

Kratersee »Lanutoo«

in bernsteinfarbenes Licht. Eine Kolonie Flughunde flattert über ihren Köpfen hinweg. Die Tiere verlassen ihre Schlafbäume, um in Gärten und Plantagen nach Früchten zu suchen. Nach Sonnenuntergang, als Siegfried dick eingemummelt friedlich schläft, sitzt die Runde entspannt am Feuer und plaudert miteinander. Fritz entkorkt eine Flasche Wein.

Wilhelm Petersen neckt Fritz im Hinblick auf seine verrückte Idee, eine ganze Reisegesellschaft auf den »Mount Everest« zu lotsen und ihnen dann nicht mal bequeme Sessel anzubieten.

»So kommst du jedenfalls mal raus aus deiner Junggesellenbude«, gibt Fritz zurück, »und deine Perle hat ein paar Stunden Ruhe vor dir.«

Petersen ist unverheiratet auf die Insel gekommen und pflegt nun ein recht enges Verhältnis zu seiner Haushälterin. Viele der alleinstehenden, weißen Männer hier gehen früher oder später eine Liaison mit einer Voll- oder Halbblutsamoanerin ein oder leben in einer wilden Ehe mit ihr. Petersen ist noch nicht lange auf Samoa, aber schon muss er diesbezüglich allerlei Spott und Mutmaßungen ertragen.

Lona interveniert mit einem schelmischen Lächeln:

»Ich frage mich gerade, wie viele Liebschaften du hättest, wenn du ohne mich hier gelandet wärst.«

Fritz protestiert.

»Sieh dir doch an, wie viele weiße Frauen es auf der Insel gibt«, fährt Lona unbeirrt fort. »Wie viele sind es inzwischen? Zwanzig? Dreißig? Und auf der anderen Seite mehrere Hundert deutsche Männer. Was bleibt den Mannsbildern denn da anderes übrig?«

»Du bist so was von gemein, Lona. Jetzt kann ich Wilhelm nicht mehr richtig aufziehen.«

Alle lachen.

Die samoanischen Frauen aus Mischbeziehungen, die sie bisher kennengelernt haben, waren durchweg intelligent, liebenswürdig und höflich, meist anpassungsfähiger als ihre deutschen Schwestern. Bei den hiesigen Kaffeekränzchen war zu beobachten, wie treu ergeben sie ihren Ehemännern sind und den Kindern eine liebevolle Mutter. Viele von ihnen können lesen und schreiben und sind in der Kunst der Rede geschult, einem Steckenpferd der Samoaner.

Wah, die noch mal nach Siegfried geschaut hat, hat nur einen Teil des Gespräches mitgekriegt. Sie ist selbst Halbblutsamoanerin.

»Bei uns ist man nicht so streng«, sagt sie jetzt. »Vor der Heirat leben die Mädchen sehr frei. Man kann auch verschiedene Männer kennenlernen.«

»Hört sich gut an«, grinst Wilhelm.

»Aber sie müssen auf die Blumen achten, Herr Petersen.«

Petersen guckt ratlos.

»Welche Blumen?«

»Die Blumen im Haar«, antworte Wah kokett. »Blume vor dem rechten Ohr heißt ... *verheiratet.*« Als befinde sie sich im Sitztanz, deutet sie ein paar anmutige Bewegungen mit dem Oberkörper und den Armen an und kichert. »Blume vor dem linken Ohr ... *auf der Suche* und ...«, dann kann sie nicht mehr an sich halten und prustet los, »Blumen vor beiden Ohren ... *verzweifelt.*« Sie wirft den Kopf in den Nacken und lacht ein unwiderstehliches, kehliges Lachen.

Petersen betrachtet sie. Ihr eher derbes Gesicht entspricht vielleicht nicht europäischen Schönheitsvorstellungen. Doch sie ist recht groß und schlank gewachsen, unter dem hochgeschlossenen, wadenlangen Kittelkleid deuten sich wohlproportionierte Formen an, Gesicht und Arme sind weich, rund und von einem bronzenen Teint, das glänzende, schwarze Haar hat sie kunstvoll zu einer Art Krone gesteckt. Vor allem aber bezaubert sie durch ihre Fröhlichkeit und Vitalität.

Fritz bemerkt Petersens Blick.

»Na, Wilhelm«, sagt er, »nun weißt du Bescheid. Bei der nächsten Zusammenkunft berichtest du uns dann von deinen Erfahrungen!«

»Das könnte dir so passen!«

So vergnügt und zufrieden plaudern sie noch eine Weile. Die Männer entzünden ihre Zigarren. Sie schauen zum Sternenhimmel hinauf und geben sich ihren Fantasien hin. Nach ein paar Schweigeminuten sagt Lona:

»Lebt Erich Rotlow nicht auch mit einer Samoanerin zusammen?«

»Unser Postbeamter?«, fragt Fritz und nickt. »Er will demnächst sogar heiraten, und da unsere Regierung diese Verbindungen ja unterstützt, steht uns wohl bald eine Hochzeit ins Haus.«

»Ist ja auch vernünftig so«, meint Petersen und nimmt noch einen Schluck Wein. »Ihr entfleucht im nächsten Jahr ja wieder in die Heimat. Was Deutschland aber braucht, sind deutsche Siedler, Beamte und Soldaten mit Familie vor Ort. Sonst werden die Engländer oder die Amerikaner wieder frech.«

Von Siegfried ist ein Rufen aus der Hütte zu hören. Wah verabschiedet sich. Als sie gegangen ist, flüstert Lona:

»Andererseits kann ich mir als deutsche Frau nicht vorstellen, einen Samoaner zu heiraten. Obwohl manche von ihnen zugegebenermaßen prächtig aussehen.«

Fritz Augenbrauen schnellen in die Höhe. Auch Wilhelm staunt.

»Ihr meint wohl, sobald eine Frau einen Ring am Finger trägt, erblindet sie?«

In der Tat sind die samoanischen Männer groß und von ausgesprochen athletischem Körperbau. Zudem scheinen sie, nach Lonas Auffassung, eins zu sein mit ihrem nussbraunen Körper. Ein unverwechselbarer Geruch von Kokosöl und Padangsamen entströmt ihnen. Und wie sie sich bewegen! Geschmeidig, fließend, als hätten sie Bewegung zur Kunst erhoben. Überhaupt scheint das Streben nach Schönheit bei den Einheimischen eine zentrale Rolle zu spielen. Vielleicht bedauerlich, dass sich die Bewohner des samoanischen

Garten Edens durch die harte Arbeit der christlichen Missionare ihrer Nacktheit bewusst wurden. Aber auch mit ihren Lavalavas aus leuchtend rotem oder blauem Baumwollstoff mit weißen Blumen preisen sie in ihren Dörfern die Schönheit und Freuden des Lebens.

Ohne auf den Protest ihres Ehemanns zu achten, spinnt Lona den Gedanken fort:

»Für euch Männer ist das ganz selbstverständlich. Doch dass eine deutsche Frau sich nicht ebenblütig verbindet, gilt als ausgeschlossen. Ich kenne zumindest keinen solchen Fall hier in Samoa.«

Ein paar Jahre später sollte der Begriff »Rassenhygiene« für einigen Aufruhr in der Kolonie sorgen.

Schließlich sitzen sie schweigend am Feuer und schauen hinauf in die klare Südseenacht. Um sich herum in der Dunkelheit die fremdartigen Geräusche des Dschungels: Flattern, Rascheln, Sirren, Platschen. Aber es gibt ja keine giftigen oder gefährlichen Tiere hier. Nie wieder, auch nicht später in Deutsch-Südwestafrika, sollten Lona und Fritz solch eine Fülle von Sternen sehen. Das Himmelsgewölbe über ihnen erscheint wie ein schwarzes, endloses Meer, das von innen leuchtet, durchsetzt mit pulsierenden Planeten und feinsten, glitzernden Lichtpünktchen, die an einigen Stellen einen Schleier aus Licht bilden. Nirgends findet man einen schwarzen Fleck am Himmel, in den man seinen Finger hineinstecken könnte, ohne einen Stern zu berühren. Es ist fast so hell, dass man lesen oder schreiben könnte. Als dann der Mond aufgeht, verblassen die Sterne. Er wirft eine silberne Bahn auf das Meer in der Ferne und auf die Spiegelfläche des Kratersees. Jedes Blatt im Dschungel reflektiert sein Licht. Wie könnte man jetzt an einem anderen Ort der Welt sein wollen? In der Schlafhütte warten mit Segeltuch bespannte Schlafgestelle auf sie. Es ist kühler geworden. Trotzdem geben die Mücken keine Ruhe. Mitten in der Nacht weckt sie ein fürchterlicher Radau. Ratten sind über die Lebensmittel in der Hütte hergefallen, sie knabbern den Schiffszwieback an und klappern mit den leeren Ölsardinendosen.

Schon bei Sonnenaufgang sind dennoch alle wieder auf den Beinen. Die Blätter der Bäume drehen sich und wispern in der leichten Brise vom Meer. Moschusgeruch entströmt der Erde und dem feuchten Blattwerk. In der Ebene lösen sich mit zunehmender Wärme nach und nach die Nebelwolken über dem Tropenwald und den Palmenplantagen auf. Im Flachland schrauben sich die ersten Rauchsäulen der Herdfeuer empor. Ein weiterer wundervoller Tag bricht an.

Nach dem Frühstück rudern Fritz und Wilhelm mit Siegfried in dem kleinen Boot auf den See hinaus, der etwa dreihundert Meter im Durchmesser misst. Der Morgenwind kräuselt die Oberfläche. Es ist still hier oben, alle Laute sind gedämpft durch die überwucherten Kraterwände. Nur die fröhlichen Stimmen der beiden Diener und der Nanny sind gelegentlich zu hören und das Gurren der Wildtauben im Dschungel. Eine Vielzahl von Goldfischen tummelt sich dicht unter der Wasseroberfläche. Ein gewisser Dr. Funk, der seit dreißig Jahren in Samoa lebt, hat sie hier angesiedelt.

Fritz hockt im Heck und hält Siegfried fest umklammert. Der Junge blickt aufmerksam in die Runde. Er ist nackt. Der Vater schaut ihn zärtlich an und hebt ihn dann mit ausgestreckten Armen in die Höhe.

»Na, mein kleiner Prinz! Schau dir alles genau an! Du wirst einst ein großer Mann sein und Großes vollbringen.«

Damit taucht er ihn bis zum Kopf ins Wasser. Beim Wiederauftauchen brüllt Siegfried aus Leibeskräften.

»Das war jetzt deine dritte Taufe: im Meer, im Taufbecken und nun in einem Kratersee«, ruft Fritz, presst Siegfried an sich, drückt ihm Küsse in sein wütendes, tränennasses Gesicht und lacht.

Wilhelm guckt amüsiert. Die beiden Chinesen und Wah wenden ihre Köpfe in ihre Richtung. Lona dagegen ist erschrocken und zornig. Lautstark befiehlt sie Fritz, zum Steg zu rudern und ihr sofort und vorsichtig den kleinen, armen Sohn zu geben.

»So ist Siegi jetzt schon ein Mann, der mit allen Wassern gewaschen ist«, versucht Wilhelm zu schlichten.

In den nächsten Wochen schickt Fritz sepiagetönte Fotografien in die Heimat. Von einem deutsch-samoanischen Fest zum Beispiel: die Männer in cremefarbenen Leinenanzügen mit breitkrempigen

Deutsch-samoanisches Fest in Apia, 1908, Siegfried: hintere Reihe, achter von links

Hüten oder Tropenhelmen, die Frauen mit blumengeschmückten Strohhüten und langen, weißen Kleidern, auch die Kinder ganz in Weiß. Von den Samoanern sind nur Frauen dabei, als Kindermädchen, Frau, Geliebte. Alle scheinen gelassen und heiter zu sein, und mittendrin: Familie Jaeckel mit ihrem properen Erstgeborenen.

Das beste Foto aber ist das von der Feier zu Kaiser Wilhelms Geburtstag. Als Einziger mit einem dunklen Anzug: der Gouverneur Dr. Wilhelm Solf. In der illustren Runde: der Gouvernementssekretär und Kassenrevisor des Zollamts Friedrich Jaeckel neben seinem Freund Wilhelm Petersen. Da sitzen sie, die Männer in ihren weißen Anzügen, in langer Reihe unter tropischen Bäumen, braun gebrannt, eine gute Zigarre in der Hand, den Wein auf dem Tisch und schauen in die Kamera, als wollten sie sagen, seht her, wir sind hier die Herren, uns geht's prächtig.

Kaiser Wilhelms Geburtstag, Apia 1908, Fritz: zehnter von links

Es ist nicht wahr, dass es gute Kolonialherren gäbe
und andere, die böse sind – es gibt Kolonialherren,
das ist alles.
Jean-Paul Sartre, 1948

8   Glühende Lavaströme und ein schmerzlicher Abschied

Die Samoaner sind von Arbeiten und Dienstleistungen für Europäer befreit. Deshalb hat Gouverneur Solf chinesische Kulis ins Land geholt, und für die Arbeit auf den Plantagen der Firma zusätzlich Melanesier, die »Schwarzen Jungs«. Es ist verboten, Samoaner bei Vergehen körperlich zu züchtigen. Bei den beiden angeworbenen Randgruppen indes war früher die Prügelstrafe erlaubt und häufig sogar von Samoanern vollzogen worden. Angeblich kann kein Europäer die chinesischen Eigennamen entziffern beziehungsweise sie sich merken. Deshalb erhalten alle Chinesen gleich bei der Ankunft eine nummerierte Blechmarke, deren Abnahme bei Strafe verboten ist. Mit dieser Nummer werden sie aufgerufen und angesprochen. Dass Lona und Fritz die Namen ihrer chinesischen Angestellten kennen und zur Ansprache verwenden, ist keineswegs selbstverständlich.

Gouverneur Solf hat seit 1904 den Auftrag, die Kolonie ohne finanzielle Zuwendungen aus der Heimat zu verwalten. Er unterstützt deshalb notgedrungen die »Deutsche Handels- und Plantagengesellschaft«, genannt die »Firma«. Ihr Haupthandelsprodukt ist Kopra, getrocknetes Kokosfleisch, das zu Margarine, Pflanzenfett, Öl oder zur Seifenherstellung verarbeitet wird. Inzwischen ist er sich des fragwürdigen Umgangs mit den chinesischen Arbeitern bewusst. Auf der Rückreise von Europa besuchte er ein halbes Jahr lang verschiedene Kolonien, auch anderer Staaten, um etwas über die Mentalität der Chinesen und die dortigen Arbeitsbedingungen der Kulis zu erfahren. Als Fritz und Lona im Sommer 1906 in Samoa eintreffen, dürfen die chinesischen Arbeiter auf Solfs Veranlassung nicht mehr körperlich gezüchtigt werden.

Je länger Fritz mit Solf zusammenarbeitet, desto mehr respektiert und bewundert er ihn, macht er sich viele seiner Ansichten und Einstellungen zu Eigen. Solf verfügt vor Ort weder über militärische Macht noch über Geld. Aber er ist ein erfahrener, gebildeter Mann. Er studierte Jura und Indologie, beherrscht neben Englisch mehrere orientalische Sprachen, unter anderem Sanskrit und Persisch. In London lernte er die englische Lebensweise schätzen, in Indien arbeitete er im diplomatischen Dienst, in Daressalam, Deutsch-Ostafrika, als Bezirksrichter. In Fritz' Augen geht der Gouverneur im Gegensatz zu vielen engstirnig nationalistischen Landsleuten viele Probleme eher kosmopolitisch und liberal an. Die üblichen Kommissmanieren, übertriebener Bürokratismus in vielen Teilen der deutschen Gesellschaft scheinen ihm ein Gräuel zu sein. Er bemüht sich, aus den Fehlern der Kolonialpolitik in Afrika zu lernen. Verschiedene Forderungen nach einer stärkeren »Germanisierung« der Inseln weist er energisch zurück.

Fritz hilft dabei, überall auf den Inseln Schulen zu gründen. 1914 gibt es 320 davon mit 10 000 Schülern. Man unterrichtet die Insulaner in ihrer Muttersprache, während die europäischen Schüler auf der »Fremdenschule« auch zum Erlernen der samoanischen Sprache angehalten werden.

Als er auf der Suche nach Schülern für die Schule in Vailima die Dörfer bereist, stellt Fritz staunend fest, dass die Fales, die Hütten der Samoaner, weitgehend leer sind: nur Schlafmatten, Werkzeug und Kochgeräte, vielleicht noch eine Truhe für Kleidung – kein Bild, kein Buch außer der Bibel. Die Häuser bestehen lediglich aus einem Raum unter einem Dach auf Holzsäulen und sind zu allen

Verfügung.

1.   Die Schule der Eingeborenen soll, wenn angängig
bereits am 1.April eröffnet werden und zwar für 30
protestantische und 10 katholische Zöglinge.

2.   Zum Leiter der Schule bestimme ich den stell-
vertretenden Hauptlehrer O s b a h r. Besondere
Dienst-Anweisung für ihn wird erlassen werden.

3.   Zur Beratung und Durchführung der Schritte,die
zur Eröffnung, Einrichtung und Organisation der Schule nötig sind, ernenne ich eine Kommission,be-
stehend aus dem Herrn Oberrichter und Referenten Dr.
S c h u l t z als Vorsitzenden und den Herren Land-
messer H a d l e n, Leutnant H e c k e r und Lehrer O s b a h r als Mitgliedern. Zur Beschlussfas-
sung über finanzielle Fragen ist Herr J a e c k e l
hinzuziehen. Die Kommission ist befugt, für
schriftliche Arbeiten die Sekretäre des Ofisa fou
heranzuziehen.

    Dem Berichte der Kommission sehe ich bis zum
15.März entgegen.

    V a i l i m a, den 2?. Februar 1909

    DER KAISERLICHE GOUVERNEUR.

An
Herrn Gouvernementssekretär
J a e c k e l
Hochwohlgeboren
h i e r.

Verfügung über den Bau einer Schule in Vailima, 1909

Seiten offen. Nur bei Regen und Sturm werden Bastvorhänge heruntergelassen. So wenig braucht man anscheinend, um glücklich zu sein.

Die Menschen auf Upolu leben in einer eigenen, abgeschotteten Welt in der Unendlichkeit des Pazifischen Ozeans. In der kleinen Kolonie sind sie von anderen Neuigkeiten weitgehend abgeschnitten, ebenso von geistigen Anregungen. Kein Wunder, dass Apia ein kleinstädtisches Treibhaus von Klatsch und Tratsch ist, besonders unter den deutschen Damen. Und natürlich ist denen Fritz' gutes Aussehen nicht entgangen.

Stoff für viele Geschichten bieten auch die schrägen Vögel, die hier leben. Einer davon ist Bully Hay, der Gentleman-Pirat und Störtebeker des Pazifiks. Er hatte jahrzehntelang sein Hauptquartier in Apia. Noch heute lebt sein Maat, ein alter Schwede, hier und betreibt einen Allerweltskramladen. Als braver, fleißiger Bürger führt er, abgesehen davon, dass er dreiundzwanzig Kinder zu ernähren hat, ein unauffälliges Leben. Fritz und Lona lernen auch einen wohlhabenden, stadtbekannten Pflanzer kennen. Er ist äußerst einfach gekleidet: Hemd und Hose sind sauber, aber abgewetzt und geflickt, die Farbe ausgewaschen, sein Strohhut zerlöchert. Im Gespräch wird deutlich, dass er ein gebildeter Mann ist. Zudem schätzt alle Welt seinen noblen Charakter. Aber zu Hause soll er spartanischer hausen als seine chinesischen Vertragsarbeiter. Nun wird getratscht, dieser anspruchslose Mann hätte sich in der Heimat Lackschuhe bestellt. Aber nicht nur ein Paar, nein, weil zu seinen ehernen Grundsätzen das Dutzendprinzip gehört, gleich ein ganzes Dutzend! Der Zoll und die Kolonie haben was zu lästern.

Und wer bestellt sich das erste elegante Automobil in Samoa? Nicht der Gouverneur, nicht ein reicher Kaufmann oder Pflanzer … nein, ein alter Sonderling, der wie ein Landstreicher herumläuft und vorher eine der schäbigsten Kutschen fuhr.

Man steht unter Beobachtung. Das gilt auch für Lona und Fritz. Fritz' Kollege Häußler, Junggeselle und Lästermaul, lässt sich auf einer Gesellschaft zu der Bemerkung hinreißen, dass die »Blondchen« bei den Zusammenkünften und Feiern nichts anderes täten, als gelangweilt in Illustrierten zu blättern, sich mit maliziösem Vergnügen am neuesten Klatsch zu ergötzen oder zu erörtern, wie sie noch besser ihre Chinesenboys schikanieren könnten.

Dabei ist er selbst derjenige, der liebend gern bei solchen Gelegenheiten vom Leder zieht und sein Gift verspritzt. Von einer Freundin erfährt Lona, wie Häußler bei einer Feier über sie gespottet hat, darüber wie stolz sie seien auf Siegfried und darauf, dass er das erste weiße Baby auf Samoa ist. Sicherlich habe der »Wunderknabe« schon bei seiner Geburt in beiden Sprachen »Erster!« gerufen.

Als Lona die Geschichte hört, ist sie einen Moment lang bestürzt. Dieser blöde Kläffer mit seinen boshaften Spitzen! Doch dann kann sie sich der Komik des Geschilderten nicht entziehen und muss herzlich lachen. ›Fa'a Samoa‹, denkt sie sich, ›mach's wie die Samoaner: Alles halb so schlimm und bald wieder vergessen.‹

Normalerweise herrscht in den heißen Tagesstunden in der Hauptstadt wenig Betrieb. Das gilt sogar für die Strandstraße, die Hauptverkehrsader von Apia, in der fast alle öffentlichen Gebäude, alle Geschäftshäuser, die Kirchen, Post, Zoll- und Gerichtsgebäude und die Hotels zu finden sind. Ab und zu rumpeln Lastwagen von den Plantagen vorbei, laden Kopra bei den Handelshäusern aus und verlassen die Stadt mit Proviant und Gerätschaften. Man sieht vielleicht den Wagen der Eisfabrik eine Staubfahne hinter sich herziehen. Vereinzelte Pflanzer steigen aus dem Buggy, binden die Pferde fest und erledigen ihre Einkäufe. Nur wenige Samoaner sind barfuß mit nacktem Oberkörper und den langen, landestypischen Röcken, den Lavalavas, unterwegs. Vor einem Laden flirtet ein Handlungsgehilfe mit einer jungen Samoanerin.

Ein paar Beachcomber mögen noch die nächste Bar ansteuern, Männer, von denen jeder Einzelne einen Roman voller Abenteuer, Schiffbruch, Entbehrungen und Gaunereien erlebt hat. Sonst sind die Straßen leer, ruhig und friedlich.

Erst in den späten Nachmittagsstunden gegen fünf Uhr, wenn die Sonne tiefer steht, ändert sich das Straßenbild. Es beginnt die blaue Stunde, in der das Licht milder, die Laute gedämpfter, die Seelen ruhiger werden. Die Arbeit des Tages ist vollbracht, Fritz und die Kollegen aus der Kolonialverwaltung, die Geschäftsleute strömen ins Freie. Sie suchen nun Entspannung bei einer Kutschfahrt, einem forschen Ritt oder in einer Bar. Weiße Familien oder Männer in Begleitung halbweißer und dunkelhäutigerer samoanischer Damen rollen mit leichten Buggys die Straße herunter. Auch Lona und Fritz kutschieren oft die Strandstraße entlang, flanieren, plaudern. Sie besuchen Freunde und Bekannte, reiten an den Strand. In den Dörfern der Eingeborenen kündigt um diese Zeit ein langer, klagender Ton aus dem Tritonshorn, einer großen spiralförmigen Meeresschnecke, den Beginn der Abendandacht an. Kurz vor der rasch hereinbrechenden Dunkelheit leeren sich die Straßen wieder.

Es ist ein sonnendurchflutetes, gemächliches Leben in Samoa. Man braucht keine Uhr. Auf ein paar Minuten mehr oder weniger kommt es nicht an. Das gesamte Jahr über taucht die Sonne gegen sechs Uhr aus dem Meer auf und geht um achtzehn Uhr hinter der Nachbarinsel Savaii unter. Zwölf Uhr mittags wird durch einen Kanonenschuss angezeigt. Seit dem Erdbeben in San Francisco verkehren keine amerikanischen Dampfer mehr. Jetzt treffen nur einmal im Monat Post aus Sydney und die Tagesneuigkeiten aus der Heimat und der übrigen Welt ein. Eile ist hier ein Fremdwort.

Aber heute ist Dampfertag. Fritz ist am Morgen wie üblich mit dem Pferd zur Arbeit geritten. Lona steht die Kutsche zur Verfügung. Sie hat sich eine weiße Frangipani ins Haar gesteckt, natürlich auf der rechten Seite. Sie liebt diese Blüten. Sie duften betörend, sehen aus wie zartes, cremefarbenes Porzellan. Gerade hallt der Schuss aus der alten Kanone am Hafen herüber, der das In-Sicht-Kommen des Postdampfers ankündigt, ein Ereignis, das, wie gesagt, nur alle vier Wochen stattfindet.

Lona befiehlt Po Ching, die Kutsche anzuspannen. Dann quetscht sie sich, zusammen mit Wah und mit Klein-Siegfried, auf die Sitzbank. Am Hafen sehen sie zu, wie sich die Kanus der Eingeborenen um den Postdampfer drängeln. Lächelnd erinnert sich Lola an ihre eigene Ankunft auf der Insel. Schiffsleute bugsieren Leichter der Deutschen Handels- und Plantagengesellschaft, beladen mit Kopra und anderen Produkten des Landes ans Schiff. Anschließend löschen sie die mitgebrachte Fracht, Eisblöcke, beachtliche Mengen Whisky mit Soda, Bier und frische Delikatessen. Lastwagen umlagern das Zollgebäude. Ebenso wie Lona sind die Pflanzer in die Stadt geeilt und fahren mit ihren Pferde- oder Ochsenkarren herum. Mit Siegfried auf dem Arm wandert Lona umher. Aufgeregte Touristengruppen aus Australien und Neuseeland kommen ihnen entgegen. An den Straßenrändern haben die einheimischen Händler ihre Stände aufgebaut. Überall wird um den Preis gefeilscht. Gegen Mittag füllen sich die Restaurants.

Natürlich trifft Lona am Hafen viele Bekannte und Freunde. Es werden Hände geschüttelt, neueste Nachrichten ausgetauscht. Man munkelt, ein chinesischer Mandarin habe sich angesagt, um zu prüfen, wie es seinen Landsleuten, den Dienern und Kulis, hier ergeht.

Plötzlich bebt die Erde. Nur kurz, ein Ruckeln, aber lange und heftig genug, um Lona zu verunsichern. Als sei der Boden, auf dem sie stehen, kurzzeitig zur Seite gerückt und wieder zurück.

Die Umstehenden beruhigen sie. Dafür sei vermutlich der Vulkan auf Savaii verantwortlich. Das käme öfter vor und der Vulkan sei ja siebzig Kilometer entfernt. Auf Upolu wäre man sicher. Tatsächlich: Alle Menschen um sie herum gehen ihren gewohnten

Geschäften nach, als gehörten Erdbeben zu ihrem Alltag. Sie will sich lieber nicht vorstellen, dass irgendwo tief unter ihren Füßen glühende Lava fließen könnte. Sie muss an die Bilder des zerstörten San Franciscos denken und Fritz' Schilderung von seinem Vulkanausflug im letzten Jahr. Doch sie beschließt, nicht hysterisch zu werden, im Gegenteil: Sie lächelt …

Seltsamerweise ist zwei Tage zuvor der Schriftsteller Jack London in Apia gewesen, gerade hält er sich auf Savaii auf. Ist er immer dann zur Stelle, wenn irgendwo eine Katastrophe passiert? Wie damals in San Francisco?

Am Postschalter ist der Vulkanausbruch natürlich Thema Nummer eins. Die Leute sorgen sich um Angehörige und Freunde auf Savaii. Lona nimmt ein großes Paket von ihren Eltern in Empfang, das Sachen enthält, die sie in der Heimat bestellt hat.

Viele streben jetzt den Bars und Hotels zu, aus denen schon Lärm auf die Straße dringt. Wie immer ist der Durst groß bei der Hitze. Das Wasser aus den Zisternen ihrer Häuser schmeckt nicht und ist lauwarm.

Es ist in erster Linie eine Männergesellschaft, die dort herumsteht. Man ist in den Tropen. Es gelten andere Regeln als in der Heimat. Der Alkohol fließt reichlich, auch wenn das Bier recht teuer ist. Billiger ist, und deshalb das Spezialgetränk aller durstigen Seelen, Whisky mit Soda. Bezahlt wird erst mal nicht, denn in Apia ist zu wenig Kleingeld im Umlauf. Die Männer lassen anschreiben, was allerdings zur Folge hat, dass viele den Kater zum Monatsersten bekommen. An die Eingeborenen dürfen keine alkoholischen Getränke verkauft werden. Lona ist auch noch nie einem betrunkenen Samoaner begegnet.

Als sie sich mit der Kutsche wieder auf den Heimweg nach Lotopa machen, bebt die Erde ein weiteres Mal.

Am darauffolgenden Samstag, den 20. Juni 1908, berichtet die Samoanische Zeitung, der Vulkanausbruch habe zwei Dörfer auf der Nachbarinsel bedroht. Aber diesmal sei der Schaden vergleichsweise gering ausgefallen. 1905, vor drei Jahren, sei es viel schlimmer gewesen. Damals hätten die Explosionen große Gesteinsbrocken über das Land geschleudert und viele Dörfer zerstört. Der zähe, glühende Lavastrom hätte eine katholische Kirche umschlossen, sie vollständig ausgefüllt und wäre dann auf acht Meilen Breite langsam auf die Nordküste zugekrochen, wo der starke Passatwind das erhitzte Seewasser in Form von heißem Dampf über das Land trieb und sämtliche Vegetation zerstörte.

Kaum hat sich die Lage wieder beruhigt, wird der Archipel von politischen Unruhen erschüttert. Mitte 1908 bildet sich auf Savaii die gewaltlose Widerstandsbewegung »Mau a Pule«. Die Stimmung heizt sich zunehmend auf. Die ständigen Vulkanaktivitäten

Nach dem Ausbruch des Vulkans »Matavanu« auf Savaii 1905, Stricklava,
Kokospalmenstämme, Reste einer Kirche

haben große Zerstörungen hinterlassen, Ruhr- und Keuchhustenepidemien sind im Umlauf, und die geschwächte Bevölkerung ist mit einigen Maßnahmen des Gouverneurs unzufrieden. Vor allem aber brechen alte Spannungen zwischen den Familienverbänden der beiden Hauptinseln wieder aus.

Gouverneur Solf will auf jeden Fall die schlechten Erfahrungen vermeiden, die die anderen afrikanischen Kolonien (Herero, Nama, Maji-Maji) mit der blutigen Niederschlagung der Aufstände gemacht haben. Er setzt nach Savaii über, begleitet von einer Delegation, der auch Fritz angehört. Auf dem Dorfplatz von Safotu kommt es zu einem dramatischen Rededuell in samoanischer Sprache zwischen Solf und dem Rebellenführer Lauati. Fritz staunt, wie viel Geduld der Gouverneur bei den stundenlangen Verhandlungen aufbringt. Er scheint seinem Gegner nur angenehme Dinge zu sagen, ohne selbst irgendwelche Zusagen zu machen, und kann ihn so schließlich zu einem Stillhalteabkommen bewegen.

Lauati fühlt sich jedoch im Nachhinein von Solf übertölpelt. Im Januar 1909 nähert er sich mit 1000 Mann in fünfundzwanzig Doppelrumpfbooten Upolu. Alarmstimmung in Apia!

Obwohl die Jaeckels außerhalb des Ortes wohnen, sind sie beunruhigt. Lona packt Koffer mit dem Nötigsten. Fritz hat sich zur Verfügung zu halten.

Auch diesmal kann Solf beschwichtigen. Die anderen Häuptlinge der Insel fordern vehement Lauatis Verbannung und Waffen, um den Rebellen gefangen nehmen zu können. Aber Solf lehnt ab und sträubt sich ebenfalls, eine sogenannte »Deutsche Schutztruppe« in Samoa einzurichten. Schließlich heißt es, dass Lauati den Gouverneurspalast angreifen wolle. Solf bittet um Unterstützung aus der Heimat. Es dauert eineinhalb Monate, bis die drei aus Berlin angeforderten Kriegsschiffe in Apia eintreffen. In der Zwischenzeit hält Lauati zum Glück still. Er widersetzt sich der Forderung Solfs, sich zu stellen, und zieht sich ins Hinterland von Savaii zurück. Die Schiffe schneiden das Eiland vom Warenverkehr ab. Am 1. April schließlich ergibt sich Lauati und wird gemäß dem Urteilsspruch der Häuptlinge auf die Marianen deportiert. Der Kaiser bedankt sich höchstpersönlich bei seinem samoanischen Gouverneur.

Am Ende der regulären Dienstzeit für Kolonialbeamte in der Südsee entscheiden sich Lona und Fritz schweren Herzens für die Rückkehr nach Deutschland. Die drei Jahre sind um. Die Familie ist in dieser Zeit zwar nie in Gefahr geraten, doch spätestens mit Lauati hat das »Paradies« Risse bekommen. Hauptgrund ist aber, dass Lona wieder schwanger ist und über gesundheitliche Probleme klagt.

Der Postbote Erich Rotlow, ihr Begleiter von der Hinreise, bleibt hingegen in Apia. Er hat tatsächlich eine Samoanerin geheiratet und eine bis heute einflussreiche Familie gegründet. Er hatte eine Schiffsladung Telefone und Kabel gekauft, die eigentlich für Shanghai bestimmt waren, und damit das erste Telefonnetz auf Samoa installiert. Das brachte ihm später den Namen »Telefoni« ein. Die Nachfahren des einstigen Postboten besitzen heute Tankstellen, Autogeschäfte und ein Reisebüro. 2001 bringt es das Familienoberhaupt, der Matai der Großfamilie Rotlow, nach mehreren Ministerposten sogar zum Finanzminister und Vizepremier des Landes.

Am 23. April 1909 steht Lona in einer sanften, warmen Brise an der Reling des Reichspostdampfers »Bremen«. Diesmal nimmt das Schiff die andere Route um die halbe Welt. Es geht westwärts. Beim Auslaufen aus dem Hafen erlebt Lona noch einmal die vielen Kanus mit eingeborenen Händlern um sich herum. Fritz will mit dem nächsten Postschiff nachkommen. Er wirkt verletzlich, wie er da auf der Mole steht und ihnen mit ernster Miene nachwinkt. Lona nimmt ihren inzwischen eineinhalbjährigen Siegfried auf den Arm. Beide winken zurück. Es fällt ihr schwer, Fritz zurückzulassen, aber schon beginnt sich die Schraube des Ozeanriesen zu drehen, als würde sie symbolisch für das Mahlen der Mühlen stehen und für die Veränderungen, die das Leben unweigerlich mit sich bringt. Ein Zittern geht durch das Schiff und das vielleicht anrührendste Abschiedslied aller Völker erklingt nun auch zu ihrer Abreise:

»Tofa, mai feleni – lebe wohl, mein Freund«.

Abschiedsschmerz, Wehmut und das Gefühl eines großen Verlustes treiben Lona die Tränen in die Augen. Lange winkt sie zurück.

Aber da ist noch ein anderes Gefühl: Fritz wäre wohl gern noch länger in Apia geblieben. Sie jedoch freut sich nach drei Jahren wieder auf die Lichter und das Getriebe einer Großstadt, auf ihr geliebtes Berlin, auf ihre Eltern, ihre Geschwister, Freunde. Und auf die Annehmlichkeiten der Zivilisation, auf neue Mode, Illustrierte, Theater und Kino. Seltsamerweise auch auf ein abwechslungsreicheres Wetter: Nebel, Nieselregen, dunkle Tage, Raureif, Schnee.

Siegfried schreit viel auf der Heimreise nach Deutschland. In Sydney muss seine Mutter einen ganzen Hotelapartmentflügel mieten, weil sich die anderen Hotelgäste durch das Schreien gestört fühlen.

Fritz betreibt derweil für einen Gegenwert von 2.700 Goldmark die Auflösung des Haushalts. Er verschenkt das meiste – bis hin zum silbernen Besteck, indem er das betreffende Stück hochhebt und fragt, wer es möchte. Am 31. Juli folgt er Frau und Kind mit dem Reichspostdampfer Gneisenau, im Gepäck Schutzschilde, Speere, eine Kawa-Schale, Schnecken und Muscheln, die den Grundstock zu Siegfrieds späteren Sammlungen legen.

Beide Schiffe passieren den Suezkanal. In Neapel ist die Familie wieder vereint.

"Bauff's Phantasien im Bremer Ratskeller."

Frühstück.   Breakfast.

Frische Früchte	Fresh Fruits
Hafergrütze Maisgries	Oatmeal Hominy
Haferschleim	Oatmeal-cream
Schellfisch zerl. Butter	Haddok melted butter
Gebrat. Speck und Schinken	Fried bacon und ham
Beefsteak gebr. geröst.	Beefsteak fried grilled
Geback. Kalbskopf mit Mayonaise	Baked calf's head with Mayonaise
Eier à la Cavour	Eggs à la Cavour
Setzeier mit Speck	Shirred eggs with Bacon
Geback. Eier mit Citrone	Baked eggs with Lemon
Omelett mit jungen Erbsen	Omelett with Green peas
Kartoffeln: Salz-, Brat-, Pariser-	Potatoes: Boiled, Fried, Parisienne
Weizencakes Toast	Wheat cakes Toast

KALT   COLD

Rinderbraten	Roast beef
Ochsenzunge Leberwurst	Ox-tonge Liver sausage
Fr. Brötchen — Wiener Gebäck	Fresh Rolls — Vienna Pastry
Marmelade	Marmalade
Kaffee Frische Milch Tee	Coffee Fresh Milk Tea

Wilh. Jöntzen, Bremen.

Frühstückskarte auf dem Reichspostdampfer »Gneisenau«, 8. August 1909

Leute, die alles bedenken, ehe sie einen Schritt tun,
werden ihr Leben auf einem Bein verbringen.
Anthony de Mello

9 Ernüchterung in der Heimat, Telegrafenstangen und der Ölsardinentrick

In Berlin gewöhnt sich die Familie, besonders Siegfried, nur schwer an die kühleren Temperaturen und den Nieselregen.

Fritz arbeitet wie zuvor im Reichskolonialministerium, aber das Geld ist knapp. Das üppige Leben, an das sie von den Kolonien gewöhnt sind, ist einem harten Alltag gewichen.

Fritz bemüht sich, ein Haushaltsbuch zu führen, und verzeichnet sorgfältig alle Ein- und Ausgaben. Fritz und Lona gehen einmal im Monat ins Theater und kaufen sich regelmäßig Lotterielose. Als Einnahmen verbucht Fritz 225 Mark Gehalt, das ist nur wenig mehr als ein Drittel dessen, was er in Samoa verdient hat.

Die Jaeckels wohnen jetzt in einer bescheidenen Mietwohnung und trauern dem geräumigen Holzhaus auf Samoa nach, mit seiner großen Veranda, seinem würzigen Geruch, den knarrenden Dielen, den Jalousien, durch die der warme Passat streicht. Ebenso den beiden chinesischen Bediensteten, der Nanny, der Kutsche, den Pferden. Aber noch schmerzlicher vermissen sie die kleine Kolonie mit ihren Freunden und Bekannten, in der sie sogar mit dem Gouverneur gesellschaftlich verkehrten. Hier in Berlin haben sie für ihre Freunde zwar eine Zeit lang den Nimbus des Exotischen. Doch in der Großstadt ist und bleibt Fritz ein kleiner anonymer, subalterner Beamter.

In seiner Verzweiflung bombardiert er seine Dienststelle mit Gesuchen: *Eurer Exzellenz unterbreite ich das nachstehende Ge-*

*such mit der gehorsamsten Bitte um hochgeneigte Prüfung und Ent-
scheidung.* Mal geht es um hohe Extrakosten, die er geltend macht.
Mal beschwert er sich, weil Vorgesetzte jüngere Kollegen bei der
Besetzung von Posten oder Beförderungen vorziehen.

Lona ist wieder schwanger. Sie macht sich keine Sorgen. Warum sollte sie? Siegfried ist ein Prachtsohn, vielleicht manchmal
zu aufbrausend und ein wenig ungeschickt seinen Mitmenschen
gegenüber, aber wohl mit einer doppelten Portion Intelligenz
gesegnet. Im September 1909 setzen bei ihr die Wehen ein. Sie
ziehen sich stundenlang hin. Schließlich holt Fritz in seiner Not
einen Geburtshelfer herbei, unglücklicherweise einen betrunken
von einer Feier kommenden jüdischen Arzt. Da sich die Geburt
als schwierig erweist, benutzt der Arzt eine Geburtszange. Dabei
passiert das Unglück. Er verletzt den Kopf des Kindes. Es ist ein
Mädchen, das sie Antonie nennen und das von allen später nur
»Tonchen« gerufen wird.

Schon in den ersten Lebensmonaten wird erkennbar, dass sich
Tonchen nicht normal entwickelt. Die Eltern sind geschockt und
geben dem Arzt die Schuld an der schweren Beeinträchtigung
des Mädchens. Ein Betrunkener und zudem noch ein Jude. Einen
Gendefekt auf Grund ihrer engen Verwandtschaft schließen sie
kategorisch aus.

Die behinderte Tochter bringt Fritz aus dem Tritt. Auf diesen Schicksalsschlag ist er nicht vorbereitet. Das körperlich und
geistig geschädigte Kind beansprucht Lonas ganze Kraft, beein-
trächtigt Siegfrieds Entwicklung, fesselt die Familie an die enge
Wohnung und schneidet sie vom gesellschaftlichen Leben ab. Und
das alles durch das unverantwortliche Handeln eines Fremden.
Tonchens Lebenserwartung ist gering, sie braucht ständige Betreuung. Es besteht keine Hoffnung, dass sich ihr Zustand jemals
entscheidend bessern wird. Sie können das Kind zur Förderung
und Pflege nicht in ein Heim geben, denn es gibt kaum speziali-

sierte Anstalten. Die Familie versinkt in Verzweiflung. Fritz sucht fieberhaft nach einer Lösung.

Nach eineinhalb Jahren, Anfang 1911, meldet er sich wieder für den Kolonialdienst in Samoa. Doch man braucht ihn in Deutsch-Südwestafrika.

Für Fritz ist die Sache sofort klar. In Berlin tritt er beruflich auf der Stelle. Er muss raus aus dieser Enge, aus der tödlichen Tristesse eines normalen Lebens. In Afrika warten neue Herausforderungen, unbekannte Welten, Abenteuer … und in der Kolonie erhält er eine »Buschzulage«. Die Welt um 1900 gehört den Männern. Fritz ist der Entscheider in der Familie. Sagte Lona nicht, sie wolle überall hingehen, wo er hingeht?

Nach schweren inneren Kämpfen und der Befragung der Tarotkarten stimmt Lona schließlich zu, mit Fritz und Siegfried nach Afrika zu gehen. Fritz' Eltern erklären sich bereit, mit einer Pflegerin für Tonchen zu sorgen. Wie beim ersten Mal blättern Lona und Fritz in Atlanten und versuchen, so viele Informationen wie möglich zusammenzutragen. Deutsch-Südwestafrika erstreckt sich vom Oranje-Fluss, der Grenze gegen das Kapland im Süden, über mehr als 1200 Kilometer bis zum Kunene, dem Grenzfluss gegen das portugiesische Angola im Norden. Im Süden ist »das Schutzgebiet« von der Atlantikküste bis zur östlichen Grenze etwa 450 Kilometer, im Norden fast 1000 Kilometer breit, hinzu kommt der schmale Caprivizipfel mit dem Zugang zum Sambesi. Ein riesiges Gebiet, eineinhalb Mal so groß wie das Deutsche Kaiserreich. Die Grenzen wurden 1890 im Helgoland-Sansibar-Vertrag mit England festgeschrieben. Fritz weiß, dass es dort von Anfang an blutige Auseinandersetzungen und Aufstände der einheimischen Bevölkerung gegen die deutschen Besatzer gab. Aber als die »Schutztruppe« in Deutsch-Südwest Kriegsverbrechen an den Herero und Nama beging, weilte er in Samoa – nachrichtenmäßig mehr oder weniger abgeschnitten vom Rest der Welt. Seine Vorgesetzten beruhigen ihn: Jetzt seien die »Kaffer« endgültig in ihre Schranken gewiesen worden. Da unten sei alles ruhig. Für sich und seine Familie habe er nichts zu befürchten. Er solle vielmehr dazu beitragen, das Land weiter aufzubauen. Es sei groß und weit, mit großartigen Landschaften und Tieren wie zum Anbeginn der Schöpfung, ehe Adam den Dingen ihren Namen gab. Und im Süden, bei Lüderitz, sei das Diamantenfieber ausgebrochen. Was also gebe es da zu zögern?

Am 5. Juni 1911 steht die Familie Jaeckel erneut an einem Hafen. Sie ziehen von einer Hauptstadt in die nächste: Ihre neue Heimat wird Windhuk sein, die »windige Ecke« Südwestafrikas. Eine Kapelle spielt den »Preußenmarsch«. Dem folgt ein dreifaches Hurra auf den Kaiser, ausgebracht von den mitfahrenden Soldaten und der Schiffsbesatzung. Ein Hafenschlepper löst den Reichspostdampfer »Prinzregent« von der deutschen Ost-Afrika-Linie langsam vom Kai. Das Schiff gleitet aus dem Hamburger Hafen die Elbe abwärts. Gegen neunzehn Uhr auf der Höhe von Cuxhaven geht der Lotse von Bord.

Nach dem Abendessen zieht sich Lona mit Siegfried in die Kabine zurück. Während es Fritz scheinbar gelingt, ganz im Augenblick zu leben, die Sorgen in Berlin hinter sich zu lassen, liegt sie wach neben ihrem Sohn im Bett und quält sich mit Gedanken an ihre behinderte Tochter daheim. Das arme Tonchen! Auch tagsüber, wenn sie im Liegestuhl an Deck ruht, kreisen die Gedanken um die immer gleichen Fragen: Wie ergeht es ihr wohl? Können ihre alten Schwiegereltern die Pflege bewältigen? War es richtig, Antonie zurückzulassen? Ist sie nicht eine Rabenmutter, die egoistisch nur an ihr eigenes Leben denkt und ihr Kind im Stich lässt? Hat sie sich zu schnell und zu bereitwillig Fritz' Bitten gefügt? Die Ärzte haben zwar gesagt, dass Tonchen nur eine kurze Lebenserwartung habe. Aber natürlich kann ihr keiner sagen, was das hieß: »kurz«. Hätten sie nicht in Berlin bleiben müssen, solange das Kind noch lebt?

Manche Nacht auf dem Schiff wirft Lona sich hin und her und stöhnt im Schlaf. Anders als Fritz kann sie diese Zweifel und Selbstvorwürfe nicht unterdrücken. Sogar der fast vierjährige Siegfried stellt gelegentlich Fragen nach seiner Schwester. Auch Fritz ist nicht frei von Bedenken, aber er ist der Auffassung, dass sie gar nicht wissen können, ob Tonchen überhaupt unter ihrer Situation leide, ob sie die Abwesenheit der Eltern überhaupt wahrnehmen würde. Letztendlich könne niemand etwas an der Sachlage ändern. Man könne nur hoffen, dass Tonchen, wie die Ärzte es prophezeit haben, bald von ihren Leiden erlöst werde. Doch Fritz kann noch so viele Aspekte und Argumente anführen, Lonas Gefühle lassen sich nicht beschwichtigen. Sie führen ein unkontrollierbares Eigenleben und überschatten die nächsten Monate. Doch die Reise sorgt auch für Ablenkungen und eine Vielzahl von neuen Eindrücken.

Erster Stopp ist Antwerpen, wo man zusätzliche Materialien für den Eisenbahnbau und ungeheure Mengen Kohle bunkert. Nachdem sie Dover passiert haben, bleiben allmählich die Seevögel zurück. In Las Palmas löscht die Besatzung noch einmal Früchte, Gemüse und Trinkwasser.

Es folgen sonnige Tage mit klarem, tiefblauem Himmel. Das immerwährende Stampfen und Rollen des Schiffes, das ununterbrochene Dröhnen der Maschinen, ihr monotoner Puls und das Vibrieren der Wände, der Decksplanken und der Betten werden nun drei Wochen lang andauern. Die tägliche Routine wird zur Gewohnheit und eintönig. Die Passagiere beginnen sich zu langweilen, holen ihre Karten und Würfelbecher heraus, schauen stundenlang aufs Meer oder plaudern.

In dem bunt gemischten Völkchen an Bord findet sich auch eine Gruppe junger, unverheirateter Frauen. Sie reisen in die Kolonien, weil dort die Männer ausgehungert auf weibliche Wesen warten. Von den alleinstehenden Männern auf dem Schiff werden die Mädchen regelrecht belagert. Zumindest anfangs scheinen sie diese Aufmerksamkeiten zu genießen. Doch Lona findet das naiv und sorgt sich um sie. Die Frauen glauben an die Versprechungen, die man ihnen in der Heimat gemacht hat: eine gute Stellung, ein gutes neues Leben, vielleicht einen Ehemann. Ein Mädchen erzählt Lona, sie sei in einem Waisenhaus aufgewachsen und erhoffe sich jetzt auch einmal ein Stück vom Glück. Lona bringt es nicht übers Herz, ihr die Illusionen zu nehmen. Sie weiß selbst nicht, was sie erwartet, glaubt aber, dass für viele dieser Frauen der dunkle Kontinent eher Entbehrungen, Kämpfe und Leid bereithält.

Die Soldaten schwadronieren von ihren Heldentaten im Kampf gegen die Schwarzen, die Matrosen machen anzügliche Bemerkungen. Lona mag sich nicht vorstellen, was sich in den Kabinen der Mädchen nachts abspielt. Fritz spricht den Kapitän auf den Schutz der Mädchen an. Der zeigt sich aber unwissend und gleichgültig.

Im Laufe der Reise finden sich zum Abendessen an Lonas, Fritz' und Siegfrieds Tisch fast immer die gleichen Personen ein. Darunter ein Hauptmann von Sass und Oberleutnant Ritter. Fritz ist erfreut über diese Gesellschaft, ist er doch durch seine Familiengeschichte und durch eigene Neigung dem Militärischen gegenüber aufgeschlossen. Von Sass, ein mittelgroßer, drahtiger, ruhiger Mann mit exzellenten Manieren und Monokel, ist auf der Rückreise zu seiner Truppe. Er sieht verwegen aus. Bei einem Hereroaufstand ist ihm ein Teil seiner Nasenspitze weggeschossen worden. Dort hat ein Chirurg einen Hautlappen angesetzt, aus der Narbe sprießen zwei kleine Härchen.

Ritter dagegen ist Anfang dreißig, ein großer, dünner, blonder Schlacks auf seiner ersten Reise nach Afrika. Seine Wangen sind pockennarbig, die Augen wässrig blau, die linke Augenbraue von einer feinen, hellen Schneise durchzogen. Während des Gehens schlenkert er mit den Armen, als seien sie wie bei einer Marionette in Drahtösen am Rumpf befestigt.

Neben den beiden Offizieren schließt sich auch ein Mann namens Otto Haring der Runde an, seines Zeichens Korrespondent der sozialdemokratischen Zeitung »Vorwärts«. Ein zartgliedriger, lebhafter Mann mit fein geschnittenem Gesicht, heller Haut, dunklem, pomadisiertem Haar und einer getönten Brille. Haring will sich selbst ein Bild von der Lage in Deutsch-Südwest machen und von dort berichten. Sein Händedruck ist recht lasch, was nach Fritz' Meinung auf einen schwachen Charakter schließen lässt. Wie falsch er damit liegt, wird sich später noch herausstellen.

Fräulein von Spreckelstein ist neben Lona die einzige Dame an ihrem Tisch: eine unternehmungslustige junge Frau, aufgewachsen auf einem Gut im Baltikum. Sie möchte eine Zeit lang auf der Farm ihres Onkels bei Grootfontein arbeiten.

Und schließlich ist da noch der Telegrafenbauer Wichert, ein blonder, kerniger, sonnenverbrannter Bursche, wie Ritter etwa Mitte dreißig. Wenn er von seinen ersten Jahren in Deutsch-Südwest erzählt, scheint es Fritz, als sei er der ideale Typus des Pioniers, den dieses Land braucht.

An einem der gemeinsamen Abende berichtet Wichert davon, wie er auf Tour geschickt wurde, um schon bestehende Telegrafenleitungen zu inspizieren und Störungen zu beseitigen.

»Ich hatte noch nie zuvor auf einem Pferd gesessen. Sie können sich nicht vorstellen, wie schrecklich die ersten Wochen für mich waren.«

Lona nickt mitfühlend und erinnert sich an ihre ersten Reitversuche.

»Na, inzwischen habe ich auf allem gesessen, was sich reiten lässt: Ochsen, Maultiere und Dromedare.«

»Dromedare?«, wirft Fräulein von Spreckelstein ein.

»Ja, vor sieben Jahren wurden fünfhundert Tiere von den Kanarischen Inseln eingeführt. Ich glaube, es gibt inzwischen noch mehr da unten und ein Gestüt in Kalkfontein.«

Ritter berichtet sogar von einer Kamelreiter-Kompanie, aber schließlich fesselt Wichert die Tischgesellschaft mit einer ausführlichen Schilderung seiner Arbeit:

»1905 hatte das Reichspostamt beschlossen, die Telegrafenlinie Windhuk, Rehoboth, Kub, Gibeon, Keetmanshoop, Warmbad, Ramansdrift bis zum Oranje zu bauen, eine Strecke von neunhundert Kilometern. Ich wurde zum Führer einer Kolonne bestimmt, mit der ich von Mariental aus nach Norden arbeitete, einer anderen Kolonne entgegen. Ein Dutzend gefangene Herero bekam ich als Arbeiter und vier bewaffnete Reiter zum Schutz. Wie sich herausstellte, wussten die Schwarzen zunächst nicht, wie sie mit Hämmern, Spaten und anderem Werkzeug umgehen sollten. Mit ihnen, aber auch mit den Soldaten war es anfangs verdammt schwer, eine Linie zu bestimmen und sie dann auch noch anständig auszurichten. Ich nahm Material für sechzig Kilometer mit. Das hieß 1200 Telegrafenstangen von sieben bis acht Metern Länge, Mannesmann-Endlosrohre, circa 4000 Kilogramm Bronzedraht, Werkzeug und Geräte für die Stationen. Dazu kamen Proviant und Wasser. Ich machte mich schließlich von Windhuk mit zwölf Wagen, jeder einzelne gezogen von zwanzig Ochsen, auf die Pad Richtung Süden.«

»Die Pad?«, fragt Fräulein von Spreckelstein dazwischen.

»Ja, Sie werden das auch noch kennenlernen«, gibt Wichert zurück. »Die Pad ist eine Wagenspur in der Wildnis von Wasserstelle zu Wasserstelle. Das Wasser schmeckte an einigen Stellen scheußlich. Es war salzig und jede Menge Feststoffe schwammen darin. Manchmal gab es auf mehr als hundert Kilometern kein Wasser. Die Pad führte durch ausgetrocknete Flussläufe, über Stock und Stein. Sie können sich sicher vorstellen, wie langsam so ein Treck ist. Die Tiere müssen rasten und versorgt werden. Radbrüche müssen repariert werden und so weiter. Nach einundzwanzig Tagen erreichten wir schließlich unseren Bestimmungsort Mariental. Wenn die Frachtfahrer noch fünfhundert Kilometer weiter bis nach Keetmanshoop fahren müssen, sind sie, wenn mit Weide und Wasser alles klappt, für die Hin- und Rücktour ein Vierteljahr unterwegs. Später bin ich noch in größeren Trecks gefahren, mit fünfzig Wagen. Die schwarzen Jungens hatten dann zum Teil ihre Frauen und Kinder mit dabei und ihre Pontoks, ihre bienenkorbähnlichen Unterkünfte.«

»Wie die Pioniere im Wilden Westen!«, ruft Ritter bewundernd aus.

»Ja, genau so kam ich mir vor: wie im Wilden Westen! Auch die Landschaft ist ja zum Teil ähnlich. Als Schutz vor unliebsamen Besuchern während der Nacht hatte ich einen Karabiner mit Patronengurt, hundertzwanzig Patronen und einen Hund dabei. Wir setzten alle fünfzig, sechzig Meter einen Pfahl, auf fünfhundert Metern jeweils einen Ring Draht und die entsprechenden Isolatoren. Wie Sie, meine Herren Soldaten, übernachtete ich meist im Zelt in einer Siedlung, an einer Wasserstelle oder irgendwo in der Wildnis. Und all die Jahre habe ich mich abends selbst bekocht. Am wichtigsten waren mir meine Bratkartoffeln, wenn ich denn welche hatte.«

»Da hätten Sie's zu Hause sicher bequemer gehabt«, kommentiert Fritz.

»Wohl wahr«, gibt Wichert zurück. »Gemütlich geht es bei solchen Unterfangen nicht zu. Einmal kamen wir nicht weiter, und zwar wegen eines Heuschreckenschwarms. Der Boden war dicht an dicht mit Insekten bedeckt. Der Wagen und die Ochsen rutschten auf den lebenden und zerquetschten Tieren buchstäblich weg, so wie ein Pferdefuhrwerk, das auf schmieriger Fahrbahn ins Schlingern gerät. Der Schwarm war so dicht, dass er die Sonne verdunkelte. Sie waren überall: auf der Kleidung, auf dem Kopf, sie krabbelten im Gesicht herum, tasteten mit ihren Fühlern in Nasen, Ohren und Augen. Wie ein Tuch aus Tausenden sich ständig bewegenden Beinen und Körpern. Die Menschen hüpften vom Erdboden hoch, schlugen mit den Armen um sich und schrien.

Ochsengespann in der Dornbuschsteppe

Die Ochsen zerrten wie wild an ihrem Zuggeschirr und brüllten. Über allem lag ein vielstimmiges, rastloses Rauschen, Knistern, Schaben, wenn sich Chitin an Chitin rieb. Es war schrecklich! Da es dort nichts zu Fressen gab, konnten sie allerdings keinen Schaden anrichten. Am nächsten Morgen, nach einer kalten Nacht, es war Ende April, waren sie alle tot …«

Die Damen verziehen angeekelt das Gesicht.

»Ganz zweifellos hat man es zu Hause weitaus bequemer«, spinnt Wichert den Faden fort, »aber die Weite und die Freiheit da draußen! Das Leben ist intensiv im Guten wie im Schlechten. Ich bin mein eigener Herr und kann sehen, was ich geleistet habe, statt in einem stickigen Büro zu hocken.«

»Nun, das ist wohl einer der Gründe, warum wir alle auf diesem Schiff sitzen«, lässt sich der Hauptmann vernehmen. »Sagen Sie, da in der Nähe von Mariental hat doch Kaiser Wilhelm seine Farm.«

»Ja, richtig«, ergänzt Fräulein von Spreckelstein, »das muss ein riesiges Areal sein. Die kleinste Farm, von der ich gehört habe, ist zehntausend Hektar groß, mein Onkel hat sechzigtausend. Na ja, kein Wunder, wenn der Hektar nur fünfzig Pfennig bis eine Mark kostet.«

»Aber nur da draußen in der Wüste oder im Buschland«, erklärt von Sass. »Es gibt wertvolleres Land im Norden und an der Küste.«

Jetzt mischt sich Haring ein:

»Haben Sie gehört, mit welchen Methoden einige der ersten Kaufleute oder Siedler den Eingeborenen große Teile des Landes mit Wasserstellen, Weide- und Ackerland abgeluchst haben?«

»Wenn ich mich recht erinnere, irgendein Ölsardinentrick, richtig?«, wirft Wichert ein.

»Genau. Soweit ich gehört habe, bereitet der Kaufinteressent schon mal den Kaufvertrag vor und ›präpariert‹ sich dann, bevor am Abend die Verkaufsverhandlungen mit dem Häuptling beginnen. Dazu verleibt er sich erst ein halbes Weißbrot ein, gut gekaut und eingespeichelt. Dann folgen Ölsardinen, das Olivenöl kippt er hinterher. So viel Dosen wie möglich, und zwar so lange, bis ihm das Öl fast aus den Ohren wieder herauskommt, aber gerade noch so, ohne dass ihm übel wird und er alles wieder erbrechen muss. Derart gewappnet lässt er Dutzende von Schnapsflaschen in den Pontok des Häuptlings bringen, setzt sich zu ihm nieder und beginnt die Verhandlungen. Es wird nun palavert und gesoffen. Manchmal mehrere Tage lang, zumindest so lange, bis der Häuptling hinüber ist, aber natürlich kurz vor dem Umfallen noch seine drei Kreuze unter den Vertrag setzen kann.«

Haring klatscht mit der Hand auf den Tisch, eine tiefe Falte zwischen den Augenbrauen.

»Diese Hinterlist! Wahrlich abscheulich!«

Die anderen stimmen ihm zu. Allein Oberleutnant Ritter grinst über das von Haring geschilderte Schelmenstück. Bei ihm weiß man oft nicht, ob er ernst meint, was er sagt, oder ob er nur provozieren will.

»Warum diese Umstände? Das verstehe ich nicht.« Seine Augen blicken kalt und spöttisch. »Wir bringen den Negern Kultur und Zivilisation. Was tun sie? Sie benehmen sich impertinent. Warum in Gottes Namen nicht einfach die Eingeborenen enteignen! Schon ein Missionar namens Knudsen soll vor vierzig Jahren gefordert haben, den Schwarzen das Land einfach wegzunehmen.«

Jetzt protestieren alle.

»Momeeent!«, grätscht Ritter dazwischen. »Das Land schläft doch den Dornröschenschlaf. Wenn wir das Land hätten, würde der Hunger die Kaffern zwingen, zu arbeiten und so zu nützlichen Mitgliedern der Gesellschaft zu werden. Jetzt lassen sie doch nur ihre Ziegen und Rinder für sich arbeiten. Nein, wir brauchen die Enteignung ebenso, wie wir damals die Aufstände und den damit verbundenen Krieg gebraucht haben. Sie wissen doch, der Krieg ist der Vater aller Dinge. Gerade für Afrika gilt: Zivilisation ist ohne Gewalt und Opfer nicht denkbar. Nur so kann man die Entwicklung in Deutsch-Südwest in den letzten Jahren verstehen, Herr Unkerich, Pardon Herr Korrespondent.« Erneut huscht ein höhnisches Grinsen über sein Gesicht. »Wir haben die Schutztruppe auf zweitausend Mann verstärkt, Forts, Bahnhöfe, Postämter, im Hafen eine feste Pier und Eisenbahnen gebaut, jawoll, Farmer ins Land geholt. Unser Freund Wichert hier hat Telegrafenleitungen über Hunderte von Kilometern gespannt. Wir brauchen Arbeitskräfte, und mit der Enteignung würden sie freigesetzt. Wir hätten Abnehmer für unsere Produkte. Dem Tüchtigen gehört nun mal die Welt.« Jetzt hat er eine kleine Rede gehalten. Mit seinen Argumenten steht er ja nicht allein, viele denken so. Stolz schaut er in die Runde und setzt hinzu: »Wer schläft, den muss man wecken, notfalls mit Krach, wie es so schön heißt.«

Für einen Augenblick herrscht Stille am Tisch. Die Jaeckels schauen sich befremdet an.

»Wenn Dr. Solf in Samoa so gehandelt hätte, wäre unser Leben die Hölle gewesen«, entgegnet Fritz in ungewohnt heftigem Ton.

Doch sein Einwand prallt am Oberleutnant ab. Boshaftigkeit und Verachtung liegen in dessen Blick.

Der Hauptmann springt Fritz bei:

»Sie schwadronieren hier über den Krieg, Oberleutnant Ritter, dabei haben Sie noch nie einen Schuss im Gefecht abgegeben.« Von Sass' Auge unter seinem Monokel funkelt böse. »Auch im Krieg gelten Regeln des Anstands und der Ehre, vor allem für Offiziere, Herr Oberleutnant. Der Krieg ist kein Schachspiel, er bringt Leid, Elend und Tod. Die Schwarzen sind auch Menschen. Ich finde es gut, dass Generalleutnant von Trotha wegen seines unbarmherzigen Vorgehens gegen die Herero abgelöst wurde.«

»Das sehe ich genauso«, pflichtet ihm Haring bei. »Was Sie hier von sich geben, Ritter, ist menschenverachtend. Das sind auch die Fragen, denen ich nachgehen möchte: Was geschah damals in der Omaheke-Wüste, und was waren die Auslöser für die Aufstände der schwarzen Völker? Ich habe das Gefühl, von vielen Geschehnissen erfahren wir nichts in der Heimat. Das Land ist groß. Was zum Beispiel ist dran an den Gerüchten, auf den entlegenen Farmen komme es regelmäßig zu Demütigungen, Prügelstrafen und Vergewaltigungen von Hererofrauen?«

»Ich kann kaum glauben, was ich da höre«, ruft von Spreckelstein bestürzt aus und schüttelt den Kopf, als wolle sie die Vorstellung aus ihren Gedanken tilgen, ihr Onkel könne an derartigen Vergehen beteiligt gewesen sein.

»Die Oberkapitäne der Hottentotten und der Herero, Hendrik Witbooi und Samuel Maharero, der schwarze Napoleon, waren

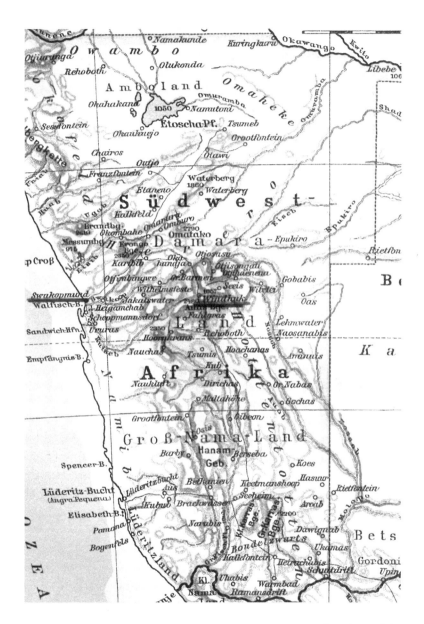

Deutsch-Südwestafrika

jedenfalls fähige, charismatische und anständige Führer ... Wenn man alle umbringt und erschießt, hat man keine Arbeiter mehr«, fährt Hauptmann von Sass fort. »Wenn von Trotha nicht abgelöst worden wäre, hätte ich meinen Dienst hier unten quittiert.«

Wichert fügt hinzu:

»Ich habe mit gefangenen Herero gearbeitet. Das waren meist willige, brave und fleißige Jungens, die ihr Bestes gaben.«

»Wir wollen doch deutsche Siedler hierherholen, das Land germanisieren. Die Diamantenfelder ausbeuten. Dann brauchen wir auch Ruhe im Karton!«, ruft Ritter heftig. »Und Sie wollen doch nicht im Ernst behaupten, Herr Hauptmann, Sie wüssten, was im krausen Kopf eines Hottentotten vorgeht?«

Fritz ist erstaunt, all das zu hören, hatte er doch von der heimatlichen Berichterstattung her einen anderen Eindruck. Er bittet von Sass, Genaueres über die Kampfhandlungen mit den Hottentotten und Herero zu erzählen. Ritter behält zwar sein arrogantes Lächeln bei, bleibt aber in der Folge still.

Die anderen wollen von Fritz wissen, wie die Lage in Samoa gewesen sei. Er berichtet ihnen, wie es Gouverneur Solf gelungen ist, Konflikte gar nicht erst entstehen zu lassen und bestehende Uneinigkeiten zu entschärfen. Das ist Wasser auf die Mühlen von Haring und von Sass. Ritter staunt.

So vergeht mancher Abend, mal in eher launiger Stimmung, mal im Streitgespräch. Das Essen ist gut, die Gläser zittern kaum merklich im Takt der Schiffsmaschinen.

Die Welt ist gleichsam ein Buch,
von dem man nur die erste Seite gelesen hat,
wenn man nichts als seine Heimat kennt.

Stendhal

10 Seekuhkäse, eine tückische Brandung und Echsen als Hausgenossen

Die Sonne brennt inzwischen immer heißer vom Himmel, kein Lufthauch regt sich. Die Kabinen sind der reinste Backofen. Alle stöhnen und versuchen, sich Luft zuzufächeln. Da tut ein bisschen Amüsement gut. Am 8. August 1911 unterzieht sich Fritz Jaeckel, obwohl er schon zweimal den Breitengrad Null überquerte, einer Äquatortaufe.

Das Taufwasser wird dabei gleich eimerweise verschüttet, für den fast vierjährigen Siegfried ein denkwürdiges Spektakel. Aber auch die Mutter vergisst ihre Sorgen und vergnügt sich köstlich.

Der Kapitän erhebt sich, schaut schmunzelnd in die Runde und fragt:

»Haben Sie eben auch den leichten Stoß gespürt, als das Schiff die Linie überquerte?«

Anschließend bittet er feierlich zum Äquator-Menü.

Lona erklärt Siegfried die Gerichte. Der Junge staunt und klatscht begeistert in die Hände. Schließlich äußert Lona lachend:

»Ich glaube, ich bleibe lieber bei Wasserliliensalat oder Seerosenstängeln. Seekuhkäse … Brrr, ich weiß nicht.«

Sie schüttelt sich. Fritz dagegen versichert mit ernsthafter Miene, er habe großen Appetit auf ein ordentliches Nilpferdrückensteak.

»Und am Schluss gönnen wir uns alle den ›Höllenpunsch von Congowasser‹.«

Nach der Hitzeperiode wird das Wetter schlechter. Der Himmel ist wolkenverhangen, der Wind frischt auf. Der Dampfer pflügt sich mehrere Tage durch schäumende, wütende See. Brecher überspülen ständig das Außendeck. Lona und Fritz wundern sich, dass Siegfried, Der-mit-allen-Wassern-Gewaschene, mit den Bedingungen so gut zurechtkommt.

Aber er langweilt sich zusehends. Nach drei Wochen auf See wird es allmählich Zeit, wieder an Land zu kommen. An Bord gibt es keine gleichaltrigen Spielkameraden. Der hübsche, aufgeweckte, manchmal ein wenig zu ernsthafte Junge hat auch sonst kaum Kontakt zu anderen Kindern. Das war in Samoa nicht anders gewesen als in Berlin. Siegfried wächst mit Erwachsenen auf. Ganz offensichtlich sind andere Kinder für ihn fremde Wesen mit einem unberechenbaren Verhalten. Die Erwachsenen fordern von ihm Gehorsam oder gehen auf seine Wünsche ein, zumindest seine Eltern tun dies meist. Das ist berechenbar. Große Kinder schubsen ihn herum, kleinere findet er doof. Mit den Gleichaltrigen muss er erst mal Regeln, Interessen aushandeln, bevor sich ein gemeinsames Spiel ergibt. Das kann er nicht. Aber irgendwann werden die Spiele mit den Eltern an Bord reizlos, sind die Bilderbücher zum hundertsten Mal durchgeblättert, die Geschichten zu Ende vorgelesen. Vielleicht wird Siegfried in der neuen Heimat endlich Spielkameraden finden. Die Eltern hoffen es.

Als sich das Wetter wieder beruhigt, können die Passagiere von der Reling aus Delfine beobachten, fliegende Fische und manchmal Wale, die gemächlich am Schiff vorbeiziehen. Sobald der Nebel aufreißt, lässt sich mit dem Fernglas bereits die Küste Afrikas erkennen, die wie eine lang gezogene, gelbe Steilwand wirkt.

»Das muss schon Deutsch-Südwest sein«, ruft Lona aus.

Hauptmann von Sass bestätigt das: »Ja, das ist die Skelettküste, dahinter liegt die Namib, eine mehr als tausend Kilometer lange

Äquatortaufe von Fritz Jaeckel

I. Klasse 5. Juni 1911

Reichspostdampfer „Prinzregent"

ÄQUATOR-MENU

Vertriebene Aequator Postbojen	Lost Aequator mail-buoys
Alligator Suppe	Alligator soup
Gebackener fliegender Fisch Walfischmilch-Sauce	Baked flynig fish with wale milk-sauce
Gebratener Nilpferdrücken n. Poseidon	Roast saddle of hippopotamus Poseidon style
Penguinleber i. gefrorenen Quallen	Penguin-liver i. frozen jelly-fish
Gebrat. Nordpol-Eulen	Roast Nordpol-owl
Quabbenkompott Wasserliliensalat	Compot of tadpoles Waterlily-salad
Seerosenstengel — Meerschaum	Sticks of searoses with sea-foam
Eisberge m. Nordlichtbeleuchtung u. Korallenbauten	Ice mountains and coral a la Aurora Borealis
Seelöwenschmalz — Seekuhkäse	Sea-lion-lard Sea-cow-cheese
Früchte aus Frau Neptuns Wundergarten	Fruit from Mrs Neptuns wonderfulgarden
Höllenpunsch von Congowasser	Devils Punch made of Congo-water

Reichspostdampfer »Prinzregent«, Äquator-Menü, 5. Juni 1911

Wüste. Kein Baum, kein Strauch oder Grashalm, nur Steine und Sand.«

Lona schaut ihn entgeistert an. »Und warum heißt diese Küste ›Skelettküste‹?«, wagt sie zu fragen.

»Na, sie können sich's wahrscheinlich denken. Wer hier vor der Erfindung des Seefunks strandete und sich mit Glück durch das kalte Wasser und die kolossale Brandung an Land kämpfte, rettete sich lediglich in ein anderes Sterben. An dieser Stelle sind eine Menge Schiffe auf Grund gelaufen. Ich habe gehört, in den wechselnden Strömungen und auf den immer neuen Sandbänken sollen an die fünfhundert Wracks liegen! An Land ist man in vermeintlicher Sicherheit, aber tatsächlich wartet dort nur die ›große Leere‹: eine riesige Wüste. Manche sagen, die älteste der Welt, eine tödliche Ödnis ohne Menschen, ohne Wasser. Da gibt's nur diesen Küstennebel, Regen nie.«

»Das Wasser ist kalt, sagen Sie? Kann man denn da gar nicht baden?«, fragt Fritz.

»Ich hab's noch nicht versucht. Soweit ich mich erinnere, entspringt die Strömung in der Antarktis.«

›Nicht gerade einladend‹, denkt Lona. ›Ob wir hier wohl glücklich sein werden?‹

Schließlich feiert die Tischrunde Abschied voneinander. Am nächsten Morgen geht der Dampfer eine Meile vor Swakopmund vor Anker, weil es an dieser langen Küste keinen Fluss gibt, in den ein so großes Schiff einfahren kann. Sie müssen ausbooten. Alle Passagiere sind aufgekratzt und ausgelassen. Der Wind frischt auf, die Wellen bäumen sich auf, Nebelfetzen ziehen die Küste entlang. In regelmäßigen Abständen ertönt das tiefe Brummen des Nebelhorns. In der Ferne hören sie das Donnern und Tosen der Brandung. Motorbarkassen kommen längsseits. Um in die Boote zu kommen, müssen sie in eine Gondel steigen, in einen mannshohen, geflochtenen Korb mit zwei gegenüberliegenden Sitzbänken und einer Stange zum Festhalten in der Mitte. Lona findet, das sehe nicht sehr verlässlich aus. Zumal der Dampfer in der Dünung rollt und die Barkassen an der Bordwand auf und nieder tanzen. Doch wären sie vor zehn Jahren gekommen, hätten sie noch mit Ruderbooten durch die Brandung fahren müssen, gesteuert von speziellen Kruboys aus Liberia. Damals kenterten jedes Jahr zahlreiche Boote, Menschen ertranken, Gepäckstücke und Güter gingen verloren.

Fritz hält Siegfried eng an sich gepresst, der mit großen Augen das Geschehen verfolgt. Ein Kran zieht die Gondel in die Höhe. Zwei Decksleute versuchen, mit Seilen die Schwankungen des Korbes auszugleichen. Als der Kran über Bord schwenkt, schweben sie einen Moment zwischen Himmel und Wasser. Der Korb schaukelt, ächzt und knackt bedrohlich, senkt sich dann aber langsam nach unten. Mit einem Ruck landen sie auf der hüpfenden Barkasse, deren Reling von Wasser überspült wird.

Sobald das Boot beladen ist, dreht es ab und steuert die hölzerne Landungsbrücke an der Mündung des Swakop-Rivier an. Außerhalb der Brandungszone macht es am Pier fest. Gewaltige Wellen rauschen unter der Brücke hindurch.

Endlich steht die Familie, erschöpft und durchnässt, auf afrikanischem Boden.

Anders als in Apia heißt sie hier niemand willkommen. Zudem verdecken Hochnebel beziehungsweise eine Wolkenschicht die Sonne. Es wird empfindlich kalt. Sie sehnen sich nach ihren Jacken. Sind sie nicht in Afrika?

Vor ihnen liegt Swakopmund, die Wüstenstadt, erst vor etwa zwanzig Jahren von den Deutschen gegründet. Im Krieg gegen die Herero und Nama in den Jahren 1904 bis 1908 war die Stadt aufgeblüht und größer geworden. Lagerhallen, Schuppen im Hafenbereich und viele militärische und zivile Bauten sind entstanden. Die größeren Straßen verfügen über eine Straßenbeleuchtung und hölzerne Fußwege wie im Wilden Westen. Die Kleineren bestehen aus graugelbem Sand, aufgewühlt von Hunderten von Tierhufen, Füßen und Schuhen.

Palmen und Bäume suchen Lona und Fritz vergebens. Einige Hausbesitzer haben kleine Gärtchen angelegt, in denen sie mit größter Mühe versuchen, ein paar Pflanzen am Leben zu erhalten. Aber meistens vertragen die das brackige, salzig schmeckende Wasser nicht, das mit Windmotoren aus der Tiefe gepumpt wird. Auch bei empfindlichen Menschen führt es zur »Swakopmundia«, einer Krankheit mit durchschlagender Wirkung.

Da der Zug nach Windhuk erst am nächsten Tag fährt, stapfen sie durch tiefen Dünensand zum Hotel »Fürst Bismarck«. Dort gibt es deutsches Essen, sogar mit einer Maggiflasche auf dem Tisch und Betten, die nicht vibrieren.

Am darauf folgenden Morgen überqueren sie bei klarem Himmel den Sandplatz vor dem Bahnhof. Ein heißer Wüstenwind hat den Nebel vertrieben und die Ochsengespanne, die schon vorgefahren sind, mit einer gelblichen Staubschicht überzogen. Träger entladen robust gebaute Kap-Wagen mit Planen und imposanten Rädern. Ochsenwächter und Treiber dirigieren die Gespanne. Die Jaeckels staunen über die imposanten Hörner der Ochsen, deren Spitzen bis zu zwei Meter auseinander stehen. Lona, die Siegfried an die eine Hand und den Saum ihres Kleides mit spitzen Fingern in die andere nimmt, spürt schon die enorme Kraft der Sonne auf den Schultern und die trockene, staubige Luft in der Nase. Wie anders war es doch in Samoa. Im gleichen Gedankengang ermahnt sie sich: ›Du musst offen sein für Neues, Lona, für die Schönheit dieses kargen, andersartigen Landes.‹

Im Zug ist es zunächst kühl. Doch trotz des doppelten Tropendachs wird die Luft in den Abteilen bald heiß und stickig. Ihnen gegenüber sitzen Mitreisende, die aussehen, als litten sie an Masern. In ihren Unterkünften waren in der Nacht zuvor Moskitos und Sandflöhe über sie hergefallen.

Hinter rauchgrauen Scheiben, die das blendende Tageslicht dämpfen, zieht nun über Stunden die eintönige, schwermütige Ödnis der Namib-Wüste vorüber. Nur wenn die Bahn in die Nähe von Rivieren kommt – Trockenflüssen, die zur Regenzeit periodisch Wasser führen –, sind vereinzelt Buschwerk, Sträucher und Kameldornbäume zu sehen. Nach einer Weile erheben sich Gebirgsmassive aus der brettflachen Ebene: die dunklen, steilen Wände der Rössingberge, die Zacken der Spitzkoppe und die pittoresken Formen des Erongo-Bergmassivs, das über zweitausend Meter emporsteigt.

Die Waggons ächzen, zittern und quietschen in den Kurven, weiße Rauchfahnen ziehen am Fenster vorüber. Treten Geröllhalden, Felswände näher an den Zug heran, verstärkt sich das monotone Schlagen der Räder auf die Schienenstöße und ihr Klack, Klack hallt zwischen den Wänden wider.

Manche Berge ragen als gigantischer, roter Monolith empor, seit Urzeiten glatt geschliffen vom Wüstensand, nie von einem Menschen betreten. Das ist das Hervorstechendste: Die Landschaft ist nahezu menschenleer, keine Straßen, höchstens eine Wagenspur in der Wildnis. Nur vereinzelt wird sie von Baumgruppen durchbrochen. Ab und zu erspähen sie kleinere Herden Springböcke, die in der flachen, mit sonnengebleichtem Gras bewachsenen Ebene äsen. Siegfried entdeckt schließlich eine Gruppe Strauße. Begeistert beobachtet er, wie sie ruckartig ihre Hälse bewegen und auf ihren langen Beinen scheinbar mühelos mit großer Geschwindigkeit vor dem Zug fliehen.

In der kristallklaren, flirrenden Luft scheint es, als stünden die Bäume mehrere Meter in der Luft oder schwämmen im Wasser. Die Horizontlinie löst sich auf, zwischen Himmel und Land ist etwas von neuer, körperloser, eher flüssiger Konsistenz entstanden, das beweglich scheint und vibriert. Es sieht aus, als würden die Strauße, je weiter sie sich entfernen, über die Baumkronen hinweglaufen, wobei ihre Beine grotesk lang werden. Ein faszinierendes, unwirkliches Schauspiel für Siegfried, das leider viel zu schnell endet. Mit seinen vier Jahren ist er noch mit dem Zauberhaften vertraut. Seine Eltern kannten bisher nur den Begriff: Fata Morgana.

Interessant findet Siegfried auch die gelben oder grün gesprenkelten Kugeln, die neben den Gleisen liegen. Sie haben die Größe eines Handballs und liegen so verstreut im Sand, als hätten Kinder mit ihnen gespielt und sie dann achtlos liegen gelassen. Meterlange, ausgedörrte Ranken umgeben sie. Ein Mitreisender erklärt, dass das Tsamas-Melonen seien, die in der Namib den Tieren und Menschen, vor allem den Buschmännern, als Durstlöscher dienen.

Nach endlosen, heißen und einschläfernden Stunden sowie nach einem Halt in Karibib und in Okahandja nähert sich der Zug schließlich der Hauptstadt. Erste Eingeborenensiedlungen tauchen auf, sie werden hier Werften genannt. Die Hütten gleichen graubraunen Maulwurfshügeln. Fritz bemerkt, dass sie in einer Linie stehen, schön in Reih und Glied ausgerichtet. Das ist wohl eher dem deutschen als dem afrikanischen Ordnungssinn geschuldet. Das Resultat von Zwangsumsiedlungen? Abfälle liegen neben den Gleisen. Das fängt ja gut an.

Fauchend und mit kreischenden Bremsen kommt der Zug in Windhuk zum Stehen, eingehüllt in eine Dampfwolke. Die Familie wird vorerst ein möbliertes Haus in Klein-Windhuk, etwas außerhalb der Stadt, beziehen. Fritz winkt nach einer Kutsche.

Klein-Windhuk besteht aus einzelnen, verstreut liegenden, weißen Häusern. Von Süd nach Nord durchquert das Klein-Windhuk-Rivier dieses Gebiet und spendet zu gewissen Zeiten Wasser für Häuser und Gärten. An seinem Flussufer wachsen Akazien, Dornbüsche und Schilfrohr. Weiße Siedler erhielten hier Farmland, auf dem sie Obst und Tabak anbauen. Im Osten türmen sich die Silhouetten der Erosberge auf.

Die Stadt liegt auf etwa 1600 Metern über dem Meeresspiegel. Im Sommer steigt die Temperatur auf mehr als dreißig Grad, aber jetzt im Juni, im Südwinter, erscheint das Klima angenehm, obwohl es nicht ganz ausgeschlossen ist, dass es gelegentlich Frost gibt.

Ein Windmotor liefert Wasser für das Haus der Jaeckels. Sie können hier wie in Samoa Hühner halten und Salat und Gemüse anbauen, auch weil die Versorgungslage in dieser Hinsicht schlecht ist. Wegen der Termiten steht das schlichte, kleine Häuschen auf einem Zementfundament. Wie in Samoa gibt es eine Kochstelle neben der Veranda, eine Zisterne im Garten, aber kein elektrisches Licht. Der Fußboden des Hauses besteht, wie vielfach üblich, aus gestampftem Lehm, der mit Leinöl verfestigt wurde. Ihre Vorgänger haben in jedem Zimmer von Wand zu Wand Baumwollstoff unter die Decke gespannt. So soll sich zwischen dem Wellblechdach, das die Sonne glühend heiß aufheizen kann, und dem Stoff eine kühlende Luftschicht bilden. Zusätzlich dazu gibt es in dieser Zwischenschicht Löcher in den Wänden für den Luftaustausch. Das hat den Nachteil, dass der Wind hindurchpfeift und an manchen Tagen rötliche Staubwolken hereinträgt, die alles bedecken. Während Lona das gelassen hinnimmt, leidet der penible Fritz sehr. An manchen Nachmittagen sieht man ihn fluchend mit Staubtuch und Handfeger den schlimmsten Schmutz beseitigen.

Auch Vögel, Spinnen und Geckos dringen ungehindert durch die Löcher ein. Fritz und Lona ekeln sich anfangs vor den Zusammenballungen der Echsen in den Zimmerecken, mögen sie aber nicht gänzlich verjagen, weil sie Moskitos und Fliegen fangen. Manchmal schrecken sie nachts aus dem Schlaf, weil Vögel auf dem Blechdach herumstolzieren, was einen Höllenlärm macht. Unangenehmer ist die Mäuse- und Rattenplage, gegen die sie mit zehn Fallen rund um das Haus ankämpfen. Ihre größte Angst aber sind Giftschlangen im Haus oder Garten.

Klein-Windhuk, 1912

Schlaf, o schlaf mein schwarzer Knabe,
du zum Jammer mir geboren,
eh' zu leben du beginnst,
ist dein Leben schon verloren ...
dein Tag wird sein von Thränen,
deine Nacht wird sein voll Klagen.
Wie das Thier des Feldes wirst du
stumm das Joch der Weißen tragen,
wirst das Holz den Weißen fällen
und das Rohr den Weißen schneiden,
die von unserm Marke prassen
und in unserm Schweiß sich kleiden.
Emanuel Geibel, Das Negerweib

11 Von Bambusen, Frauen ohne Korsett und Männern mit Nilpferdpeitschen

Schon bald stellen Fritz und Lona fest, wie sehr sie in Klein-Windhuk »ab vom Schuss« wohnen. Andererseits ist die Stadt selbst, wie Spötter behaupten, nur eine Kaserne oder eine Festung mit Dorf.

Die Hauptstraße von Windhuk erweist sich als ein dreißig Meter breiter Sandweg mit einem Feldbahngleis in der Mitte, einer Telegrafenleitung auf der einen, Handelshäusern und Regierungsämtern auf der anderen Seite. Kleinere Häuser aus ungebrannten Lehmziegeln mit grauen oder grünen Wellblechdächern schließen sich an. Am Rande der Straße: fahle Büsche, Bäume, Felsbrocken, dazwischen streunende, ausgemergelte Hunde. Um die Trostlosigkeit der Szenerie noch zu steigern, ist dies alles mit einer schmutzigen Schicht rötlich-grauen Staubes überzogen. Die Sonne brennt erbarmungslos vom wolkenlosen Himmel. Manchmal fühlt sich Fritz regelrecht betäubt von der glühenden Sonne, so als würde sie seinen Willen schwächen.

Die Festung thront weithin sichtbar über der Stadt, ein quadratischer Bau mit einem großen Platz im Inneren, roten Backsteinmauern, die von Schießscharten durchsetzt sind, und an jeder Ecke mit einem von Zinnen gekrönten Turm. Die staubig rote, große Fläche um die Festung ist unbebaut und kahl. Hier parkt eine Vielzahl von Ochsenkarren, Pferdefuhrwerken und Geschützlafetten. Gleich daneben liegt der riesige Viehkral für Pferde, Maultiere, Esel und Ochsen.

Das Essen besteht in der Regel aus Reis oder Nudeln, Dörrobst und Fleisch. Es gibt Mehl und Milch, kaum Eier; Tomaten gelten als Delikatesse. Die Südwester sind Fleischesser: Rind, Schaf, Wild. Das einzige kulinarische Glanzlicht in der Stadt ist eine deutsche Konditorei.

Für die vielen Männer in der Stadt, Soldaten, Beamte und Händler, die gewichtig hin und her laufen, ist die in einen Hang gebaute Felsenkellerbrauerei von Karl Brauer eine wichtige Institution. Brauchen sie doch abends für ihr dröhnendes Schwadronieren um den Dienst am Vaterland den nötigen Schmierstoff.

Jeden Morgen reitet Fritz nun nach Windhuk. Lona freundet sich indes mit Mitgliedern der katholischen Gemeinde an, deren kleine, tief klingende Glocke sie sonntäglich zur Messe ruft.

Gertrud Grubeck, eine hagere, zäh aussehende Frau, nimmt sie unter ihre Fittiche. Lona gewinnt schnell den Eindruck, dass die Menschen, die hier leben, zupackend und wenig zimperlich sind. Sie neigen, um es anders auszudrücken, wenig zu Zweifeln, sind nicht von »des Gedankens Blässe angekränkelt«.

Außerdem, das hat Lona recht schnell erkannt, machen sich die Frauen in Windhuk nicht viel aus Mode. Woher auch, es ist doch alles nach kürzester Zeit eingestaubt. Immer muss man aufpassen, dass die langen Kleider oder Röcke nicht durch den grässlichen grauen Straßenstaub schleifen. Sich im Store in der

Kaiser-Wilhelm-Straße gelegentlich eine Modezeitschrift zu kaufen, ist für Lona der reine Masochismus. Zumindest geht sie niemals ohne Strohhut und weißen Sonnenschirm außer Haus, schon wegen der Hitze. Fast alle Damen verzichten deshalb auch auf Korsetts. Auf Farmen sieht Lona sogar Frauen in Hosen herumlaufen.

Gertrud erzählt Lona von ihren drei Bambusen und dass eine von denen eine Tochter namens Paula habe, die ihr zu Hand gehen könne: die Wäsche waschen, sauber machen und so weiter. Dann brauche Lona nur noch jemanden für den Garten.

»Morgen schicke ich dir die Paula vorbei«, sagt Getrud und tätschelt Lonas Arm. »Wenn du ihr ab und zu etwas zusteckst, etwas Kaffee, Zucker oder einen alten Rock, ist das völlig ausreichend.«

»Wieso gibst du ihnen kein Geld?«, erkundigt sich Lona.

»Oh nein! Das Verhältnis der Ladenbesitzer zu den Negern ist seit den Aufständen sehr angespannt. Das ändert sich erst allmählich. Einige Stores verkaufen den Eingeborenen nichts, es sei denn, es sind Dienstboten, die sie kennen. Erst neulich hat mir ein Ovambo Pflanzen für den Garten gebracht. Ich wollte ihn mit Geld entlohnen, da hob er die Hände und lehnte es entrüstet ab. Er sei neulich im Store gewesen, berichtete er empört, und als er mit Geld bezahlen wollte, hätte der Besitzer ihn des Diebstahls verdächtigt und ihn mit dem Schambock unter wüsten Beschimpfungen aus dem Geschäft gejagt.

»Schambock?«

»Mit der Nilpferdpeitsche«, erklärt Gertrud. »Ich sage dir, es ist ein schönes, aber hartes Land.« Sie macht eine Pause, als habe Lona sie aus dem Konzept gebracht. »Ich warne dich vor«, fährt sie schließlich fort: »Die Hottentotten oder Kaffern sind erzfaul und widersetzen sich. Du musst aufpassen, dass sie nichts stibitzen. Dann hilft nur eins, Lona: Ihnen mit der Reitpeitsche eins überziehen.«

Lona zuckt erschrocken zusammen.

»Das meinst du doch nicht im Ernst, Gertrud? Ich soll sie aus-
peitschen?«

»Du bist noch ein Grünschnabel hier, meine liebe Lona. Am
Anfang habe ich ja genauso gedacht.« Gertrud sieht sie treuherzig
an. »Unter den alten Südwestern hier kursiert ein Spruch: ›Was ist
der Unterschied zwischen einem Liberalen und einem Rassisten?‹«

Lona kann ihre Irritation kaum verhehlen.

»Die Antwort lautet«, fährt Gertrud ungerührt fort, »ein Jahr
in Südwestafrika!«

Lona braucht einen Moment, um den Sinn dieser Aussage zu
begreifen, während Gertrud gut gelaunt weiterredet.

»Lass dir von einer erfahrenen Südwestlerin sagen: Das Hot-
tentottenmädchen wird es dir letzten Endes danken, wenn du es
mit harter Hand behandelst.« Erneut tätschelt sie Lonas Arm. »In
ihrer Dummheit begreifen es die Neger anfangs nicht. Früher haben sie sich bei jedem nichtigen Anlass gegenseitig umgebracht.
Die sind doch im Grunde genommen arm dran und können froh
sein, dass wir hier sind und Ordnung in ihr erbärmliches Leben
bringen. Wer soll sie denn sonst etwas lehren, sie erziehen? Ich
bin wahrlich keine Sadistin, aber ich bin streng und gerecht. Ich
meine es gut mit ihnen. Ließest du alles durchgehen, würden die
Bambusen das als Schwäche ansehen und dich nicht respektieren.
Nein, meine Liebe, du wirst sehen, in diesem Land ist kein Platz
für Gefühlsduseleien!«

Später muss Lona des Öfteren an diese Anleitung zum Umgang
mit schwarzen Dienstboten denken, besonders wenn es zu Auseinandersetzungen mit ihnen kommt. Aber niemals lässt sie sich zu
Schlägen hinreißen. Viel lieber hält sie sich vor Augen, wie sehr sie
sich zufrieden und zu Hause fühlt, wenn sie morgens bei strahlend
blauem Himmel erwacht, dem Krähen der Hähne, dem Meckern
der Ziegen, dem Zwitschern der Vögel und dem Wiehern der Pferde
draußen lauscht und dann Paulas fröhliche, warme Stimme hört:

»Morrow Missis, de Koffie un de Kost is klar!«

Von Paula hört Lona auch, dass ihr Bruder für die Offiziere der Garnison zusammen mit anderen Schwarzen mit einem Hammer in der glühenden Sonne rote Ziegel zerschlage.

»Warum denn das?«, fragt Lona erstaunt.

»Die Herren wünschen wie in der Heimat einen roten Bodenbelag für ihr Tennisspiel«, klärt Paula sie auf.

Fritz weiß aus den Akten seiner Behörde, dass jetzt nach dem Kriege fast neunzig Prozent der männlichen afrikanischen Bevölkerung im Dienste der Weißen stehen. Er selbst befasst sich hier in Windhuk mit ähnlichen Angelegenheiten wie auf Samoa; nur dass es ein wenig rauer und zackiger zugeht. Die Bevölkerung nennt das Verwaltungsgebäude der deutschen Regierung wegen der vielen Schreiberlinge und des hohen Tintenverbrauchs spöttisch den »Tintenpalast«. Aber die preußische Militärkultur färbt – wie daheim im Deutschen Reich – auch auf die »Schreiberlinge« ab.

Fritz' Vorgesetzter ist der Bezirksamtmann von Windhuk, ein Mann namens Ludwig Wirtz, mit militärisch kurzem Haarschnitt und akkurat aufgezwirbeltem Schnauzbart.

Wirtz fragt ihn eines Tages, wie er über die Wirksamkeit der Prügelstrafe an Eingeborenen denke. Als Fritz damals in Samoa eintraf, war sie dort gerade abgeschafft worden. Er vermag also aus eigener Erfahrung nichts dazu zu sagen, neigt aber eher zur harten Linie. Er äußert schließlich aus Unsicherheit etwas Unverbindliches, von dem er meint, sein Vorgesetzter wolle dies von ihm hören. Haben hier doch das Jawoll-Sagen, das Keine-Fragen-Stellen, das Strammstehen und Hackenzusammenschlagen Konjunktur.

Noch am selben Tag, an dem Wirtz ihn nach seiner Meinung fragt, wird Fritz Zeuge einer Strafaktion. Der Kollege Carl, erst kürzlich im Kolonialdienst eingestellt, hatte einem Schwarzen den Auftrag gegeben, einen Brief zum biologischen Institut zu bringen und eine bestimmte Karte vom kaiserlichen Vermessungsamt zu holen. Weder Brief noch Karte sind jedoch dort eingetroffen. Der Afrikaner beteuert seine Unschuld, er habe alles getan, was ihm aufgetragen worden sei.

Der junge Kollege fühlt sich brüskiert und beschwert sich wutentbrannt beim Abteilungsleiter. Da Afrikaner nicht der ordentlichen Gerichtsbarkeit unterliegen, kann jeder Verwaltungsbeamte die Funktion eines »Eingeborenenrichters« übernehmen. Also setzt Wirtz für vierzehn Uhr eine öffentliche behördliche Auspeitschung an.

Ein paar Kollegen aus dem Tintenpalast sind mit Fritz herausgekommen. Sie stehen im Schatten des Gebäudes. Man ist in aufgeräumter Stimmung, lacht, schwatzt, plaudert über den gestrigen Kneipenbesuch oder die afrikanische Geliebte. Für die Männer ist es nichts Neues, aber eine willkommene Abwechslung nach der Mittagspause. Sie alle haben als Kind ihre Erfahrungen mit Rohrstock, Handfeger und Ohrfeigen machen müssen. Einige entzünden ihre Zigarillos.

»Fehlt nur noch, dass jemand Cognac herumreicht«, meint einer und grinst in die Runde.

Jetzt wird der »Delinquent« von zwei Männern in die Mitte des Hofes geführt, in die pralle Hitze. Ein Dritter zieht ihm die Hose herunter, erfasst das Tau, das die Hose zusammenhält, und bindet ihm damit ein Kissen vor die untere Bauchgegend. Bloß steht der Farbige da, seine dunklen Hinterbacken im gleißenden Licht. Sein Geschlecht kann er nicht bedecken, da die Männer seine Hände wie Schraubstöcke umklammern und seine Arme auseinanderziehen. Er wehrt sich. Er jammert. Aus der Ferne schauen vereinzelt Schwarze herüber.

»Der greint ja wie eine Frau!«, findet einer der weißen Zuschauer und ahmt ihn nach. Die Umstehenden lachen.

»Ja, ja, und sie alle sind unschuldig!«, sagt ein anderer.

»Egoisten reinsten Wassers. Die drücken sich, wo sie nur können. Einfach unreif!«

»Wofür ist denn das Kissen?«, fragt Fritz leise seinen Nebenmann.

»Na, falls mal ein Schlag danebengeht oder die Peitsche zu weit nach vorn herumwippt, wo die edleren Teile sind. Andernorts legen sie deswegen den Kerl einfach mit dem Bauch auf die Erde, Kopf und Füße durch je einen Mann gehalten.«

Seitlich vom Missetäter hat sich der Mann mit der Peitsche aufgebaut. Sein Werkzeug ist eine etwa ein Meter lange, ein Zentimeter dicke Nilpferdpeitsche, auch Schambock oder Kiboko genannt. In diesem Moment tritt eine weitere Person hinter ihn.

»Wer ist das?«, flüstert Fritz.

Diesmal antwortet sein Nachbar so laut, dass es alle hören:

»Och, das ist Dr. Jacobsen, unser Veterinär. Der ist sonst für die Pferde und Rinder der Festung tätig.«

»Ein Tierarzt?«

»Wieso? Passt doch!«

Die anderen lachen.

Fritz verstummt.

Der Schwarze stöhnt, ruckelt mit den Armen. Schweiß rinnt ihm über den Körper.

Der Bezirksamtmann streckt sechs Finger in die Höhe und gibt das Zeichen. Das Gemurmel ebbt ab. Der Schläger holt kraftvoll aus. Das Leder des Schambocks saust krachend nieder. Der »Delinquent« wankt nach vorn, die zwei Männer haben Schwierigkeiten, ihn zu halten. Zwei weitere Schläge folgen. Nach dem dumpfen Aufprall des vierten Hiebes kreischt der Missetäter verzweifelt auf. Ein roter Striemen ist auf dem puderroten Gesäß zu sehen, Blut läuft am Bein herunter.

Die schwarzen Zuschauer zucken jedes Mal zusammen, gucken erschrocken, halten die Hände vor den Mund. Ein Windstoß fegt über den Hof, hüllt die Szenerie in eine Staubwolke.

Fritz wischt sich mit einem Taschentuch den Schweiß von der Stirn. Beim nächsten Schlag spritzt das Blut.

Die Männer, die festhalten, beschweren sich:

»Verdammte Sauerei!«

Der Veterinär plädiert auf Abbruch. Doch der Schläger macht weiter wie befohlen.

»Noch einen für den Kaiser, mein Sohn!«, ruft er und grinst.

Diesmal schneiden die scharfen Kanten des Schambocks Löcher ins Fleisch. Die Haut hängt in Fetzen. Der Schwarze schreit entsetzlich. Fritz blickt hinüber zu den farbigen Zuschauern, die inzwischen immer zahlreicher stumm am Rande des Platzes stehen. Er schämt sich.

Die Kollegen neben ihm beginnen wieder ihr Palaver. Es geht um das Thema, welche Methode denn nun effizient und »human« sei. Überall im Reich steht die Prügelstrafe im Mittelpunkt der Debatten, im Reichstag, am Stammtisch, in der Presse, in den kolonialen Zeitschriften, in Briefen und Eingaben. Von Kamerun als dem »Fünfundzwanziger-Land« ist die Rede, weil dort fünfundzwanzig Schläge üblich seien.

»Wie kann das denn angehen, wenn hier schon bei fünf Schlägen das Blut fließt?«, fragt einer.

»Kein Schambock gleicht dem anderen«, meint ein anderer.

»Guckt euch unsere Peitschen an! Je nachdem, wie lange sie schon im Feuer oder in der Sonne getrocknet sind, besitzen sie andere Eigenschaften. Sie schrumpfen auf einen Bruchteil ihrer ursprünglichen Stärke, bekommen Risse, Verhärtungen und so weiter.«

»Da sagen Sie was. Das Ideal eines Züchtigungsmittels ist doch eher das Tauende.«

Der Stellvertreter des Amtsleiters ergänzt in gewichtigem Ton:

»Das Tau ist milder, humaner und verfehlt doch nicht seine erzieherische Wirkung. Es schmerzt heftig, brennt auf der Haut, aber reißt sie nicht auf.«

Er erntet heftigen Widerspruch:

»Schon, ja. Aber ich war in Togo. Dort gab es bei dieser Methode Tote. Es treten nämlich Verletzungen der inneren Organe auf.

Besonders der Leber. Man braucht nur einmal mit einem dicken Tampen danebenhauen, auf den Rücken oder, wenn das Tau herumschlägt, in den Bauchraum.«

Fritz ist verwirrt. Was kann man denn sonst unternehmen gegen die »natürliche Faulheit des Negers«? Natürlich ist es die Aufgabe jedes zivilisierten Weißen, die Rolle des Erziehers zu übernehmen. Aber so?

Der Tierarzt kümmert sich inzwischen um den Verletzten. Eine Entzündung und Vereiterung der Wunden oder gar eine Blutvergiftung und damit eine wochenlange Arbeitsunfähigkeit muss unbedingt vermieden werden. Die aufgeplatzten Blessuren stellen sich als tief heraus. Sie befinden sich an Körperstellen, die sich dem Auge des Missetäters entziehen, für diesen schwer zugänglich und deshalb schwierig zu versorgen und rein zu halten sind.

Der Bezirksamtmann rennt wütend herum. Die vielen geplatzten Äderchen in seinem Gesicht leuchten rot. Er lässt den Schambock durch seine Hände gleiten. Der scheint noch recht neu zu sein: blutbesudelt, geschnitten aus der mehrere Zentimeter dicken Haut eines Flusspferdes. Nach Aussagen der Pferdeburschen an einer der Sonne ausgesetzten Stallwand gedörrt. Wirtz fährt mit dem Finger darüber und reicht die Peitsche an Fritz weiter: Hart, extrem scharfkantig, spröde.

In barschem Ton erkundigt sich Wirtz beim Vollstreckungsbeamten, was morgen anstehe.

»Zwei Auspeitschungen«, antwortet dieser. »Ein Herero, der vergessen hat, eine Pforte zu schließen, sodass eine Kuh in den Gemüsegarten rannte, und der Baster Johannes, der eine Flasche Rum gestohlen, halb ausgetrunken und mit Wasser wieder aufgefüllt hat. Jeweils zehn Hiebe, Herr Bezirksamtmann.«

Wirtz ordnet an, er solle sich sofort ein Tauende besorgen, sechzig Zentimeter lang in maximo, und zwei bis zweieinhalb Zentimeter dick. Das Tauende solle er mit einem Hammer weichklopfen. So eine Schweinerei wie heute wolle er nicht noch mal erleben.

Und den Schambock solle er runder und weicher machen oder einen anderen holen, verdammt noch mal. Er solle auch einen alternativen Platz für die Ausführung prüfen. Man könne den Delinquenten an das Gestell zum Anbinden der Pferde fesseln, die Füße am senkrechten Pfahl, den Oberkörper und Arme abgeknickt auf dem Querholm. Und dann die gleiche Anzahl Hiebe jeweils von der linken und der rechten Seite. Dann brauche man kein Kissen mehr und keine Männer zum Festhalten. Ob er alles verstanden habe? Wirtz macht auf dem Absatz kehrt und verschwindet im Gebäude.

Als Fritz am späten Nachmittag nach Hause kommt, erzählt er Lona irritiert von seinen Erlebnissen. Er ist ja nicht grundsätzlich gegen das Prügeln als Strafe, nein. Aber muss das auf so entwürdigende, barbarische Art geschehen? Führt man so die Afrikaner wirklich auf eine höhere Kulturstufe, zu Disziplin und Arbeitsmoral? Bewirkt das nicht das Gegenteil, führt zu Entfremdung, Hass auf alles Deutsche? Im Reich feiert man doch die Abschaffung der Prügelstrafe im Rechtssystem als Kulturleistung. Lona hat recht, sie schaffen sich auf diese Weise keine Freunde. Das kann auf Dauer nicht gut gehen.

Zu allem Überfluss stellt sich am nächsten Tag heraus, dass die Züchtigung, der Fritz beiwohnte, auf einem Missverständnis beruht. Kollege Carl hat als Neuling gemeint, seinen Auftrag mit Hilfe von ein paar selbst noch nicht richtig verdauten Brocken Afrikaans und Eingeborenensprache in mehreren Wiederholungen dem Bambusen ausreichend vermittelt zu haben. Außerdem hat er, seine eigene Art zu denken, bei diesem ebenfalls vorausgesetzt. Der Eingeborene will behilflich sein, nickt, bejaht, geht fort und erledigt notgedrungen und mit bestem Gewissen das, was er meint, verstanden zu haben.

›Wie viele von den 1713 im Jahr 1912 und 1913 behördlich verhängten Prügelstrafen mögen einen ähnlichen Ausgangspunkt gehabt haben?‹, geht es Fritz durch den Kopf. Neugierig geworden, versucht er, Einblick in den Briefwechsel zwischen dem Bezirksamtmann und dem Reichskolonialamt zu diesem Thema zu bekommen. Er merkt sich, in welcher Akte dieser den Vorgang verwahrt, und liest die Korrespondenz in unregelmäßigen Abständen, wenn der Amtmann gerade nicht anwesend ist. Das Reichskolonialamt hatte nämlich verfügt, *die Prügelstrafe auf maximal zehn Hiebe zu beschränken.* Wirtz antwortet daraufhin, *Prügel seien die einzige Strafe, die bei den Eingeborenen wirke. Von Geldstrafen und Gefängnis könne man das nicht behaupten. Der Neger habe noch keinen Bezug zum Geld, kenne und begehre es nicht. Da er keines besitze, könne man ihm auch nichts wegnehmen. Und habe er mal Geld, würde er es gleich am nächsten Tag bei Spiel und Tanz verjubeln. Das Gefängnis empfinde er als Erholung und Wohltat. Für ihn sei es ein Ort, an dem er verpflegt werde, ohne dafür arbeiten zu müssen.* Man bitte deshalb, *gehorsamst, in Erwägung ziehen zu wollen, die Zahl der Hiebe nicht weiter herabzusetzen, zumal,* liest Fritz mit Erstaunen, *die lederartige Haut des Afrikaners weniger Schmerzempfindung besitze.*

Der »weiße Kreuzzug gegen den schwarzen Müßiggang« nimmt bisweilen skurrile Formen an. So will ein Siedler von der Gouvernementsregierung wissen, *ob er das Weib eines seiner Arbeiter, ohne ihr Kost, Lohn oder irgendwelche andere Vergütung zu geben, zur Arbeit zwingen könne und ob er sie auf den Kopf schlagen dürfe, wenn sie seine Befehle zu langsam ausführe.*

Wie Fritz später auf seinen Dienstreisen erfährt, ist der Briefwechsel seines Vorgesetzten um das ganze Prozedere, die Anzahl der Schläge, das Pro und Kontra von Tauende oder Flusspferdpeitsche doch eher akademischer Natur. Mehrfach muss er mit ansehen, dass Vorarbeiter auf Baustellen, Farmen oder Schürfminen nach eigenem Gutdünken Afrikaner bei kleinsten Vergehen brutal prügeln. Die Beamten in den Distriktämtern der verschiedenen Landesteile unterlaufen vielfach die Anordnungen, drücken

142

ein Auge zu oder kontrollieren lasch. Nur selten hört Fritz davon, dass sich ein Weißer vor Gericht für die Misshandlung eines Schwarzen verantworten muss. Vorarbeiter, Beamte und Richter bilden gleichsam eine »rassistische Allianz«, ist doch das ganze politische System auf Polarität ausgelegt: Weiß und Schwarz, Nicht-Eingeborene und Eingeborene, Herren und Knechte.

Fritz wohnt aus Neugier einer Gerichtsverhandlung in Windhuk bei, die ein Missionar zugunsten der Wanderarbeiter auf den Diamantfeldern angestrengt hat. Dem Missionar ist von einer regelrechten Prügelkultur berichtet worden, von sadistischen Prügelorgien. Nur leider, leider kann kein weißer Belastungszeuge aufgetrieben werden. Den schwarzen Arbeitern schenkt man keinen Glauben. So kommt es in diesem Falle zwar zu einer Verurteilung, aber die Strafe ist kaum der Rede wert.

Eines der schönsten Dinge am Reisen ist, dass
man erkennt, wie viele gute und liebenswerte
Menschen es auf der Welt gibt.
Edith Wharton

12 Zwölf Meter Stoff für ein Kleid, Klicklaute und Frauen, die Tautropfen sammeln

Da Lona und Fritz neu in der katholischen Gemeinde sind, sucht der Herr Pfarrer sie an einem Spätnachmittag im November in ihrem Hause auf. Sie sitzen im Schatten auf der Veranda mit Blick auf die Erosberge. Peters ist ein ruhiger, kräftiger Mann mit einem braun gebrannten Gesicht und vielen Fältchen um die Augen. Wie sich herausstellt, lebt er seit dreizehn Jahren in der Kolonie, überall dort, wo er gebraucht wird: als Missionar nördlich von Omaruru und auch im Süden bei Brackwasser als Lehrer an einer Schule für Nama-Kinder. Seit einem Jahr ist er jetzt hier als Pfarrer tätig, aber es zieht ihn wieder hinaus in entlegenere Gebiete, in die Wildnis, zu den Eingeborenen, unter denen er gute Freunde hat. Fritz nutzt die Gelegenheit und bittet den Pfarrer, über seine Erfahrungen mit den Eingeborenen zu erzählen, und Peters kommt dem gerne nach.

»Es wohnen ja ganz unterschiedliche Völkerschaften im Schutzgebiet«, beginnt er, »obwohl sie für uns nicht immer leicht zu unterscheiden sind. Im Nordwesten, im Kaokoland, sind die nomadisierenden Himba ansässig. Die Himba-Frauen färben ihre Haut und ihre Haare zum Schutz gegen die Sonne und gegen Moskitos mit einer Paste aus Butterfett und einem eisenhaltigen Gesteinspulver rostrot ein. Mit den Herero haben sie eine weitgehend gemeinsame Sprache und Kultur. Der wasserreiche Norden gehört den Ovambo, der zahlenmäßig größten Gruppe. Sie sind von gedrungenem Körperbau und betreiben Ackerbau und Viehzucht. Das gesamte Land ist Besitztum der Häuptlingsfamilie und wird den Untertanen zugewiesen. Üblich ist die Vielweiberei.«

Lona kann sich ein irritiertes »Oh!« nicht verkneifen. Der Pfarrer nickt verständnisvoll.

»Aber, ich muss gestehen, von den Himba und Ovambo habe ich nur gehört, so weit in den Norden bin ich nie gekommen. Ich bin den Nama begegnet, die im Süden angesiedelt sind und sich selbst Khoi-Khoi, die wahren Menschen, nennen. Sie sind kleiner, hager und zierlich gebaut. Ihre Haut ist gelblich, frühzeitig runzlig, die Haare sind zu dichten, kleinen Knoten verfilzt. Im Herzen der Kolonie hingegen leben die Herero. Sie sind das alte Herrenvolk, das die anderen Stämme oft in kriegerische Auseinandersetzungen verwickelt hat, vor allem die Nama, die sogenannten Hottentotten. Die Herero haben auch die Bergdamara oder Klippkaffern für längere Perioden unterworfen und sie als Sklaven gehalten. Sie nennen die Deutschen ›Otjirumbu‹, das gelbe Ding. Die Herero sind, wie sie wohl schon selber feststellen konnten, ein nach unseren Maßstäben gut aussehender, hochgewachsener, schlanker Menschenschlag. Ihr Gang und ihre Gebärden zeigen ihre stolze Haltung. Die Hererofrauen gehen nicht, sie schreiten.«

»Ja«, wirft Lona ein. »Ihre farbenprächtige Garderobe ist mir gleich ins Auge gesprungen. Und dazu noch ihr ausladender, an Rinderhörner erinnernder Kopfschmuck. Schön und imponierend. Ich hab gehört, dass sie für ihre hochgeschlossenen Kleider bis zu zwölf Meter Stoff verwenden. Und sie sollen mehr Kleider haben als manche weiße Siedlerfrau.«

»Da habt ihr Missionare wohl ganze Arbeit geleistet«, bemerkt Fritz schmunzelnd. »Jede Eskimofrau käme mit den Kleidern der Hereros gut über den Winter.«

Peters lacht. »Da haben Sie vermutlich nicht ganz unrecht.«

Sie halten alle für einen kurzen Augenblick inne und blicken nach Westen. Die sinkende Sonne umgrenzt gerade die blauen, wellenförmigen Höhenzüge des Khomas-Hochlandes wie mit einem Heiligenschein.

»Ich bin ja in der Gouvernementsverwaltung beschäftigt«, nimmt Fritz den Faden wieder auf. »Dort haben wir mehrere Nama-Bambusen als Helfer. Ich wundere mich immer darüber, wie schnell sie Deutsch lernen. Nahezu alle sprechen neben ihrer eigenen Sprache Deutsch, Afrikaans und Englisch. Einige beherrschen ein halbes Dutzend Sprachen und mehr.«

»Richtig«, erwidert Peters. »So viel also zu der häufig gehörten Bemerkung, die Eingeborenen seien dumm. Wenn die sich während der Aufstände alle gegen die Deutschen vereinigt hätten, alle Stämme und Völker gleichzeitig, hätten wir uns hier in diesem Lande nicht halten können.«

Jetzt meldet Lona sich zu Wort:

»Ich habe kürzlich im Klein-Windhuk-Rivier eine seltsam aussehende Gruppe gesehen, die dort ein provisorisches Lager aufgeschlagen hatte. Die Menschen sahen recht hellhäutig aus. Einige hatten fast blondes Haar, das allerdings so verfilzt und kraus war wie bei den dunkelhäutigen Volksgruppen. Sie trugen abgewetzte europäische Kleidung. Die Männer hatten riesige, schwarze Hüte auf dem Kopf und die Frauen weiße Hauben, die mich an Kaffeemützen erinnerten.«

»Ja, das sind Baster«, erklärt Peters, »Bastarde, Mischlinge zwischen holländischen Buren vom Kap und Namafrauen. Sie waren den Weißen zu schwarz, den Schwarzen zu weiß.«

»Sie schienen ihre ganze Habe dabeizuhaben und auf hölzernen Karren zu transportieren, die von Maultieren gezogen wurden. Es sah aus wie der Auszug der Kinder Israels. Die vielen Kinder, ein Rudel Hunde, eine kleine Herde arg abgemagerter Ziegen, sie alle sind in einer Wolke von Staub um die Erwachsenen herumgewuselt, und doch schien alles seine Ordnung zu haben.«

Lola lächelt bei dem Gedanken.

»Die Baster mussten die Siedlungen der Weißen verlassen«, erklärt der Pfarrer. »Dennoch blieb es ihr Wunsch, als Weiße anerkannt zu werden. Sie haben die Sprache, das Afrikaans, das Christentum und die Nachnamen der europäischen Siedler übernommen und sich zu einer geschlossenen Gesellschaft zusammengetan: europäisch erzogen und gut ausgebildet. Sie sind von Südafrika nach Norden gezogen und leben jetzt hauptsächlich in der Gegend um Rehoboth, circa 100 Kilometer südlich von hier. In der Kolonie gesteht man ihnen einen Sonderstatus zu.«

»Und wo kommt eigentlich die Bezeichnung Hottentotten her?«, will Lona wissen.

»Die stammt von den Buren«, erklärt der Pfarrer. »Sie haben die Nama so genannt, weil ihre Sprache für europäische Ohren so ungewohnt ist – mit ihren Klick- und Schnalzlauten. Das haben Sie bestimmt schon mal gehört, oder?«

Fritz und Lona nicken. Lonas Freundin Gertrud oder auch Fritz' Kollegen bezeichnen die Nama-Sprache gern als verrücktes Geschnatter.

»Der Begriff Hottentotten stammt übrigens aus dem Afrikaans und bedeutet so viel wie ›Stotterer‹. Eine schlimme Abwertung, wie ich finde.«

»Oh, das ist wahr«, stimmt Lola zu. »Bei aller Fremdheit ist die Sprache doch melodiös und rhythmisch, und die eingebauten Laute sind gar nicht so ungewöhnlich. Manchmal klingen sie wie Fingerschnippen, manchmal wie ein zurückhaltendes Schmatzen oder dezentes Schlürfen.«

»Ja, ein bemerkenswertes Völkergemisch haben wir hier«, konstatiert Fritz. »Und was ist mit den Buschleuten? Von denen habe ich noch keinen gesehen.«

»Sie sind, wie ich finde, das interessanteste und seltsamste Volk«, antwortet Pfarrer Peters. »Ich bin einigen begegnet, als ich einen Glaubensbruder östlich von Gobabis besucht habe. Sie ähneln vom Aussehen und der Hautfarbe den Nama, sind aber kleiner, vielleicht halb so groß wie die Herero. Sie sind fast nackt und tragen nur einen Lederstreifen, der von vorn nach hinten zwischen den Beinen durchgezogen und von einem Gürtel gehalten wird. Als von anderen Stämmen Verachtete und Gehasste oder, wie einige verblendete und dumme Landsleute von uns sagen, ›gottlose Primitive‹ oder ›mehr Tier als Mensch‹, leben sie in den unwirtlichsten und wildesten Gegenden, dort, wo sonst keiner zu überleben vermag.«

Siegfried, der bisher in der Nähe spielte, ist inzwischen zu ihnen auf die Veranda geklettert. Interessiert lauscht er, was der Pfarrer von den Buschleuten zu erzählen weiß.

»Landbesitz in unserem Sinne kennen die Buschmänner nicht, auch nicht die Zeit. Sie wissen nicht, wie alt sie sind, und sie leben quasi im Freien. Ihre Unterkünfte bestehen aus in die Erde gesteckten Büschen als behelfsmäßigem Windschutz. Sie sind sehr scheu und viele empfinden die Begegnung mit ihnen als unheimlich. Ich habe mir sagen lassen, dass man sie, wenn man tagelang in der Steppe unterwegs ist, vielleicht spürt, aber nicht sieht, obwohl sie da sind und sie einem vielleicht schon lange folgen.«

»Ganz schön beklemmend«, findet Lona.

»In der Tat«, stimmt der Pfarrer zu. »Wenn sie sich von den friedlichen Absichten des Reisenden überzeugt haben, tauchen hie und da Köpfe auf, oder sie stehen plötzlich lautlos vor einem. Anlegen sollte man sich mit ihnen nicht, denn sie tragen tödliche Waffen mit sich: Speere, Kirri, Bogen und vergiftete Pfeile. Einen Kirri haben sie vielleicht schon gesehen. Das ist ein Stock aus Hartholz mit einer apfelgroßen Verdickung.«

»Ich hörte, mit solchen Stöcken könnten mehrere Männer einen Löwen töten«, sagt Fritz.

»Ja, das habe ich auch gehört. Und auch, dass die Buschmänner angeblich keine große Angst vor Löwen haben. Sie sagen, die brauche man nur beschimpfen, dann würden die sich zurückziehen.«

Siegfried gibt ein fauchendes »Löööwe!« zum Besten. Alle lachen. »Das Pfeilgift der Buschmänner soll sehr wirksam sein«, fährt Peters schließlich fort. »Aber genau so können sie wohl auch Antilopen ohne jede Waffe zur Strecke bringen. Sie nennen das den ›Großen Tanz‹. Sie veranstalten eine sehr ausdauernde Hetzjagd, die Tage dauern kann, bis das Tier so erschöpft ist, dass sie es aus kurzer Entfernung mit dem Speer töten können. Der Jäger versucht während dieser Zeit, eins zu werden mit der Antilope, er versetzt sich in deren Lage, ahnt ihren Weg voraus.«

»Ein völlig anderes, archaisches Leben!«, lässt sich Lona vernehmen, die Siegfried inzwischen auf den Schoß genommen hat. »Und was machen die Buschmann-Frauen, während die Männer jagen?«

»Nun, die wilden kleinen Leute, die San, leben ja in extrem wasserarmen Gegenden. Um Trinkwasser für den Tag zu gewinnen, gehen die Frauen vor Sonnenaufgang mit ausgehöhlten Kürbissen los. Sie fangen darin den Tau auf, den sie mit Grashalmen von den Gräsern und Blättern der Büsche aufsaugen. Während die Männer für die Jagd und das Wild zuständig sind, sammeln sie Grassamen, Beeren und wilde Kürbisse. Diese Kost wird ergänzt durch Schlangen, Eidechsen, Raupen, Frösche, Mäuse, Vogeleier.« Pfarrer Peters macht eine Pause und schüttelt den Kopf. »Wir haben so spannende Völkerschaften hier, und trotzdem sagen viele unserer Landsleute, dies sei ein leeres Land, eine ›terra nullius‹, fast unbesiedelt, also herrenlos. Das macht mich manchmal ratlos.«

Allmählich sinkt die Nacht herab. Fritz hat eine Flasche Rotwein geöffnet. Die Zigarren der beiden Männer glühen in unregelmäßigen Abständen auf. Sie entdecken den Abendstern und die Magellan'sche Wolke am Nachthimmel. Exotische Falter und Käfer umschwirren das Licht über der Verandatür.

Die nächsten Tage spielt Siegfried Buschmann. Er sucht nach schwarzen Käfern, die er für sein Pfeilgift braucht. Paula und Fritz müssen ihm zeigen, wie man einen Flitzebogen baut. Sehr zum gespielten Leidwesen seiner Mutter übt er sich im lautlosen Anschleichen, um sie dann zu erschrecken. Als später die Regenzeit einsetzt, sammelt er mit einem Strohhalm Regentropfen aus dem Garten in ein Gefäß.

Das Leben besitzt einen erschreckenden Mangel an Takt.
Seine Katastrophen ereignen sich auf unpassende Weise
und treffen die falschen Leute.

Oscar Wilde

13 Zweimal Leben, einmal Tod

Das folgende Jahr sollte für Fritz und vor allem für Lona eine emotionale Achterbahnfahrt bringen.

Siegfried spielt fast immer allein. Es ist umständlich, Familien mit Kindern in seinem Alter in den weit auseinander liegenden Häusern zu besuchen. Nach Lonas Meinung ist Siegfried noch zu klein, um außerhalb des Gartens zu spielen. Man kann nie wissen, ob nicht in den Bäumen, Büschen, zwischen den Steinen giftige, todbringende Tiere auf ihren Sohn lauern.

Doch die Gefahr kommt von ganz anderer Seite: Siegfried erkrankt lebensgefährlich an Amöbenruhr. Er krümmt sich vor Schmerzen und hat hohes Fieber. Hilflos muss Lona zusehen, wie ihr Sohn mit dem Tode ringt. Der aus der Hauptstadt Windhuk herbeigerufene Arzt gibt den Jungen auf. Er weigert sich – wohl auch wegen der beschwerlichen Anreise – wiederzukommen: »Der Junge wird doch sterben.«

Tag und Nacht wacht Lona an Siegfrieds Lager, kühlt seine Stirn, beruhigt ihn und ist selbst dem Zusammenbruch nahe. Das Zimmer still, wie erstarrt, die Stunden kriechen. Kaum ein Lufthauch strömt durch die Deckenöffnungen herein. Lethargisch lauscht Lona dem Gesirre und Brummen der Insekten, den Geräuschen, die von draußen hereindringen, verfolgt mit den Augen ohne innere Erregung die Eidechsen, die aus den Löchern glotzen und an den Wänden hochkriechen. Sie isst kaum noch, dämmert halb bewusst dahin und ist verzweifelt. Sie verflucht nicht nur

Fritz, der sie in dieses Elend, an diesen erbärmlichen Ort, in dieses Land brachte, sie verflucht auch Gott.

»Ich verlasse meinen Mann, lasse alles hinter mir zurück und reise ab, wenn du mir dieses Kind nimmst«, schwört sie.

Schreckliche Wahnvorstellungen und Albträume suchen sie heim. Sie träumt von Kakerlaken und Termiten, die Siegfrieds und ihre Schwäche ausnutzen, das Haus überfallen und den wehrlosen Jungen bedrohen. Es ist ihr, als könne sie die hundertfach schabenden Fressgeräusche der Tiere hören. Sie schreckt aus diesem Traum auf und schreit aus Leibeskräften. Fritz stürzt ins Zimmer. Er vermag nicht, sie zu beruhigen. Nur unzusammenhängend kann sie mitteilen, was ihr widerfahren ist. Fritz muss alle Ecken des Zimmers und außen ums Haus den Sockel ableuchten. Noch in derselben Nacht befiehlt sie ihm, die Füße von Siegfrieds Bett in vier mit Wasser gefüllte Dosen zu stellen. Erst danach schläft sie erschöpft und traumlos wieder ein.

Wenn sie wach ist, redet sie mit Gott, betet, verhandelt, verspricht, droht ihm, ringt dem Schöpfer ihren Sohn förmlich ab.

Nach über einer Woche erholt Siegfried sich langsam. Das Kind, ihr Liebling, ihr Prinzchen wird ihr zurückgegeben.

Bei aller Freude hinterlässt dieses Ereignis Spuren. Lona hat Ringe unter den Augen, ist blass und abgemagert. Sie hat eine Grenzsituation durchlebt, die Ehe stand auf des Messers Schneide. Tausend Fragen bedrängen sie: Was hat Bedeutung im Leben? Soll sie ihre Wünsche, ihre Belange und die des Kindes stärker gegenüber Fritz einfordern? In Berlin wäre eine ähnliche Katastrophe nicht passiert, hier sind sie nicht sicher! Sie wohnen in diesem Haus zu abgelegen, in einem winzigen Ort in einer Steinwüste. Viele Stunden des Tages ist sie mit Siegfried allein. Nur die beiden Bambusen und gelegentlich andere Schwarze halten sich in der Nähe auf. Während der Nachtwachen an Siegfrieds Bett spürt Lona das dunkle Gefühl zum ersten Mal. Unbekanntes, Feindliches umgibt sie. Sie hat wirklich versucht, dieses Land zu verstehen. Jetzt scheint es ihr von Tag zu Tag fremder und rätselhafter. Warum empfiehlt Gertrud ihr, gegenüber den Farbigen stark und streng aufzutreten? Was denken die wirklich über uns? Dieser Ort in Klein-Windhuk ist Verbündeter der Eingeborenen, so viel steht fest. Lona meint, in den Augen der Schwarzen in den Stores und auf der Straße Angst, Resignation, aber auch Widerwillen und Verachtung wahrzunehmen. Oder verbergen sich hinter einem gleichgültigen Blick gar Feindseligkeit und Hass? Hält Paula nicht die Hand vor den Mund, als solle Lona nicht sehen, dass sie über sie lacht? Neigt sie nicht manchmal zu einem unverschämten Tonfall? Lona glaubt zu spüren, dass man sie beobachtet. Sicher sehen die raschen Seitenblicke der Bambusen mehr, als sie vorgeben. Bestimmt haben sie ihre Augen und Ohren überall. Wer weiß denn, was Paula ihrem Steine klopfenden Bruder alles über die Familie Jaeckel berichtet? Schweben sie nachts hier draußen in Gefahr, sind da nicht Stimmen zu hören, oder bildet sie sich alles nur ein? Einerlei … sie muss weg aus Klein-Windhuk.

Im Oktober 1911, vier Monate nach der Abreise aus Deutschland, erhalten die Jaeckels eine Nachricht, die Lonas Grübeleien noch verstärken: Die zurückgelassene Tochter Antonie ist plötzlich gestorben. Sofort melden sich das schlechte Gewissen und die Vorwürfe, die Lona sich, allen Beschwichtigungen von Fritz zum Trotz, noch immer macht. Vor allem, wenn sie alleine ist, überlässt sie sich dem Schmerz. Sie lässt sich gehen, vernachlässigt den Haushalt, legt stundenlang Karten. Das geht über Wochen so. Auf Fritz ist sie in dieser Zeit nicht gut zu sprechen. Das Einzige, was sie nach einiger Zeit wieder aufrichtet und tröstet, ist die Aussage der Großeltern, dass Antonie, ohne zu leiden, verstorben sei. Gott habe ihre Tochter von ihrem schweren Schicksal erlöst.

Fritz ist verzweifelt, kritisiert Lonas Verhalten allerdings nicht, da er es nicht ertragen kann, dass sie sich grämt. Er will sie wieder lachen sehen, möchte nicht, dass ihr schönes Gesicht Falten bekommt. Eines Tages verlangt sie gar, er möge aus den 78 Tarotkarten irgendeine herausziehen und sich dann in die Lage der abgebildeten Person versetzen. Fritz ist skeptisch – er hasste die verdammten Karten von Anfang an –, lässt sich aber Lona zuliebe darauf ein. Auf dem Bild, das er aus dem großen Stapel zieht, sitzt eine Person in einem hellen, faltenreichen Gewand auf einem mit Schnitzereien versehenen Bett, die Beine von einer kostbar verzierten Decke bedeckt. Die Person ist leicht nach vorn gebeugt und begräbt ihr Gesicht in den Händen. An der schwarzen Wand hinter ihr schweben neun blaue Schwerter waagerecht in der Luft. Fritz kann mit der Karte zunächst nichts anfangen. Lona rät ihm, sie vor dem Schlafengehen auf den Nachttisch zu legen. Tatsächlich geistert die Abbildung in immer neuen Varianten durch seine Träume. Doch schließlich schält sich eine klare Szene heraus: Die Person im Bett ist die schwergeprüfte, kummervolle Lona und er, Fritz, stellt die neun Schwerter dar, die wie eine Drohung über ihr hängen. Schweißgebadet wacht er auf. ›Spiele ich wirklich diese Rolle in unserer Ehe‹, fragt er sich, ›bin ich derjenige, der ihr Schaden zufügt, sie in Not bringt, sie zu wenig beschützt?‹ Er wälzt sich neben der Schlafenden auf den Laken bis zum Morgengrauen. Als er Lona von seinem Traum erzählt, entgegnet sie, nein, das empfinde sie nicht so. Er versuche durch Planung und Voraussicht allen Unbilden und Unwägbarkeiten des Lebens zu begegnen. Aber das könne er nicht. Er sei hier in Afrika für die Familie ein hohes Risiko eingegangen, vielleicht ein zu hohes. Fritz ist betroffen und bemüht um mehr Achtsamkeit in nächster Zeit.

Allmählich überwindet Lona ihre Depression, das ist sie auch dem gerade genesenen Siegfried schuldig. Außerdem gibt es für sie einen zweiten Grund, sich wieder dem Leben zu öffnen: Sie ist erneut schwanger. Sie hat Angst. Diesmal verlangt sie von Fritz die in diesem Lande bestmöglichen Bedingungen für die Geburt ihres dritten Kindes. Deshalb fährt Fritz, bevor die Wehen einsetzen, seine Frau auf einem zweirädrigen Karren nach Windhuk ins Regierungshospital.

Und diesmal geht alles gut, sie erleben zum zweiten Mal eine »Wiedergeburt«: Im August 1912 erblickt eine gesunde, süße Tochter das Licht der Welt. Sie nennen sie Elisabeth. Lona und Fritz sind unendlich erleichtert und dankbar. Besonders Lona empfindet es wie eine Befreiung von allen bisherigen Seelenqualen, als öffne sich eine lange verschlossene Tür. Sie will sich jetzt ganz dem Wohlergehen ihrer kleinen Familie widmen. Das heißt zu allererst: Umzug nach Windhuk.

Sie suchen nach einem Haus im Beamtenviertel, auf einem lang gestreckten Höhenzug nördlich der Feste, wo es eine gediegene Nachbarschaft gibt und gepflegte, fruchtbare Gärten – sogar Wein wird hier angebaut. Doch der Zufall will es, dass sie im gerade eingeweihten Bahnhof eine günstige Wohnung finden. Es ist ein schönes Haus, zu Fritz' Freude neu und sauber, im wilhelminischen Stil erbaut und mit Jugendstilelementen verziert. Lona fühlt sich hier viel sicherer, und auch eine Ungezieferinvasion ist nicht zu befürchten. Und in einem halben Jahr steht ohnehin Fritz' Versetzung nach Swakopmund an.

Das Verhältnis der Eheleute zueinander gestaltet sich inzwischen so vertraut und liebevoll wie eh und je. Eines Morgens am Küchentisch, die kleine Lisa schläft noch, liest Lona Fritz gut gelaunt aus einem Zeitungsartikel vor. Jetzt wisse sie endlich, was mit ihm los sei.

»Du hast doch auch schon von Sigmund Freud gehört, diesem verrückten Wiener Nervenarzt. Hör mal, was hier steht! Er ist der Meinung, ein zu frühes und zu strenges Toilettentraining bei Kleinkindern führt im Erwachsenenalter zu einem bestimmten Charakterbild: Neigung zu Wutausbrüchen und Rachsucht, Hang zu Pedanterie und übertriebener Sauberkeit, Sparsamkeit in Richtung Geiz und Tendenz zum Starrsinn. Kommt dir das bekannt vor?«

Fritz guckt verständnislos.

»Na, ich meine, du kannst ja nichts dafür«, setzt Lona lächelnd nach.

»Was, das soll ich sein?«

»Wie du leibst und lebst, ein analer Charakter eben.« Sie strahlt über das ganze Gesicht.

»Ein analer Charakter! Anal von Anus, der After?« Fritz rückt das Kinn vor und setzt eine strenge Miene auf. »Na warte, das wirst du mir büßen!«

Er stößt heftig den Stuhl zurück und springt auf. Damit hat Lona gerechnet. Sie ist schon auf den Beinen, läuft gackernd wie ein Teenager ins Wohnzimmer und verschanzt sich hinter dem Esstisch. Fritz ist ihr auf den Fersen. Siegfried, der solche Szenen schon kennt, ist ebenfalls aufgestanden und läuft aufgeregt hinterher. Er wird Zeuge einer wilden, wunderbaren Jagd um den Tisch. Nach ein paar Runden erwischt Fritz Lona schließlich am Schürzenband, ihr Haarknoten hat sich gelöst, und dann liegen sich alle in den Armen.

»Das wirst du mir büßen, Lona«, flüstert er ihr zärtlich ins Ohr, »das zahle ich dir eines Tages heim.«

»Na, da bin ich mal gespannt. Eben jetzt, siehst du: Neigung zu Wutausbrüchen. Ich sage doch: AC.«

»Was?«

»Analer Charakter, mein lieber, guter Fritz.«

Das Körperknäuel löst sich, so sehr müssen sie lachen.

Sie werden schießen [...] bereitet euch vor,
lass uns gehen Johana, lass uns gehen
und aus den flachen Wasserstellen trinken. [...]
Johana nimm das Kind auf deinen Rücken,
lass uns gehen.
Das Kind, mein Kind, wo ist mein Kind?
Es ist gefallen, getötet. [...]
Samuel höre die Gewehre.
Die Menschen sind verzweifelt,
das Kind hat seine Mutter verloren,
die Mutter hat ihren Ehemann verloren,
die Lämmer säugen die Geißen. –
Lass uns gehen, wir müssen gehen, wir müssen gehen.
Schüsse, sie schießen.
Lied einer Hererosängerin über die Flucht
durch das Omaheke-Sandfeld, 1904

14 Wilhelm II.-Doubles, bakelitschwarze Haare und ein paar Sack Mehl

Fritz war mit den Mitreisenden der Überfahrt von Deutschland nach Deutsch-Südwest übereingekommen, weiterhin per Postlagerung Kontakt zu halten. So freut es ihn sehr, dass Otto Haring, der Korrespondent des »Vorwärts«, sich im »Krug zum grünen Kranze« mit ihm treffen will.

Er betritt die Gaststätte vor der Zeit. Erstaunlicherweise ist sie kurz nach vier Uhr nachmittags schon gut mit Diamantschürfern, Farmern, Händlern, vierschrötigen Aufsehern und einer Gruppe von Offizieren gefüllt. Als endlich ein frisch gezapftes, aber lauwarmes Bier vor ihm steht, kommt von einem Nebentisch Oberleutnant Ritter auf ihn zugeschlenkert. Fritz merkt gleich, dass der Soldat um diese Uhrzeit bereits einige Gläser getrunken hat. Verwegen sieht er aus mit seinem schmalen, pockennarbigen Gesicht. Bärtig, braun gebrannt und gut gelaunt ist er, jovial und laut wie immer.

»Na, Jaeckel, altes Haus! Schön Sie zu sehen!«

Er klopft Fritz auf die Schulter, blickt ihn aus wässrigen, blauen Augen an. Die von Fritz dargereichte Hand drückt er wie ein Schraubstock.

»Darf ich mich setzen?«

»Aber sicher, Ritter«, erwidert Fritz, obwohl ihn ein ungutes Gefühl beschleicht.

Er erfährt, dass Ritter im Norden des Schutzgebietes eingesetzt wurde, in der Feste Grootfontein und in Namutoni, und jetzt auf Urlaub in der Hauptstadt weilt.

»Und wie steht es bei Ihnen, Jaeckel? Noch immer der brave Ehemann?«, fragt er in leicht mokantem Ton.

Schon geht es los. Ist er bei seinem Thema.

»Wissen Sie eigentlich, woher der Name Namutoni kommt?« Er fährt fort, ohne Fritz' Antwort abzuwarten: »In der Ovambo-Sprache heißt nà-mutoni: große männliche Geschlechtsteile.« Ritter grinst wie ein frecher Junge. »Um eine Arbeit bei der Feste zu bekommen, wurden die Kaffern untersucht – auch auf Geschlechtskrankheiten. Seitdem nennen sie den Ort Namutoni.«

Wieder schaut ihn Ritter provozierend an, lacht laut und fuchtelt mit den Armen. Ein gerade mit einem Tablett voller Bierkrüge vorbeieilender, schwarzer Kellner versucht auszuweichen und verschüttet dabei etwas auf den Boden.

»Mann, pass doch auf, du Kafferntrampel!«, brüllt Ritter in dessen Richtung.

Der Kellner blickt erschrocken und ängstlich auf und flüstert: »'tschuldigung, Baas.«

Ritter wendet sich mit lauter Stimme wieder seinem anderen Opfer zu.

»Mensch, Jaeckel, nun seien Sie doch nicht so ernst! Auch ein Familienvater muss sich ab und zu mal ein bisschen Spaß gönnen. Ich sage Ihnen, diese schwarzen Weiber sind grandios. So richtig versaut, wissen Sie, ohne Moral, wie die Tiere. Herrlich! Nur, dass ich mir dabei einen Schanker aufgesackt habe.«

Er lacht, als gehöre das nun mal zum Spiel.

Fritz hört gar nicht mehr zu. Es beginnt, in ihm zu brodeln. Er fühlt, wie die Galle in ihm hochsteigt, er schlägt mit der Faust auf den Tisch, sodass das Bierglas überschwappt, und steht abrupt auf. Mit funkelnden Augen guckt er sein Gegenüber an.

»Verdammt noch mal, Ritter! Was ist Ihnen in die Krone gefahren? Was? … Sie grunzen schon selbst wie ein Schwein!«

Einige Leute von den anderen Tischen in der Gaststube starren zu ihnen herüber.

Fritz nimmt wieder Platz, schaut sein Gegenüber grimmig und hasserfüllt an und fährt leiser fort:

»Merken Sie denn nicht, wie Sie ihre eigene Rasse besudeln, wenn Sie sich mit einer Angehörigen einer tieferstehenden Rasse vergnügen, dass Sie dabei riskieren, das reine deutsche Blut zu verunreinigen? Ich habe den Eindruck, Sie verkaffern schon selbst!«

Fritz ist knallrot im Gesicht, erhebt sich, dreht sich weg und verschwindet raschen Schrittes Richtung Toilette. Doch er ist den Idioten noch nicht los. Hinter sich hört er Ritters spöttische Stimme:

»Da schau her, man könnte fast meinen, unser kleiner Spießer ist ein strammer Rassist …«

Das hat gesessen! Fritz vermag sich kaum zu beruhigen. Vor allem ärgert er sich über sich selbst. Er schämt sich für das, was er da eben in seiner Verzweiflung gesagt hat. Hat er sich doch – nur um Ritter zu verletzen – in seiner Argumentation der Waffen bedient, die gewisse Teile der deutschen Bevölkerung und auch die Gouvernementsregierung ständig im Munde führen, von denen er selbst aber nicht überzeugt ist.

›Bin ich im Innersten also doch ein Rassist oder bin ich nur einer, der denkt und tut, was die meisten denken und tun, der nicht aus der Reihe tanzt, der zu faul, zu ängstlich und zu bequem ist, sich eine eigene Meinung zu bilden? Ein Mitläufer also? Und warum, zum Teufel, hatte Ritter das mit den schwarzen Weibern so betont? Weiß er etwas? Das konnte unmöglich sein!‹ Er, Fritz, hatte mit niemandem darüber gesprochen, den Vorfall bis jetzt tief in seinem Inneren vergraben. Ja, nur einmal war er schwach geworden. Auf einer Dienstreise. Die Gelegenheit war einfach zu günstig. Auch er hatte einmal eine schwarze Haut fühlen wollen. Kaffee mit Sahne, für eine Flasche Schnaps. Darauf war er wahrlich nicht stolz.

Im Waschraum klatscht er sich eine hohle Hand kaltes Wasser ins Gesicht und befragt es im Spiegel. Als er – immer noch verwirrt und aufgewühlt – wieder im Gastraum erscheint, sieht er zu seiner Erleichterung, dass Ritter das Lokal verlassen zu haben scheint und sein Gast Otto Haring an der Theke lehnt. Fritz' Anspannung lässt nach.

Sie begrüßen sich herzlich. Der übliche lasche Händedruck. Vor eineinhalb Jahren haben sie sich zuletzt gesehen. Haring wirkt wie ein Exot in Windhuk unter den vielen Wilhelm-II.-Doubles, den Monokel-Fritzen mit ihrem Junker-Dünkel und studentischen Schmissen. Er trägt einen untadeligen, hellgrauen Anzug. Das feine Gesicht hat einen dunklen Teint bekommen. Die langen bakelitschwarzen Haare sind mit Pomade glatt an den Kopf gekämmt, die Wangen bis auf die Koteletten sorgfältig rasiert. Ein verdammt gut aussehender Mann. Fritz nimmt einen unaufdringlichen, herben Parfumgeruch wahr. Wie bei einem Gigolo. Ist doch seltsam, dieses Land verstärkt bei den Menschen die in ihnen angelegten Charaktereigenschaften. Die einen verwahrlosen, lassen sich gehen, beginnen zu trinken, sind überfordert mit den Freiheiten, die sie hier haben. Die anderen bleiben gepflegt und legen, gerade der

Umstände wegen, noch mehr Wert auf Kultiviertheit. Erstaunt entdeckt Fritz zudem noch eine neue Seite an Haring. Er trägt am rechten Ohr einen goldenen Ring und – wie viele afrikanische Männer, aber auch einige weiße Siedler – einen kupfernen Armreif, dezent unter seinem Ärmel verborgen. Aus ästhetischen Gründen oder weil er, wie man munkelt, die Potenz steigert?

Fritz ist gleichzeitig fasziniert und irritiert von dieser Mischung aus eleganter Kleidung, ausgezeichneten Manieren und exotischen Accessoires. Assoziiert er mit dem Ring doch Unabhängigkeit, Abenteuer, aber mit dem Armreif? Ist Otto etwa homosexuell?

Sie gehen zu einem Tisch in einer Ecke, wo sie relativ ungestört sind, und bestellen Springbockbraten mit Reis und Gemüse. Haring erzählt von seinen Reisen kreuz und quer durchs Land, den vielen Gesprächen mit Beamten, Soldaten, Händlern, Siedlern und Schwarzen aus allen Völkerschaften. Er habe ferner Dokumente einsehen können, doch von Ausnahmen abgesehen, hätten Militär und Verwaltung gemauert. Momentan schreibe er gerade an einer Artikelserie für seine Zeitung. Er erkundigt sich nach Fritz' Leben in der Hauptstadt und seiner Arbeit. Obwohl sie politisch unterschiedlicher Auffassung sind – Otto ist überzeugter Sozialdemokrat – wird dieser Mann Fritz immer sympathischer. Er ist das, was er bei den meisten seiner Kollegen vermisst: weltoffen, selbstkritisch und neugierig ohne Voreingenommenheit. Vielleicht auch einfach ein schöner Mann. Am Ende duzen sie sich.

»Ich verstehe jetzt besser, warum sich die Herero und Nama damals erhoben haben«, setzt Otto an. »Die Hererofrauen waren während des Krieges in der dritten Reihe anzutreffen, um ihre Männer durch Gesänge zu unterstützen: ›Wem gehört Hereroland? Uns gehört Hereroland!‹ Und in der Tat, man kann es wenden, wie man will: Wir sind hier die Eindringlinge. Wir kommen hierher, demütigen die ursprünglichen Bewohner des Landes und reißen uns mit gemeinsten Tricks ihr Land unter den Nagel als

Gegenleistung für Schnaps und Plunder. Was Wunder, dass ihnen irgendwann der Kragen platzt.« Otto macht eine Pause. »Ich glaube sogar, dass entscheidende Leute in der Heimat, aber auch hier in Deutsch-Südwest auf den vergangenen Krieg hingearbeitet haben. Die Kriegerkaste der Junker brauchte mal wieder einen militärischen Konflikt. Die Bankiers, die Kaufleute, die Industrie witterten gute Geschäfte, konnten nach dem Krieg die Besiegten enteignen und bekamen so billige Arbeitskräfte. Und die Ideologen und Rassisten wurden in die Lage versetzt, ihren weißen Musterstaat zu errichten.«

Fritz schaut ihn zweifelnd an. Das ist ihm doch zu radikal.

»Aber die Herero haben 1904 als erste Okahandja angegriffen und dann Farmen und Stationen überfallen und angezündet! Deutsche ermordet!«

»Nee, Fritz, hör zu! Wie gesagt, schon lange vor dem Krieg sind die ideologischen Brandbeschleuniger gezündet worden. Die Siedler haben eine härtere Gangart gegen das sogenannte schwarze Gesindel gefordert, obwohl die meisten eine farbige Bettgenossin bei sich zu Hause hatten. Für die meisten Vertreter im Reichstag waren die Neger zu frech und zu faul. Einige verstiegen sich zu der Behauptung, es sei gottgewollt, was in Deutsch-Südwest geschehe. Es sei das Gesetz, der Plan der Geschichte, dass die geistig, kulturell und technisch überlegene weiße Rasse die tiefer stehende überrenne. Und auch die konservative Presse hat ordentlich mitgekokelt. Begierig hat sie Behauptungen, Gerüchte von Zuwiderhandlungen oder von Überfällen auf weiße Frauen aufgegriffen, ob sie nun stimmten oder nicht. Die Zeitungen stilisierten es geradezu zu einer patriotischen Pflicht für junge deutsche Männer, das Vaterland am Waterberg zu verteidigen. Dabei war es doch so, dass andersherum die Herero und Nama gezwungen waren, ihr Vaterland zu verteidigen – aus Notwehr, Fritz!«

Fritz steht abrupt auf, entledigt sich des Jacketts und hängt es über die Stuhllehne.

»In Ordnung, Otto, ich bin vielleicht etwas zu naiv hierhergekommen. Einiges läuft nicht so, wie ich es mir vorgestellt habe. Aber du redest ständig von einem weißen Raubtier. Dieses Land ist doch eigentlich groß genug. Ich bin immer noch überzeugt, dass man friedlich und zum gegenseitigen Nutzen mit den schwarzen Völkern zusammenleben kann.«

»Nee, der Zug ist abgefahren. Dazu ist zu viel vorgefallen, auch auf der Seite der Schwarzen. Die waren natürlich nicht nur Opfer. Außerdem laufen, wie du ja als Beamter weißt, die gesamten Verordnungen in letzter Zeit auf eine nahezu vollständige Entrechtung der Schwarzen hinaus. Und du darfst die Gier nicht vergessen, jetzt wo das Land schon einmal praktisch ganz den Deutschen gehört, die Gier nach Diamanten, großen, ertragreichen Farmen und schnellem Reichtum.«

Fritz schüttelt den Kopf und trinkt einen großen Schluck Bier.

»Hör mal, Otto, dass wir nur die Bösen sein sollen, kannst du mir nicht weismachen. Natürlich bin ich auch nach Afrika gekommen, weil ich für mich und meine Familie etwas erhofft habe. Aber ich hoffe immer noch, dass unsere Anwesenheit auch für die Herero und Hottentotten langfristig von Vorteil ist. Denk nur an den Fortschritt, den wir den Eingeborenen bringen, an die Eisenbahnstrecken, die neuen Telegrafenverbindungen, die Pier in Swakopmund, die Häuser, die wir bauen, das Gesundheitswesen, unsere Kultur und so weiter und so weiter.«

»Was heißt denn hier Fortschritt?«, erregt sich Otto und fährt sich mit der Hand durchs Haar. »Nun mal ehrlich, Fritz, stärkt die deutsche Kolonialpolitik oder die einer anderen Kolonialmacht die eingeborene Bevölkerung? Hilft sie ihr, sich gemäß ihrer Wünsche aus eigener Kraft weiterzuentwickeln, sie auszubilden? Haben sie uns um unsere Hilfe gebeten? Wem dient denn die Gouvernementsregierung in erster Linie? Den Interessen des Deutschen Reiches oder den Interessen der ursprünglichen Völker im Lande?«

Fritz bestellt die nächsten Biere.

Otto dreht versonnen an seinem Kupferring.

Fritz ertappt sich dabei, wie er dessen aristokratisches Profil bewundert.

Schließlich fährt Otto fort:

»Um mich mit den Eingeborenen verständigen zu können, habe ich im letzten Jahr versucht, die Sprache der Nama und Herero zu lernen. Das ist doch auch so eine Arroganz: Wie will man ein Land vernünftig regieren, wenn man nicht einmal die Einwohner versteht?«

Fritz schweigt beschämt. Er erinnert sich an die vielen Missverständnisse mit den Schwarzen und an die positiven Auswirkungen, die die Tatsache mit sich brachte, dass Gouverneur Solf die samoanische Sprache beherrschte.

»Weißt du«, fragt Otto aufgebracht, »was ein Distriktvorsteher neulich grinsend zu mir sagte, als ich ihn auf diesen Missstand hinwies? ›Das ist kein Problem, Herr Haring. Die Verständigung klappt wunderbar. Ich brauche nur einen Dolmetscher und eine Nilpferdpeitsche.‹«

Fritz fährt dazwischen:

»Aber die Missionare, die haben doch unbestritten viel Gutes für die Eingeborenen bewirkt!«

»Ja, schon. Sie haben im Krieg, in den Gefangenenlagern und auch jetzt manchmal das Schlimmste verhindert. Sie wirken meist mäßigend und versöhnend. Aber das Problem ist: Erst kommen die Missionare, denen folgen die Händler und dann rücken die Soldaten an, um deren Pfründe zu sichern.«

Otto bricht ab, steht auf und verschwindet in Richtung Toilette. Kaum ist er zurück, nimmt er übergangslos den Faden wieder auf.

»Wo waren wir stehen geblieben?«

»Bei der Rolle der Missionare.«

»Gut, also pass auf, Fritz. Das Entscheidende ist: Wir nehmen die Schwarzen nicht ernst. Wir sagen: Die haben keine Dokumente, keine Museen, in denen man ihre Geschichte und Kultur zurückverfolgen kann. Also haben die keine Geschichte. Deshalb glauben einige, wenn wir unsere Eingeborenengesetze erlassen, zerstören wir nichts. Dabei leben die Schwarzen einfach anders als wir. Sie leben mehr in den Tag hinein. Der Hottentott legt nichts für schlechte Zeiten oder fürs Alter zurück, weil er sich darauf verlassen kann, dass die anderen ihm helfen werden, sofern sie etwas haben. Ihre Verbände beruhen auf dem Prinzip der gegenseitigen Hilfe, nicht auf dem der Konkurrenz. Vielleicht können wir uns eine Scheibe von ihnen abschneiden, von ihnen lernen, wie man das Leben genießt, es sich mit viel Erfindungsreichtum bequemer macht, mehr mit Freunden zusammensitzt, scheinbar weniger arbeitet, stattdessen mehr tanzt, spielt ...«

»Kommt mir bekannt vor«, entgegnet Fritz, »sie sind in der Beziehung ähnlich wie die Menschen in Samoa.«

»Ich hab mir mal von einigen Überlebenden des Krieges die Lage vor 1904 aus ihrer Sicht erklären lassen. Einer ihrer Häuptlinge, Kapitän Aurelius, meinte dazu: ›Unsere Zeit ist vorbei. Der Weiße hat jetzt die Macht in Damaraland. Ich folge ihm als sein Diener, denn er bringt Gewinn. Er hat die Zukunft in seiner Hand und wir müssen ihm gehorchen, wollen wir weiterkommen. Aber ich liebe ihn nicht.‹«

Schwungvoll setzt Otto sein Bierglas ab.

»Aurelius und seine Leute haben mit Staunen und Entsetzen zusehen müssen, wie sie ein Stück Land nach dem anderen an die weißen Siedler verloren. Und immer mehr ›Deutji‹ kamen von weit her, rückten nach und machten sich unverschämt breit. Aurelius erzählte mir, es habe mit den verlockenden Waren angefangen, die die Händler ihnen angeboten hätten, wenn sie in ihre Werften einfielen. Wer habe da widerstehen können: Töpfe, Gewehre, Messer, süße Kuchen, Kaffee, Schuhe und besonders ›Suppi‹, Branntwein?« Otto lächelt, schwingt seinen Unterarm vom Tisch hoch.

»Und dann seien ihre Frauen hinzugekommen, hätten die schönen Kleider, die Stoffe und Glasperlen der weißen Männer gesehen. Wie bezahlt man, wenn man nicht mit dem Geld der ›Deutji‹ bezahlen kann? Mit Land oder Rindern. Am Anfang besaßen sie so viele Rinder, vielleicht 250 000. Da dachten sie, was macht es da, wenn ich einige hergebe? Und dann noch ein paar und noch ein paar … und so wurden es immer mehr.«

Fritz verfolgt fasziniert Ottos Bewegungen, lauscht seiner weichen Stimme.

»Die Trader seien aber auch wirklich raffiniert gewesen, meinte Aurelius, und nicht nur der. Von einem Nama habe ich gehört, dass einige Händler in den Werften der Namas ein paar Sack Mehl abluden, weil ihre Frachtwagen angeblich mit all der Last zu schwer seien und die Ochsen es kaum in dem felsigen Gelände schaffen würden. Sie fragten, ob sie die Säcke nicht so lange bei den Namas abstellen und auf dem Rückweg wieder abholen könnten. Die Kapitäne waren einverstanden. Und dann standen sie da, die Säcke, guckten die Bewohner in den Pontoks jeden Tag an, besonders wenn sie Hunger hatten. Schließlich fanden sie die eine oder andere Entschuldigung: Wenn sie ein wenig davon nähmen, schade es doch sicher nichts, falle ja nicht weiter auf. In der Regenzeit fange das Mehl sowieso an zu schimmeln. Dann seien die Nachbarn gekommen und wollten auch ein wenig davon haben und so weiter und so weiter. Schließlich waren die Säcke leer. Als dann der Trader nach einem halben Jahr wieder vorbeigekommen sei, habe er sehr erbost getan und die Namas beschuldigt, sein Vertrauen missbraucht zu haben. Er hätte bei den Basters einen guten Preis erzielen können … Sein Verlust koste sie aber nun ein Rind pro Sack …«

»Diese Gaunerbande!«, warf Fritz ein.

Beide müssen schmunzeln.

»Das ist noch nicht alles«, setzt Otto fort, »der Oberkapitän der Herero, Samuel Maharero, liebte den Luxus, und er hatte viele Ladys zu versorgen. Aber wenn er seine Ozongombe, seine Rinder, verkaufte, verlor er an Ansehen und Macht. Also gab er Land weg, es war ja anfangs noch genügend vorhanden. Nur, es war ja nicht sein Land allein, es gehörte dem gesamten Stamm. Zudem hieß ›Land verkaufen‹ für die Herero etwas anderes als für uns Europäer, nämlich ›Nutzungsrechte abgeben‹. Üblicherweise durfte ein Käufer auf dem erworbenen Land sein Vieh weiden, tränken und dort auch wohnen. Das hieß aber nicht, dass der Verkäufer das Land nicht mehr betreten durfte, es nicht mehr nutzen konnte und es für alle Zeit futsch war. Der Deutschmann indes ließ am nächsten Tag die Landvermesser anrücken und einen Zaun um sein neues Eigentum ziehen. Im Kaufvertrag war die Größe des Gebietes in Meilen angegeben. Die Herero kannten nur die englische Meile, die 1523,98 Meter maß. Einige Deutji rechneten aber in geografischen Meilen, das heißt mit 7420 Metern. Natürlich ohne das vorab erläutert zu haben. Wenn sich die Kapitäne dann beschwerten, wiegelte der Käufer ab: ›Hör mal, dafür kann ich nichts. Dann warst du wohl neulich so bezecht, dass du da was missverstanden hast.‹«

Die Wut ist Otto Haring deutlich anzumerken.

»So wurde allmählich die Zahl der Ozongombe kleiner, und der Landbesitz schmolz dahin. Die Abwärtsspirale drehte sich immer schneller. Die Rinder, die sie noch hatten, brauchten Platz, viel Platz, weil das Gras – außer in der Regenzeit – so spärlich und dürr wuchs. Wo sie auch hinkamen mit ihren Herden, überall waren jetzt die Deutschmänner. Die vertrieben sie, verjagten sie mit dem Gewehr in der Hand von dem Land, auf dem seit Generationen ihre Rinder gegrast und Wasser gefunden hatten. Die Fremden wurden zahlreicher, ihnen gehörten die fettesten Weiden, die besten Wasserstellen und das gesündeste Vieh. Die Eingeborenen verloren zunehmend ihre Lebensgrundlage. Krankheiten wie Malaria und Typhus waren die Folge. Und als sei das immer noch nicht genug, fielen Tausende von Heuschrecken über das Hereroland her. Vielen Hereros blieb nichts anderes übrig, als ihre Arbeitskraft an deutsche Siedler zu verkaufen.«

»So kommt es zu den beeindruckenden Zahlen an Arbeitskräften, die wir in unseren Amtsstuben täglich vor Augen haben«, sagt Fritz bitter.

»Ja, genau! Und dann reden die Deutji mit den stolzen, unabhängigen Herero auch noch so, als seien sie Hunde oder Sklaven: ›Kaffer, mach dies und Kaffer, mach das!‹, oder ›Halt die Schnauze, du dreckiger Kaffer‹.«

»Und sie schwingen den Schambock«, wirft Fritz ein, der das Erlebnis noch deutlich vor Augen hat.

Otto winkt resigniert ab.

»Aber das, was einige Herero bis aufs Blut gereizt hat, waren die Vergewaltigungen ihrer Frauen und Töchter durch Weiße. In einigen Fällen soll es sogar vorgekommen sein, dass Männer, die sich schützend vor ihre Frauen stellten, einfach abgeknallt wurden. Wir waren und sind blind und blindwütend, Fritz!«

Fritz weiß, dass Otto recht hat. Und ihm ist klar, dass sich Resignation und Angst so allmählich in Wut verwandelten. Irgendwann würde der schwarze Arbeiter genug haben und seinem Baas die Peitsche entwinden, mit der dieser ihn bis dato zur Arbeit anzutreiben pflegte.

Otto spinnt diesen Gedanken fort:

»Die Herero und Nama haben sich gesagt, wenn sie die Lager der Händler und die Farmen der Siedler anzünden, dann verbrennen auch das Papier und die Bücher, in die die Deutji immer ihre Schulden eintrugen. Dann seien die Schulden weg, sie hätten ihr Land wieder. Ich glaube, für die Eingeborenen war das eine Verzweiflungstat. Ein Kampf, um zu überleben. Ein Kampf für ein Leben in Würde.«

Man müsste zunächst untersuchen, wie die Kolonisation
daran arbeitet, den Kolonisator zu entzivilisieren,
ihn im wahren Sinne des Wortes zu verrohen, ihn zu
degradieren, verschüttete Instinkte, die Lüsternheit,
die Gewalttätigkeit, den Rassenhass, den moralischen
Relativismus in ihm wachzurufen.

Aimé Césaire

15 Ein Frettchen und ein gefährlicher Sozi

Fritz ist nachdenklich geworden und schon ziemlich müde, aber eine Frage muss er noch loswerden:

»Was denkst du über General von Trotha und sein Verhalten in der Omaheke-Wüste?«

Sein Gegenüber schnaubt durch die Nase. Er spuckt den Namen aus, als hätte er etwas Faules im Mund.

»Von Trotha? Um es neutral auszudrücken: Schon seine Ernennung zum Oberbefehlshaber der Schutztruppe war sehr umstritten. Leute, die ihn näher kennen, bezeichnen ihn als selbstsüchtig, machtversessen, hart und kaltherzig. Und er lässt sich nichts sagen. Aber seine Majestät wollte ihn.« Hinter vorgehaltener Hand sagt Otto leise: »Wenn du mich fragst: Er war ein Schlächter, ein widerwärtiges Scheusal, aber dennoch nicht der Einzeltäter, als der er immer hingestellt wird. Es gab einige, die so dachten wie er. Seine Vorgesetzten hätten eigentlich wissen müssen, wen sie da an die Spitze der Truppen in Deutsch-Südwest beriefen. Er soll gesagt haben, seine Politik sei es, aufständische Stämme durch Gewalt und Grausamkeit in Strömen von Blut versinken zu lassen. Nur daraus könne etwas Neues entstehen.«

»Abscheulich!«, raunt Fritz.

»Als er sein Vernichtungswerk in Deutsch-Südwest vollendet hatte, ist er in Ungnade gefallen. Einigen missfiel plötzlich der Geist, den sie da gerufen hatten, der so brutal ausgeführt hatte, worüber sie sich vorher so forsch ausgelassen hatten. Sein ›Schießbefehl‹ wurde einige Wochen später zurückgenommen. Nicht aus humanitären Gründen, wie man vielleicht annehmen könnte. Nein, der Grund waren zum einen Befürchtungen in der Berliner Regierung, das Ausland werde den Befehl zu Propagandazwecken gegen das Deutsche Reich ausschlachten. Zum anderen schien ein Strategiewechsel allein aus militärischer Sicht notwendig.«

»Aber was geschah denn nun in der Omaheke?«, insistiert Fritz.

Otto greift in seine braune, abgewetzte, von Dornen zerkratzte Aktentasche und holt einen Zettel hervor, den er Fritz über den Tisch schiebt. Fritz liest mit wachsender Fassungslosigkeit, was sich ein deutscher General angemaßt hat:

Proklamation von Trothas, Osombo-Windhuk, 2. 10. 1904

Ich, der große General der deutschen Soldaten, sende diesen Brief an das Volk der Herero. Die Herero sind nicht mehr deutsche Untertanen. Sie haben gemordet und gestohlen, haben verwundeten Soldaten Ohren und Nasen und andere Körperteile abgeschnitten, und wollen jetzt aus Feigheit nicht mehr kämpfen. Ich sage dem Volk: Jeder, der einen der Kapitäne an eine meiner Stationen als Gefangenen abliefert, erhält tausend Mark, wer Samuel Maharero bringt, erhält fünftausend Mark. Das Volk der Herero muss jedoch das Land verlassen. Wenn das Volk dies nicht tut, so werde ich es mit dem Groot Rohr dazu zwingen. Innerhalb der deutschen Grenze wird jeder Herero mit oder ohne Gewehr, mit oder ohne Vieh erschossen, ich nehme keine Weiber und Kinder mehr auf, treibe sie zu ihrem Volke zurück oder lasse auf sie schießen. Dies sind meine Worte an das Volk der Herero.

Der große General des mächtigen deutschen Kaisers

»Du kannst die Dokumente auch im ›Vorwärts‹ nachlesen, Fritz, aber den gibt es hier ja nicht zu kaufen.«

Fritz schüttelt den Kopf.

»Krieg ist Krieg, Otto«, sagt er schließlich, »da passieren eben solche Sachen.«

»Aber begreifst du denn nicht? Das war kein Krieg, das war Auslöschen! Er hat ein ganzes Volk vor sich her in die Wüste getrieben, alle Wasserstellen entlang des Wüstensaums besetzt und es so verdursten und verhungern lassen.« Otto schreit es fast. Erschrocken hält er sich den Mund zu, wohl wissend, dass er sich mit solchen Äußerungen hier keine Freunde macht.

Fritz wirft einen besorgten Blick auf die Gäste an den anderen Tischen. Die sind zum Glück mit sich selbst beschäftigt, schwitzen vor sich hin und debattieren ebenfalls lautstark, reden sich die Erlebnisse des Tages von der Seele. Es geht ihnen im Grunde nicht anders: Sie müssen sich entlasten und gegenseitig versichern, dass sie das Richtige denken und tun. Überall glühen die Zigarren und Pfeifen. Über den Tischen haben sich Inseln aus Rauch gebildet, die zerfasern und dann wie ein grauer Teppich durch die Gaststube schweben. Die Luft ist zum Zerschneiden, riecht scharf nach Schweiß und Bier.

Da öffnet sich die Tür der Gaststube. Ritter steht erneut im Eingang, leicht schwankend. Er gafft zu Fritz herüber. Energisch bahnt er sich mit schlenkernden Armen und Beinen den Weg zu ihrem Tisch. Fritz ist sofort in Alarmbereitschaft.

»Für den Herrn Redaktör von Föhr is nichts zu schwör, hahaha … Endlich alle Rätsel Afrikas gelöst?« Er krakeelt laut und ungeniert. »Guckt mich nicht so an! Ihr braucht euch nicht zu zieren, hähä, ihr könnt gerne Händchen halten. Unser Jaeckel hier, der tut nur so, als sei er die Tugend in Person. Am liebsten hätte er ja ein zünftiges Negerflittchen.«

Fritz ist tief getroffen, sein Körper in Aufruhr, das Gesicht leichenblass. Er hat das Gefühl, als gleite der Boden unter ihm weg.

Hilfe suchend blickt er zu Haring. Dessen Reaktion sieht er wie in Zeitlupe. Otto trinkt einen kräftigen Schluck … saugt Luft durch die Nase ein … fährt sich mit der Hand über das glatte, gepflegte Haar … presst kurz die Lippen aufeinander. Schließlich blickt er mit unerschütterlicher Miene zu Ritter hoch und lächelt ihn an.

Leise beginnt er, zu singen:

>*Ein Ritter aus Kurpfalz,*
der reitet durch den Hühnerstall
und bricht sich Bein und Hals
und bricht sich Bein und Hals.
Ju ja, ju ja! Gar lustig ist die Jägerei …«

Ritter guckt irritiert, anscheinend beeindruckt von Ottos ruhiger Bestimmtheit und seiner Unempfindlichkeit gegenüber Provokationen. Irgendwie scheint er den Faden verloren zu haben. Sein überhebliches Grinsen und die Verachtung in seinem Blick sind schlagartig verschwunden.

Otto wird deutlicher: »Zisch ab, Ritter! Und sauf dir woanders den Verstand aus dem Hirn …«

Ritter wendet den Blick ab, hangelt sich zu einem der nächstgelegenen Tische und lässt sich dort breitbeinig mit dem Rücken zu ihnen nieder.

Nachdem sie die Beklemmung angesichts dieser Szene einigermaßen überwunden haben, sagt Otto schließlich:

»Ritter ist ein böser Mann, keine Frage. Ein Alkoholiker, der eine Schraube locker hat. Vom Gehirn gleich auf die Zunge.«

»Eher ein bisschen tiefer, Otto! Hast du den roten Fleck an seinem Hals gesehen? Wenn das man nicht galoppierende Syphilis ist.«

»Sicher. Der Kerl befindet sich auf der nächsten Eskalationsstufe ins Delirium. Es gibt in Deutsch-Südwest eine Menge Leute, die verrückt sind. Die Gegend hier scheint diese besondere Sorte Menschen geradezu anzuziehen.«

»Ich weiß jetzt, woran Ritter mich erinnert.« Fritz bricht in Lachen aus. »Mit seinem schmalen Gesicht, den blonden Haaren und dem rötlichen Bart sieht er aus wie ein Frettchen!«

Otto stimmt in das Lachen ein.

»Ein dummes, bissiges Frettchen! Das mal erfahren musste, wann eine Grenze überschritten ist.«

Aber sie wollen sich trotz der vergifteten Atmosphäre den Abend nicht verderben lassen. Mit einander zugeneigten Köpfen setzen sie ihr Gespräch fort.

»Ich habe mit Überlebenden dieser Flucht in die Wüste gesprochen, Fritz. Sie versuchen, in Liedern oder Geschichten das Entsetzliche zu verarbeiten und mitzuteilen. Ein Herero erzählte mir, dass sie das Blut ihrer Tiere und ihren eigenen Urin getrunken hätten. Männer hätten mit kleinen Kindern um die Milch aus der Brust der stillenden Mütter konkurriert. Sie meinten, das Kind könne sterben, sie als Krieger bräuchten die Milch, um zu kämpfen.«

»Otto, lass es gut sein. Es reicht! Jetzt ist endgültig Schluss! Du suchst immer nur das Negative, ermittelst nur in eine Richtung!«, bricht es aus ihm heraus.

Fritz ist völlig durcheinander und fühlt sich bedrängt. Er mag weder alles glauben, was Otto ihm erzählt hat, noch was er an diesem Abend gelesen hat. Zu weit entfernt ist das alles von seinem bisherigen Wissen und Denken. Dieser schöne Sozi stellt in mehrfacher Hinsicht eine Gefahr für ihn dar. Hier unten – weit weg von Berlin und dem Deutschen Reich – kann man leicht die Orientierung verlieren. Er muss Otto auf Distanz halten. Zu viel Nähe zu ihm macht ihn angreifbar, schadet seinem Ruf, seiner Karriere – und wer weiß, womöglich sogar seiner Ehe. Der Gedanke treibt ihm die Schamröte ins Gesicht. Verlegen starrt er vor sich auf die Tischplatte.

Otto verteidigt sich nicht. Er schweigt, scheint zu spüren, was in Fritz vorgeht. Er lächelt und schaut ihn mit seinen klugen, dunklen Augen an. Dennoch sät er eine Saat, die bei Fritz später einmal aufgehen wird.

Schließlich berichtet Otto, dass er in drei Monaten wieder nach Berlin zurückkehren werde. Da bemerken sie, dass Ritter wieder zu ihnen herüberglotzt. Er grinst und vollführt mit den Händen anzügliche Bewegungen.

›Das darf doch nicht wahr sein! Es reicht!‹

Sie drehen sich weg, trinken ihr Bier aus und verlassen gemeinsam das Lokal. Sie verabreden, in Kontakt zu bleiben.

Fritz schwirrt der Kopf. Zunächst schlägt er die Richtung zum Bahnhof ein, überlegt es sich dann doch anders und kehrt wieder ins Gasthaus zurück.

Ihn beherrscht nur ein Gedanke.

Von der Tür aus sieht er, dass Ritters Platz nicht besetzt ist. Er schiebt sich an der Wand entlang zur Latrine. Da steht es, das ekelhafte Frettchen, breitbeinig über dem Urinal, schwer atmend, mit einer Hand an der Wand abgestützt. Ohne lange zu überlegen, macht Fritz einen entschlossenen Schritt vorwärts, kickt ihm in die Kniekehle und rammt seinen Kopf mit beiden Armen an die Wand. Es rumst, der lange Kerl malt mit dem Schädel eine rote Spur auf die kalten, weißen Fliesen und sackt in sich zusammen. Blut mischt sich mit Urin. Ein Aufschrei, ein wütendes Stöhnen, aber bevor das Frettchen seine boshaften Augen auf den Angreifer richten kann, ist dieser längst aus dem Raum und durch einen Nebeneingang aus dem Lokal gestürzt.

Fritz' Herz rast. Er rennt los, biegt in eine Seitenstraße ab, torkelt, stolpert, rennt weiter, immer weiter, bis die Lungen brennen. Breitbeinig bleibt er stehen, mit gebeugten Knien, die Arme aufgestützt, mit hängendem Kopf, nach Atem ringend. Das Herz hämmert in seiner Brust. Tief saugt er die kühle Abendluft ein. Tausend Gedanken und Gefühle überfluten sein Inneres. Lange steht er so da. Vereinzelte Fußgänger schauen zu ihm herüber.

Irgendwann beruhigen sich sein Atem und sein Puls. Er kann weitergehen, weitergehen nach Hause. Er ist nicht stolz auf sich, aber doch irgendwie erleichtert. Als der Bahnhof in Sicht kommt, hört er die Trompete. Fritz lächelt und denkt augenblicklich an seinen kleinen Sohn. Sofort ist er in einer anderen Welt. Jeden Abend um neun Uhr, bevor Siegfried zu Bett geht, schallen durch die Stadt feierliche Trompetentöne. Der Stabstrompeter von der Feste bläst den Zapfenstreich. Das hat etwas Tröstliches, Heimatliches mitten in Afrika. Der kleine Junge lauscht jedes Mal ganz entzückt. Vermutlich wurde hier der Grundstein für Siegfrieds spätere Vorliebe für Trompetenmusik gelegt.

Fritz kommt gerade noch rechtzeitig, um Klein-Siegi einen Kuss auf die Stirn zu geben. Der dreht seinen Kopf weg. Auch Lona verzieht das Gesicht und sagt lächelnd:

»Uuh, pass auf, dass dein Sohn nicht tot umfällt. Du stinkst ja, als wärest du in ein Bierfass gefallen und hättest vierzehn Tage im Rauch gehangen. Nähere dich bloß nicht meinen Pflanzen, die gehen sonst noch alle ein.«

Fritz lässt sich schwer auf einen Stuhl fallen und starrt vor sich hin. Lona bringt derweilen Siegfried ins Bett. Lisa schläft bereits. Als Lona wiederkommt, umfasst Fritz sie. Dieser kleine Moment der Umarmung mit seiner geliebten Frau scheint ihm wie ein Geschenk. Zu Hause sein. Sich fallen lassen. Tränen rinnen ihm über die bleichen Wangen.

Die Geschehnisse des Abends sprudeln nur so aus ihm heraus. Er erzählt Lona von Haring und von Ritter. Von seinem eigenen Verhalten. Er hat Angst, Lona könnte ihn verurteilen und ihm zürnen, aber er irrt sich.

»Recht so, Fritz!«, sagt Lona aufgebracht. »Das hat er verdient. Frettchen, hahaha, das ist gut!«

Dann legt sie einen Finger auf seinen Mund, knöpft ihre Bluse auf, ergreift seine Hand und führt ihn ins Schlafzimmer. Sie sind sich nahe wie seit Langem nicht.

Jedes Weltkind sollte wenigstens einmal im Monat
eine Nacht im Freien durchwachen, um einmal all
seine eitlen Künste abzustreifen.

Joseph Freiherr von Eichendorf

16 Die Spei-Kobra und der Zauber der Wildnis

Von Windhuk aus unternimmt Fritz in nächster Zeit viele Dienstreisen. Bald gehört er zu den Prominenten der Stadt. Er wirkt an der Einweihung des deutschen Schutztruppler-Denkmals und an der Deutsch-Südwest-Ausstellung mit.

Das Denkmal stellt auf einem hohen Sockel einen Reiter der Schutztruppe dar, der stolz aufgerichtet seine Augen in die Ferne schweifen lässt und sein Gewehr lässig in die Seite stemmt. Es ist sowohl als Gefallenen- als auch als Siegesmal gedacht. Der Gouverneur Theodor Seitz findet bei der Feier markige Worte:

»Der eherne Reiter der Schutztruppe, der von dieser Stelle aus in das Land blickt, verkündet der Welt, dass wir hier die Herren sind und bleiben werden.«

Doch schon bei dieser Einweihung merkt Fritz, dass er sich innerlich immer weiter von der offiziellen kaiserlichen Doktrin für Deutsch-Südwest entfernt hat.

Im Juli 1913 siedeln die Jaeckels nach Swakopmund um. Wieder beziehen sie eine Wohnung in einem Bahnhof.

Kurz nach dem Umzug liest Fritz in der »Deutsch-Südwestafrikanischen Zeitung«, dass der Korrespondent des »Vorwärts«, Otto Haring, von Unbekannten überfallen und zusammengeschlagen worden sei. Er kuriere im Krankenhaus in Windhuk seine Verletzungen aus. Fritz' Herz schlägt höher und verkrampft sich. Dieser schöne, unverbesserliche, aufrechte Streiter! Fritz folgt seinem ersten Impuls, reist zu ihm und besucht ihn am Krankenbett.

Darüber hinaus verläuft das Leben einigermaßen beschaulich. Eines Morgens, sie liegen noch im Bett, stützt Fritz sich auf und erklärt Lona:

»Ich habe jetzt eine Schublade gefunden, in die ich dich stecken kann. Auch eine mit einem wohlklingenden Namen. Vom großen Meister Freud. Du ... bist ... eine phallische Frau, PF.«

»Was? Was redest du da?«

»Freud nennt Frauen, die sich wie Männer benehmen, die Männer dominieren wollen, die sie unterdrücken – so wie du –, phallische Frauen. Habe es gelesen in der Bibliothek.«

»Das meinst du doch nicht im Ernst?«

Einweihung des Schutztruppler-Denkmals in Windhuk

Fritz fährt fort, als halte er einen Vortrag:

»Diese Frauen besitzen im übertragenen Sinne einen Phallus.«

Lona schreit auf, greift zum Kopfkissen und schlägt auf ihn ein. Fritz lacht, bewaffnet sich ebenfalls. Die Worte »AC« und »PF« fliegen hin und her, bis schließlich Siegfried wach wird, an der Tür erscheint und mitzumachen verlangt. Die Kissenschlacht endet erst, als sie die kleine Lisa weinen hören.

Lona geht es gut in Swakopmund. Für die Betreuung der Kinder hat sie hat zwei Eingeborene gefunden: ein schlankes Hereromädchen im Alter von etwa siebzehn Jahren, namens Angela, und den Buschmann Tamib, der vielleicht zwölf Jahre alt ist, aber mit seinem runzligen Gesicht viel älter aussieht. Er wurde als Kind aus der Wildnis der Kalahari als Sklave verschleppt. Angela kümmert sich um Siegfried, und Tamib ist für Lisas Aufsicht und Pflege zuständig. Er ist der Kleinen, die inzwischen ein Jahr alt ist, sehr zugetan und singt manchmal selbst gedichtete Wiegenlieder für sie.

Anfangs hatte Tamib, der in der Trockensavanne der Kalahari kaum Erfahrungen mit dem Element Wasser sammeln konnte, Angst um Lisa, wenn Lona sie in die Badewanne tauchte. Er fürchtete um ihr Leben. Mit todernstem Gesicht und eindringlicher Stimme schlug er Lona vor, das Kind stattdessen mit Fett abzureiben.

Angela und Tamib sind prachtvolle Menschen, die Kinder lieben sie. Die Söhne von Krappkes, die fast im selben Alter sind, mag Siegfried hingegen nicht, weil sie versuchen, ihn herumzuschubsen und zu dominieren. Neben den Eltern sind die eingeborenen Bediensteten und die Haustiere deshalb seine einzigen Vertrauten.

Siegfried ist inzwischen zu einem blonden, kräftigen Jungen herangewachsen und erhält in der Regierungsschule von Swakopmund ersten Unterricht. Von Anfang an fällt seine Intelligenz auf, ist er ein eifriger und wissbegieriger Schüler. »Etwas altklug und naseweis«, bemerken die Lehrer. Ein Foto zeigt einen gut aussehenden, selbstbewusst in die Kamera blickenden Knaben in wei-

Siegfried mit 5 Jahren, 1912

ßer Matrosenbluse, weißer, kurzer Hose, weißen Schnürstiefeln und mit einem breitrandigen Strohhut.

Zwei Ereignisse in dieser Zeit werden dem kleinen Abenteurer allerdings lebenslang in Erinnerung bleiben: An einem Sonntagnachmittag, als die Jaeckels gerade bei den Krappkes, einer befreundeten Familie, vorbeischauen, sehen sie plötzlich in der Ferne eine Feuersäule aus Richtung ihres Bahnhofs aufsteigen. Dort liegt Siegfrieds kleine Schwester Lisa in ihrem Kinderbett und schlummert. Lona und Fritz stürzen los. In direkter Nachbarschaft des Bahnhofs steht das Haus einer Wäscherin und Plätterin in Flammen. Es brennt in der Nacht als schaurige Fackel bis auf die Grundmauern nieder. Zum Entsetzen aller Anwohner. Siegfried hat anschließend wochenlang Albträume.

Ebenso unvergesslich bleibt dem Sechsjährigen auch ein Erlebnis mit einer Brillenschlange, einer afrikanischen Spuck-

Lona und Fritz vor dem Bahnhofsgebäude in Swakopmund

oder Speikobra, einer großen, kräftigen, etwa zwei Meter langen Schlange ohne Brillenzeichnung. Ihr gespreizter Halsschild weist nicht eine Tellerform auf, sondern eher den Umriss des »Hutes« der Königskobra. Man trifft sie häufig im Bereich menschlicher Siedlungen an, dabei sind Hühnerhöfe ihr bevorzugtes Revier. Beim Drohen stellen diese Schlangen den Kopf nicht waagerecht wie andere Kobras, sondern richten sich gezielt auf den Kopf des Gegners aus. Ihr Gift speien sie mit hoher Treffgenauigkeit bis zu drei Meter weit. Auf der Haut zeigt das Toxin keine Wirkung, wenn es aber in die Augen gerät, kann es zur Erblindung führen.

Es passiert wieder an einem Sonntag. Diesmal sind die Krappkes zufälligerweise bei den Jaeckels zu Besuch. Siegfried geht nichts ahnend hinunter in den Hühnerhof, da die Hühner aufgeregt gackern. Er ergreift einen Stock und öffnet die Tür zum Stall. Die Hühner hocken flatternd auf erhöhten Querbalken, eine fette, schwarze Schlange verharrt mit erhobenem Kopf davor. Als sie den Eindringling mit seinem Stecken wahrnimmt, ändert sie sofort ihre Stoßrichtung, ringelt sich zusammen, bereit zum Angriff.

Fritz spürt, dass irgendetwas nicht in Ordnung ist. Er verlässt die Gesellschaft mit den Worten:

»Ich muss doch mal nachsehen, was da los ist!«

Er kommt gerade noch rechtzeitig, kann seinem Sohn den Knüppel aus der Hand reißen und die Kobra damit totschlagen. In Alkohol eingelegt übergibt Fritz sie später dem Berliner Naturkundemuseum.

In Swakopmund ist das Klima ganz anders als im Inneren des Landes, mehr wie an der heimischen Nord- oder Ostsee. Ist der Himmel bedeckt und ziehen Nebelschwaden längs der Küste, ist alles grau, kalt und feucht. Hat aber die Sonne freie Bahn, ist es gleich stechend heiß und die Luft kristallklar. Überall in der Stadt vernimmt man das schrille Gekreisch der Möwen und das Tosen der Brandung.

Bei klarem Wetter hält sich die Familie trotz des recht kalten Wassers am Wochenende am Strand auf. Die Zeit vergessend, schaut Siegfried aufs Meer hinaus und spielt das alte Spiel, sich nicht von den Ausläufern der Brandungswellen erwischen zu lassen. Er findet seltsame Tiere am Strand, für die er kleine Wasserbecken baut, sammelt Muscheln und Schnecken und trägt seine Schätze nach Hause. Ein Händler erzählt Fritz, dass die See manchmal Kaurischnecken anspüle. Die haben die Form eines Kussmunds mit einer Doppelreihe Zacken in der Mitte, die wie Zähne aussehen. In Portugal nennt man sie »beijinhos«, »Küsschen«. Fortan hält Siegfried Ausschau nach ihnen. Findet er eine, erhält er ein Küsschen von der Mama.

Ansonsten gehören Reitausflüge oder Fahrten mit einem Pferdekarren nach der Oase Goanikontes zu den wenigen Vergnügungen. Der Ort selbst bietet kaum Abwechslung. Die Umgebung von Swakopmund besteht aus Wüste.

Fritz arbeitet in Swakopmund als Leiter des Bezirksamtes, das heißt, er ist zugleich Standesbeamter, Amtsanwalt, Polizeichef und Stellvertreter des Pfandhalters der südwestafrikanischen Bodenkredit-Gesellschaft. Er kümmert sich um die Steuern und die Finanzen. Während der Tagungen des jährlichen Landrates wird er eigens von Swakopmund mit dem Schnellzug nach Windhuk beordert.

In den »Bestimmungen für die Landesbeamten und sonstigen Angestellten in den Schutzgebieten vom 1. 10. 1907« begegnen Fritz wohlmeinende Absichtserklärungen, abgefasst in Beamtendeutsch: *Die Beamten sollen die wirtschaftliche und kulturelle Entwicklung der Schutzgebiete fördern und sich anständig benehmen. Es wird mit besonderem Nachdruck darauf hingewiesen, dass das Ansehen des Beamten in den Augen der Eingeborenen durch den geschlechtlichen Verkehr mit eingeborenen Weibern ernsten Schaden nehme. Die Aufnahme unerwachsener weiblicher Eingebore-*

ner als Dienerinnen oder in irgendeiner anderen Eigenschaft in den Hausstand unverheirateter europäischer Beamter sei unzulässig. Körperliche Züchtigungen gegenüber Eingeborenen dürften nur von dazu ermächtigten Personen und in den versordnungsmäßig festgesetzten Grenzen verhängt werden. Die Aufrechterhaltung eines guten Verhältnisses zu den Eingeborenen und deren Heranziehung zur Arbeit sei eine der wichtigsten Aufgaben der Verwaltung. Eine gute Kenntnis der Landessprache sei erwünscht. Die Überlegenheit des Europäers und das Verständnis für die kolonialen Bedürfnisse bringe man nicht durch selbstbewusstes Herabsehen auf die farbige Bevölkerung zum Ausdruck. Für die Entwicklung des Landes sei diese wichtig und entsprechend zu behandeln.

Fritz schüttelt irritiert den Kopf. Ob die Herren in Berlin mit ihren Ellbogenschonern wissen, was hier wirklich los ist?

Sein unmittelbarer Vorgesetzter hat mit Sicherheit noch nie von diesem Papier gehört. Die »Bulldogge«, wie Fritz Regierungs- und Baurat Ansgar Wellmann im Geheimen nennt, scheint überhaupt kein sehr heller Geist zu sein. Wellmann sieht bis auf seinen nikotinverfärbten, ungepflegten Schnurrbart nackt aus. Obwohl erst Mitte dreißig, umkränzt nur ein schütterer blonder Haarstreifen seinen ansonsten kahlen Schädel. Die fahle, graugelbe Gesichtshaut überzieht ein feines Netz bläulich roter Adern. ›Typisch für einen Trinker‹, denkt Fritz. Außerdem ist Wellmann fett, fett und faul. Ein verwöhnter Schnösel, Sohn eines reichen Hamburger Reeders, abgeschoben, weil er im Reedereigeschäft nichts taugt. Hier in Afrika soll er sich die Hörner abstoßen und lernen zu arbeiten. Genauso scheint er sich zu fühlen: im wörtlichen Sinne in die Wüste geschickt, auf einen mit vermeintlichen Privilegien ausgestatteten öden Posten in einem staubigen Nest im Nirgendwo. Wellmann spielt den Verbannten. Dabei hat er die Stelle in der Verwaltung sicher nur durch Protektion bekommen.

Nur allzu gern spielt er seine Machtbefugnisse Fritz gegenüber aus, vor allem wenn es um kleine Gefälligkeiten geht. So hat Fritz, trotz seiner nun schon etwas hervorgehobenen Stellung, nicht ständig eine Kutsche zur Verfügung und muss jede Benutzung eines Wagens der Verwaltung bei seinem Chef beantragen. Fritz kostet es jedes Mal große Anstrengung, seinen Stolz zu überwinden und um die Herausgabe einer Kutsche zu »betteln«.

An einem Wochenende im Januar stellt ihnen seine Durchlaucht, die Bulldogge, endlich wieder einmal die große Kutsche mit zwei Pferden zur Verfügung. Die Jaeckels wollen einen Ausflug machen, den sie schon lange geplant haben. Und alle sollen mit: die Kinder, Tamib und Angela.

Sie nehmen ein großes Zelt, ein Gewehr, Verpflegung und ausreichend Wasser mit und folgen der Pad nach Osten. Es ist zwar Januar und damit eigentlich Regenzeit, aber es hat in diesem Sommer bisher noch nicht geregnet und der Himmel über ihnen ist von hellblauer Blässe. Keine Wolke weit und breit. Nach eineinhalb Stunden wird es schon mächtig heiß. Fritz und die Jungen ducken sich unter ihre breitkrempigen Helme, die Frauen haben zusätzlich ihre Sonnenschirme aufgespannt. Staub wirbelt auf, wogt als gelbgraue Wolke hinter der Kutsche her. Sie befinden sich jetzt in der Wüste. Die Stille dehnt sich bis zum Horizont. Umso deutlicher vernehmen sie die Laute der unmittelbaren Umgebung: das Knirschen der Pferdehufe im Sand, das Malen der eisenbeschlagenen Räder, das Gluckern des Wassers in den Säcken, das schwere Atmen der Zugtiere. Dazu der herbe, würzige Geruch ihrer schwitzenden Leiber, den Fritz und Lona so mögen. Die Luft flimmert und zittert in der Sonnenglut. Es scheint ihnen, als bewegten sie sich auf glitzerndes Wasser zu. Hier draußen erleben sie erhabene Weite, Einsamkeit und Zeitlosigkeit. Fritz scheint es, als gehe ein Sog von der Wüste aus, als zöge eine geheimnisvolle Macht ihn immer tiefer hinein in diesen gewaltigen, leeren Raum. Keine Reize lenken ab, man ist auf sich selbst zurückgeworfen. Die Gedanken fliegen frei und können den Raum mit der eigenen

Fantasie füllen. Doch da ist auch ein Gefühl der Verletzlichkeit angesichts der Größe, Gleichgültigkeit und Unbarmherzigkeit der Natur.

Vielleicht macht gerade das ihren Reiz aus.

Gegen Mittag, nach etwa dreißig Kilometern, erreichen sie ihr Ziel. Goanikontes ist keine liebliche, palmenbestandene Oase mit einem See oder einer frisch sprudelnden Quelle. Auch hier hat die Natur etwas Starres, Trotziges: ein Felsenkessel, durch den sich der Swakop durch zerklüftete, zum Teil gerundete Bergrücken windet. Das Flussbett ist mal schmal, dann wieder mehrere Hundert Meter breit, größtenteils mit staubigen, graugelben Gesteinsbrocken bedeckt. Kameldornakazien, Binsen und dorniges Gestrüpp folgen seinem Lauf. Es gibt Wasserbecken mit kleinen Fischen darin und durch Staub, Pflanzensamen und tote Insekten verunreinigtes Wasser in Pfützen, die von tierischen Fußspuren umgeben sind. Nur sie lassen erahnen, dass hier manchmal ein Fluss fließt. Unter den verdrehten Ästen einer großen, schrundigen Schirmakazie im Flussbett schlagen sie ihr Lager auf. Fritz erteilt seine Befehle. Tamib soll die Pferde tränken, in der Nähe von Weidemöglichkeiten anbinden und ihm danach beim Aufbau des Zeltes helfen. Angela sammelt Holzstücke, die überall herumliegen, während Lona schon das Essen vorbereitet.

Anschließend lagern sie auf Decken im Schatten, das Gewehr griffbereit. Tiefe Stille ringsum, als hielte die Welt den Atem an. Alle Tiere scheinen sich in ihre Verstecke verkrochen zu haben, am Himmel kreisen keine Vögel. Nur die Fliegen freuen sich auf die Neuankömmlinge. Selbst im Schatten spüren die Gefährten die erbarmungslos brennende Sonne. Sand und Steine haben die Sonnenglut gespeichert und strahlen kolossale Hitze aus. Der gelegentlich durch die Senke streichende Wind bringt keine Erleichterung. Es kommt ihnen eher so vor, als würde für kurze Zeit eine Ofentür geöffnet. Sie können nur bewegungslos im Schatten sitzen oder liegen, vor sich hindösen mit geschlossenen Augen, dem eigenen Atem lauschen. Wenn der Wind den Schweiß trocknet, spüren sie ein wenig Kühle.

Lona kommt auf die gute Idee, den Kindern feuchte Tücher auf die Stirn oder in den Nacken zu legen. Das verschafft tatsächlich ein wenig Linderung.

Lächelnd sagt Fritz zu ihr:

»Liege still und leide!«

Er schätzt die Temperaturen auf etwa vierzig Grad Celsius.

Erst am späten Nachmittag erforschen sie die Umgebung, Angela bleibt mit Lisa beim Lager und bei den Pferden zurück. Mit einer Trillerpfeife soll sie sich bei Gefahr bemerkbar machen.

Tamib zeigt den anderen die Wildwechsel, die Spuren von Impalas und Schakalen in den feuchten Sandstreifen an den Wasserlöchern und erklärt, wo die Tiere nach Wasser graben könnten. Siegfried ist hellwach und aufmerksam. Er ist jetzt Buschmann. Sie klettern über Geröll, umgehen vorsichtig Strauchwerk und Bäume mit bizarren, verdörrten Wurzeln, tasten sich in deren Schatten vorwärts, weichen Warzenschweinlöchern und lehmgelben Termitentürmen aus.

Als sie innehalten und lauschen, hören sie leise Klickgeräusche – aus allen Richtungen kommend, wobei die Distanz schwer einzuschätzen ist. Sind es abkühlende Kiesel? Wüsteninsekten? Als sie auf die Laute zugehen, verstummt das Klicken. Sie können die Verursacher nicht entdecken. Auch Tamib ist ratlos.

Die kleine Gruppe erkundet weiter die Oase. Sie betrachtet gerade eine braune Eidechse, die sich hinter einem Busch auf einem Stein sonnt, da poltern Steine und Äste knacken unter zahlreichen Hufen. Zuerst erscheint das Leittier zwischen den Bäumen, hoch aufgerichtet, witternd. Eine große, prächtige Oryxantilope mit hellgrauem Fell, schwarz-weißer Gesichtsmaske und den typischen langen, säbelförmigen, spitzen Hörnern. Tamib legt sofort den Finger auf den Mund und streckt den Arm aus, um seine

Begleiter am Weitergehen zu hindern. Sie erstarren. Was sie erblicken, ist ein Bild von berauschender Schönheit, Majestät und Würde. Zwei, drei Sekunden lang mustert das Leittier die Umgebung mit dunkel schimmernden Augen, wartet, prüft, die Ohren aufgestellt, die Nüstern weit geöffnet, der Körper in Anspannung, zur Flucht bereit. Dann setzt es sich in Bewegung, die restliche Herde taucht aus dem Gebüsch auf und anmutig schreiten alle auf die Wasserstelle zu. Siegfried ist verzaubert. Diese pferdegroßen, eleganten Tiere tänzeln um das Wasserloch. Ihre Flanken beben. Beim Trinken schwingen ihre langen Säbel gefährlich hin und her. Das warme Sonnenlicht malt goldene Flecken auf ihr Fell. Es ist ein Glück, diese scheuen Tiere aus so großer Nähe beobachten zu können.

›Da ist er, der Zauber der Wildnis, der Zauber Afrikas‹, denkt Fritz.

Doch dieser Moment des Friedens dauert nur kurz. Ein Knacken im Gehölz. Den Körper des Leittiers durchläuft ein Zucken, ein heftiger Ruck zur Seite. Ein heulender Warnton ... schon jagt die Herde mit vorgereckten Läufen und Hälsen los, stürmt auf die Böschung zu, die sie mit kurzen, eleganten Sprüngen erklimmt, beinahe schwebend.

Die Gefährten halten noch einen Augenblick beglückt inne. Dann folgen sie weiter dem Flussbett. Als sie aufschauen, sehen sie hoch oben einen schwarzen Punkt. Dann sind es zwei, wie aus dem Nichts tauchen plötzlich immer mehr Punkte am Himmel auf. Sie werden größer und größer. Die ersten gehen ganz in der Nähe nieder. Als die Gruppe nach einer kurzen Strecke dem Flussbett um die nächste Biegung folgt, können sie die ersten Geier mit ihren krummen Schnäbeln und nackten Hälsen auf den umliegenden Bäumen wie drohende Schatten hocken sehen. Vor einem Felsblock liegt der Kadaver eines Zebras. Schon flattert ein Ohrengeier unbeholfen heran und hüpft gierig auf das Zebra zu. Bald ist der Leichnam eingekreist von einer Horde zänkischer, mit

Schnäbeln und Flügeln ihren Platz verteidigender großer Vögel. Sie tanzen nervös, keifend und gierig ihren makabren Reigen. Irgendein Tier hat die Bauchdecke des Zebras aufgerissen. Die ersten Geier zerren die Eingeweide heraus. Die Gesundheitspolizei der Steppe hält ihr grausiges Mahl. Doch auch andere Tiere schleichen heran. Schakale warten geschmeidig in einiger Entfernung, und eben traben geduckt zwei Tüpfelhyänen die Flussböschung herunter.

Fritz beschließt, sich mit seiner Gruppe zurückzuziehen. Das hier ist kein Sonntagsausflug an den Wannsee. ›Ist es Leichtsinn, als Großstadtmensch ohne Erfahrung hier mit zwei kleinen Kindern in der Wildnis herumzustreunen? Was ist zum Beispiel zu tun, wenn sich die Pferde losreißen?‹ Sie sind ganz auf sich gestellt. Auch bemerkt er mit Schrecken, dass die niedrig stehende Sonne bereits lange Schatten wirft. Sie eilen zurück.

17 Eine Sintflut ohne Arche und eine Bulldogge

Angela hat einen Vorrat an Brennholz gesammelt. Mit Zelt, Lagerfeuer und Kutsche bilden sie ein Dreieck für die Nacht. Die Pferde erhalten Spannfesseln um die Vorderbeine, zusätzlich bindet Fritz sie am Wagen fest. Gen Osten, weit entfernt, sehen sie dunkle Wolken über den Bergen. Angela hat Tee zubereitet. Dazu gibt es Brot, erwärmte Erbswurststangen, Biltong, in Salz eingeriebene und an der Luft getrocknete Fleischstreifen, für die Kinder Milch und Mielipap mit Rosinen.

Sie sitzen auf Steinen und Holzstücken am Feuer. Fritz hat eine Flasche Wein geöffnet und schaut zärtlich auf seine Lieben. Das verkleinerte Abbild des Feuers spiegelt sich in Lonas Augen. Warmer, sanfter Wind trägt die scharfen Gerüche der Wildnis herbei.

»Ist dieser Moment in dieser einzigartigen Umgebung nicht magisch, Lona?«

Ein Ast knackt in der Glut, Funken stieben auf, der Rauch wirbelt in dünnen Schwaden durch die Äste der Schirmakazie. Das Licht der Flammen leckt über ihre Gesichter.

»Ja, ich empfinde es genauso … Wenn nur die Mücken nicht wären!«

Fritz lächelt:

»Ein ›Aber‹ scheint es für uns Europäer wohl immer zu geben.«

In der Ferne hören sie das Jaulen der Schakale und das »Wuup, wuup« der Hyänen. Die sind wohl immer noch mit ihrem Mahl beschäftigt. Welche Dramen mögen sich sonst noch in der weiten Dunkelheit um sie herum abspielen? Jede Nacht vollzieht sich da draußen ein Kampf um Leben und Tod. Wieder gilt es für viele

Tiere, die Finsternis lebend zu überstehen … Tamib wacht beim Feuer. Die Familie zieht sich ins Zelt zurück.

Kurz vor der Morgendämmerung stürmt Tamib ins Zelt und schreit:

»Baas, de Water kommt, de Water!«

Lona und Fritz müssen sich erst orientieren, sie verstehen nicht. Aber dann hören auch sie das entfernte Grollen. Sie horchen … Das ist kein Donnergrollen! Das ist ein lang anhaltendes Brausen und dumpfes Rollen. Das kann nur eines bedeuten: Der Swakop kommt!

Sofort sind sie auf den Beinen.

Sie wissen nicht, wie viel Zeit ihnen noch bleibt. Dreißig Minuten vielleicht oder sogar noch Stunden? Sie bemerken, dass die Pferde unruhig sind, wiehern und an den Fesseln zerren. Lona schnappt sich Siegfried.

»Tamib, nimm du Lisa!«

Schon stürmen beide mit den verwirrten, schreienden Kindern aus dem Zelt in höher gelegenes Gebiet seitlich von ihnen. Lona ist sich sicher, dass sie vor der Flutwelle mit dem Pferdewagen nicht mehr aus dem Canyon herauskommen.

Fritz scheint ihre Überlegungen zu verstehen. Er und Angela greifen hastig nach allen Habseligkeiten aus dem Zelt und dem Platz davor, werfen sie in die Kutsche, die sie zuvor an einem Baum fixiert haben. Fritz weiß, dass sich an Lagerplätzen unter dem Zeltboden, den Proviantkisten und in den Decken und Schuhen mit Vorliebe Schlangen und Skorpione aufhalten. Dass es deshalb angebracht wäre, sie auszuschütteln oder über einen Dornbusch zu werfen. Doch daran ist jetzt nicht zu denken. Auch hat er keine Zeit, die Gänge zu bewundern, die die Termiten über Nacht unter dem Zelt gebaut haben. Zum Glück erhellt die aufgehende Sonne zunehmend die Szenerie. Hektisch reißt Fritz die Zeltheringe heraus. Das Zelt fällt zu Boden. Er knautscht es mit Angela zusammen, und gemeinsam wuchten sie es auf den Pferdekarren. Die Augen der Pferde sind vor Panik starr und geweitet.

Aus Angst, die Tiere könnten durchgehen und sie allein in dieser Einöde zurücklassen, nehmen sie sich jeweils gemeinsam ein Pferd vor. Sie versuchen, es zu beruhigen und in die Deichsel einzuspannen. Sie dürfen jetzt keinen Fehler machen. Es ist ein richtiger Kampf, doch schließlich sind die Pferde angeschirrt. Angela kappt die Verbindung der Kutsche zum Baum und schon legen die Pferde mächtig los. Fritz hat Mühe, sie unter Kontrolle zu halten und dorthin zu lenken, wo Lona und Tamib mit den beiden Kindern verschwunden sind. Er und Angela rufen. Der Untergrund ist zum Glück meist sandig und flach, sodass nichts von ihren Sachen herunterfällt. Sie jagen eine Rampe hoch, die Kutsche wird langsamer. Fritz übergibt Angela rasch die Zügel, springt vom Bock, rennt vor die Pferde und bringt sie zum Stehen. Sie befinden sich jetzt vier Meter über dem Flussgrund. Das wird reichen.

»Komm, Angela, wir müssen Wagen und Pferde fixieren«, schreit Fritz.

Hier oben gibt es keine Bäume. Mit Fußfesseln und Felsbrocken schaffen sie es zu guter Letzt. Inzwischen ist auch der Rest der Familie eingetroffen.

Das Brausen und Dröhnen ist lauter geworden. Sie sehen mit Erstaunen und Ekel, wie Schlangen, Mäuse, Skorpione, Getier, das man sonst gar nicht oder nur zufällig trifft, fluchtartig das Rivier und die Verstecke verlassen und sich in höhere Regionen am Uferrand oder in den Felsen verkriechen.

Bisher ist kein einziger Tropfen gefallen. Nun steht die kleine Gruppe da – wie Noah und die Seinen – und wartet auf die Flut. Es dauert eine halbe Stunde, dann ist sie da. Urplötzlich rollt eine meterhohe Welle auf sie zu und reißt mit enormer Kraft alles mit.

Äste, Büsche, Pflanzenbüschel, Tierkadaver kreisen in dem gurgelnden, gelbbraunen Fluss. Zu ihren Füßen schäumt er vorüber. Fritz steht bei den Pferden und beruhigt sie.

Sie sitzen zwar auf dem Trockenen, aber vorläufig ist das Rivier unpassierbar. Einen anderen Weg aus dem Felsental gibt es nicht. Im Gegensatz zu Noah haben sie keine Arche, sie sind Gestrandete. Jetzt heißt es geduldig sein und warten. Das ist nun nicht gerade die Spezialität von Fritz und Siegfried.

Gegen Mittag setzt dann doch noch der Regen ein. Sie verkriechen sich unter dem Pferdewagen und nutzen das Zelt als Regenplane. Ein heftiger Wolkenbruch geht nieder. Fritz hält es nicht lange aus. Er entfernt sich vom Wagen und winkt Tamib und Siegfried mitzukommen. Dann zieht er sich aus und steht nackt im Regen. Der Schauer fällt wie eine warme Dusche. Fritz hebt das Gesicht zum Himmel und breitet die Arme aus. Er stöhnt vor Behagen. Da werfen auch Siegfried und Tamib ihre Kleider von sich und lassen den warmen Niederschlag über ihre Körper rinnen. Lona, Angela und die kleine Lisa schauen unter der Plane hervor. Lachend und ein wenig neidisch sehen sie die drei im Regen tanzen.

Die kommende Nacht verbringen sie mehr schlecht als recht unter dem Pferdewagen. Es ist kühler geworden. Erde, Felsen und Pflanzen entströmt nach dem Regenschauer ein herber Geruch. Feuermachen können sie nicht. Sie beschließen, den Rest der Lebensmittel und des Trinkwassers auf drei Mahlzeiten für jeden zu rationieren.

Am nächsten Morgen erwachen sie früh, wenn sie denn überhaupt schlafen konnten. Der Wasserstand im Flussbett ist gefallen. Fritz prüft: nur noch knöcheltief. Sie trocknen die nassen Gegenstände, packen den Wagen neu und füllen ihre Wassersäcke in den Felspfützen auf, tränken die Pferde. Gegen Mittag brechen sie auf. Die Räder des Wagens sacken zwar noch ein, rollen durch flache Pfützen. Aber wenn Tamib und Fritz nebenhergehen, schaffen die Pferde es, die Last zu ziehen. Tamib läuft vorneweg und sucht den besten Weg. In den Teichen quaken die Frösche, das kleine Getier kommt wieder geschäftig aus den Felsen herunter. Alles wirkt und riecht frisch. Krustige Flechten auf den Felsen entfalten sich. Nach einer Stunde haben sie das freie, ebene Gelände erreicht.

Aber, oh Gott, wo ist die Pad?

Der Regen hat ihre eigene Spur gelöscht. Das Gelände sieht anders aus. Zarte, grüne Spitzen sprießen zwischen den verdorrten Grashalmen hervor. Fritz hat keinen Kompass eingepackt, aber nach dem Sonnenstand kann er die Himmelsrichtung ungefähr bestimmen. Beim Militär hat er gelernt, seine Taschenuhr als Hilfsmittel einzusetzen; nur dass er hier auf der Südhalbkugel andersherum denken muss. Tamib hilft ihm.

»Baas, du musst dich platt auf den Boden legen und durch das Gras gucken«, sagt er. »Da, wo das Gras kürzer und fester ist, ist die Pad.«

Am späten Nachmittag erreichen sie erschöpft die ersten Häuser von Swakopmund. Lona und Fritz danken den beiden Bambusen für ihre Hilfe. Sie sind sich bewusst, dass sie diesen Ausflug ohne sie nicht so glimpflich überstanden hätten. Alle stehen vor dem Bahnhof, sehen sich an und spüren ihre Verbundenheit. Kopf und Kleidung von graugelbem Staub bepudert, braun gebrannt, verwegen, lebendig sehen die Gefährten aus. Fritz' Haut hat eine rötliche Terrakottafarbe angenommen, Siegfrieds eine gelbliche Bronzefärbung und Lonas Teint einen kräftigen Nusston.

Lona bricht in Lachen aus. Sie deutet mit dem Finger auf ihre Lieben und ruft:

»Ein Indianer, ein Chinese«, und zeigt dann auf sich, »eine Negerin! Lisa ist unsere einzige Weiße.«

Siegfried protestiert. Er möchte lieber ein Indianer sein.

Fritz hört später von alten Südwestern, dass die Oase Goanikontes manchmal tagelang von der Außenwelt abgeschnitten sei und in Deutsch-Südwest mehr Menschen in der Wüste ertrinken als an der Küste. Er berichtet mehreren Farmern und einem Biologen von seinen rätselhaften Beobachtungen in der Oase. Diese versichern ihm glaubhaft, dass es Wüstengeckos seien, die diese seltsamen Klickgeräusche von sich geben und sich damit verständigen. Fritz erinnern diese Lautäußerungen an die Klicklaute in der Sprache der Nama. Haben diese ihre Klicktöne womöglich den Wüstengeckos entlehnt?

Im Büro wird Fritz von der Bulldogge erwartungsgemäß mit einer kalten Dusche empfangen:

»Ich habe schon von Ihrem Missgeschick gehört, Herr Jaeckel. Irgendwie habe ich geahnt, dass etwas schiefgehen wird.« Wellmanns Miene drückt gleichzeitig Schadenfreude und Verärgerung aus. »Sie kehren einen Tag später als abgesprochen zurück. Dadurch haben Sie einen Arbeitstag und wichtige Termine versäumt. Es versteht sich ja von selbst, dass Sie den Fehler ausbügeln und alles schleunigst nacharbeiten müssen. Nach Dienstschluss striegeln Sie die Pferde und reinigen die Kutsche und die geliehene Ausrüstung auf das Sorgfältigste. Haben wir uns verstanden?«

›Der weidet sich doch tatsächlich an unserem Pech‹, schießt es Fritz durch den Kopf. Nur mit Mühe bezähmt er seinen Zorn. So ruhig, wie nur irgend möglich, entgegnet er:

»Herr Regierungsrat, so etwas kann man nicht vorhersehen. Das hätte Ihnen genauso passieren können … Und was ich Ihnen noch sagen wollte: Es ist wirklich ein Vergnügen, mit Ihnen zusammenzuarbeiten. Sie sind so zuvorkommend, einfühlsam und setzen sich für Ihre Mitarbeiter ein.«

Stille. Die vielen Äderchen in Wellmanns Gesicht färben sich rot, hörbar schnappt er nach Luft.

›Wie ein Wels auf dem Trockenen‹, denkt Fritz, und genauso guckt er.

»Das ist grobe Insubordination, Jaeckel!«

Fritz fürchtet, in seiner Wut noch mehr Porzellan zu zerschlagen, dreht sich um und knallt die Tür hinter sich zu. Die Knöchel seiner Faust treten weiß hervor. Leise murmelt er vor sich hin:

»Dass der so ein Wort überhaupt aussprechen kann! Bulldogge, das wirst du mir büßen! Ein Wunder, dass diesen Korinthenkacker noch keiner erschlagen hat.«

Sein Herz klopft. Schmerzen auf der linken Brustseite machen sich bemerkbar.

Von diesem Zeitpunkt an ist das Verhältnis der beiden Männer zerrüttet. Wellmann pocht nach jenem Streit vermehrt auf seine Befugnisse. Fritz fühlt sich eingeengt, ist gekränkt, spricht von »vielen Nadelstichen des täglichen Lebens« und reicht schließlich entnervt eine schriftliche Beschwerde beim kaiserlichen Gouverneur ein.

Der ständige Streit mit der Bulldogge ist sicher einer der Gründe für die plötzliche Verschlechterung seines Gesundheitszustandes. Aber auch die Höhenlage in Windhuk und die starken Temperaturschwankungen in fast allen Landesteilen haben seinem ohnehin eher schwachen Herzen und seinem Kreislauf zugesetzt. Der Arzt diagnostiziert eine Herzmuskel- und eine schwere Nervenschwäche und empfiehlt eine Kur in Bad Nauheim. Fritz ist ohnehin im Tropendienst langsam überfällig.

Am 13. Juni 1914 betritt die Familie die hölzerne Landungsbrücke und kehrt dem afrikanischen Kontinent den Rücken. Es ist, was sie zu diesem Zeitpunkt noch nicht wissen können, das letzte Schiff vor Kriegsausbruch.

Tamib lässt bei dem Betreten der Pier den großen, kubischen Hutkoffer mit den Pfauenfedern fallen und bezieht von Fritz eine schallende Ohrfeige. Tamib weint bitterlich und zürnt ihm. Siegfried, inzwischen sieben Jahre alt, liebt Tamib nach wie vor innig, *diesen*, wie er später schreibt, *auch mit einem Gemüt ausgestatteten Wilden*. Umso mehr erschrickt er über das Verhalten des Vaters.

Der Abschied und der Rückblick der Familie Jaeckel auf die afrikanischen Jahre fallen anders aus als in Samoa. Zu viel haben sie gesehen und erfahren von diesem harten Land. Es sind zwiespältige und wechselhafte Empfindungen: einerseits die Freude über ihre Kinder und das Glück, diese Weite und grandiose Landschaft erlebt zu haben, andererseits die Bedrohungen durch Krankheiten, wilde Tiere und das angespannte Verhältnis zu den Bewohnern des Landes. Das Misstrauen und die bohrenden Fragen ließen sich nicht abschütteln: ›Gehören wir überhaupt hierher? Können wir die fremden Völker jemals verstehen?‹

Auf dem Schiff treffen sie Fräulein von Spreckelstein wieder. Sie sieht reifer und kantiger im Gesicht aus und blickt im Gegensatz zu den Jaeckels sehnsüchtig zur Küste zurück:

»Ich habe jetzt schon Heimweh, dabei habe ich Afrika gerade erst verlassen. Ich vermisse die weiten Ebenen mit dem silbrig-gelben Savannengras, das der Wind aufwühlt wie ein Meer, die Lagerfeuer unterm Sternenhimmel, die Schreie der Schakale in der Nacht. Für ein eng bevölkertes, durchorganisiertes Deutschland bin ich wohl verloren.«

In Antwerpen hören sie die Nachricht von der Ermordung des österreichischen Thronfolgerehepaares. Mit abgeblendetem Licht fährt der Dampfer durch die Nordsee.

Siegfried langweilt sich auf der langen, monotonen Seereise noch mehr als auf dem Hinweg. Von Cuxhaven ab bleibt zudem sein prachtvolles, mit echtem Pferdefell bezogenes Schaukelpferd verschwunden. Einer von der Schiffsmannschaft hat es wohl beiseitegeschafft.

Kurz nach der Ankunft in Berlin erhält Fritz die Nachricht, Wellmann sei depressiv geworden, erscheine nicht mehr zum Dienst, verbarrikadiere sich in seinem abgedunkelten Haus. Man befürchte das Schlimmste. Fritz ist froh, wieder in Deutschland zu sein. Was Wellmann tut oder nicht tut, geht ihn nichts mehr an.

Bildung ist das, was sich jeder ohne Beeinträchtigung
durch den Schulunterricht erwerben muss.

Mark Twain

18 Samos Hyänenschrei, das Mutproben-Desaster auf dem Eis der Havel und das wandelnde Lexikon

Nach der Heimkehr verbringt Familie Jaeckel einen kurzen, unbeschwerten Urlaub am Groß Glienicker See.

Dann bestimmt der Krieg ihren weiteren Werdegang. Am 1. August 1914 befiehlt der Kaiser die Mobilmachung. Siegfried wird wenige Tage später eingeschult, während sein Vater plötzlich

Familie Jaeckel, Januar 1914

Soldat der Reserve-Infanterie des 18. Regiments ist. Eigentlich hätte er ja zur Herzkur nach Bad Nauheim sollen, aber in Ostpreußen fehlen Offiziere. Fritz zieht nicht mit Begeisterung in den Krieg, sieht es aber als selbstverständlich und als Ehre an, dem Vaterland zu dienen. Immerhin könnte ein Offiziersrang das Entree für ein späteres berufliches Weiterkommen sein und den Aufstieg in höhere Kreise bedeuten.

Als Siegfried seinen Vater zum Bahnhof begleitet, sieht er einen älteren Jungen stolz Gewehr und Koffer des Vaters tragen. Er bedauert, noch zu jung für den Kriegsdienst zu sein und hätte gern seinen Teil beigetragen.

Kaum an der Front, gerät Fritz in die Schlacht von Gumbinnen in Ostpreußen. Die 8. deutsche Armee unter der Führung von Generaloberst Gustav von Prittwitz und die russische Njemen-Armee stehen sich hier zum ersten Mal gegenüber. Die deutsche Seite erleidet deutliche Verluste und einen Einbruch russischer Kräfte ins südliche Ostpreußen. Da ein rascher und entscheidender Erfolg für die deutschen Truppen nicht zu erwarten ist, befiehlt von Prittwitz den Rückzug. Fritz übersteht seinen ersten Kampf unverletzt.

Doch nur eine Woche später wird er ins nächste Gefecht geschickt, nun unter dem Oberbefehl von Paul von Hindenburg. Lona zittert wieder um sein Leben, und auch Siegfried hat Angst um ihn. In der Tannenbergschlacht wird Fritz verwundet und stürzt zu Boden. Das erweist sich als sein Glück! Die russischen Soldaten stürmen an dem wie tot daliegenden Mann vorbei. Die meisten Soldaten seines Regiments lassen ihr Leben.

Zur großen Freude seiner Familie, besonders des Sohnes, kehrt Fritz an Siegfrieds achtem Geburtstag heim. Kaum genesen, wird er nach Ostpreußen beordert, wo er Rekruten ausbilden soll. Selbstbewusst und streng, so wie es damals als männlich gilt, guckt er auf Fotos aus dieser Zeit.

Fritz als Soldat mit Pickelhaube

Die Familie folgt ihm nach Ostpreußen. Da Fritz an unterschiedlichen Orten arbeitet, muss die Familie mehrmals umziehen und Siegfried die Schule wechseln. Dort sitzt er dann mit sieben bis acht Bauernkindern, die Holzschuhe an den Füßen tragen, in einer langen Bankreihe.

Ab 1915 wohnt die Familie wieder in Berlin. Siegfried besucht eine katholische Volksschule in Charlottenburg. Er gehört zu den Besten der Klasse. Beim Wettrechnen gewinnt er fast immer. Dabei treten jeweils zwei Schüler gegeneinander an. Sie stehen im Gang zwischen den Bankreihen am Lehrerpult. Wer als Erster die richtige Lösung der Rechenaufgabe ruft, darf einen Schritt vortreten. Gewinner ist, wer die gegenüberliegende Wand zuerst berührt. Auf Fotos aus dieser Zeit sieht man einen kräftig gebauten, selbstbewusst lächelnden Jungen im Matrosenanzug.

Einmal wird er in der Schule des Apfeldiebstahls verdächtigt. Als er vom Direktor beim Verhör mit dem Stock geschlagen wird, nimmt sein Vater sich Urlaub und reist aus Flandern an, um Partei für den Sohn zu ergreifen. Auch in einer anderen Situation ist er auf Seiten des Filius'. Der Portier in ihrem Wohnhaus hat zwei Söhne: Rolf und Kurt Käse. Siegfried erinnert sich noch im hohen Alter, als wäre es gestern gewesen: Es sind blasse, dünne Jungen mit kurzem, dunklen Haar und abstehenden Ohren, der eine etwa so alt wie Siegfried, der andere jünger. Ihr Nachname bietet natürlich genügend Anlässe, sie zu hänseln. Außerdem sind sie nicht gerade mit großen geistigen Gaben gesegnet. Ihre einzige Chance ist, sich zusammenzutun. Als Siegfried feststellt, dass sie sich bei einem der seltenen Besuche bei den Jaeckels an den Briefmarken seiner Sammlung bereichert hatten, würgt er die beiden Portiersjungen auf offener Straße, bis sie blau anlaufen. Passanten beschimpfen ihn als *Mörder*, wie er in seinen Erinnerungen vermerkt. Sein Vater aber, der gerade auf dem Balkon steht und die Szene beobachtet, freut sich darüber, dass sein

Sohn sich nichts gefallen lässt und sogar den Sieg über die zusammen Stärkeren davongetragen hat. Heulsusen und Feiglinge mag er nicht.

Schon in jungen Jahren empfindet sich Siegfried als viel zu ernst. Ihm fehlen die kindliche Freude und Unbekümmertheit, vor allem in Gesellschaft, sodass er sich trotz zahlreicher Verwandtschaft einsam fühlt.

Fritz bemüht sich, in den vier Kriegsjahren den Kontakt zur Familie zu halten, nimmt Anteil und beschützt sie, soweit es ihm möglich ist. Den Alltag muss Lona in dieser Zeit allein meistern. Die Front ist zwar weit weg, der Krieg macht sich aber in Berlin, je länger er dauert, in zunehmenden Einschränkungen bemerkbar. Die Zivilbevölkerung hungert. Vor den Läden bilden sich lange Schlangen, Zugpferde brechen entkräftet auf der Straße zusammen, Diebstähle, Schwarzmarktgeschäfte und Plünderungen sind an der Tagesordnung. Brot wird knapp. Das Hauptnahrungsmittel bilden Steckrüben, Gerstengrütze und Graupen. Vorbei die Zeit, in der Siegfried sich Brausepulver und Lakritz am Kiosk an der Ecke kaufen konnte. Die Stimmung in der Bevölkerung, die anfangs noch vor Kriegsbegeisterung sprühte, kippt. Die blanke Not lockt die schlechten Seiten der Menschen hervor. Es scheint Lona, als kämpfe jeder gegen jeden. In was für einer Welt wachsen ihre Kinder auf!

Mit Bangen liest Lona jeden Tag die nicht enden wollenden Todeslisten in der Zeitung, bis diese bereits wenige Wochen nach Kriegsbeginn verschwinden. Sie hat den Eindruck, dass die Meldungen vom Kriegsgeschehen geschönt werden. Aber sie weiß um die Grausamkeit der Kämpfe, weiß auch, dass Giftgas eingesetzt wird. Selbst der neunjährige Siegfried verfolgt gespannt die Nachrichten.

Zum Glück kehrt Fritz heil aus der Schlacht von Cambrai zurück, der ersten großen Panzeroffensive in der Geschichte der

Kriegsführung. 95 000 Menschen werden dabei verwundet, getötet oder gefangen genommen. Der einzige Sohn einer schlesischen Bauernfamilie stirbt bei einem Sturmangriff auf die englischen Stellungen, den Fritz als befehlshabender Offizier angeordnet hatte. Er kann den Schmerz der Eltern nur erahnen, möchte den Sohn zumindest zurückbringen, damit sie ihn in der Heimat bestatten können. Er hält ein goldenes 20-Mark-Stück, das er eingenäht in seine Uniform bei sich trug, in die Höhe und verspricht es denjenigen, die mit ihm zu nächtlicher Stunde bis zu den Drähten der englischen Stellung schleichen und den Gefallenen auf die deutsche Seite schleppen würden. Das gefährliche Unternehmen gelingt. Gleich nach dem Krieg, als Fritz mit Siegfried eine Rundfahrt nach Schlesien zu allen Verwandten unternimmt, besuchen sie die schwer geprüften Eltern, die den Jaeckels im Frühjahr darauf ein Osterlamm schicken. Nie wird Siegfried diese Reise vergessen.

Lona zieht 1916 mit den Kindern in eine neue Wohnung in einem der gut ausgestatteten Mietshäuser in Berlin-Friedenau um. Siegfried bekommt ein eigenes Zimmer, das sich bald mit den Objekten seiner Sammlungen und mit Büchern füllt. Auf einer Europakarte an der Wand neben seinem Schreibtisch markiert er mit verschiedenfarbigen Nadeln, wo der Vater bisher eingesetzt wurde und wo er gerade kämpft. Wenn seine Mutter, nachdem er zu Bett gegangen ist, noch einmal in sein Zimmer schaut, sprechen sie über den vergangenen Tag und über seinen Vater, wie es ihm wohl geht, und schließen ihn in ihr Gebet mit ein.

Lona bringt im selben Jahr eine weitere gesunde Tochter zur Welt: Caroline, die eine vertraute, verwandte Seele für Siegfried werden soll. Ihrem Wesen nach, was ihre Interessen und Intelligenz betrifft, wird sie ihm näher stehen als die ältere Schwester Lisa. Zu diesem Zeitpunkt ist sie aber noch ein nackter Säugling auf einem Eisbärenfell.

In Friedenau besucht Siegfried das Reform-Realgymnasium, ein imposantes Gebäude wie eine Burg mit Turm und einer Orgel in der Aula. Das ist seine siebente Schule, und auch diese liefert immer wieder Stoff für Anekdoten. Einmal kommt Siegfried freudestrahlend nach Hause und muss seiner Mutter unbedingt etwas erzählen:

»Du, heute hat sich Hausmeister Latzke wieder so ein Ding geleistet. Ich hab' gehört, er soll ein Elternpaar, das ihr Kind anmelden will, durch das Gebäude geführt haben. Du weißt doch, vor der Aula stehen drei Gipsbüsten von Goethe, Schiller und Homer. Weißt du, was er zu den Eltern gesagt haben soll? ›Und hier seh'n Se drei Jipsbürsten: Jötze, Schnuller und Humor.‹«

Seit dieser Zeit ist der Satz des Hausmeisters ein stets Heiterkeit erzeugender Familienspruch.

Von der Untertertia an ist Siegfried ein guter Schüler, er bekommt Auszeichnungen und gibt Nachhilfeunterricht. Er geht gern zur Schule, hat Freude am Lernen, das ihm leichtfällt. Dabei hilft sein fotografisches Gedächtnis, das die Verwandtschaft immer wieder in Staunen versetzt. In Sekundenbruchteilen vermag er Abbildungen aus Atlanten, Biologiebüchern, Gedichte, Geschichtstabellen wie ein visuelles Anschauungsbild im Gedächtnis zu bewahren und später fast in allen Einzelheiten wiederzugeben.

Besonders beliebt ist er nicht, weder bei seinen Mitschülern noch bei den Lehrern. Er ist zu verkrampft, zu besserwisserisch, zu spitzfindig und gleichzeitig zu wenig souverän und gelassen. Es fällt ihm zum Beispiel schwer, sich zurückzunehmen, wenn er im Unterricht etwas weiß. Auch dass er längere Zeit als Ministrant in der Marienkirche Dienst tut, trägt nicht zu seiner Beliebtheit bei. Siegfried ist eher der Außenseiter, der Streber. Den Ton in seiner Klasse geben andere an. Wenn die besten Streiche ausgeheckt werden, bleibt er außen vor. Wenn er nach Schulschluss nach Hause geht und die anderen stehen noch in Grüppchen am Tor, rufen sie ihm hinterher:

»Hör' mal, Samo, wie machen die Hyänen? … Wuup, Wuup.«
Dann drehen sie sich um und lachen. Siegfried ärgert sich zwar,
weicht aber den Blicken nicht aus oder schaut zu Boden. In seinem Spitznamen »Samo«, den er früh bekommt und der ihm über
Jahre in der gesamten Schule erhalten bleibt, drückt sich auch Respekt und Bewunderung aus: Da ist einer unter ihnen, der in Samoa geboren wurde!

Sehr unterschiedlich sind die Leistungen im Sport. Trotz seiner
kräftigen Figur fällt er im Geräteturnen durch linkische Bewegungen, bei Ballspielen durch seine Ungeschicklichkeit auf. Einzig
im Dauerlauf ist Siegfried der Beste. Sein Laufstil ist kraftvoll und
rhythmisch. Wie eine Maschine, mit verbissenem Gesicht stampft er
die langen Strecken mit kaum nachlassender Geschwindigkeit herunter. So kommt es, dass er bei Wettkämpfen zwischen den Schulen
seine Penne auf der Langstrecke vertritt. Wenn er die Langsameren
überrundet oder zum Schlussspurt ansetzt, hallen die Sprechchöre
seiner Mitschüler durchs Stadion: »Saamo, Saamo, Saamo!«

Ist dieser Lauf ein Gleichnis für sein zukünftiges Leben? Ist es
so, dass die anderen naiv und ungestüm mit großem Tempo los-
rennen, ohne sich der Länge der Strecke und ihres eigenen man-
gelnden Durchhaltevermögens bewusst zu sein, sodass sie schon
nach kurzer Zeit Seitenstiche bekommen und einstweilen das
Tempo drosseln oder in Schrittgeschwindigkeit gehen müssen?
Und er, Samo, zieht dann unaufhaltsam an ihnen vorbei?

Wie viele Jungen seines Alters versucht er sich sportlich zu trainieren und abzuhärten, vorzugsweise durch Skilaufen und Brust-
schwimmen über weite Strecken. Es trifft ihn tief, als ein Bekannter seines Vaters, der sie zu Hause besucht, bemerkt:

»So, so, zur Oberschule geht er. Aber diese dünnen Arme, wie
Streichhölzer. Junge, du musst aber noch ein wenig kräftiger werden, nicht!«

Einmal zieht er mit seinem Vater, der sich gerade auf Heimaturlaub befindet, auf Skiern auf dem schneebedeckten Eis der Havel

seine Bahn. Eine milde Wintersonne wirft ihre Strahlen auf die weite Eisfläche und bescheint die mit Raureif überzogenen Kiefern und Hartriegelbüsche am Ufer. Siegfried prescht euphorisch los. Klassenkameraden, die auch auf dem Eis ihre Runden drehen, fordern ihn, den »linkischen Streber«, feixend heraus. Er wird leichtsinnig. In der Bucht von Lindwerder bricht er ein. Das eisige Wasser raubt ihm den Atem und die langen Skier an den Füßen ziehen ihn nach unten. Es dauert eine Ewigkeit, bis er den Eisrand erreicht. Die in der Nähe stehenden Leute schieben eine Kette aus Schlitten zu ihm heran und zerren ihn auf festeres Eis. Mit nasser Kleidung geht es dann im Laufschritt zur Fähre Lindwerder. Erst nach langem Läuten der Glocke erscheint der Fährmann, der sich gerade auf der Insel aufgewärmt und einen Punsch genehmigt hat. Stakend bugsiert er die beiden über noch offenes Wasser zurück. Siegfried zieht die nasse Kleidung aus und wärmt sich in der Jacke seines Vaters.

Wie seine Klassenkameraden sammelt er Materialien, die in Kriegszeiten von Nutzen sind: Altmetall, Fahrradschläuche und Kirschkerne, die ausgepresst als Flugzeugöl verwendet werden. Als er im November 1918 wieder einmal mit seiner Schwester Lisa in der Nähe des Schöneberger Rathauses die Wertstoffe abliefern will, geraten sie in eine unübersichtliche Schießerei zwischen Revolutionären und Freicorps. Mehrere Stunden verstecken sich beide in einem Drahtverhau, während ihre Mutter qualvolle Ängste aussteht.

Kurze Zeit später endet der Erste Weltkrieg, an dem Fritz zuletzt als Hauptmann der Landwehr bis zum Schluss beteiligt war. Er erhält das Eiserne Kreuz I. und II. Klasse.

An diesem Krieg, der später als die »Urkatastrophe« des 20. Jahrhunderts bezeichnet werden wird, beteiligten sich fast 70 Millionen Soldaten aus 40 Nationen. Das Deutsche Reich verliert alle Kolonien und wird zur Republik, während der Kaiser in Holland Holz hackt. Die deutsche Bevölkerung ist innerlich auf die Niederlage nicht vorbereitet und empfindet die Friedensverträge als schmachvoll und ungerecht. Die Jahre bis zur Einführung der Rentenmark 1923 sind mit tief greifenden Erschütterungen verbunden: Hungersnot, Massenarbeitslosigkeit, Krankheitsepidemien, eine zunehmende Inflation und ein vergiftetes politisches Klima.

Fritz kommt eines Nachts als Soldat eines verlorenen Krieges zurück. Unter den Platanen in der Wiesbadener Straße sitzen nun entstellte Kriegsinvaliden und betteln, die sogenannten Kriegszitterer durchleben ihre Neurosen und sind Siegfried immer etwas unheimlich, wenn er ihnen auf dem Schulweg begegnet. Zu Hause sind die Preise und der Verfall der Währung ständiges Thema.

Nach 1924 beruhigt sich die politische Lage und auch wirtschaftlich geht es aufwärts. Doch wie immer die Situation auch ist, die Berliner lassen sich nicht unterkriegen. Ihre Waffe gegen alle Verwerfungen der Zeit sind ihr Spott und ihr selbstbewusster, respektloser Humor. Am Metropol-Theater in Mitte oder am Theater am Nollendorfplatz überbieten sich die Komponisten Paul Lincke und Walter Kollo mit neuen Operetten, deren Melodien von dort in alle Welt gehen. Vom Grammofon dudeln ihre Gassenhauer und alle Familienmitglieder pfeifen mit:

»Ja, ja, ja, das ist die Berliner Luft, Luft, Luft, so mit ihrem holden Duft, Duft, Duft … Es war in Schöneberg, im Monat Mai … Die Männer sind alle Verbrecher …«

Sie lauschen den schnoddrig-witzigen Couplets von Otto Reutter und Claire Waldoff, in denen trotz Missgeschicken und menschlichen Schwächen Lebensmut und Selbstironie gefeiert werden: »In fünfzig Jahren ist alles vorbei …«

Sogar Fritz, der nach dem Krieg ernster und schweigsamer geworden ist, lässt sich anstecken und trällert gut gelaunt am Sonntagmorgen, wenn er sich neue Kleidung heraussucht:

»Lila ist Mode, lila modern, lilane Socken tragen die Herrn …«

Siegfried als Schüler mit Lisa und Caroline, 1919

Lona lächelt dann, schüttelt den Kopf, während Siegfried und Lisa in die Hände klatschen.

Lona bewundert ihren Mann dafür, wie schnell er sich auf die neuen Verhältnisse einstellt. Dank seiner guten Kontakte arbeitet er nun im Reichsministerium für Wiederaufbau, das die Umsetzung der im Versailler Vertrag festgelegten Reparationsleistungen gegenüber den Siegern organisiert. In unzähligen Artikeln und Paragrafen ist detailliert aufgelistet, was das Deutsche Reich an die Entente-Staaten abzutreten hat. Neben den 269 Milliarden Goldmark in 42 Jahresraten lauten die Forderungen: Tausende Lokomotiven und Eisenbahnwaggons, Schiffe, Maschinen, Baumaterialien, chemische Stoffe, pharmazeutische Erzeugnisse, für ein Jahrzehnt sieben Millionen Tonnen Kohle pro Jahr an Frankreich, außerdem 500 Hengste, 30 000 Fohlen und Stuten, 2000 Stiere, 90 000 Milchkühe, 1000 Widder, 100 000 Schafe und 10 000 Ziegen.

Obwohl Fritz an der Erfüllung dieser Forderungen, die viele empören, direkt mitarbeitet, blickt er nach vorn. Er tritt sogar in die gemäßigte und sozial eingestellte Deutsche Zentrumspartei ein und arbeitet in der Katholischen Bürgergesellschaft mit. Otto Haring fällt ihm wieder ein. In der Erinnerung an ihn muss er lächeln. Trotz gewisser Bedenken nimmt er erneut Kontakt zu dem lieben, schönen Freund auf, der inzwischen das Politikressort des »Vorwärts« in Berlin leitet. Zu groß ist die Anziehungskraft dieses interessanten Mannes. Ein paar Mal treffen sie sich auf »neutralem« Boden. Er spürt den gleichen Kitzel wie damals in Windhuk. Eben deshalb beendet er die Beziehung abrupt.

Als sein Ministerium im November 1923 aufgelöst wird, wechselt Fritz ins Auswärtige Amt. Nebenbei verfolgt er noch andere Möglichkeiten, seine berufliche Karriere voranzutreiben und mehr Geld zu verdienen. Doch als 1924 seine Bewerbung um den Posten des Bürgermeisters in der Stadt Liebenthal ins Leere läuft, richtet sich die Familie endgültig in Berlin ein.

Fritz und Lona statten ihre Wohnung nun mit den bürgerlichen Insignien aus: Zimmerpalmen, Perserteppiche, Ölgemälde, Spieltisch und ethnologische Mitbringsel aus der Südsee und Afrika. Ein Leopardenfell ziert den Platz vor dem Wohnzimmerfenster.

Zur selben Zeit schließt Fritz' »kleiner Bruder«, Siegfried Jaeckel, seine zweite Promotion ab. Der Tausendsassa hat doch tatsächlich nach Zahnmedizin noch Zoologie studiert und zwei Doktortitel erworben. Er arbeitet zurzeit als Schulzahnarzt. Im folgenden Jahr 1925 nimmt Fritz den Bruder vorübergehend in seinem Haushalt auf, als dessen neue Wohnung renoviert wird. Somit leben die beiden Siegfrieds, der ältere, schon erfolgreiche, und das siebzehnjährige, vielversprechende Talent mit dem phänomenalen Gedächtnis unter einem Dach.

Der Onkel lässt den Jüngeren teilhaben an seiner Leidenschaft für die Mollusken, Thema seiner Promotion in Zoologie, für die er sich schon seit der Schulzeit interessiert. Elf Veröffentlichungen auf diesem Gebiet hat er bereits vorzuweisen. Einen großen Teil der freien Zeit verbringt er ehrenamtlich in der Mollusken-Abteilung des Berliner Museums für Naturkunde, wohin der aufmerksam neugierige Siegfried seinen Onkel immer wieder begleitet. Gemeinsam betrachten und besprechen sie Siegfrieds Muscheln und Schnecken aus Samoa und Deutsch-Südwestafrika. Noch handelt der Onkel aus einer Position der Stärke heraus, als älterer Lehrer. Doch wird das so bleiben, oder hat er sich ungewollt einen Rivalen herangezüchtet? Sie umkreisen einander. Der Tobsuchtsanfall des Onkels, als der von der Namensgebung seines Neffen erfuhr, ist beiden – dem Jüngeren durch lebhafte Erzählungen seiner Eltern – präsent. Sie besitzen nicht nur den denselben Vor- und Zunamen, sondern, wie sich jetzt herauszustellen scheint, auch noch die gleichen Interessen und die gleiche Leidenschaft. Später meint der Jüngere, er sei, »erblich vorbestimmt«, gleichsam wie von selbst in die Molluskenforschung geraten.

Während sie noch in der Hubertusstraße (später: Tewsstraße) in Schlachtensee wohnen, erwirbt Fritz in Teltow-Seehof, einer ländlichen Gegend mit noch unbefestigten Straßen am Rande Berlins, ein eigenes Grundstück und beginnt damit, dort ein Haus neben dem Wohnsitz der Familie einer Schwester von Lona zu errichten. Siegfried hilft, das Gelände urbar zu machen und einen »Alpengarten« anzulegen. Die Findlinge holen sie mit der Schubkarre aus einer nahe gelegenen Kiesgrube. Siegfried lernt Zementsteine gießen, Rigolen anlegen, Obstbäume okulieren. Sie leben jetzt am Wochenende jott-we-de, janz weit draußen.

Die Schulzeit nähert sich dem Ende. Siegfried kann Ovids Leben aus den Tristien auf Lateinisch frei deklamieren und bekommt von fast allen Lehrern, auch in Sport, »des reifen Urteils wegen eine Eins«. Seine Jahresarbeit »Stoa und Christentum« im Umfang von 56 Seiten wird wegen ihrer Qualität von allen Lehrern der Schulanstalt gelesen. In den drei letzten Jahren spricht man von ihm als dem »wandelnden Lexikon«. Teilweise ist er den Lehrern überlegen. Besonders beeindrucken ihn der Physiklehrer, der über Atome und ihre Kräfte spricht, und im Deutschunterricht die deutschen Klassiker, vor allem Schiller und Goethe (Faust, Iphigenie, Tasso). Er freundet sich mit dem Primus der Parallelklasse an. Streber unter sich – so sehen das die Mitschüler.

Im Abitur 1926 schneidet er in der mündlichen Prüfung in sämtlichen Fächern als Klassenbester ab.

Sein Berufsziel – gemäß dem »samoanischen Vermächtnis«: Gouverneur, Bischof, bedeutender Wissenschaftler. Den ersten Schritt seiner Karriere hat er zur Freude seiner Eltern erfolgreich getan. Alles läuft nach Plan.

19 Salamanderreiben und Bierjungen

1926

Siegfried ist jetzt achtzehn Jahre jung. Er hat die sogenannte Reifeprüfung mit Bravour bestanden. Mit vollen Segeln rauscht er hinaus ins Leben. Er ist eins achtzig und kräftig gebaut. Sein braunes, immer glatt rasiertes Gesicht mit einem markanten Kinn und großem Mund zeigt einen energischen Ausdruck. Über den ausgeprägten Wangenknochen wölbt sich eine mächtige Stirn. Die blauen Augen blicken skeptisch, bisweilen arrogant.

Nach dem Abitur spendiert ihm sein Vater Fritz eine gemeinsame Fahrradtour nach Süddeutschland. Stationen: Oberhof in Thüringen, Wandern auf dem Rennsteig, Heilbronn am Neckar, Friedrichshafen am Bodensee und die Insel Mainau.

Ausgerüstet mit Knickerbockern, Kniestrümpfen, Bergschuhen, Tweedjackett und einem grünen Leinenrucksack erklimmt er im Alleingang das Schönbichler Horn (3133 m) in den Zillertaler Alpen. Wobei erklimmen nicht das rechte Wort ist, er erstürmt die Berge regelrecht – und stürzt einmal fünfzehn Meter von einer Geröllhalde ab. Ein Erlenbusch, an dem er sich festkrallen kann, rettet Siegfried. Und auch seine Studentenzeit geht er nicht wie ein Dauerläufer an, er legt los wie ein Sprinter, überschäumend, voller Energie und Ehrgeiz.

Freitagabend, die Antrittskneipe seines zweiten Semesters.

Siegfried sitzt an einem von mehreren langen Eichentischen im Kneipsaal, vor sich ein volles Glas Bier. Der Raum wird von zwei hölzernen Wagenrädern mit Lampen hell erleuchtet. Die Wände ziert eine »Ahnengalerie«. Er ist bekleidet mit Jackett, weißem Hemd, Krawatte und blank polierten Schuhen, ein zweifarbiges Band schräg über der Brust und eine Mütze mit schwarzem Schirm auf dem Kopf. Ein dezenter, herber Geruch von abgestandenem Zigarrenrauch und eingetrockneten Bierresten entströmt dem von vielen Feiern patinierten Fußboden und der hölzernen Wandvertäfelung. Um ihn herum das aufgekratzte Reden und Lachen von etwa vierzig Männerstimmen.

›Wie bin ich da bloß reingeraten?‹, fragt er sich lächelnd. Er entsinnt sich seines letzten Schultags. Wie befreit fühlte er sich damals von dem engen Korsett, der Zeit des Zwanges, der Mittelmäßigkeit, der Pedanterie. Auf ihn wartete jetzt etwas gänzlich Neues. Es war wie ein großes Versprechen: die Welt der Universität, der Wissenschaften, das freie Studenten- und Korporationsleben, die Kunst, die Literatur, gesellschaftliche Feste und Empfänge – was gab es nicht alles zu entdecken! Das Leben lag vor ihm wie ein lichtdurchfluteter Raum: weit, gewaltig, verlockend, mit Tausenden von Möglichkeiten, in dieser Welt etwas Großes zu vollbringen. Andere Menschen starben irgendwann, ja, aber galt das auch für ihn? War er nicht einzigartig, nahezu unverwundbar wie sein Namensvetter, der sich in Drachenblut stählte?

Doch wie sollte er mit dem selbstbestimmten Studentenleben umgehen, diesen wenigen Jahren der Freiheit? Der Tag hatte 24 Stunden und alle gehörten ihm. Die wollte er gewinnbringend ausschöpfen. Mit wahrer Wonne stürzte er sich ins Studium, merkte jedoch bald, dass die Realität grauer war als die Bilder in seiner Vorstellung. Die Friedrich-Wilhelms-Universität zu Berlin war ein inspirierender, aber auch einschüchternder Tempel des Wissens und der Forschung. Alexander und Wilhelm von Humboldt,

Max Planck, Helmholtz, Robert Koch – das waren die Ehrfurcht gebietenden Leitbilder der Vergangenheit, die bis in die Gegenwart strahlten. Die Nobelpreisträger Albert Einstein und Gustav Hertz lehrten sogar derzeit an der Spree. Er machte den Fehler vieler Studienanfänger, sich zu viel vorzunehmen. Er schrieb sich in den Hauptfächern Zoologie, Botanik, Chemie und den Nebenfächern Physik, Geologie, Paläontologie, Mineralogie und Philosophie ein. Daneben besuchte er Vorlesungen und Seminare in Germanistik, Medizin, Mikrobiologie, Bakteriologie sowie in Fächern auf der Landwirtschaftlichen Hochschule Berlin. Während der Semesterferien volontierte er auf dem landwirtschaftlichen Mustergut Kitzendorf bei Brehna.

Die ersten Wochen waren frustrierend. Es war eine neue Erfahrung für Siegfried, zunächst einmal sehr wenig zu verstehen. Dabei ging es ihm wie jedem Studienanfänger. Der vormalige Musterschüler kam sich plötzlich unreif und linkisch vor. Wenn er in den ersten zwei Wochen des Studiums abends hundemüde zu Hause eintraf, hatte er das Gefühl, nicht zu wissen, wofür er sich den lieben langen Tag abrackerte. Seine Eltern konnten ihm nicht weiterhelfen. Er brauchte Unterstützung, Sicherheit und den Austausch mit anderen Kommilitonen. Sein Vater bestärkte ihn schließlich, sich die studentischen Verbindungen »mal anzusehen«. Fritz hätte keine Sekunde gezögert, hätte sich gerne mit einem Schmiss geschmückt. Und nun könnte sein Sohn …

Nach längerem Hin und Her landet er schließlich im katholischen Studentenverein Unitas Arminia Berlin (»Blau-weiß-gelb sei's Panier«).

In den Augen der Corps, für deren Angehörige das Schlagen von Mensuren, also das Fechten mit scharfen Säbeln, Pflicht ist, gelten die Mitglieder katholischer Verbindungen wechselweise als »Betbuxen«, »Bibelschmeißer« oder »Limonade trinkende Frömmler« und überhaupt die Studenten aller Nichtschlagenden als Weichlinge. Das will sich Siegfried nicht nachsagen lassen. Er liebt männliche Rituale. Unitas Arminia aber ist nichtschlagend, weil die katholische Kirche die Mensur verbietet. Immerhin klingt der Wahlspruch markig: »Mit Gott für Deutsche Ehre!« Der katholische Hintergrund der Gruppe spielt für ihn eine große Rolle und – vielleicht noch ein bisschen mehr – die Höhe des monatlichen Wechsels.

Der Beginn von Siegfrieds Zeit in der Burschenschaft hat es gleich in sich: Klaus Haag, der Erstchargierte oder Senior – in einer Kneipjacke in den Farben des Vereins – haut, studentisch pünktlich, 20 Uhr c.t., mit der stumpfen Klinge eines Paradeschlägers auf ein Brett. Steif wie ein Stück Kantholz sitzt er am Kopfende des Tisches. Das Stimmengewirr der Anwesenden ebbt ab, die Männer beeilen sich, Platz zu nehmen. Das anschließend mit voller Kraft gebrüllte »Siiiiilentium« erfüllt seinen Zweck. Siegfried kann sich aber nicht enthalten, seinem Konfux zuzuflüstern:

»Das hätte ich dem Haag gar nicht zugetraut.«

Er mag Haag nicht. Größere Talente als autoritäres Gehabe und das Stemmen des Bierkrugs hat er beim Senior noch nicht entdecken können. Die bisherigen Gespräche mit ihm verliefen humorlos, nüchtern und ungefähr so spannend wie im Radio die Ansagen über die Wasserstände der Nordsee. Nicht nur aufgrund seiner äußerlichen Merkmale – weit auseinander stehende Zähne – nennt Siegfried ihn für sich den »Menschenfresser aus Papua-Neuguinea«.

Vom anderen Ende des Tisches kommt prompt eine Ermahnung: »Matafa, silentium im Fuxenstall!«

Das ist Thomas Löwe. Auch er im Halbwichs und als Bursche und Fuxmajor zuständig für die Betreuung und Ausbildung der Junioren, außerdem Siegfrieds Leibbursch. »Matafa« ist Siegfrieds Spitz- oder Kneipname. Er bedeutet »Vierauge« auf Samoanisch, denn er ist Brillenträger.

Siegfried ist jetzt Fux, schneidiger Novize in einer Verbindung. Der Stolz, einer solch ehrwürdigen Vereinigung anzugehören, hat einen bitteren Beigeschmack: Kaum dem Joch der Schule entronnen, findet er sich erneut in einer streng hierarchisch und mit tausenderlei selbst geschaffenen Regeln organisierten Gemeinschaft wieder. Er weiß, wenn er erneut gegen die Vorschriften verstößt, ist eine Strafe fällig. Die Älteren können natürlich nicht wissen, dass Siegfried hier nicht vor seinem ersten Bier des Tages sitzt. Mit den anderen Füxen, die in der ersten Zeit immer als Laufburschen herhalten müssen, hatte er am frühen Abend Bierfässer und -kästen, Gläser und Kommersbücher herangeschleppt. Unbeobachtet von den anderen hatten sich die Jungen schon ein paar Bier genehmigt. Haag, den sie den »Paragrafen« nennen, erhebt sich. An der Wand hinter ihm prangen Wappen und Trikolore der Korporation. Siegfried muss lächeln: In seiner Kneipjacke und mit seinem Gehabe erinnert der »Paragraf« doch stark an einen Zirkusdirektor. In gestelzten Worten begrüßt er nun die Philister und Inaktiven des Studentenvereins sowie die Gäste. Die Alten Herren nicken gut gelaunt und gönnerhaft, sie finanzieren schließlich die Vergnügungen der jungen Bundesbrüder.

Man hat Durst und schaut auf das Bier vor sich.

Haag fährt fort: »Wir reiben jetzt auf das Wohl unserer Gäste einen donnernden Schoppensalamander! Ad Exercitium Salamandri! Sind die Stoffe präpariert?«

Die Korona antwortet wie mit einer Stimme: »Sunt!«

Alle stehen auf und heben das Glas auf Kommando zum Mund – vierzig Adamsäpfel tanzen auf und ab –, setzen auf Zuruf die schweren, gläsernen Humpen gleichzeitig ab und reiben diese dann auf Haags Anweisung in kleinen Kreisen auf der Tischplatte. Wie das Raunen bei einer Beschwörung! Wieder einmal ergreift Siegfried eine samoanische Anwandlung: Klingt das nicht wie bei einem Kawa-Ritus – von dem sein Vater ihm erzählte –, bei dem die Polynesier psychedelische Substanzen zu sich nehmen?

Weit davon entfernt sind die Berliner Burschenschaftler jedenfalls nicht.

Auf Ansage trommeln die Männer jetzt mit ihren Gläsern auf den Tisch – ein Beben geht durch den Raum –, heben sie hoch und lassen sie schließlich gleichzeitig wie einen Donnerhall auf den Tisch aufgeschlagen.

Danach: ein Moment völliger Stille.

Siegfried ist begeistert. Er möchte etwas sagen, aber noch ist das Silentium nicht aufgehoben. Über Fuxmajor Thomas bittet er beim Senior ums Wort. Haag guckt irritiert und unsicher, als fürchte er, der Fux bringe ihm noch den ganzen Ablauf durcheinander. Schließlich gewährt er ihm die Bitte.

Siegfried erhebt sich lächelnd, alle schauen ihn erstaunt und aufmerksam an. An die Versammlung gewandt sagt er salbungsvoll:

»In Schillers Wallenstein wird behauptet, und auch der Heiler Paracelsus glaubte daran, dass die Salamander ›feuriges Wasser‹ tränken und ›feurige Speisen‹ fräßen. Nicht umsonst heißt das geheimnisvolle Tier Feuersalamander. So wie wir gerne an die Feuerbeständigkeit des Salamanders glauben mögen, so möge die Freundschaft der hier Anwesenden alle Feuerproben bestehen! Ich danke dem Hohen für gehabtes Verbum.«

»Danke, Fux Jaeckel.« Haag nickt wohlwollend, seinem Nachbarn raunt er aber zu:

»Der Neunmalkluge glaubt aber auch wirklich, alles besser zu wissen.«

Mit »Silentium ex, Colloquium!« und »Füxe, Stoff!« eröffnet er das freie Reden und Trinken. Sofort füllt Stimmengewirr den Raum.

In einem Zug leert Siegfried den Rest seines Glases und eilt zum Bierfass, um Nachschub zu holen. Ein anderer Fux verteilt Kommersbücher. Als Siegfried die gefüllten Gläser auf den Tisch stellt, erntet er manches Schulterklopfen und anerkennende Worte.

216

Senior Haag waltet wieder seines Amtes. Er schiebt seine Brille hoch, schlägt mit dem Säbel auf den Tisch, und verkündet: »Siiiiilentium! Als erstes Lied der heutigen Kneipe singen wir auf Seite 48 ›Wohlauf die Luft geht frisch und rein‹. Alle Strophen. Bierorgel eine halbe Weise voraus!«

Als noch immer in einer Ecke geredet wird, ruft Haag ärgerlich: »Silentiumbrecher in die Kanne!«

Die Delinquenten stehen unter Protestgemurmel auf und setzen ihre Bierkrüge an. Ihren grinsenden Gesichtern sieht man an, dass sie sich nicht wirklich bestraft fühlen. Erst als der ausgestreckte Daumen des Seniors wieder nach oben geht, dürfen sie mit dem Trinken aufhören. Schon sind ihre Gläser wieder halb leer.

Das Klavier setzt ein, und vierzig Männer singen laut, nicht schön, aber mit Herzblut.

»Silentium! Schönes Lied ex! Ein Schmollis den Sängern!«, tönt es vom Kopf der Tafel. Die Sänger trinken.

Einer der Philister meldet sich zu Wort.

Siegfried kennt das schon. Jetzt wird er wieder Zeuge eines Paradebeispiels korporativer Rhetorik, eine in bemühter Schwülstigkeit und in antiquiert wirkenden Redewendungen gehaltene Dankesrede. Siegfried mag diese gestelzte, gekünstelte Sprache. Er mag auch die Latinisierung der Redewendungen. Es ist eine nur Eingeweihten bekannte Kastensprache. Aber er, Siegfried, gehört nun dazu, zu dieser seltsamen, abgehobenen Spezies der Korporierten, und macht ihre Rollenspiele mit.

Nach dem Colloquium hat Haag schon ein wenig Mühe, Ruhe in den Laden zu bringen. Erst nach Verhängung mehrerer Bierstrafen und dem Einsatz der Bierorgel stimmt sich die Korona auf das Lied »Die Wacht am Rhein« ein.

»Es braust ein Ruf wie Donnerhall,
wie Schwertgeklirr und Wogenprall …«

Inbrünstig schmettern die Brüder diese Hymne des Kaiserreiches, beseelt und euphorisiert vom Bier und vaterländischem Feuer. Die Füxe haben danach Mühe, schnell genug Bier heranzuschaffen.

Inzwischen hat das Inoffizium begonnen. Jetzt spielt Vereinsbruder Zabel den Dompteur einer Horde ausgelassener, betrunkener Mützenstudenten. Sofort entsteht Unruhe, Namen werden gerufen, Stühle vom Tisch gerückt. Vom Gerstensaft ermutigt, stellt sich Siegfried in die Nähe Haags, der sich gerade im Gespräch mit Oberst Paul befindet.

Der lobt: »Donnerwetter! Kolossal jute Stimmung hier!«

Als Siegfried die Aufmerksamkeit des Seniors hat, blickt er ihm provozierend ins Gesicht und ruft:

»Mensch Haag, du alter Bierjunge!«

Noch scheint Haag die unter Brüdern übliche Beleidigung zu überhören.

Da setzt Siegfried noch einen drauf:

»Ich hab' nichts verstanden, Paragraf. Welches Wort entfloh dem Gehege deiner Zähne?«

Jetzt reicht es Haag:

»Hängt! Mein Sekundant ist Randow. Als Unparteiischen schlage ich Philister von Maltzan vor.«

Sofort wird Siegfried nüchterner. Er beginnt bereits, seinen Übermut zu bereuen.

»Mein Sekundant ist Löwe«, stottert er.

Schnell wird nach dem Fuxmajor geschickt und der Alte Herr herbeigeholt. In Windeseile hat sich die Nachricht von einem bevorstehenden Bierduell verbreitet: Jaeckel gegen Haag, Fux gegen Senior!

Zwei volle Gläser Bier stehen vor den Streithähnen auf beiden Seiten des Tisches. Die Sekundanten überprüfen, ob die Humpen gleich gefüllt sind. Der Philister ist eingetroffen. In Anbetracht der fortgeschrittenen Stunde lässt er sofort einen Sektkübel als mobiles Kotzbecken, in katholischen Verbindungen auch »Luther« genannt, herbeischaffen. Er fragt mit sichtlichem Vergnügen und schwülstigen Worten nach den Gründen des eklatanten Bierskandals – fast alle Vereinsmitglieder haben sich inzwischen um den Tisch versammelt. Die Kontrahenten stehen sich gegenüber, messen sich mit Blicken. Es ist totenstill im Raum. Schweißperlen bilden sich auf Siegfrieds Stirn. Für den Bruchteil einer Sekunde hat er das Gefühl, aus sich herauszutreten und die Szene als Unbeteiligter von oben zu betrachten. Das Dumme ist nur: Er ist mittendrin! Dann fährt von Maltzan mit lauter Stimme fort:

»Das Kommando zieht scharf: Vom Tisch des Hauses auf den Boden … sauft's!«

Siegfried legt den Kopf in den Nacken und sofort mit großen Schlucken los, verschluckt sich, muss husten, spritzt mit Bier um sich, sieht, dass das Glas seines Gegners schon halb leer ist, als lasse der das Bier einfach in den Hals laufen. Der verdammte Kerl scheint das Biertrinken methodisch trainiert zu haben. Voller Hast setzt Siegfried erneut an, da hört er schon, wie sein Kontrahent das leere Bierglas auf den Tisch knallt. Siegfried hört Klatschen und Johlen.

Er hat Mühe, die Contenance zu wahren. Mit verkniffenem Gesicht reicht er Haag die Hand und gratuliert ihm zu seinem Sieg. Der guckt ihn, wie immer, mit seinen undurchdringlichen Reptilienaugen an und sagt:

»Ist ja nur ein Bierspaß, Jaeckel.«

Die Menge zerstreut sich. Nur die Konfüxe stehen noch bei ihm, ebenso der Fuxmajor. Tränen treten ihm in die Augen, denn eins hat er bis heute nicht gelernt: verlieren.

Siegfried ist blümerant zumute. Er muss sich setzen, steht wieder auf und erbricht sich in den Sektkübel.

219

Mein Papagei frisst keine harten Eier,
er ist ein selten dummes Vieh.
Er ist der schönste aller Papageier,
nur harte Eier, die frisst er nie.
Text: Hermann Frey, Melodie: Walter Kollo

20 Fremde Wesen und musikalische Folter

Das Verbindungshaus ist eine Männerpension mit Trinkzwang. Das Thema »Frauen« ist dementsprechend omnipräsent. Die Studenten unterteilen die Frauen in zwei Kategorien: fürs Bett die Mädchen aus den unteren Schichten – Dienstmädchen, Verkäuferinnen und vor allem Kellnerinnen –, für gesellschaftliche Festivitäten und spätere Heirat die Weiblichkeit aus den bürgerlichen Kreisen. Regelmäßig machen sich einige von seinen Kumpanen auf zu Weindielen, russischen Teestuben oder Ballhäusern, wie dem »Barberina« oder dem weniger mondänen »Riorita«, wo es Tischtelefone gibt, um »Mädels« oder »Weiber« kennenzulernen und »abzuschleppen«. Zieht sein Leibbursch Thomas Löwe los, hört Siegfried ihn oft gut gelaunt singen:

»Wenn ein Mädel einen Hörn hat, den sie lieb hat, den sie görn hat, fragt sie nicht nach wo und wann, wenn er nur gut küssen kann.«

Einmal, gegen Ende einer bierseligen Kneipe, fragt Thomas Siegfried vielsagend, ob er nicht endlich auch »der Göttin Venus frönen« wolle.

»Der Göttin Venus?«

»Na, ob d' mit in 'n Puff willst? Damit du endlich mitreden kannst.«

Siegfried lehnt aus Unsicherheit ab, macht sich aber schrecklich viele Gedanken. Beim nächsten Mal schließt er sich zögernd an, als die Bande eine »Wu à Pu«, eine »Wurst am Puff«, verspeisen will.

Das Wesen der Frauen ist ihm fremd, seine jüngeren Schwestern sind in seinen Augen noch Küken, und durch die, was Frauen angeht, lehrreiche Schule der Tanzstunde ist er nicht gegangen. An der Uni gibt es zwar einige Studentinnen, die sind für ihn aber eher exotische Neutren, denen er höflich und zurückhaltend begegnet, kollegial im besten Falle. Flirten ist nicht seine Stärke, obwohl er sonst nicht auf den Mund gefallen ist.

Frauen gelten in seiner Verbindung als schmückendes Beiwerk. Anhand einer Liste teilen die Chargierten im Vorfeld von Festen die teilnehmenden Frauen auf, meist feixend und mit allerlei anzüglichen Anekdoten. Einige der sogenannten Couleurdamen, Töchter von Alten Herren, sind allerdings tabu und zunächst nur zum Anhimmeln dabei. Da Siegfried keine Freundin hat, weist Haag ihm für das Stiftungsfest die hübsche, rotblonde Elle Kari mit den lustigen Sommersprossen zu. Er ist hingerissen von ihr. Doch beim zweiten Glas Rotwein in der Kellerbar fängt sie ohne Anlass an zu heulen, ist untröstlich. Alle außer Siegfried kennen ihre durch Rotwein ausgelösten Weinkrämpfe von vorherigen Festen. Ironisches Bedauern von Seiten seiner Brüder, Siegfried ist wütend, Haag kriegt sich gar nicht mehr ein.

Sonntags steht – manchmal mit dickem Schädel – der obligatorische gemeinsame Gottesdienstbesuch in einer nahe gelegenen katholischen Kirche auf dem Programm. Ferner besuchen die Kameraden die Villen oder Landsitze der Alten Herren.

Siegfried führt gleichsam ein Doppelleben, zwingt sich in den ersten Semestern zu äußerster Disziplin, was das Studium angeht. Der burschenschaftliche Drill fällt ihm leichter. Die Kontakte zu Freunden aus der Schulzeit bleiben dabei naturgemäß auf der Strecke, die Treffen mit der Familie und Verwandtschaft auf das Nötigste beschränkt. Seine Brüder in der Verbindung, so unterschiedlich sie in Bezug auf Charakter, Schicksal, Herkunft, Interessen auch sein mögen, sind jetzt für ein paar Semester seine »Leibfamilie«. Der weibliche Verbindungsname Arminia stellt klar: Die Funktion der Mutter hat die Verbindung selbst übernommen und die fordert, im Zweifelsfall individuelle Interessen gegenüber denen der Gruppe zurückzustellen.

Eine Korporation ist ein Bund fürs Leben. Ein Ziel ist es, die Mitglieder für Führungspositionen in der Gesellschaft auszubilden, nach dem Motto: Das Gehorchen lernen, um später besser befehlen zu können. Und Siegfried hofft, dass ihm das soziale Netzwerk der Alten Herren Positionen eröffnet, zu denen ihm sonst der Zugang versperrt bliebe. Doch die vermeintlichen Vorteile sind teuer erkauft. Die Hordenservilität der Verbindungsstudenten, ihr Männer- und Frauenbild, ihr Nationalismus und Antisemitismus hinterlassen in seiner Persönlichkeit ungute Spuren, Spuren, die er nachträglich kaum reflektiert. Hinzu kommt die gruppenhafte Abschottung von vielen geistigen, politischen und sozialen Bewegungen der Zeit.

So muss Siegfried die Beschäftigung mit der »Hochkultur« seiner Zeit, mit Musik, Theater, Architektur und bildender Kunst auf später verschieben. Allein die Dichter der deutschen Klassik haben stets einen festen Platz in seinem Leben. Sein Repertoire an Zitaten von Goethe und Schiller ist bei den Kameraden berüchtigt.

Doch ein einziges Mal kann Thomas Löwe ihn überreden. So sitzt er an einem Winterabend tatsächlich im Konzertsaal der »Philharmonie« in der Bernburger Straße, in der Mitte der Sitzreihe eingezwängt zwischen dem Verbindungsbruder und einer korpulenten Dame. Siegfried hat ein ungutes Gefühl. Er ahnt, dass das Konzert eine Herausforderung werden wird, aber nun ist es zu spät. Seiner Stimmung entsprechend sorgen die Streicher des Orchesters zunächst für eine dunkle, bedrohliche Stimmung wie in einem endlosen, trostlosen Trauermarsch. Dann im zweiten

Satz eine sprunghaft ansteigende Melodie, Fanfaren, Trommeln, die Geiger legen sich vehement ins Zeug. Die Dicke neben ihm schrickt hoch. Erstaunt sieht Siegfried, wie auf der anderen Seite Thomas ganz in der Musik aufgeht, wie er sich in eine fremde Person verwandelt, eine, die er gar nicht kennt. In seinem Gesicht spiegeln sich Rhythmik und Melodik wider, sein Körper, seine Arme reagieren auf die vielstimmigen musikalischen Variationen, als sei er Teil von ihnen. Siegfried dagegen ist ratlos. Keine Szene, kein Bild fällt ihm ein, mit dem er diese ungeheuer komplexe Polyphonie, diese gegeneinander drängenden, miteinander kämpfenden und dann immer wieder aufs Neue verschmelzenden Tonfolgen verbinden könnte. Nur unter Qualen hält er die ersten Sätze durch. Der dritte Satz gibt ihm den Rest: ein Chaos, ein brüllendes, tosendes Meer an Klängen, allen voran die Blechbläser mit ihrem metallharten, beißenden, aggressiven Ton. ›Die armen, schwer arbeitenden Musiker‹, denkt er. Die Luft ist stickig und warm. Er windet sich auf seinem Sitz. Die Frau neben ihm macht trotz der Lautstärke ein Nickerchen und dünstet einen säuerlichen Geruch aus. Thomas ist in einer anderen Welt und er, Siegfried, ist zwischen beiden gefangen. Da eine kurze Unterbrechung, das ist doch jetzt bitte, bitte das Ende oder …? Aber nein, das Verhängnis geht von Neuem los.

Dieses 70 Minuten während Musikstück wird er sein Lebtag nicht vergessen. Ihn als Klassiknovize in Mahlers fünfte Symphonie zu schleppen, kommt einem Verbrechen gleich. Er wird mit Thomas ein ernstes Wort zu reden haben. Als ihn nach der Rückkehr ins Verbindungshaus jemand fragt, wie es denn gewesen sei, meint er:

»Wenn ich ein wichtiger Geheimnisträger der Regierung wäre und die Engländer würden mich schnappen, bräuchten sie mir nur eine Mahler-Sinfonie vorzuspielen, und ich würde alles verraten, was sie wissen wollen. Alles! Ich sage dir, es war die reine Folter.«

Für ihn komponiert die Natur die einzig schöne, lebendige Musik. In Berlin vermisst er sie manchmal. Bei Sturm treibt es ihn ins Freie, vor allem nachts, um sich im Park dem machtvollen Rauschen der Bäume, dem Strömen und Fluten des Windes hinzugeben und euphorisiert und aufgetankt mit frischer Lebensenergie in sein Studierzimmer zurückzukehren.

An Sonntagnachmittagen leiht er sich manchmal »Unter den Linden« mit seinen Verbindungsbrüdern für fünf Pfennig einen Klappstuhl, genießt eine Berliner Weiße und kommentiert das Defilee der vornehmen Gesellschaft, insbesondere der jungen Damen, viele mit Bubikopf. Einige rauchen sogar! Wie hieß es doch in Walter Kollos Lied:

> *»Untern Linden, untern Linden,*
> *gehn spaziern die Mägdelein,*
> *wenn du Lust hast anzubinden,*
> *dann spaziere hinterdrein ...«*

Oder sie mischen sich unter das verrückte Volk, das die Straßen zwischen Nollendorfplatz und Olivaer Platz zum Berliner Laufsteg macht. Ferner lockt der Lunapark mit seiner Zwergenstadt, die von Kleinwüchsigen bewohnt und betrieben wird, mit seinem Wellenbad, das die Berliner »Nuttenaquarium« nennen, weil man dort spärlich bekleidete Damen begaffen kann. Abends strahlen die Steine der Häuser und das Trottoir noch die Wärme des Sommertages ab. Dann stolzieren sie über die Friedrichstraße. Die Cabarets, Varietés und Revuetheater wirken auf Siegfried wie nächtliche Ozeandampfer, aus denen die Musik wie das Stampfen ihrer Maschinen dröhnt. Zu den belebtesten Plätzen Europas gehört der Alexanderplatz. Dort hatte sein Großvater Anton Biniek vom Polizeipräsidium, der »roten Burg«, aus einst als Schutzpolizist seinen Dienst versehen. Aus den Schächten der Untergrundbahn und von der Reichsbahn strömen Passanten auf den Platz –

Angestellte, Sekretärinnen, Geschäftsleute, Händler, Glücksritter, Kleinkriminelle und Touristen – Menschen, getrieben von Sorgen, Gier oder fiebrigen Sehnsüchten. Nachts werden sie abgelöst von Flaneuren, Varieté-Besuchern, Freiern und Prostituierten. Ein nie stillstehendes Karussell. Es drängen sich Straßenbahnen, Busse, Automobile, Droschken. Manchmal schwebt ein von unten angestrahlter Zeppelin mit Werbeaufdrucken über den Platz. Auf Litfaßsäulen und an Hauswänden kleben Aufrufe, Steckbriefe, Plakate. Siegfried fasziniert diese Polyphonie der Stimmen, Geräusche und Gerüche, das Herumlungern der Menschen im Lichtkreis der Laternen und Schaufenster, das babylonische Sprachengewirr und die vielen fremdländischen Visagen. Andererseits verwirrt, erschreckt ihn diese Szenerie.

Die Zwanzigerjahre sind eine aufregende Zeit. Er ist gerade auf dem Weg zur Universität, als er merkt, dass Passanten stehen bleiben, dass die Straßenbahn stoppt und Autofahrer mitten auf der Fahrbahn anhalten oder rechts ranfahren und ihr Gesicht an die Scheiben drücken. Es scheint, als sei die gesamte geschäftige Millionenstadt für einige Minuten erstarrt. Auch Siegfried hält inne, wendet den Blick nach oben. Da steht am strahlend blauen Himmel über der Metropole in riesigen weißen, duftigen Lettern: »Hallo Berlin!« Das gibt's doch nicht. Wie kann jemand etwas an den Himmel schreiben, und was hat das zu bedeuten? Als die Menschen aus ihrer Trance erwachen, beginnen sie zu gestikulieren und zu reden. Er diskutiert mit den Umstehenden. Auch die wissen keine Antwort und rätseln herum. Einer spricht von göttlichen Botschaften. Gerüchte machen die Runde, Extrablätter werden gedruckt. Gegen Abend, Siegfried arbeitet gerade im Labor, wird er ans Fenster gerufen. Hoch oben ist ein Flugzeug zu sehen. Es beginnt, ein neues Wort an den Himmel über Berlin zu schreiben: »Per«. Sofort beginnen die Kommilitonen, zu spekulieren:

»Per-le …«

»Per-oxid ...«

»Per-ücke ...«

»Per-dita, du Verlorene, du Traum meiner schlaflosen Nächte«, mutmaßt ein anderer.

»Per-du!«, ruft einer. »Ein Industrieller sagt seiner Geliebten auf diese Weise Adieu.«

Sie lachen.

Inzwischen ist das Flugzeug weiter vorangekommen. Der nächste Buchstabe scheint ein »S« zu sein. Noch zwei Buchstaben folgen, dann dreht die Maschine ab. ›Diese Gauner‹, denkt Siegfried und grient. Die Morgenzeitungen am nächsten Tag bringen lange Artikel über die Aktion, alle Welt diskutiert, die Werbefritzen von »Persil« reiben sich die Hände. Sieben Kilometer, heißt es, soll der Schriftzug lang gewesen sein.

Ja! ja! Es ist recht sehr leicht, glücklich, ruhig zu seyn
seichtem Herzen und eingeschränktem Geiste.
Friedrich Hölderlin, Hyperion
(von Siegfried im Buch angemerkt)

21 Frühe wissenschaftliche Erfolge und familiäre Tragödien

Die Vielzahl der Fächer, die er als Universitätsneuling belegt, spiegelt seine zahlreichen Neigungen wider, seinen nimmermüden Wissensdurst. Ganz im humboldtschen Sinn ergänzen und befruchten sich die verschiedenen Disziplinen und machen ihn zu dem Universalgelehrten, der er später ist.

Vor allem durch die Arbeit in den Laboren und das Erlernen der Experimentiertechniken kommt er in Kontakt mit den Professoren und Assistenten, denen er nacheifert. Schon bald fallen dem Lehrpersonal und den Mitstudenten seine Vielseitigkeit und sein grandioses Gedächtnis auf. Und man tuschelt über seine Marotten. Siegfried beginnt, Pfeife zu rauchen. Wenn er raucht, das lernen die Kommilitonen schnell, heißt das: Nicht ansprechen. Ich denke nach!

Das Zoologische Institut beschäftigt ihn ab dem dritten Semester zwei Studienhalbjahre als besoldeten Hilfsassistenten (Demonstrator, Famulus) von Prof. Dr. R. Hess. Siegfried fühlt sich wertgeschätzt und bestätigt, außerdem kann er nun seinen Vater finanziell entlasten.

Der Professor führt ein offenes Haus. Er lädt Studenten zu Diskussionsrunden und Seminaren in sein Privatdomizil ein, einige Auserwählte sogar an Sonntagen zum Essen. Siegfried gehört zu dem erlesenen Kreis.

Hess bemerkt mit Wohlwollen, dass Siegfried nicht zu dem Gros der Brotstudenten gehört, die nur wenig Hingabe für das wissenschaftliche Arbeiten aufbringen – Siegfried ist das krasse Gegenteil. Beim Forschen hat er das Gefühl, an etwas Großem beteiligt zu sein. Und er verehrt die Professoren als Heroen der Wissenschaft und eindrucksvolle Persönlichkeiten, die ihm auch väterliche Ratgeber sind. Durch die Diskussionen mit diesen Koryphäen ihres Fachs – auch über Privates und Politisches – wächst allmählich eine innere Distanz zum burschenschaftlichen Korpsgeist, unterstützt durch die Tatsache, dass er als inzwischen inaktiver Arminianer nicht mehr verpflichtet ist, die Veranstaltungen der Verbindung zu besuchen. Die zügellosen Gelage mit all ihren Spätfolgen sind für ihn jetzt Zeitverschwendung. Mit ganzer Kraft widmet er sich dem Studium. Thema seines Interesses sind zunächst die Krankheiten von Insekten und ihre Parasiten. So ergibt es sich, dass er im Sommer 1928, im fünften Semester, häufig im Institut für Bienenkunde in Berlin-Dahlem anzutreffen ist. Diese Arbeiten führen zu einer ersten wissenschaftlichen Veröffentlichung in einer bienenkundlichen Zeitschrift – »Zur Anatomie der Bienenlarve« –, die Siegfried zur Examensarbeit ausbaut. Im Imkeranzug, die Pfeife im Mund, infiziert er Bienenlarven mit Faulbrut-Bazillen. Den Krankheitsverlauf und die körperlichen Veränderungen untersucht er anhand von Gewebeschnitten unter dem Mikroskop. Ein Jahr später, am 11. Juli 1929, schließt er sein Studium mit einer 53-seitigen Dissertation ab.

Nach etwas mehr als drei Jahren, sieben Semestern, im Alter von 21, ist er nach eigenen Aussagen »des Reichpräsidenten von Hindenburg jüngster Doktor«, »der jüngste Doktor seit Leibniz« (der hatte als 20-Jähriger promoviert). Uneitel ist er nicht!

Der Titel der Doktorarbeit lautet: »Zur pathologischen Anatomie der Biene Apis mellifica L. während der Metamorphose bei bösartiger Faulbrut (Bacillus larvae White)«.

Die Urkunde ist in lateinischer Sprache abgefasst, plakatgroß mit einem papiernen Siegel. Die Beurteilung lautet: »rite contulit«. Übersetzt: eine Leistung, die trotz Mängeln noch den Anforderungen genügt.

Zum Teufel, wie konnte das passieren? Siegfried Anton Gustav Jaeckel, Siegfried, der »Drachentöter«, bekommt eine Drei minus oder Vier? Lag es an der falschen Beratung durch die Professoren, an der zu eingeschränkten Themenstellung, war der Erkenntnisgewinn zu gering, hätte er sich mehr Zeit lassen sollen? Oder ist es ein Ausrutscher, jugendliche Selbstüberschätzung, seinem Ungestüm, seiner Hybris geschuldet, möglichst als Erster und Jüngster in Rekordzeit den Doktor zu machen? Hat er seine Langläuferqualitäten vergessen, zu schnell zum Spurt angesetzt, die Dissertation voreilig begonnen?

Siegfried als Student im Labor

Trotz dieses Dämpfers hat er doch einen raketenhaften Aufstieg hingelegt. Er fühlt sich stark und frei, als könne er alles erreichen, als stehe ihm eine glänzende Zukunft bevor. Ist er doch in den Augen der Professoren ein Primus inter Pares.

Als er wieder einmal bei seinen Eltern weilt und seine Mutter ihn in vertrauter Weise mit »Siegfried!!« zum Essen ruft, betritt er verschmitzt grinsend das Esszimmer: »Dr. Jaeckel reicht vollkommen.«

Sein Vater Fritz, der unter seinem fehlenden Abitur und den geringen Aufstiegschancen im mittleren Dienst leidet, ist unendlich stolz auf seinen Sohn. Der hat statt seiner den Aufstieg in nie geahnte Höhen geschafft. Damit erfüllen sich die Wünsche und Träume, die Lona und er in prominenter Runde nach Siegfrieds Taufe in der Kathedrale zur Unbefleckten Empfängnis in Apia, Samoa, ausgesprochen hatten. Fritz sieht in seinem Sprössling schon jetzt den Höhepunkt der gesamten Familiengeschichte.

Der namensgleiche Onkel hat insgeheim gehofft, dass Siegfried sich als Forscher einem anderen Spezialgebiet als der Malakologie zuwendet. Erleichterung, als der Jüngere ein insektenkundliches Thema für seine Dissertation wählte. Doch er soll sich täuschen. Siegfried wird jüngstes Mitglied im Berliner Malakologen-Club. 1929 tritt er der Deutschen Malakozoologischen Gesellschaft bei, der der Onkel schon seit elf Jahren angehört. Wo immer er auch hinkommt, der andere Siegfried ist schon da. Der Trumpf von Siegfried junior ist sein jugendliches Alter, auf dem Feld sticht er den Älteren aus, dessen Vorsprung zu schmelzen scheint.

Der Übergang vom Studentenleben in den Beruf fällt unglücklicherweise mit dem Ende der »Goldenen Zwanziger« im Jahre 1929 zusammen. Die Wirtschaft, die bisher hauptsächlich über kurzfristige amerikanische Kredite finanziert wurde, bricht drei Monate nach dem Börsenkrach in New York zusammen.

Kommunisten, Sozialdemokraten und Nationalsozialisten stehen sich unversöhnlich gegenüber und bekämpfen sich buchstäblich bis aufs Messer. Auch Siegfried ist, wie viele Menschen, zutiefst verunsichert, was seine persönlichen Aussichten und die politische Zukunft des Landes betrifft. Hunderttausenden seiner Altersgenossen geht es dreckig. Viele von ihnen haben noch nie eine Anstellung bekommen, werden entlassen oder müssen jederzeit damit rechnen, ihre Stelle zu verlieren.

Die erhoffte Assistentenstelle an der Friedrich-Wilhelms-Universität bekommt der frischgebackene Dr. phil. nicht. Prof. Hess von der Biologischen Reichsanstalt für Land- und Forstwirtschaft vermittelt ihm aber ein auf ein Jahr begrenztes Forschungsstipendium der »Notgemeinschaft der Deutschen Wissenschaft«. Seine Aufgabe besteht darin, den Erscheinungen des Massenwechsels von Schadinsekten nachzugehen. Resultat seiner Arbeiten ist unter anderem ein Gutachten über das Bienensterben bei der Kartoffelkäferbekämpfung.

Nach Ablauf des Forschungsstipendiums nimmt er Abschied von Berlin und ihm lieb gewordenen Menschen. Er zieht ans Meer. Von 1930 bis 1933 wird er Assistent der »Preußischen Kommission zur wissenschaftlichen Erforschung der deutschen Meere«, Ort: die Biologische Reichsanstalt in Kitzeberg bei Kiel. Er übernimmt das fischereibiologische Laboratorium und die Betreuung der umfangreichen Bibliothek der Kommission. Neben der wissenschaftlichen Tätigkeit dient diese Zeit der Vorbereitung für die Aufnahme in den gehobenen staatlichen Fischereidienst. Gleich im Sommer 1930 besuchen ihn seine Eltern und Schwestern in Kitzeberg und genießen die Tage am Strand.

Während Siegfried an seiner Karriere arbeitet, erreichen ihn aus Berlin Schlag auf Schlag furchtbare Nachrichten. 1931 stirbt überraschend sein verehrter Vater mit gerade einmal 49 Jahren. Seine

Mutter erkrankt aufgrund dieses Schocks lebensgefährlich. Der Hausbau der Eltern in Teltow muss wegen Verschuldung unterbrochen werden.

Die Beerdigung seines Vaters Friedrich Wilhelm Jaeckel bleibt ihm unvergesslich. Die Menge der Trauernden scheint ihm fast unübersehbar. Vom Staatssekretär, der den schwarz-rot-gold geschmückten Kranz der Reichsregierung überbringt, bis zu den Putzfrauen im Auswärtigen Amt folgen alle dem Sarg. Männer vom Verband der ehemaligen kolonialen Schutztruppen, Witwen, denen Fritz geholfen hatte, Professoren und Nachbarn, Kollegen und hohe Beamte der Regierung schließen sich an. Die Frauen sind in der Überzahl; bei ihnen hat sein schöner Vater einen bleibenden Eindruck hinterlassen. Das Beileidshändedrücken nimmt kein Ende. Die Mutter mit den Schwestern, die sie stützen, steht schon längst abseits.

Fritz scheint für viele Menschen ein geschätzter, geachteter und gemeinnütziger Mann gewesen zu sein. Er hatte sich engagiert in der Katholischen Bürgergesellschaft und der Deutschen Zentrumspartei. Siegfried sieht in seinem Vater einen Mann mit einem ausgeprägten Gerechtigkeitssinn, einer sozialen Einstellung, der Schwächere unterstützte. Er hat den Sohn gelehrt, an sich selbst zu glauben. Eine andere Seite seines Charakters war sein aufbrausender Zorn. ›Mach mal langsam, Kohlhaas‹, dachte Siegfried dann mitunter. So hatte Fritz in seinem letzten Lebensabschnitt viel Zeit und Energie mit Rechtsstreitigkeiten und Beschwerden bei Behörden verbracht.

Lona gerät durch den plötzlichen Tod ihres Mannes aus dem Gleichgewicht. Fritz und sie hatten sich trotz gelegentlicher Meinungsverschiedenheiten immer als Einheit empfunden und eine liebevolle Ehe geführt. Sie hatte sich ein Leben ohne ihn nie vorstellen können. Stumm ist sie vor Schmerz, allein, ohne seine Liebe und Fürsorge, seinen Rat. Hinzu kommen finanzielle Sorgen. Siegfried kommt zum Glück gut zurecht. Lisa ist neunzehn Jahre alt, absolviert nach dem Hauptschulabschluss erste Schritte im Berufsleben und ist oft unglücklich, weil sie keinen Freund findet, Caroline, ihre jüngste Tochter ist erst fünfzehn.

Der Bau des Hauses in Seehof bei Teltow gilt innerhalb der Familie neben seiner Herzschwäche als Grund für Fritz' plötzliches Ableben. Lona hatte es gemerkt und ihn beschworen, das Projekt ruhen zu lassen. Siegfried hatte aus der Distanz nichts mitbekommen: Fritz hatte sich nach Dienstschluss und an den Wochenenden auf der Baustelle verausgabt. Das Geld der Banken war ihm zwischen den Fingern zerronnen, Kollegen und Verwandte wollten ihm nichts mehr leihen. Zuletzt war die Lage nahezu aussichtslos gewesen: Das Geld weg, das halbfertige Gebäude eine Ruine.

Viel schlimmer noch: Die Mutter erkrankt schwer an Thrombose. Siegfried fürchtet auch um ihr Leben. Selbst eine sehr gute Ärztin aus Steglitz kann nicht mehr helfen. Diese bittet ihren Professor, Lona aufzusuchen. Der professorale Rat kostet sie 790 Reichsmark. Kostenlos gibt es den geistlichen Beistand durch den Pfarrer der katholischen Kirche bei den Ursulinen in Berlin-Schlachtensee, der die Gemeinde zu einem öffentlichen Fürsorgebet für Siegfrieds Mutter zusammenruft.

Die fünfzehnjährige Schwester Caroline vergießt keine Tränen. Bei ihr spielen sich alle Dramen im Inneren ab. Das Wachstum ihres Herzens setzt aus. Es bleibt ihr Lebtag lang zu klein.

Freunde des Vaters, vor allem Gustav Hübscher im Auswärtigen Amt, tragen die Misere bis ins Reichspräsidialamt. So erfährt Hindenburg persönlich von der katastrophalen Lage der Familie des Friedrich Jaeckel, der als einer seiner Offiziere in der Schlacht bei Tannenberg gekämpft hatte. Der Präsident überweist durch Staatssekretär Meißner 2.000 Reichsmark »aus seiner Privatschatulle«, wie es in der Familiengeschichte heißt, um zur Linderung der dringendsten Not einen Beitrag zu leisten.

Lona überlebt. Sie erholt sich zusehends.

Finis creationis telluris est gloria Dei ex
opere Naturae per hominem solum.
(Allein der Mensch vermag mittels der Wissenschaften die
Schöpfung zu verstehen und folglich Gott zu lobpreisen.)
Carl von Linné

22 Der Entschleierer der Schlei und die blonde Elsa

Siegfried arbeitet ab August 1930 also in Kitzeberg, einem Ortsteil der Gemeinde Heikendorf an der Kieler Förde. Es vergeht kein Tag, an dem es ihn nicht zum Meeresufer zieht.

In den Jahren 1931 bis 1937 veröffentlicht er zusammen mit seinem Chef Neubaur drei längere Abhandlungen über »Die Schlei und ihre Fischereiwirtschaft«. Es folgen in eigener Regie zwei Arbeiten über das »Fischsterben in der westlichen Ostsee und seine Gründe«, ebenso Aufsätze über Tintenfische, über Mollusken aus den Mägen von Blesshühnern und die Molluskenfauna von Tirol, dem Weserbergland, dem Darß und der Sächsischen Schweiz.

Im Februar 1933, er ist 26 Jahre alt, erhält er den Auftrag, über »Das Brackwasser der Schlei, des Nordostsee-Kanals und anderer schleswig-holsteinischer Küstengewässer (Windebyer Noor, Schwansener See, Kieler Förde, Nordseewatten, untere Elbe und deren Zuflüsse)« zu forschen, was später in einer größeren Buchpublikation Niederschlag findet. Nebenbei besucht er an der Kieler Universität weitere sieben Semester naturwissenschaftliche und philosophische Vorlesungen und Seminare. Sein Wissensdrang und seine Energie scheinen unerschöpflich.

Für die Forschungen in den Küstengewässern und in der Schlei, einem schmalen, etwa 42 Kilometer langen Meeresarm der Ostsee, nutzt der »Entschleierer der Schlei«, wie seine Kollegen ihn nennen, meist die Barkasse der Kitzeberger Forschungsstation.

Ein schöner Junimorgen mit klarer Sicht. Tiefblau leuchtet der Himmel. Der frische Ostwind hat den Himmel leer gefegt. Als er das Deck der »Heinrich Schnoor« betritt, wird er vom Schiffsführer, Kapitän Steffen, und Bootsmann und Smutje Fries mit einem angedeuteten Nicken und »Moin!« begrüßt.

»Moin, Moin!«, entgegnet Siegfried gut gelaunt.

»Minsch, Dokter, Se sünd mi jo en Snackfatt.«

Siegfried guckt verständnislos, doch als er in das grinsende Gesicht des Alten blickt, weiß er, dass er wieder auf ihn reingefallen ist: ein Mann, ein Wort.

»De Oostenwind is en Königskind«, fährt Steffen fort.

»Machen wir heute Morgen Rätselstunde, Kapitän?«

»Man nich, Dokter. Se sünd neeschierig, wüllt doch jümmers allens weten. De Seelüüd un de Fischers seggt, dissen Oostwind gifft dat hier blots teihn bit fofteihn Mol in't Johr. Un sünnerli um disse Johrestiet heet dat: stabile Hoochdruckwedderlaag.«

»Na, dann haben wir ja Glück diese Woche.«

»Dat will ik menen.«

Siegfried verstaut seine persönliche Ausrüstung in seiner Koje. Die anderen bunkern den Proviant und die Gerätschaften.

Der Kapitän fuhr viele Jahre die Fördedampfer, die wie Busse Arbeiter zu den Werften oder anderen städtischen Betrieben transportieren. Er ist von kleinem, kräftigem Wuchs, hat muskulöse Oberarme und einen kugelrunden Bauch. Wenn er seine ausgeblichene Prinz-Heinrich-Mütze abnimmt, sieht man, dass sein Kopf gänzlich kahl geschoren ist. Meistens guckt er wohlgelaunt in die Welt. Seine Augen sind von unbestimmter Farbe, graublau wie die See bei Frühlingssturm. Mit seinen kurzen, kräftigen Beinen ist er auch bei Seegang fest mit dem Schiff verwurzelt. Mit den Händen in den Taschen schwankt sein Oberkörper wie eine

Boje. Sein Gang an Land ist dagegen eher unbeholfen, als sei er auf fremdem Terrain, ein Fisch auf dem Trockenen.

Fries spuckt seinen Priem über die Bordwand und startet den Dieselmotor. Der lässt sein gemächliches »Tock, tock« hören. Die Dampferbrücke an der Hafenöffnung haben Jungen in Beschlag genommen, einer wagt, gerade als sie vorbeifahren, einen Kopfsprung vom Poller. Siegfried übernimmt das Ruder und lenkt das Schiff in der Kieler Förde Richtung Norden. Im Wind segelnde Mantelmöwen begleiten sie und stoßen ihr forderndes, heiseres »Ouk, ouk« aus.

Die beiden Seeleute genehmigen sich derweil ein Auslaufbier. Auf der Backbordseite sind die Schleusenanlagen des Kaiser-Wilhelm-Kanals zu erkennen, das Einfahrtsignal steht gerade auf Rot. Dann folgt die engste Stelle der Förde am Friedrichsorter Leuchtturm, linker Hand die Relikte einer alten dänischen Festung und auf der anderen Seite das U-Boot-Ehrenmal und Heikendorf-Möltenort mit seinen kleinen Häusern, die zwischen bewaldeten Hügeln und Steilküste hervorlugen. Gerade jetzt kommt ihnen ein Stückgutfrachter entgegen. Er muss hart steuerbord manövrieren.

»Jümmers schön neeg an de rode Tünn langs!«, ermahnt ihn der Kapitän, der neben ihm steht.

An der Küste auf der Westseite drückt der Wind die Kronen der Bäume nieder. Als man den markanten, noch eingerüsteten steinernen Finger des Marine-Ehrenmals in Laboe passiert, kommen sie aus der Windabdeckung der Steilküste heraus. Die Küstenlinie weicht nach Osten zurück, die offene See ist erreicht. Ein kühler Wind trifft Aufbauten und Bordwand. Das Schiff ächzt und torkelt. Das Funkgerät knackt. Die Barkasse ist eher für den Hafen- und Küstenbereich gebaut. Im Gegensatz zum hellen Graublau der Förde hat das Meer jetzt eine dunklere Farbe. Von Steuerbord kommt wieder eine Bö. Wellen mit Schaumkronen brechen sich an der Bordwand. Der Druck der Wogen fordert jetzt Siegfrieds Aufmerksamkeit und Umsicht. Es ist eine Anspannung, die Siegfried geradezu als wohlig empfindet. Die Ostsee, dieses frische nordische Meer, wie er sie liebt! Immer bleibt sie rätselhaft, nie ist sie gleich. Sie kann sanft sein, ja flüsternd, majestätisch, voller Schönheit, aber auch rau, aggressiv mit steilen Wogen, Furcht einflößend. Sie kann einen anbrüllen und verschlingen. Trotz eines dicken Pullovers fröstelt er.

»Na, Dr. Jaeckel, nich jedeen Dag is Kaiserwedder, meent Se nich ok?«, ruft grinsend der Käpt'n, der nun noch etwas breitbeiniger als zuvor übers Deck stapft.

Siegfried versucht durch geschickte Steuerbewegungen den Brechern auszuweichen, denkt dabei an seine empfindlichen wissenschaftlichen Instrumente unter Deck. So viel zur »Hoochdruckwedderlaag«. Wenn der Bug in eine Welle bricht, spritzt die Gischt bis an die Fenster seines Steuerstandes, und die Welle ergießt sich über beide Seiten des Decks. Von unten dringt unerschütterlich das monotone beruhigende Tuckern des Schiffsdiesels herauf. Die Segler, denen sie begegnen, schieben ganz schön Lage. Nach Westen sieht er die große trichterförmige Öffnung der Eckernförder Bucht. Sein Kapitän ermuntert ihn:

»Se weet doch, den goden Seemann warrt en eers bi Slechtwedder wies.«

»Ey, ey, Käpt'n«, gibt Siegfried gut gelaunt zurück.

Backbord, Steuerbord und voraus ist jetzt offenes Meer. Im Nordwesten zeichnet sich die Silhouette von Schwansen ab. Jetzt gibt es kein Zurück mehr. Bald sind sie in der Mitte der Bucht über dem Stollergrund, wo in der Tiefe Dorsche ihre Kreise ziehen.

An der Küste linker Hand sind kleine Wälder zu erkennen, aber auch Steilufer und leuchtende Sandstreifen, über die eiszeitliche Granitblöcke verteilt sind. Die Furchen der Äcker sehen aus wie mit einem großen Kamm gezogen. In der Ferne am Horizont, ein paar Strich nach West, kann er schließlich einen schwarzen Punkt ausmachen, der über dem Wasser zu schweben scheint: Die dicht gedrängte Baumformation, die den Beginn der

Schlei anzeigt. Er überlässt dem Kapitän das Ruder, erregt und erschöpft zugleich.

Dann nimmt Siegfried eine erste Wasserprobe. Zur Sauerstoffbestimmung des Meerwassers braucht er konzentrierte Kalilauge, die er mit einer Pipette ansaugt. Bei dem Seegang ein Fehler. Von der Chemikalie gelangen ein paar Spritzer in den Mund. Er gerät in Panik, schreit nach Wasser. Doch trotz ständigen Spülens fließt sein Speichel in Strömen. Er hat das Gefühl, als würden ihm die Zähne ausfallen.

Während der Herr Doktor unter Deck jammert und herumtigert, registriert der Skipper aufmerksam, wo sich Wogen auf Sandbänken brechen oder das Wasser seine Farbe verändert. Er blickt auf die Nehrung. Stürme aus Ost und längs der Seekante laufende Strömungen schufen sie im Laufe von Jahrtausenden und verwandelten den Eingang in die Schlei in ein Nadelöhr. Durch diese Passage lenkt er nun mit sicherer Hand das Schiff aus der aufgewühlten Ostsee in den Fjord, vorbei am Leuchtturm und am weißen Lotsenhaus. Das Wasser glättet sich, Friede folgt dem Aufruhr. Das Schiff liegt ruhig in der Fahrrinne.

Weiße Möwen bilden das Empfangskomitee. Sie brüten auf der menschenleeren Lotseninsel im Norden, die aus einem schmalen Strandstreifen, Deichen, Grasland und niedrigen Büschen besteht. Rechter Hand sonnt sich der kleine Fischereihafen Maasholm. Dort kaufen sie ein paar frisch gefangene Flundern direkt vom Kutter. Für die beiden Seeleute ist jetzt das Zwölf-Uhr-Bier fällig.

Bald passieren sie die Heringszäune und die Drehbrücke in Kappeln und am Nordufer die kleinste Stadt des Deutschen Reiches, Arnis, mit ihren Bootsliegeplätzen und Werften. Siegfried hat sich inzwischen wieder beruhigt, alle Zähne stecken noch im Kiefer. Er übernimmt das Steuer. Auf beiden Seiten öffnen sich nun zahlreiche Buchten oder Noore. Die Luft ist entschieden wärmer geworden. An den Ufern gleitet eine liebliche, bukolische Landschaft an ihnen vorüber: bewaldete Moränenkämme, sanft geschwungene Wiesen mit Pferden und rotbunten Rindern und zu dieser Jahreszeit chromgelbe Rapsfelder vor einem ultramarinfarbenen Himmel. In den Knicks blüht wilder Flieder. Ab und zu blitzen weiße, reetgedeckte Häuser, versteckt unter Bäumen, hervor. Fast etwas zu behäbig und selbstzufrieden kommt Siegfried das alles vor, ein wenig weltentrückt. Die Gefährten schauen und genießen, sind ganz erfüllt von dem Naturschauspiel. Es wird kaum ein Wort gewechselt.

Vor der Klappbrücke in Lindaunis müssen sie warten. Die Rauchfahne eines Zuges fliegt durch den Stahlbogen.

Die Stille lässt Siegfried in Tagträumereien gleiten. Er erinnert sich, wie begeistert er als Kind die illustrierten Bücher über die Wikinger verschlungen hat, und stellt sich nun vor, wie vor etwa 1000 Jahren die Wikinger, von der Ostsee kommend, mit ihren Langbooten und kostbarer Fracht hier ruderten oder segelten. Viele Boote mit 40 Kriegern an den Riemen in rascher Fahrt mit Beute für sich und Harald Blauzahn, König von Dänemark und Norwegen. Unwillkürlich beschleunigt Siegfried die kleine Barkasse in der kanalartigen Enge bei Missunde. Er beneidet die Wikinger nicht um ihr gefährliches, entbehrungsreiches Leben, aber er fühlt sich ihrem Wesen und ihrer Kultur nahe.

Damals hatten die Nordmänner auf ihren Handelsschiffen Bernstein und silberne Broschen für die Frauen, Bier und Schwerter für die Männer geladen. Sie strebten einer Stadt zu, die am Ende der Förde lag, einer Stadt, die damals die größte Skandinaviens war und den größten Hafen Nordeuropas besaß: Haithabu. An diesem sagenumwobenen Ort kreuzten sich der Ochsenweg, ein Teil der bedeutendsten Nord-Süd-Handelsstraße, und die Seehandelsroute zwischen Nord- und Ostsee, die aus verschiedenen Flüssen und der Schlei gebildet wurde. Nur für ein kurzes Stück mussten die Schiffe auf Baumstämmen über Land gerollt werden. In dem damaligen Hafen machten an den bis zu fünfzig Meter langen Stegen Handelsschiffe und Kriegsschiffe königlicher Flotten fest, außerdem die vielen kleinen Boote und Einbäume der Einheimischen. Es wurde ein-, aus- und umgeladen: spanisches Quecksilber, chinesische Seide, norwegisches Eisen, Bergkristall vom Schwarzen Meer, rheinischer Wein, fränkisches Glas und orientalische Gewürze. Zum größten Teil aber lebten die Wikinger vom Menschenhandel und Menschenraub. Tausende von Sklaven wurden hier verkauft.

In der Ferne kann Siegfried schon den mächtigen Dom von Schleswig erkennen. Er lässt die Barkasse stoppen und ankern.

Er spürt die Wärme der Sonne auf der Haut, den Wind im Gesicht und hört das Flüstern des Schilfs am Ufer. Er muss an seine Freundinnen denken. Er, der bisher so seine Probleme mit Frauen hatte, kann es immer noch nicht glauben: Freund*innen*, Plural! Dora und Elsa, die eine dunkelhaarig, schlank und stolz, die andere blond, drall und keck. Zwei schöne Frauen interessieren sich für ihn, gehen abwechselnd mit ihm aus.

»Ist das Leben nicht schön, Männer?!«, schreit er laut und breitet die Arme aus.

Der alte Steffen, der gerade mit dem Anker beschäftigt ist, schüttelt lächelnd den Kopf:

»Ik mutt doch wull keen Dokter holen, oder wat meent Se, Dokter?«

»Ich könnte jetzt einen guten Bissen vertragen, Steffen!«

»Fries is al in'e Gangen«, entgegnet der und öffnet für sich und den Bootsmann das Einlaufbier.

Einige Zeit später sitzen sie in der Plicht mit Blick auf Schleswig und schauen zur Möweninsel hinüber. Man erzählt sich, dass der »Möwenkönig« des winzigen Eilands, der das Recht hat, die Eier einzusammeln und zu verkaufen, die ersten Möweneier der Saison Adolf Hitler zum Geburtstag am 20. April nach Berlin sendet.

Langsam beginnt die Barkasse, um ihren Anker zu schwojen. Das Wasser, inzwischen von samtener dunkelolivgrüner Farbe, gluckst an der Bordwand. Nach dem Essen holt der alte Käpt'n eine Rumflasche hervor. Während er Rasmus, dem Beherrscher der Meere, ein Opfer darbringt und anschließend dem Smutje und sich selbst einen genehmigt, beginnt Siegfried, der »Entschleierer der Schlei«, mit seinen Arbeiten.

Für seine Studien untersucht er Fische und andere Wassertiere, vergleicht die Temperatur der Schlei-Noore mit der des Strombettes, stellt Messungen bezüglich des Salz- und des Sauerstoffgehalts an, untersucht die Menge des Einstroms von Ostseewasser in die Schlei, Lichteinfall, Planktongehalt, jahreszeitliche Schwankungen und den Einfluss des Windes und der Niederschläge. In Fries' Worten kurzgefasst: »Snaakschen Krom.«

Das Herz geht Siegfried auf dort draußen, weg von der Enge des Landes, den Rivalitäten, Eifersüchteleien unter Kollegen, ohne einengenden Anzug, ohne Krawatte. Alle Nebensächlichkeiten des Alltags treten zurück, werden belanglos. Hier, vor der Leere der See und dem weiten Horizont, kann er Fragen nachspüren: Wer bist du? Wo stehst du? Und hier ist er Abenteurer, Forscher, Entdecker auf der Suche nach neuen Zusammenhängen in der Natur. Nebenbei sammelt er – allein schon um seinen Onkel zu ärgern – Schnecken und Muscheln.

Sechs Tage später läuft die Barkasse am Nachmittag wieder in den Möltenorter Hafen ein. Die Sonne, die für kurze Zeit hinter Wolken verborgen war, taucht den Hafenkai in gleißendes Licht. Da steht Elsa und wartet auf ihren von »großer Fahrt« heimkehrenden Freund. Siegfried ist gerührt. Es scheint ihm, als sähe er sie zum ersten Mal, als erkenne er ihr wahres Wesen.

›Sie ist die Richtige‹, schießt es ihm durch den Kopf. Er, der Verstandesmensch, geht auf sie zu, lässt sein Gepäck fallen, breitet, ohne zu überlegen, die Arme aus und umfasst sie zärtlich. Zum ersten Mal küsst er sie.

Sie lässt es gern geschehen.

»Au«, sagt sie lachend und wendet kokett den Kopf beiseite, ihn weiterhin umarmend, »deine Bartstoppeln pieken und kratzen mich.«

Sie sieht ihn an: kraftvoll blitzende Augen, ein Grinsen im sonnenverbrannten Gesicht, zottige Haare, dazu ein Geruch von Meer, Schweiß und Unbekanntem, als komme er heil und erschöpft zurück von einer abenteuerlichen, gefahrvollen Expedition zu unentdeckten Gestaden.

Die beiden Frauen, mit denen er in Heikendorf bisher ausgeht, sind Freundinnen und, wie er später erfährt, beide etwas älter als er.

Dora Lehmann ist eine hübsche, eins sechsundsiebzig große, gertenschlanke, dunkelhaarige Frau mit hellblauen Augen, 28 Jahre alt. Siegfried liebt ihre ruhigen, eleganten Bewegungen. Sie arbeitet im Verkauf und als Buchhalterin in der Heikendorfer Meierei, steht also auf eigenen Beinen. Zuerst war sie als Kindermädchen der Sprösslinge des Meiereibesitzers engagiert worden. Ein Lehrer hatte die damals Vierzehnjährige empfohlen. Sie fügte sich so gut ein, dass sie bald zum fast vollwertigen Familienmitglied wurde. Da sie gut rechnen kann, bekommt sie eine Anstellung in der Meierei. Ihr eigener Vater ist Postbeamter.

Siegfried verabredet sich zuerst mit Dora. Ihr gefällt der vom Wetter gegerbte, zuweilen verwegene Mann. Er ist etwas größer als sie, sieht gut aus, kann charmant sein – nicht zu vergessen sein Doktortitel – und bringt etwas von der weiten Welt nach Heikendorf: Erzählungen, Bilder aus der Südsee, aus Afrika, aus der Großstadt Berlin. Auch er ist von ihr angetan. Er liebt ihr sanftes, freundliches und doch selbstbewusstes Wesen. Nach einer gewissen Zeit wird er bei ihr zu Hause vorgestellt. Die Mutter ist nicht begeistert. Ein Abkömmling eines Cousins und einer Cousine gibt doch keinen guten Ehemann für ihre Tochter ab.

Es bleibt indes nicht aus, dass Doras Freundin Elsa Helene Kienbaum von der Romanze Wind bekommt. Sie hat schon viel von

Siegfried gehört und ist neugierig, ihn persönlich kennenzulernen. Wenn er sich von Dora vor der Haustür verabschiedet, taucht Elsa wie zufällig an der nächsten Straßenecke auf. Sie, die so ganz anders ist als Dora, hat auch ihre Reize. Sie ist bereits 31 Jahre alt, einen Kopf kleiner, von kräftiger Gestalt mit breiten Schultern, großer Oberweite, einem runden Gesicht mit Grübchen, einer »griechischen« Nase, breiten Wangenknochen und blonden Haaren. Und temperamentvoll. Elsa »arbeitet« als Haustochter, hat also keinen Beruf erlernt.

Bald führt Siegfried auch sie aus.

Auch wenn es ihn etwas nervös macht, schmeichelt es ihm, dass zwei Frauen um seine Liebe buhlen.

Elsa (links) und Dora in Heikendorf

Liebe ist nicht das, was man erwartet zu bekommen,
sondern das, was man bereit ist zu geben.
Katharine Hepburn

23 Herrmann Peerschiet und die Liebe

Am Tag nach der Rückkehr von der Schlei, es ist ein Samstag, geht
er auf die zwei Kastanien vor Elsas Elternhaus zu. Aus deren Grün
leuchten in verschwenderischer Fülle weiße Blütenpyramiden. Er
spürt eine unerklärliche Energie, während er in den Schatten der
Bäume tritt und klingelt.

Als Elsa an der Tür erscheint, verbeugt er sich.

»Herr Dr. Jaeckel erlaubt sich, das verehrte Fräulein Kienbaum
heute Abend auszuführen«, spielt er gestelzt.»Mit anderen Worten: Elsa, hol' dein schönstes Kleid aus dem Schrank!«

Siegfried, in seinem besten Anzug mit Krawatte, ist braun gebrannt, frisch rasiert und bester Laune. Er muss lange, lange warten. Elsa erscheint schließlich in einem eng anliegenden, hellblau-
en Kleid mit weißen Streifen, das ihre weiblichen Formen und die
blonden Haare zur Geltung bringt. Ausgelassen dreht sie vor ihm
eine Pirouette. Das freizügige Dekolleté zieht Siegfrieds Augen
buchstäblich in seinen Bann. Da merkt er, dass sein Blick sie zu
verunsichern scheint. Er lächelt sie beruhigend an und sagt leise:

»Warum solltest du deine Schönheit verstecken? Du siehst einfach hinreißend aus.«

Dabei holt er eine Silberkette mit einem Bernsteinanhänger aus
seiner Jackettasche und hängt sie ihr behutsam um.

Wieder umspielt ein Lächeln seine Lippen. Galant hält er ihr
den Arm hin, sie hakt sich ein, und vorbei am Schmiedeplatz,
dort, wo manchmal Jahrmärkte und Zirkusvorstellungen stattfin-
den, schlendern sie die sanft abschüssige Hafenstraße hinunter.

Siegfried ist leichten Mutes, als könne er schweben. Er glaubt, ein Schwingen in der Luft zu spüren, die Farben der Häuser und Blumen, die Wärme von Elsas Hand, der Duft ihres Haares, des Flieders in den Vorgärten scheinen ihm von einer nie erlebten Intensität zu sein.

»Denk' dir, in harten Wintern«, sagt Elsa gerade, »sind wir von hier oben bis hinunter auf die Dampferbrücke gerodelt.«

Stolz schaut sie ihn an. Alle Menschen scheint sie zu kennen, die ihnen begegnen.

»Siegfried, dort wohnt der Lord.« Sie zeigt auf ein Haus in der Nebenstraße. »Das ist sein Nückername. Der tut so vornehm wie ein englischer Lord.«

Sofort schreitet Siegfried mit blasiertem Gesichtsausdruck steif neben ihr her und grüßt den irritierten Mann auf der gegenüberliegenden Straßenseite mit seinem nicht vorhandenen Zylinder.

Hafenstraße in Heikendorf um 1920

245

»Und das da ist der Leuchtturmwärter vom Friedrichsorter Leuchtturm. Der rudert jeden Tag auf die andere Seite. Bei jedem Wind und Wetter. Stell dir vor, bei Nebel postiert sich seine Frau auf der Brücke und, wenn er dann ruft: ›Lena, klopp mal op den Ketel!‹, schlägt sie mit dem Holzlöffel auf ihren Kochtopf, damit er den Weg zurückfindet.«

»Wir haben auch eine ›Schwarze Gräfin‹, musst du wissen, ein Stückchen weiter die Dorfstraße hoch«, sagt sie lachend. »Die ist eine resolute Person mit pechschwarzen Haaren. Kerzengerade sitzt sie auf ihrer Kutsche.«

Sie reißt sich von ihm los und macht es ihm vor.

Elsa plaudert die ganze Zeit munter weiter. Siegfried lauscht dem dunklen Timbre ihrer Stimme, betrachtet ihre Augen, ihre Bewegungen, ihre Wangenknochen, die mit zartem Schwung in das Konkav ihrer Wangen übergehen, in denen sich, wenn sie lacht, allerliebste Grübchen bilden.

Jetzt spricht sie von einem Gärtner, der einmal geräucherte und gesalzene Heringe auf sein Land schüttete und als Dünger und Mittel gegen Wühlmäuse und Maulwürfe untergepflügte.

Siegfried unterbricht sie: »Das ist ja interessant. Das muss ich unbedingt mal untersuchen!«

»Ach, Siegfried, ich muss dir unbedingt noch die Veilchenwiese und das Maiglöckchenfeld am Kolonnenweg zeigen und die streichholzlangen Glasaale in der Au, die wir früher in Blechbüchsen fingen und …«

Er hat seinen Arm um ihre Taille gelegt, spürt ihren warmen Körper. Gemeinsam schlendern sie weiter. Eine Weile schweigt sie, dann fährt sie fort. Früher habe sie sich noch einen Bruder gewünscht. Eine Freundin riet ihr, ein Stück Zucker vors Fenster zu legen. Das tat sie denn auch, und zwar bei der »Schönen Aussicht«. Da gab es einen Pavillon mit zwei hölzernen Störchen auf dem Dach.

»Leider hat das nichts genützt.«

Siegfried liebt ihre Kindlichkeit, ihre Geschichten, dass sie ihn zum Lachen bringt.

»Und hier wohnte ›Herrmann Peerschiet‹. Wenn wir ihn ärgerten, weil er pausenlos Gedichte aufsagte, statt unsere Straßenspiele zu spielen, bewarf er uns mit Pferdeäpfeln.«

»Gibt's hier auch normale Menschen?«, entgegnet er, springt vor sie hin, verrenkt seine Arme und verdreht die Augen.

Sie spielt die Beleidigte: »Siegfried, du nimmst mich nicht ernst!«

Auf Höhe der Friedrichstraße hören sie von unten, vom Strand her plötzlich Pferdegetrappel und aufgeregte Rufe. Scheinbar herrenlose Pferde hetzen die Straße herauf, jugendliche Reiter folgen ihnen. Die Köpfe und Hälse der großen Tiere tauchen vor Anstrengung auf und nieder, ihre Augen sind aufgerissen, ihre Flanken beben. Als die Pferde an ihnen vorbeipreschen, sehen sie, dass das Fell struppig und nass ist. Wassertropfen spritzen ihnen auf Anzug und Kleid. Siegfried und Elsa, die sich an einen Gartenzaun gedrückt haben, schauen sich an und lachen. Junge Burschen galoppieren juchzend und johlend den Pferden hinterher, zu guter Letzt stürmt nach Atem ringend, schimpfend und wild gestikulierend der Gemeindepolizist aus seiner Station.

»Was war denn das?«, fragt Siegfried im Weitergehen.

Elsa zuckt mit den Schultern.

»Och, das waren nur einige Bauernsöhne und deren Knechte. Die führen manchmal nach der Arbeit ihre Pferde zum Abkühlen und Waschen an den kleinen Strand nördlich der Anlegebrücke. Na, anschließend sind die Tiere meist wild und unbändig. Der ›Blaukopp‹ regt sich jedes Mal darüber auf. Unternimmt dann aber doch nichts gegen sie.«

Rechts von ihnen liegt die »Strandhalle«. Siegfried sieht Elsa an: »Wollen wir da einkehren?«

»In die ›Strandhöhle‹? Den ›Kalekuten-Kral‹? Nein, mein lieber Siegfried, heute gehen wir fein aus, ins Hotel ›Seeblick‹, immer schön am Wasser lang!«

Sie ist heute die Führerin in ihrem Reich.

Als sie an der Dampferbrücke vorbeikommen, bemerkt sie: »Den Mann am Fahrkartenschalter, den kennst du ja schon. Den nennen wir ›Corl Drehfoot‹ wegen seines Holzbeines. Ich hab' mir hier übrigens schon so manches Geld verdient. Wenn mehrere Tage hintereinander starker Wind aus West bläst, liegt der Strand bis zum Brückenkopf frei. Da findest du dann Münzen, die den vielen Fahrgästen vor dem Fahrkartenschalter entfallen und durch die Ritzen der Pier ins Wasser gerollt sind. Ich hab' mit meiner Freundin – gegen harte Konkurrenz – dort den Sand durchgeharkt.«

»Na, Elsa, dann ist mir ja um unser zukünftiges Auskommen nicht bange«, bemerkt Siegfried.

Schließlich kommen sie am »Seeblick« an. Von der überdachten Terrasse im Obergeschoss des Hotels genießen sie den Sonnenuntergang über der Förde und der Silhouette von Kiel. Später lockt der Tanzsaal. Der prächtige, mit Palmen dekorierte Raum beginnt sich allmählich mit Marineoffizieren von der Friedrichsorter Kaserne und Studenten aus Kiel zu füllen. Eine Kapelle spielt gerade: »Fräulein, wenn vom Himmelszelt mal ein Stern herunterfällt …« Nächste Woche soll eine Zigeunertruppe mit zwanzig Mann auftreten. Siegfried ist heute so hochgestimmt, dass ihm selbst der größte Schmalz poetisch vorkommt. Er fragt sich, wann er zum letzten Mal so glücklich war; fast gleichzeitig meldet sich sein Skeptizismus und gibt zu bedenken, wie lange das wohl so gehen wird. Damit ist die Unschuld des Augenblicks schon zerstört, hat der Papalagi das samoanische Hier und Jetzt wieder verlassen.

Als sie vom Tanze erhitzt aus dem Lokal kommen, ist es noch angenehm warm. Fürsorglich hängt er sein Jackett um Elsas bloße Schultern. Der Wind ist eingeschlafen, die Welt lächelt sie an, umschließt sie mit einem geheimnisvollen Zauber. Die Förde liegt glatt und schwarz wie dickflüssiges Erdöl vor ihnen. Es nähert sich ein Frachter, nur von Positionslichtern erleuchtet. Gedämpft dringen das Brummen der Motoren, die Musik und das Lachen der Tanzenden zu ihnen herüber.

Als sie heimgehen, färbt sich der Himmel mit einem zarten Rosa, stimmen die Vögel in den Bäumen ihr Morgenlied an.

Im Herbst, nach der Strandsaison, als sich die Liebenden schon vertrauter sind und am Strand spazieren gehen, sagt Elsa:

»Ich kenne ein tolles Spiel, das wir als Kinder oft gespielt haben. Machst du mit?«

Er nickt.

»Also, schließe die Augen und fass' meine Hand an. Und nun … rückwärtsgehen!«

Er ahnt, was auf ihn zukommt. Der Strand ist übersät mit Burgen. Kaum spürt er die erste Erhebung unter seinen Füßen, hat er mit seinem Gleichgewicht zu kämpfen, und als es dann wieder abwärts geht, purzeln sie beide in die nächste Kuhle und liegen sich in den Armen.

»Ich wusste gar nicht, dass du so raffiniert sein kannst«, meint Siegfried lachend.

Unvermittelt wird sie ernst.

»Wir albern hier rum. Aber wie wird es sein, wenn du Professor bist?«

Er versucht, die Situation ins Lächerliche zu ziehen.

»Muss ich dann immer in vornehmen Kleidern herumlaufen? Haben wir dann eine Haushälterin?«, sie dreht sich zu ihm und blickt ihn an, »und zehn Kinder?«

In der Folgezeit treffen sie sich jeden Tag. Siegfried erfährt Näheres aus ihrer Kindheit, vom Vogelschießen, von Waldfesten im Stinnespark, Strand- und Gildefeiern, Laternenumzügen, vom Feuerwerk und Krebsefangen, von einer kleinen, scheinbar heilen Welt. Welcher Gegensatz zur Unrast, Verderbtheit und Dekadenz Berlins, der Hure Babylon, zu dem Gespreize, dem Geplapper und Geschrei der Hauptstadt! Elsa spricht liebevoll über ihre Freundinnen und Freunde, über Streiche und Schabernack. Siegfried lauscht mit einem Gefühl von Faszination und Trauer. Führt Elsa ihm doch schmerzlich vor Augen, was ihm trotz oder wegen seiner spektakulären Aufenthaltsorte in der Südsee und in Afrika in seiner Kindheit fehlte.

Siegfried fühlt sich wohl bei ihr, kann der sein, der er ist. Ihr scheinbar kraftvolles Äußeres widerspricht ihrem Wesen, das er als empfindsam, oft unsicher und treu empfindet. Es scheint ihm völlig normal, mit ihr über die intimsten Gedanken zu sprechen. Alle Schüchternheit, alle Verklemmtheit, die er Frauen gegenüber immer empfand, fallen von ihm ab.

Die Wochen gehen vorüber wie im Rausch.

Doch ob es Liebe ist, *die* Liebe, vermag er beim besten Willen nicht zu sagen. Die zehn Jahre an der Universität formten ihn zu einem Verstandesmenschen. Er weiß nicht, woran man die Liebe erkennt, wie man überhaupt jemals sicher sein kann. Also vermeidet er das Thema, spricht das Wort »Heirat« nicht aus, obwohl er ahnt, dass Elsa sehnsüchtig darauf wartet.

Damals ... lachten wir über diesen Hitler. Ein Verrückter,
sagten wir, ein Hanswurst, ein Idiot; von der Sorte
haben wir viele. Produkte des Krieges. Gesundbeter und
stigmatisierte Jungfrauen und Propheten, Putschisten
und Mörder und wer weiß, was sonst noch alles. Aber ihre
Zeit ist vorbei. Nach und nach werden sie ja wohl zu sich
kommen und den Mund halten.

Vicki Baum

24 Der verunglückte Stapellauf und braune Soße

Die Taufe des Panzerschiffs »Deutschland« auf dem Ostufer der
Kieler Förde ist ein Großereignis, ein Meilenstein des deutschen
Kriegsschiffbaus, wie man sagt, und Siegfried mächtig stolz, offiziell von der Stadt Kiel dazu eingeladen worden zu sein. Würdevoll
steht er in einem schwarzen Anzug neuester Mode, mit Zylinder
und weißen Handschuhen in der ersten Reihe der Ehrentribüne,
zusammen mit Oberfischmeister Dr. R. Neubaur. Tausende Zuschauer drängen sich zwischen den Hallen, Docks und Kränen
auf die Freiflächen der Werft, dem Spektakel beizuwohnen. Farbige Wimpel und Girlanden schmücken den Rumpf des Schiffes,
Signalflaggen die lange Rampe hinauf zur überdachten Redner-
plattform. Als Fanfarenstöße und Trommeln ertönen, geht ein
Murmeln durch die tausendköpfige Menge, alle drehen sich um.
Kurze Zeit später schreiten Reichspräsident Feldmarschall von
Hindenburg mit Pickelhaube, Degen, einer Brust voller Orden,
Reichskanzler Dr. Brüning und Admiral Oldekop durch eine frei
gelassene Gasse – nur durch ein paar Meter getrennt – an Siegfried vorbei. Hindenburg ist nicht so groß wie erwartet, ein wenig
korpulent, aber mit kerzengerader Haltung und einem energischen, Ehrfurcht gebietenden Blick. Hochrufe ertönen. Hinden-

burg grüßt mit erhobenem Marschallstab zur Tribüne hinüber. Siegfried schaut Neubaur an.

»Meint der uns?«, flüstert er.

Über ihnen ragt hoch der Bug des 186 Meter langen Schiffes auf. Von der Kieler Altstadt her bläst ein scharfer Wind über die Förde, lässt Flaggen und Wimpel knattern und schiebt eine dunkle Wolkenwand auf sie zu. Ein strenger Geruch von Eisen, Teer und Hafenwasser erfüllt die Luft.

Als der Reichspräsident die Rampe emporklettert, spielt die Kapelle einen schwungvollen Militärmarsch. Dann ist es still, die Menge verstummt, nur der Wind pfeift im Stahlgeflecht der Kräne. Die Wolken haben inzwischen das Ostufer erreicht, tauchen die Szenerie in ein bedrohliches Zwielicht. Hindenburg hebt unbeeindruckt mit einem imposanten Altmännerbass zu seiner Rede an. Doch kaum hat er begonnen, seiner Freude und seinem Stolz auf dieses Schiff Ausdruck zu verleihen, macht sich das mächtige Trumm vorzeitig selbstständig, rutscht auf der eingeseiften Holzbahn langsam, aber stetig zu Wasser und stößt eine imposante Bugwelle vor sich her, bevor der eigentliche Stapellauf begonnen hat. Die Menge schreit auf. Siegfried hat sofort eine Vermutung.

»Ein Sabotageakt! Ein Sabotageakt der verdammten Proletarier! Denen ist Brüning als Redner nicht genehm. Die machen ihn für ihre Lohnabsenkungen verantwortlich«, raunt er Neubaur zu.

Sie sehen, dass die von Hindenburg nachgeworfene Sektflasche ihr Ziel verfehlt, sie zerschellt nicht. Doch der nimmt es mit Humor.

»Ich glaube, der Kahn ist Abstinenzler«, kommentiert er über Lautsprecher.

Die Taufgäste lachen, Beifall brandet auf. Im gleichen Augenblick fegt eine heftige, kalte Windböe über das Werftgelände, schlägt Siegfried den Zylinder vom Kopf. Ein heftiger Regenschauer folgt, der die Taufe faktisch beendet und die Menschenmenge in kürzester Zeit auseinandertreibt.

Siegfried – und nicht nur er – hält den Vorfall für ein schlechtes Omen. Tatsächlich ist dem Panzerschiff eine wechselvolle Geschichte beschieden.

Beruflich wird das Klima rauer für Siegfried. Die NSDAP erhält bei den Reichstagswahlen am 31. Juli 1932 in Schleswig-Holstein 51 Prozent der Stimmen. Nur neun Monate nach der »Machtergreifung« schafft der Reichssparkommissar aus »nationalsozialistischen und Ersparnisgründen« die Bibliothek der preußischen Kommission für Meeresforschung ab. Siegfried verliert seine Wohnung im hinteren, von der Bibliothek abgesonderten Teil der Etage. Auch das von ihm betreute Labor des Oberfischmeisteramtes im Kieler Schloss und die über 60 Jahre alte Kommission werden aufgelöst. Damit ist er plötzlich arbeitslos. Fast genauso schmerzlich: Seine Forschungsergebnisse werden nicht publiziert.

Er staunt, mit welch unwiderstehlicher Kraft und Geschwindigkeit die nationalsozialistische Bewegung nahezu alle gesellschaftlichen Bereiche gleichschaltet und ideologisch auf Linie bringt. Siegfrieds Charakter ist aber aus anderem Holz geschnitzt: Er lässt sich nicht so leicht verbiegen. Er plant nicht kühl berechnend seine Karriere, ist kein Mann der Strategie oder Intrige, springt in der Regel nicht auf den Rücken der Welle auf, die ihn auf höhere Positionen tragen könnte. Er redet auch nicht jedem Vorgesetzten nach dem Mund, denn es fällt ihm schwer, sich zu verstellen. Er arbeitet mit offenem Visier.

Kurzfristig wechselt er ins Oberfischmeisteramt Kiel, wo ihm aus einem Fonds Geldmittel bereitgestellt werden. Ferner bekommt er Extrahonorare für Vorträge und Gutachten. Aufgrund der guten Leistungen bestärken ihn die Vorgesetzten, doch auf eine Karriere als Oberfischereimeister für Schleswig-Holstein hinzuarbeiten. Leider verstirbt sein Gönner Neubaur 1935 plötzlich. Als neuer Landesoberfischereimeister wird Prof. Dr. Willer aus Königsberg berufen, der freie Stellen mit Schülern seines Instituts besetzt und Siegfried das auch spüren lässt. Siegfried bemüht sich daraufhin, mit dem akademischen Austauschdienst nach Finnland zu kommen, was an der fehlenden Parteizugehörigkeit zur NSDAP scheitert. Plötzlich steht er auf der Straße. Er hat Angst, angesichts der neuen politischen Entwicklungen den beruflichen Anschluss zu verlieren. Seine Karriere steht auf dem Spiel, wenn er nicht rasch reagiert. Auch besteht die Gefahr, wie er irritiert feststellen muss, vom Kreis der bisherigen Bekannten und Freunde ausgeschlossen zu werden.

So wird er schließlich doch schwach. Ein Bekannter aus dem Auswärtigen Amt, Oberst von Massow wirbt ihn an mit den Worten: »Wenn Sie ein richtiger Kerl sind …« Damit trifft er eine empfindliche Stelle bei Siegfried. Also tritt er in die Marine-SA, die paramilitärische Kampforganisation der NSDAP, ein. Sein Verhältnis zur SA bleibt zwiespältig. Der rüde, pöbelhafte Umgangston der ehemaligen Saalschutztruppe der Nazis stößt ihn ab. Jedermann – wenn er denn nur »arischer« Abstammung ist – scheint es zu genießen, sich nun als Angehöriger eines »Volkes der Auserwählten« fühlen zu dürfen, dem besondere Privilegien in der Welt zustehen. Entsprechend großspurig treten die SA-Schergen auf. Als er einen von ihm oft frequentierten Buchladen in der Nähe seiner Wohnung besucht, erlebt Siegfried, wie ein blonder SA-Rabauke mit einem Grinsen im Gesicht sich ganz nahe vor dem Buchhändler, anscheinend einem Juden, aufbaut und aufreizend seine Fingerknöchel knacken lässt, als wolle er ihm signalisieren: Wir könnten, wenn wir wollten, jederzeit …

Andererseits ist Siegfried nicht immun gegen das Gefühl des Stolzes, der große Teile des Volkes ergriffen hat, dabei zu sein in »großer Zeit«, beteiligt an »etwas ganz Neuem, Gewaltigem«. Auch ist er davon überzeugt, dass es höher und niedriger stehende »Rassen« gibt. Slawen gelten als »Kulturträger minderer Art«, die als »ganz andere Menschen, Asiaten« bekämpft werden müssen. Vor allem aber trifft es die Menschen jüdischen Glaubens. Als er von Übergriffen auf Juden erfährt, schreitet er weder ein, noch protestiert er, noch schämt er sich, dass so etwas in Deutschland möglich ist. Flüchtige Bekannte von Siegfried begehen aufgrund der Demütigungen und Drangsalierungen Selbstmord. Zwei jüdische Handlungsreisende, die oft in Heikendorf Station zu machen pflegen, sehen sich gezwungen, nach Südamerika auszuwandern. In der »Reichskristallnacht« werden die Kieler Synagoge und viele andere jüdische Gotteshäuser in Schleswig-Holstein in Brand gesteckt, jüdische Familien und Geschäfte überfallen, zwei stadtbekannte Kieler Juden angeschossen. »Hilfspolizisten« der Nationalsozialisten holen Mitglieder der KPD aus ihren Wohnungen und verhaften sie. Siegfried registriert das alles, aber Genaueres will er lieber nicht wissen. Die braune Soße beginnt allmählich, alle Lebensbereiche zu ersticken und auch die Hirne der Intellektuellen zu verkleistern. Am 10. Mai 1933 werfen nationalsozialistisch gesinnte Studenten in Kiel auf dem Wilhelmsplatz Bücher von jüdischen, marxistischen und pazifistischen Schriftstellern ins Feuer. Die liest er sowieso nicht. Eher beunruhigt ihn die Tatsache, dass Hochschüler anfangen, »undeutsche« Professoren zu denunzieren und ihre Werke an Schandpfähle zu nageln.

Die Aufnahme in die SA erfolgt in Berlin-Wannsee. Zugewiesen wird er jedoch der Gruppe in Kiel-Dietrichsdorf. Kaum hat er eine neue Uniform und Stiefel gekauft, macht ein Scharführer mit ihm und vier Novizen Exerzierübungen auf einem Schlackenplatz. Seine aktive Mitgliedschaft währt von Juni 1934 bis Dezember 1935. Inzwischen zum Sturmmann ernannt, wird er im August 1938 wegen Interesselosigkeit entlassen.

25 Lebensfroh auf Schloss Sandow, eine Beerdigung im Brautkleid und 50 000 Mollusken

Elsa will mit dem Heiraten nicht mehr länger warten. Sie geht deshalb die Sache zielstrebiger und temperamentvoller an als ihre Freundin Dora. Dem Herrn Doktor gefällt es, dass eine von beiden forscher zu Werke geht, erleichtert es ihm doch, bei dieser Ménage à trois eine Entscheidung zu fällen. Doch die zweite Hälfte des Jahres 1935 ist er arbeitslos. Seine berufliche Zukunft scheint ungewiss. Erst im Januar 1936 ergattert er eine befristete Stelle beim Reichsnährstand, Abt. II C 7, wo er sich mit der Bekämpfung der Rübenblattwanze und des Kartoffelkäfers befasst. Die Arbeit führt ihn auf längeren Reisen in die Provinz Sachsen, die Saarpfalz und die Mark Brandenburg.

Elsa und Siegfried sehen sich selten. Zudem sind ihre Eltern nach wie vor nicht begeistert vom Schwiegersohn in spe. Doch dann kommt die Wende. Kurz vor seinem Tod im Mai 1936 vermacht Heinrich Kienbaum seiner Tochter Elsa zwei Koppeln – zentral im Dorf gelegen, davon eine mit Zuweg zur Dorfstraße – und die Hälfte des großen Gartens und das Altenteilerhaus. So kann Elsa zusätzlich mit Ländereien als Mitgift punkten. Und Siegfried winkt ab Sommer 1937 eine interessante, langfristige Forschungsstelle im Osten des Reiches.

Nun ist auch Siegfried endlich überzeugt, dass sie sich lange genug geprüft haben. Das Paar heiratet am 20. Februar 1937 in der

St. Nikolai-Kirche in Kiel. Warum lässt sich der Katholik in einer evangelischen Kirche trauen? Ganz einfach: St. Nikolai ist die schönste und größte Kirche weit und breit. Wenn es ums Renommieren geht, kann er sich auch mit den Lutheranern anfreunden. Wenn das die Brüder von der Arminia wüssten ...

Das Paar wohnt zunächst im ererbten Altenteilerhaus auf dem Grundstück von Elsas Mutter. Doppelt bitter für Dora: Die beste Freundin schnappt ihr den geliebten Mann weg, und ihre Schwester heiratet ebenfalls. Sie aber bleibt allein bei den Eltern zurück.

Siegfried kommt, wie er betont, »aus einer Familie mit nachweislich soldatischer Tradition seit der preußischen Niederlage von 1807«. Im April 1937, mit 29 Jahren, nur zwei Monate nach seiner Heirat, meldet er sich als Freiwilliger zur Wehrmacht. Der Arzt stuft ihn als »k. v.«, als »kriegsverwendungsfähig« ein.

Siegfried wäre sowieso eingezogen worden. Er gehört zur Altersgruppe der sogenannten weißen Jahrgänge, die erst ab 1936 nach und nach als Ergänzungseinheiten der aktiven Truppe einberufen wird.

Für Siegfried ist der Eintritt in die Armee nicht, wie Gottfried Benn schreibt, eine *aristokratische Form der Emigration*. Auch ahnt er wohl kaum, dass Adolf Hitler geradewegs auf einen Krieg zusteuert. Sein Motiv ist weder Kriegsbegeisterung noch Opferbereitschaft, sondern patriotische Konvention und ein vages Pflichtgefühl.

»Wir tun ja nur unsere Pflicht für unser großes Vaterland.«

Er hat ferner das Bedürfnis nach männlicher Bewährung. Zum Mannsein gehört seiner Meinung nach, in die Welt hinauszugehen, zu erobern, zu entdecken. Wie für viele andere Männer seiner Generation sind für ihn die hoch dekorierten Soldaten die Inkarnation des Männlichen. Ferner will er es seinem Vater und seinem Großvater gleichtun, sich ihrer würdig erweisen. Er träumt davon, als siegreicher Held heimzukehren, am besten mit einem

Ritterkreuz um den Hals. Dass es im Kriege in erster Linie ums Töten und Sterben geht, scheint er vergessen zu haben. Erst später erfährt er, wie die Landser »k. v.« übersetzen: »kann verrecken« oder »krepiert vielleicht«.

Als Rekrut erhält er zunächst eine dreimonatige Kurzausbildung zum Kanonier im Tiborlager im Oder-Warthe-Bogen. Die Wehrmacht kann jetzt vollständig über ihn verfügen. Er findet sich plötzlich in einer Gruppe Menschen wieder, die ihm, der sich so gern distinguiert akademisch gibt, wie eine fremde Spezies vorkommen: wild aussehende Bergleute aus den Kohlegruben Schlesiens, Berliner Droschkenfahrer, Automechaniker, Maurer ... und mittendrin Dr. Jaeckel! Als er gegenüber dem Droschkenfahrer einmal eine ironische Bemerkung macht, reißt der ihn kurzerhand mit seiner harten Arbeiterpranke aus der zweiten Etage des Bettes.

»Das machst du nicht noch mal, du Schreiberling!«, gibt der ihm unmissverständlich zu verstehen.

In all der Enge hat man sorgfältigste Ordnung zu halten. So dringen die Ausbilder darauf, dass die Bettwäsche exakt rechtwinklig hingelegt wird.

Siegfried merkt schnell, dass er, wenn es darum geht, sein Gewehr mit verbundenen Augen nach Zeit auseinander- und wieder zusammenzubauen, den meisten auf seiner Stube hoffnungslos unterlegen ist. Um die ständige Anspannung perfekt zu machen, müssen die Rekruten tagsüber mit unangekündigten Alarmübungen, mit »Maskenball«, mehrmaligem, blitzschnellem Antreten in immer anderer Dienstkleidung vor dem Gebäude, und Stubendurchgang mit Spindkontrolle rechnen. Dazu die verschrobenen Kommentare des Spießes:

»Männer, achtet darauf, regelmäßig Beischlaf zu haben, damit ihr keine unreine Haut und Pickel bekommt!«

Nach Dienstschluss gilt es, in den Räumen des Krankenreviers anzutreten. Dann heißt es: Hose runter – Kontrolle auf Geschlechtskrankheiten.

Auch nachts werden sie aus dem Schlaf gerissen, wenn es um Übungen oder Wacheschieben geht. Noch lange hat er im Ohr, wie sie, noch halb im Schlaf und mit geweiteten Augen, wie eine Herde wilder Stiere mit ihren eisenbeschlagenen Schuhen in ungestümer Hast über die steinernen Kasernenflure und Treppen donnern.

Jeder Einzelne von ihnen wird abgerichtet, ein Teilstück einer Kampfmaschine zu sein, bereit zu gehorchen, zu leiden, zu kämpfen, Entbehrungen zu ertragen, zu töten und zu sterben.

Er als Freiwilliger und seine Kameraden werden auf das Ordinärste und Übelste beschimpft und heruntergeputzt. Gerade ein etwas seltsamer Rekrut mit Doktortitel stachelt die Ausbilder zu besonderen Demütigungen an. Eines der schwersten Vergehen zum Beispiel ist es, Fragen zu stellen. Wie immer versucht er, sein Bestes zu geben, ein guter Soldat zu sein. Doch in allem, was er tut, werden ihm Mängel und Pflichtvergessenheit vorgeworfen: Der Spind ist unaufgeräumt, das Marschgepäck unsachgemäß geschnürt, die Schuhe sind schlecht gewichst. Gegen diese Willkür und würdelose Behandlung Einspruch zu erheben, würde alles nur noch schlimmer machen. An Elsa schreibt er: *Der »Hohe Rat« erachtet es für lebensnotwendig, dass selbst an den hohen Festtagen stur und brav Dienst gemacht wird. Er sieht seine Aufgabe einzig und allein darin, uns zu kujonieren. Es ist wohl am besten, ich schalte mein Gehirn aus, solange ich hier bin.*

Stoisch versucht er, die Demütigungen über sich ergehen, die Kritik an sich abprallen zu lassen. Er ist sich seines Wertes bewusst und er findet Gleichgesinnte, mit denen er sich austauschen kann: Max Schneider, ein blonder, athletisch gebauter »Germane«, und der junge Konstantin Wöpke, schwarzhaarig, blass, zartgliedrig und gebildet, der von Anfang an Kontakt zu Siegfried sucht.

Beim Geschützexerzieren ist seine Haubitze immer die langsamste. Vor den Augen aller muss er allein eine 15-Zentimeter-Haubitze abprotzen und in Stellung bringen. Der Unteroffizier stöhnt: »Armes Deutschland!«, als ob von Siegfrieds Schwäche das Schicksal des ganzen Volkes abhinge. Während der Strafübung rinnt ihm der Schweiß in Bächen über das Gesicht und tropft auf die Geschützteile. Die Unteroffiziere stehen mit der Stoppuhr daneben. Wetten werden abgeschlossen, wann er wohl zusammenbricht. Schneider, Wöpke und selbst ihm nicht gewogene Kameraden, die den Zusammenbruch voraussehen, bedeuten ihm, sich einfach niederzuwerfen. Und er bricht zusammen. Extremer Schweißausbruch und Temperaturabfall sind die Folge. Er wird auf einer Trage abtransportiert.

Nach diesem Vorfall wird Siegfried in der Munitionsstaffel oder als Artillerierechner eingesetzt. Die neu erworbenen Kenntnisse und Fähigkeiten sollen die Rekruten dann in einem Manöver in Schlesien erproben. Diesmal lässt die militärische Führung neben Platzpatronen auch scharfe Munition einsetzen. Am Schluss werden Gewaltmärsche mit vollem Gepäck angesetzt, bei denen Schneider und er ihren Freund Wöpke unterstützen.

Nach der dreimonatigen Rekrutenausbildung ziehen Elsa und Siegfried im Sommer 1937 nach Landsberg an der Warthe. Die Stadt liegt in der Neumark, etwa fünfzig Kilometer östlich der Oder, etwas nördlicher als Berlin.

Hier ist es ihnen vergönnt, zwei wundervolle, glückliche, bereichernde Jahre zu verleben, die für die Zukunft alles versprechen. Es wird die schönste Zeit in ihrem Leben bleiben.

Er ist jetzt dreißig Jahre alt, voller Zuversicht, Selbstvertrauen und ganz verliebt in seine Frau und ihre seidige Haut. Seine katholische Prägung hat es ihm bisher nicht erlaubt, eine Beziehung zu einem weiblichen Wesen auszuleben. Umso mehr genießt er jetzt das eheliche Miteinander. Siegfried erzählt der erstaunten Elsa, seiner Nixe, mit verschmitztem Lächeln vom interessanten Liebesleben seiner Lieblinge, den Mollusken. Es gebe Zwitter, dann die Auster, die monatlich ihr Geschlecht ändere. Am raffiniertesten gingen aber die Weinbergschnecken zu Werke. Nach einem bis zu zwanzig Stunden dauernden Vorspiel würden sie sich gegenseitig – kurz vor dem Höhepunkt, bei dem sie sich, gleichzeitig sowohl als Mann als auch Frau begatten – kleine Kalkpfeile in den Körper bohren. Sadomasochismus unter den Mollusken.

Gemäß dem Zeitgeist, der die Schönheit des germanischen Körpers verherrlicht, macht Siegfried verschämte Nacktaufnahmen von sich und Elsa in freier Natur. In der Trunkenheit des Sommers, mit der warmen Sonne auf der Haut, den Lauten der Insekten und Vögel im Ohr, den vielfältigen Gerüchen und Düften von Erde und Pflanzen spielen sie Adam und Eva.

Noch sind sie frisch verheiratet und schwer verliebt. Doch Elsa beschleichen in stillen Stunden Zweifel, ob das so bleibt, ob sie ihm auf die Dauer genügen könne, wenn er Professor wäre, dumm und ungebildet wie sie ist, wenn sie, die Ältere, nicht mehr so attraktiv aussähe.

Formell ist er in Landsberg vom 1. Juli 1937 bis zur Kapitulation des Deutschen Reiches nach dem Zweiten Weltkrieg wissenschaftlicher Assistent von Prof. Appel am Institut für Pflanzenkrankheiten der Preußischen Landwirtschaftlichen Versuchs- und Forschungsanstalten. Seine Aufgabe ist es, kurz gefasst, die Landwirtschaft bei der Ernährung der »Volksgemeinschaft« zu unterstützen. Nebenbei betreut er die Institutsbibliothek, den Versuchsgarten, die Versuchs- und Lehrimkerei und die Wetterstation in Landsberg. Obwohl ihm als Staatsbeamten der Beitritt zur NSDAP mehrmals nahegelegt wird, bleibt Siegfried der Einzige am Institut, der nicht der Partei angehört.

Zu Elsas Bedauern arbeitet er nach Feierabend oft an seiner Habilitationsschrift, führt dafür Untersuchungen durch und sammelt Material. Da ist sie wieder: die ungeheure Energie, mit der er schon zur Studentenzeit seine Kommilitonen zu verblüffen wusste. Alles fügt sich in nahezu spielerischer Leichtigkeit, ohne dass er sich verausgaben muss.

Und auch das gesellschaftliche Leben genießt er in dieser Zeit in vollen Zügen. Seine Arbeit führt ihn auf viele Herrensitze und Rittergüter, deren Besitzer er in Sachen Pflanzenkrankheiten, Schädlingsbekämpfung und Düngung berät. Einige finden Gefallen an dem lebensvollen, gebildeten jungen Wissenschaftler. Besonders geehrt fühlt sich Siegfried durch die gastliche Aufnahme im Schloss Sandow. Dort residiert Baron Senfft von Pilsach, ein Mann von fränkischer Herkunft, seine Frau, die der Kaiserin als Hofdame diente, und deren Sohn Viktor, ein hoher Marineoffizier und Träger des Ritterkreuzes mit Eichenlaub. Im Schloss verkehrt der erlauchte »Sandower Kreis«. Dazu gehört Fürst Michael Tsoulokidse von Georgien, dessen Frau Ärztin ist und mit Prof. Sauerbruch arbeitet. Zu den anderen Gästen zählen ein Admiral, Kommandeur der Flotte in der östlichen Ostsee auf dem Kreuzer »Magdeburg«, und hohe Armeeangehörige. Sie treffen sich regelmäßig. Manchmal spielen sie Karten, meistens aber diskutieren sie, plaudern und scherzen.

So zeigt der Fürst einmal auf seinen Ehering und fragt:

»Sie sind verheiratet, lieber Doktor?«

»Ja, glücklich.«

»Keine Sorge, das geht vorüber.«

Die Herren in der Runde lächeln. Nicht spöttisch oder herablassend, wie ihm scheint, sondern eher wohlwollend und gelassen. Gleichermaßen debattieren sie die aktuelle politische Lage, die sie sorgenvoll stimmt, aber nicht wirklich beunruhigt. Siegfried staunt. Ihre Selbstsicherheit, gegründet auf Reichtum, Herkunft, gesellschaftliche Beziehungen und einem Leben in Müßiggang, scheint unverbrüchlich. Sie glauben, sie seien Privilegierte, die genügend Abstand zu den Niederungen des politischen Alltags haben. Sie können sich einfach nicht vorstellen, dass ihre schöne Welt in naher Zukunft zerfallen wird.

Man raucht Zigarre, trinkt Champagner oder Wein, isst gesalzenen Fisch und Kaviar, zu späterer Stunde werden Cognac, Mocca und Gebäck serviert.

Siegfried erregt Interesse mit seinen Berichten von Samoa, seiner frühen Kindheit in Afrika.

Er fühlt sich wohl in dieser stolzen, noblen Runde, sieht er sich doch als Geistesaristokraten, dem es aufgrund seiner Fähigkeiten zusteht, in diesem Gesellschaftskreis zu verkehren. Später spricht er von dieser Zeit als dem Höhepunkt seines Lebensgefühls und seiner Wertschätzung.

Umso ferner liegt für Siegfried das Leben seiner Schwestern in Berlin, mit denen er Briefkontakte pflegt.

Lisa, 1912 in Windhuk geboren, die mittlere Schwester – Antonia, die älteste war ja schon im Alter von zwei Jahren gestorben – durchlief die Schule mit durchschnittlichen Leistungen. Sie absolviert zurzeit eine Ausbildung zur Krankenschwester und arbeitet an der Charité in Berlin. Sie wirkt burschikos, ihr Handeln wegen ihres hitzigen Temperaments oft überhastet und sie ist keine auffallende Schönheit. Jegliche Leichtigkeit scheint ihr zu fehlen. Siegfried ahnt, dass sie es schwer haben wird im Leben.

Caroline, die jüngste Schwester, 1916 in Berlin geboren, von ihm zärtlich Mugge oder Mucke genannt, steht ihm näher. Sie ist ihm ähnlicher – rein äußerlich und auch in ihrer Leidenschaft für Literatur und Theater und der Liebe zur Natur. Außerdem ist sie unternehmungslustig, treibt Sport und reist. Die Eltern schicken sie für siebeneinhalb Jahre auf eine Privatschule in Nikolassee. Für die Nachmittagsvorstellungen des Deutschen Theaters besitzt sie ein Abonnement. Nach der Ausbildung zur Buchhändlerin auf der »Reichsschule des deutschen Buchhandels« in Leipzig arbeitet sie in der Ackermannschen Buchhandlung in Berlin-Zehlendorf.

Mugge liebt den Apotheker Albert Jeschke, einen Cousin, mit dem sie schon als Kind auf den benachbarten Grundstücken der

Eltern in Teltow-Seehof spielte, später als Jugendliche zarte Bande knüpfte. Die Eltern der beiden und auch Siegfried machen sich deshalb Sorgen. Für Caroline indes ist diese Liebe das Natürlichste, Selbstverständlichste von der Welt. Albert ist der Mann, mit dem sie ihr Leben teilen will. Sie liebt ihn, solange sie denken kann. Beide fühlen sich füreinander bestimmt und verloben sich heimlich. Auch Siegfried mag ihn. Albert ist in seinen Augen ein anständiger, begabter und feinsinniger Mensch, obwohl ihm dessen pathetische Schwärmereien fremd sind. Mugge zeigt ihm im Vertrauen einen Brief von Albert aus dem Jahre 1937, auf den sie ganz stolz ist:

Liebe Caroline!
Deutschland! Dies Wort von zauberischem Klang, es schlägt uns immer in seinen Bann. Es umschließt alles, was uns auf dieser Erde heilig und teuer ist: Heimat und Elternhaus. Und nicht zuletzt lebt in ihm die Liebe, die wir jenem Menschen entgegenbringen, den uns ein gütiges Geschick finden ließ.

In der Erinnerung gehen wir noch einmal all jene Wege durch dieses schöne Land, die wir in sonnendurchglühten oder sturmdurchbrausten Tagen gegangen sind, wo uns die Schönheit zum Erlebnis wurde.

Es bindet uns das Blut unserer Altvorderen an dieses Land, das auch sie geliebt haben und das ihnen die Möglichkeit gab, ihr Leben zu leben.

Vielleicht war ihr Leben nicht immer leicht, sondern von Mühen und Sorgen erfüllt; diese Kraft, Schweres zu überwinden, haben sie uns mit ihrem Blut vererbt. Drum wollen auch wir, Du und ich, voll Vertrauen in die Zukunft blicken und gemeinsam fragen, was uns beschieden ist.

Dieses Buch von deutschen Landen lege ich in Deine Hände als ein Zeichen meines Dankes dafür, daß Du mir so viel an Schönem geschenkt hast. Durch Dich erst lernte ich, die Welt zu lieben. Erst

durch Dich liebe ich dieses Land, das meine Väter und Mütter ge-
tragen hat.
Ich weiß, daß damit noch nicht erschöpft ist der Brunnen reiner
tiefer Liebe; denn die unterirdischen Quellen zu ihm fließen ewig,
unaufhörlich.
Die Freude soll Dich führen ins deutsche Land wie auch ins Land
der Liebe.
Albert

Caroline, die Tochter einer Verbindung zwischen Cousin und
Cousine, will nun ihrerseits einen Cousin heiraten. Wie alle Kinder von Lona und Fritz besitzt sie einen eigenwilligen Charakter,
der zum Extremen neigt. Sie kommt mit anderen Menschen gut
aus, ist dabei aber eher introvertiert und sehr empfindsam. Siegfried ist sich unsicher, ob er ihr in die Beziehung reinreden soll.

Dann, mitten in Siegfrieds Landsberger Idylle platzt die Nachricht
von ihrem Tode. Kurz vor der Hochzeit im Mai 1939 stürzt sie sich
kopfüber aus dem Fenster eines hohen Gebäudes. Ihr Leben endet
nach nur 24 Jahren.
Man beerdigt sie in ihrem Hochzeitskleid.
Ein Trauma für Siegfried, das ihn tief verstört und schmerzt. Er
schämt sich und macht sich Vorwürfe, untätig geblieben zu sein.
Albert trauert lange um sie, beendet aber schließlich sein Phar-
maziestudium und erwirbt zwei Doktortitel. Zeit seines Lebens
hält Siegfried Kontakt zu ihm und seiner Familie.

Der schwere Schlag schweißt Siegfried und seine Frau nur noch
enger zusammen. Das Ehepaar wohnt in der Gartenstraße 4,
zweiter Stock. Er freut sich jedes Mal auf die Rückkehr von seinen
zahlreichen Dienstreisen. Bestens aufgelegt, küsst und umarmt er
dann seine Frau. Er kehrt heim in eine Welt, die nur ihnen beiden
gehört, in der er Ruhe findet. Hier in seiner Gelehrtenklause, in

dem wuchtigen, alten Haus zwischen den raumhohen Bücherregalen und Sammlungsschränken, kann er Gedanken nachhängen, sie ordnen, Fragen, Ideen und Entdeckungen notieren.

Er besitzt inzwischen umfangreiche Sammlungen und wissenschaftliches Material, die, so hofft er, seiner Karriere noch einmal nützlich sein werden. Im Institut weiß man davon, in der Nachbarschaft und bei Bekannten spricht man darüber. Dieses Archiv ist sein privates Naturuniversum. Den Schwerpunkt bildet die Molluskensammlung mit 50 000 determinierten, eingeordneten Nummern, eine der besten Kollektionen Deutschlands in privater Hand. Doch das ist längst nicht alles: 200 Weichtiere in Alkohol; Insekten; Schädel, Geweihe, Gehörne, darunter das eines Kudus; Eidechsen, Schlangen, Fische, Korallen, Vogeleier; kennzeichnende Teile von seltenem Wild; ausgestopfte Vögel; 5000 mikroskopische Präparate; Mineralien und Edelsteine; mehr als 200 ethnografische Objekte aus der ganzen Welt; Manuskripte, wissenschaftliche Korrespondenz, 6000 Sonderdrucke, eine Literaturkartei mit 8000 Positionen, dreißig Meter Fachbücher, wissenschaftliche Fotos; Messinstrumente, Mikroskope, Chemikalien …

Von Kindesbeinen an ist er Sammler aus Leidenschaft. Die Kollektion ist der zentrale Bezugspunkt seines Lebens und der Arbeit. Für ihn stellen zoologische Sammlungen »Bibliotheken des Lebendigen« dar, sind Zeugen der Vergangenheit und der Gegenwart und damit Bewahrer des kulturellen und wissenschaftlichen Erbes. Sie geben Auskunft über den Zustand der Umwelt zu bestimmten Zeiten, an bestimmten Orten.

Der Weltkrieg begann, und wir sahen Gott und Sterne sterben im
Abendland. Der Tod stürmte über die Erde. Er nahm die Maske
von seinem Antlitz, nackt grinste sein Knochengesicht. Wahnsinn
und Schmerzen meißelten nun seine Züge. Wir zogen hinaus ins
Niemandsland, erlebten seinen Tanz in der Ferne und hörten
seine Trommel bei Nacht.

Willy Peter Reese,
Mir selber seltsam fremd, Russland 1941

26 Das Panzerwerk 505, Hundekekse und eine rotlippige Schöne

Die grausame Realität holt Elsa und Siegfried ein. Er erhält den Gestellungsbefehl, sich am 25. 8. 1939 bei der schweren Artillerie im polnischen Grenzgebiet einzufinden.

Siegfried kann nicht ahnen, welch schwere Zeit auf ihn zukommt. Doch vorsorglich sucht er einen Zahnarzt auf und verfasst ein Testament zugunsten seiner Frau. Als Lektüre packt er Marc Aurels »Selbstbetrachtungen« ein. Elsa weint, als sie sich verabschieden, und winkt ihm, der in der offenen Tür eines Güterwaggons steht, lange hinterher.

Gleich am zweiten Tag versetzt der Batteriechef seine Truppe in Gefechtsbereitschaft, lässt eiserne Rationen verteilen. Unruhe ergreift die Männer. Alle fragen sich: Wird es jetzt ernst? Zu seiner großen Erleichterung entdeckt Siegfried Schneider und Wöpke, seine Freunde aus der Rekrutenausbildung, in seiner Einheit. Die drei schwören sich, zusammenzubleiben und aufeinander aufzupassen.

Überall Truppenbewegungen. Siegfrieds Batterie bezieht in der Nacht hinter einem Wald Stellung. Dann stundenlanges Warten.

Siegfried denkt sich, er könne die Zeit sinnvoll zum Sammeln von Schnecken nutzen. Im Morgennebel des 1. September 1939 entfernt er sich ein wenig von der Truppe. Das Licht ist trüb. Nebelschwaden verfremden die Heidelandschaft und schlucken alle Geräusche. Sich selbst und die Zeit vergessend streift er umher. Plötzlich überfällt ihn Panik, er hastet zurück zur Stellung. Seine Einheit ist weg. Voller Verzweiflung irrt er vier Stunden durch die Gegend – alles sieht gleich aus –, ehe er sie in einem Tal weiter im Osten wiederfindet … auf polnischem Gebiet.

Der Krieg hat begonnen!

Es wird später eine seiner Lieblingsanekdoten, wenn er zur allgemeinen Erheiterung zu bedenken gibt, dass er der erste deutsche Kriegsgefangene der Polen hätte sein können.

Unaufhaltsam dringt seine Abteilung weiter in Polen vor. Wer schläft, lebt gefährlich. Tagelang kann Siegfried die Wäsche nicht wechseln. Die Kleidung wächst ihm an den Leib. Nach einigen Tagen setzt Regen ein, Gräser und Heide ersaufen vor Nässe. Die Feldgrauen wühlen sich mit ihren Fahrzeugen durch tief zerfurchte Wege. Wildes, hohes Gras in dumpfen braunen Farben, dorniges Gestrüpp und gekrümmte Kiefern am Wegesrand. Zwischendurch ein halbes Stündchen totenähnlicher Schlaf. Jähes Aufwachen, ein nervöser Blick zu den Kameraden, in die bleichen, harten Gesichter, die ausdruckslos sind vor Kälte, Müdigkeit, Apathie. Küstendampfern gleich, die in aufgewühlter See schlingern, tauchen und klettern sie durch das Gelände. Auf Zeltplanen, den Stahlhelm als Kopfkissen, schlafen sie einige Stunden unter dem Tarnnetz, vor Morgengrauen geweckt von Kälte und Tau, der sich wie ein Film über die Gesichter legt. Sehnsüchtig warten sie auf die Sonne. Bei ihrem Aufgang braten sie Brot in der Pfanne und bestreichen es auf irgendeiner Drecksplatte mit Honig aus der Tube.

Seine Batterie – man probiert es mit ihm noch mal als Geschützführer – baut eine Feuerstellung vor Bentschen auf. Zum Glück gehört Schneider zu seiner Besatzung. Der Hüne rammt mit bloßen Armen die Granaten und Pulverkartuschen in das Geschützrohr.

Die Artillerie bezieht stets in der zweiten Reihe hinter der Frontlinie ihre Stellung. Wenn sein Geschütz die Granaten abschießt, bekommt Siegfried von den Folgen seines Tuns, von der Zerstörung und dem Leid nichts mit. Kämpfen sie nachts, löschen sie in der Ferne ein paar Lichter, das ist alles. Erst später, als sie in das bombardierte Bentschen einfahren, erkennen sie, was sie angerichtet haben: Leichen am Wegesrand ohne Kopf oder Gliedmaßen, aus dem offenen Bauch quellende Gedärme, zertrümmerte Schädel, zerstörte Gebäude, von Trümmern erschlagene und begrabene Menschen, ausgebrannte Panzer, aus deren Turmluken bizarr verrenkt Tote hängen oder ein auf die Seite gekippter, zerschossener Panzerwagen, in dessen Innerem er die verkohlten Besatzungsmitglieder erkennen kann.

Keiner sagt ein Wort. Erst als sie das Gebiet passiert haben, fallen erste Bemerkungen, versucht Schneider einen Scherz, um das eigene Entsetzen und die Angst zu überspielen und sich vor den anderen keine Blöße zu geben.

Das war die Feuertaufe. Zeit zum Überlegen, was da gerade geschehen ist, was das in ihren Seelen angerichtet hat, bleibt nicht. »Aufsitzen!«, befiehlt der Batteriechef, und schon geht ihre rastlose Jagd weiter. Befehlen zu gehorchen, das hatte Siegfried schon bei der »Arminia« gelernt. Er ist jetzt kein Rekrut mehr, sondern ein Soldat, ein Kriegsarbeiter, dessen Aufgabe darin besteht, dieses Land zu erobern. Dazu gehören nun mal Tod und Zerstörung. So erlebten es sein Vater und sein Großvater, so ist es seit Menschengedenken, versucht er sich einzureden. Doch neben Angst und Zweifeln spürt er auch die Faszination, die von der Kraft der Motoren, der Geschütze und Granaten ausgeht, ist er berauscht von der Macht, die er und seine Kameraden auszuüben vermögen. Wenn er das Resultat seiner Anstrengungen betrachtet, ist er stolz, seine Arbeit ordentlich gemacht zu haben.

An Elsa schreibt er: *Die letzten Tage vermittelten uns den ersten Eindruck des Krieges. Er zeigte gleich am Anfang sein Gesicht mit einer grausamen Deutlichkeit, die nichts zu wünschen übrig ließ. Vor seinem unerbittlichen Antlitz besteht keine leere Prahlerei, in der greifbaren Nähe des Todes versinkt aller Materialismus, aller Egoismus und haben nur Pflichtbewusstsein und Kameradschaft Bestand. Ich bereue keinen Augenblick, endlich an der Front zu sein. Das ist die Krönung des Soldatenlebens.*

Vormarsch auf die Stadt Posen. Die Nächte sind schon bitterkalt. In einigen Quartieren pfeift der Sturm durch die Fensterritzen. Sie nächtigen in Zelten, im Wald auf einer Lage Farnkrautwedel, in Zimmern voller Schaben, in Scheunen, in Flugzeughangars, in einer ehemaligen Limonadenfabrik, mit hundert Mann dicht an dicht in einer Turnhalle mit einer Zeltplane als Unterlage. Im Zustand äußerster Erschöpfung schlafen sie auf der Ladefläche fahrender Lastwagen oder im Inneren sich bewegender Kettenfahrzeuge. Einige schreien nachts in ihren Träumen. Dann liegt Siegfried manchmal selbst wach in der Schwärze der Nacht, konfrontiert mit eigenen Schreckensbildern. Aufputschmittel wie Panzerschokolade mit Metaamphetamin oder Pervitin-Tabletten lutschen sie wie Bonbons. Erschöpfung folgt der übermäßigen Wachphase, zwischen Realität und Halluzinationen zu unterscheiden, wird immer schwerer. Die Uniformen sind zerrissen, dreckig und stinken entsetzlich nach saurem Schweiß. Leben unter Männern. Normale Umgangsformen spielen inzwischen kaum noch eine Rolle. Mund oder Nase wischen sie mit dem Ärmel ab, sie furzen, rülpsen und fluchen ohne Scheu. Unrasiert und fern der Heimat.

Wenn sie auch äußerlich verwahrlosen und ihre Umgangsformen zu wünschen übrig lassen, müssen sie sich doch zu hundert Prozent aufeinander verlassen können. Es ist ehernes Gesetz, im Gefecht jeden Egoismus, jede Schwäche zu überwinden. Ein Zurückfallen beim Marschieren, eine Unachtsamkeit mit der Waffe, ein individueller Fehler kann nicht nur verheerende Folgen für einen selbst, sondern immer auch für die Gruppe haben. Sie können nur »erfolgreich« sein und überleben, wenn sie bereit sind, ihr Leben füreinander, für die Truppe einzusetzen. Alle sind Teil dieser Gemeinschaft. Viele verlieren sich in ihr, bietet sie doch Schutz und Erlösung von der Angst, jederzeit verwundet oder getötet zu werden.

Auf dem Weg Richtung Warschau sieht er, nun schon abgestumpft, an den Straßenrändern wieder die Hinterlassenschaften des Krieges: zerschossene Panzer, zerstörte Geschütze, ausgebrannte Fahrzeuge und die ersten Gräber mit Holzkreuz und Stahlhelm. Kolonnen polnischer Kriegsgefangener strömen ihnen entgegen.

Deutsche Panzerverbände und die Luftwaffe zerschlagen die polnische Armee in einem »Blitzkrieg« vom 1. bis 18. 9. 1939. Nur Warschau und Modlin werden etwas später erobert. Großbritannien und Frankreich erklären Deutschland am 3. 9. 1939 den Krieg.

Nachdem sich die Lage in Polen »stabilisiert« hat, beordert man Siegfrieds Einheit im Februar 1940 an die Westfront. Auf dem Rückweg machen sie erneut kurz Station in Posen. Hier brummt inzwischen wieder das Leben. Soldaten und Flüchtlinge aus den baltischen Staaten füllen die Straßen der Stadt. Die Stimmung unter den Soldaten ist euphorisch. Schneider, der Frauenflüsterer, lacht sich gleich am ersten Tag ein Mädchen an. Wöpke meint aufgekratzt:

»Die Eroberung Polens war doch ein Kinderspiel, was Jaeckel?! Wenn wir erst die Tommies besiegt haben, statte ich der Savile Row einen Besuch ab und lasse mir vom besten Schneider Londons einen Maßanzug anfertigen.«

Der Mythos von der absoluten Überlegenheit der deutschen Soldaten wird geboren. Schon tagsüber finden die Landser in den Gastwirtschaften und Kaffeehäusern kaum Platz. Als sei nichts geschehen, spielen abends in einigen Lokalen Musikkapellen zum Tanz, sind Theater und Kinos ausverkauft. Siegfried sieht die Filme »Stern von Rio« mit der berühmten La Jana und »Das Paradies der Junggesellen« mit Heinz Rühmann und dem Gassenhauer »Das kann doch einen Seemann nicht erschüttern«.

Einsatz in Frankreich, Februar 1940–Februar 1941

Der einfache Soldat ist der Spielball der Mächtigen. Siegfried ist pausenlos unterwegs. Im Jahr legt er zu Fuß, mit Artilleriefahrzeugen, Lkw und Eisenbahnzügen etwa 15 000 Kilometer zurück. Er fühlt sich wie ein Boot bei wechselnden Winden, das mal hierhin und mal dorthin treibt. Seine Einheit besetzt zunächst eine Westwalllücke bei Notweiler. Dieses Verteidigungsbollwerk, die sogenannte Siegfriedlinie auf 630 Kilometern entlang der Westgrenze des Deutschen Reiches, besteht aus 1800 Bunkern, aus Stollen, Gräben und Panzersperren.

An einem Märzabend steht Siegfried in Mouscron, einer kleinen belgischen Stadt nahe der französischen Grenze, bei den Geschützen Wache. Er fühlt sich einsam und friert. Was dann geschieht, wird er nie vergessen. Eine junge Frau nähert sich. Im Schein der Laterne ein wunderschönes, zartes Gesicht mit fragenden Augen eingerahmt von dunklen Haaren. Ein unsicheres, bezauberndes Lächeln. Sie wünscht ihm einen guten Abend. Siegfried ist beglückt und erstaunt zugleich. Eine junge Frau, beinahe noch ein Mädchen, spricht in der Dunkelheit einen fremden, waffenstarrenden Eindringling an und plaudert mit ihm. Ist es seine Einsamkeit, die ihr Leid tut, oder ist es ihre eigene Einsamkeit, ihre Sehnsucht nach etwas Unbekanntem, die sie dazu treibt? Siegfried wird es ein ewiges Rätsel bleiben. Rachèle van den Berghe heißt sie. Er lässt ihren Namen in seinem Rachen rollen: »Rachèle … « Sie erzählt ihm von ihrem Leben und ihrer Familie. Er versteht nur Bruchstücke. Doch das spielt keine Rolle, ganz verzaubert lauscht er ihrer Stimme, spürt der Menschlichkeit und Zartheit dieser flüchtigen Begegnung nach.

In Saint-Omer, etwas weiter westlich Richtung Ärmelkanal, bekommen die Soldaten Ausgang. Sie wollen die Schrecken des Krieges vergessen, den süßlichen Leichengeruch loswerden, sie wollen das Leben feiern. Und wie!

Siegfried stürzt sich in Begleitung von Schneider und Wöpke ins Nachtleben. Den Höhepunkt bildet der Besuch des Café d'Esport. Das Lokal ist bis auf den letzten Platz besetzt mit überdrehten deutschen Soldaten, die sich besinnungslos betrinken und ausgelassen tanzen. Der Raum birst vor Lärm, Rauch und Hitze. Jeder wartet nur darauf, wann das erste Mädchen an Schneiders Hals hängt.

»Wenn die Mädels nicht innerhalb von Sekunden auf den Bäumen sind, gehen sie Schneider in die Falle«, lästert Wöpke mit einem Funken Neid über seinen Freund.

Doch es ist Siegfried, der die bildschöne Schwester der Wirtin zum Tanz auffordert. Das vollbusige Weib mit den rot geschminkten Lippen verführt ihn zu dem raffiniertesten, unanständigsten Tanz seines Lebens. Mit ihr steigert er sich in eine Raserei, legt in engster Berührung ihren Körper aus der Drehung fast auf den Boden. Mitgerissen grölen und klatschen die umstehenden Soldaten.

Jedes dieser seltenen Zusammentreffen mit dem weiblichen Geschlecht genießt Siegfried. Doch immer erinnert er sich anschließend umso schmerzlicher an die ersehnte Normalität zu Hause, an seine Frau.

Siegfrieds Einheit wird zum Panzerwerk 505 befohlen, einem Eckpfeiler des Verteidigungswalls auf der französischen Seite, der Maginot-Linie, die die Franzosen selbst für undurchdringlich halten (»On ne passe pas«). 22 deutsche Artillerieabteilungen mit zusammen 259 Geschützen umzingeln die zwei Bunker, sollen sie sturmreif schießen. Seine Haubitze jagt eine Granate nach der anderen raus. Ein einstündiges Inferno aus Pulverdampf, grellen Blitzen, Erschütterungen und ohrenbetäubendem Krach. Beim zwanzigsten Schuss erhöht sich die Temperatur des Geschützes so sehr, dass es einen Rohrkrepierer gibt. Zum Glück wird niemand verletzt, aber alle sind zunächst taub.

Seit dem Morgen regnet es. Ein feiner, kühler Sprühregen überzieht die Landschaft und die Gesichter der Männer. Er dringt durch die Kleider und lässt einen schaudern. Mit dem Feldstecher kann Siegfried verschwommen die in einen Berg eingegrabene Festung erkennen. Er sieht die zwei Bunker, von denen nur die runden Panzertürme aus Beton und mehrere stählerne Drehtürme wie Fingerspitzen aus dem Erdreich ragen. Nach Beendigung des Bombardements von deutscher Seite macht Siegfried schemenhaft Sturmpioniere aus, die sich trotz der steilen, glitschigen Hänge zielstrebig an die Türme heranwagen. Nach einiger Zeit donnern Detonationen übers Feld, Rauch steigt aus den Öffnungen des einen Bunkers. Nach weiteren Explosionen ziehen sich die Pioniere wieder zurück. Am folgenden Tag gelingt es ihnen, den zweiten Bunker in ihre Hand zu bekommen. Als diese Nachricht durchsickert, bricht spontaner Jubel in Siegfrieds Truppe aus. Übermütig tanzen die Männer herum, schlagen sich gegenseitig auf den Rücken und schreien ihre Anspannung heraus.

Dicht bei der Panzerglocke hatten die Pioniere eine an einer langen Stahlstange befestigte, geballte Ladung Handgranaten zur Explosion gebracht. Durch die so entstandene Öffnung und durch die Sehschlitze der Drehtürme warfen sie weitere Sprengsätze und Nebelkerzen ins Innere. Genauso wurde der zweite Bunker geknackt. Als die Pioniere das Innere betraten, war kein französischer Soldat mehr am Leben. An die hundert Leichen lagen dort, zum Teil mit Gasmasken vorm Gesicht.

Dem Schicksal ihrer Feinde schenken die Soldaten kaum Beachtung. Sie kämpfen weder aus ideologischen oder politischen Überzeugungen, noch interessieren sie sich sonderlich für die moralischen Grundlagen dieses Krieges. Gebiete zu erobern, ist ihre zentrale Aufgabe. Je mehr Feuerkraft ihre Waffen besitzen, desto besser. Selten fällt ein Wort über das Töten und den Tod. Beides gehört inzwischen wie selbstverständlich zu ihrem Alltag.

Später, nach dem Krieg, erfährt Siegfried mehr Details über das Schicksal der im Panzerwerk 505 eingeschlossenen Soldaten. Nachdem die Sprengladungen viele Geräte und die meisten Waffen unbrauchbar gemacht hatten und die ersten Brände anfingen, die Luft in den unterirdischen Gängen zu vergiften, bat der Festungskommandant seinen Vorgesetzten, aufgeben zu dürfen. Doch dieser beharrte darauf zu kämpfen, solange ein Geschütz noch funktionsfähig sei. In seiner Verzweiflung warf darauf der Kommandant den Schlüssel der Festung durch einen Schießschlitz nach draußen – der Besatzung war damit der Ausgang versperrt – und schloss sich selbst in seinem Zimmer ein. Der Rest der Soldaten hastete über Treppen hinunter in den langen Verbindungsgang zwischen den Bunkern, um den Sprengungen und dem Rauch in den Kampfblöcken zu entgehen. Sie erstickten qualvoll.

Siegfrieds Einheit dringt weiter vor über Sedan, Châlon-en-Champagne bis südlich der Loire. Manchmal marschieren sie nachts durch fremde Ortschaften und singen Furcht einflößend: »Wir werden weiter marschieren, wenn alles in Scherben fällt, denn heute gehört uns Deutschland und morgen die ganze Welt.« Das ursprüngliche »hört« haben sie inzwischen in »gehört« umgewandelt. Manchmal sehen sie die Umrisse von Gestalten hinter den Gardinen in den Fenstern. Siegfried weiß: Sie sind die fremden Soldaten, die das Land dieser Leute besetzen, ihnen die knappen Lebensmittel wegnehmen, ihre besten Häuser beschlagnahmen und ihnen fremde Regeln aufzwingen. Der unterdrückte Hass dieser Leute kümmert ihn nicht.

Bei Rethel überwältigt Siegfried die Schönheit eines Waldstücks, dessen Boden mit Maiglöckchen übersät ist. Er muss an

Elsa denken, an ihre Tänze in den Mai, an ihre gemeinsamen Ausflüge in frisch ergrünte Birkenwälder.

Wann immer es möglich ist während des gesamten Westfeldzuges in Belgien und Frankreich, sammelt er Mollusken. Noch im Kriege, 1943, veröffentlicht er eine Arbeit darüber.

Nach der französischen Kapitulation am 22. 6. 1940 veranstalten die deutschen Besatzer in völliger Unbekümmertheit in La Charité-sur-Loire ein Sportfest. Dort läuft Siegfried nach einem 15-Kilometer-Lauf – wie einst »Samo« – unter dem Jubel der Zuschauer als Erster in das Stadion ein. Glückshormone durchströmen ihn. Ein dreiwöchiger Heimaturlaub ist die Belohnung. Siegfried reist, nach einem Zwischenstopp bei seiner Mutter und den Schwestern in Berlin-Schlachtensee, nach Landsberg zu Elsa. Unbekümmerte Tage, die durch Albträume getrübt werden.

Elsa fällt auf, dass ihr Mann stiller geworden ist, sein Gesicht kantiger.

Vor dem nächsten Fronteinsatz wird er in Rerik und Hannover-Kleefeld an der Flak-Artillerie-Schule zum Messtruppführer ausgebildet. Dann besteigt er einen Zug, der nach Osten fährt, weit, weit nach Osten.

Wir fressen einander nicht, wir schlachten uns nur.

Georg Christoph Lichtenberg,

Von Menschenart

27 Dunkelheit, Kälte, Läuse und Partisanen

Russland, Juli 1941–Mai 1942

Siegfried ist kein Neuling mehr, er hat den Tod gesehen. Dennoch überwiegt die Neugier auf Russland, auf das Land von Tolstoj, Tschechow und Tschaikowsky. Allzu große Sorgen macht er sich nicht. In atemberaubendem Tempo marschiert die Wehrmacht nach dem überraschenden Angriff in Stalins Reich voran. Und Schneider und Wöpke sind auch wieder mit von der Partie.

An *seine liebe, seine tapfere Soldatenfrau* schreibt er:

Im Osten zermalmen unsere drei gewaltigen Heersäulen in harten, blutigen Schlachten den Staat des »Arbeiter- und Bauernparadieses« und der Kulturfeinde. Wir bringen die Front ins Rollen, treiben jetzt den Gegner vor uns her, über uns die braven Me's (Messerschmitt) und Ju's (Junkers). Unsere Waffe hat sich hervorragend bewährt, und ich bin dem Herrgott jede Minute dankbar, dass unser Gegner keine Stukas besitzt. Wir starren in den rinnenden Regen und warten auf unsere Stunde ...

Elsa wiederum spricht ihren Mann zu Beginn des Krieges, als die Wehrmacht immer nur Siegesmeldungen verkündet, in Briefen an mit *Siegfried, mein Held, Du mein geliebter Krieger, mein geliebter, großer Soldat.*

Als sie ihm berichtet, dass sie zu Hause in Landsberg Blaubeeren in Gläser gefüllt habe, antwortet er:

Blaubeeren mit Pfannkuchen sind eine Fata Morgana für mich wie für Afrikakämpfer ein Speiseeis.

In der »Wochenschau« heißt es über die Soldaten, sie, die Söhne Deutschlands, seien der Orkan, der über Russland braust, die Reiter auf dem Sturm. Sie schrieben ein Stück Weltgeschichte. Den Landsern vor Ort sind solche Worte ziemlich egal.

Zur Zeit der Mittsommerwende sitzt er mit Schneider, Konstantin Wöpke, einem Biologen, dem kleinen gewitzten Hans Mangold und anderen Kameraden auf einem Bahndamm im Nirgendwo, abgekämpft und müde. Sie haben Wein und Wodka dabei, die Flaschen wandern von einer Hand zur andern. Es ist warm, der Nachthimmel übersät mit Sternen: Kassiopeia, Andromeda, Großer Bär … Leidenschaftlich reden sie über Liebe, Krieg und belanglose Dinge, singen ihre wilden, abgedroschenen Landsknechtlieder, die von Abenteuern, Schnaps und Mädchen handeln. Sein Gefährte Schneider hält die Flasche in die Höhe, schaut Siegfried an und ruft lang gezogen: »N-S-D-A-P!« Einen Augenblick herrscht Stille. Siegfried, nicht mehr ganz nüchtern, macht ein verdutztes Gesicht. Der andere grinst ihn an: »Nun sag' du aber Prost!« Sie sind ausgelassen, albern, völlig überdreht. Seit einer Ewigkeit haben sie nicht mehr richtig geschlafen. Für Siegfried ist es die erste Schnapsflasche seit Langem. Er ist berauscht und schreit in die Nacht hinaus: »Verdammt! Lieber im Stehen sterben als ewig auf den Knien liegen!«

Seine Truppe fährt weiter durch Brest-Litowsk, überschreitet bei Slobin den Dnepr und gelangt dann bis zum oberen Don. Sie gehören zur Speerspitze der deutschen Truppen.

Der Krieg im Osten ist kein »normaler Krieg«, sondern ein ideologischer Kreuzzug. Hitler spricht davon, er sei »von der Vorsehung« auserwählt, das deutsche Volk zu jener Größe zu führen, für die es gemäß den ewigen Gesetzen der Natur und der Rasse bestimmt sei. Entsprechend indoktriniert, ist Russland für Siegfried eine weite Ödnis, ein Land voller Stumpfsinn, Dreck und Elend.

Ähnlich äußert sich einer von Siegfrieds Kameraden in einem Brief nach Hause, den er ihm zeigt: *Uns kann im Grunde all dies nicht niederdrücken wie die Eingeborenen, wir empfinden nur tiefer und klarer die einzigartige, erhabene Größe unseres Volkes und die Süße der Heimat.*

Wöpke nennt in einem Brief den Krieg im Osten *einen Kampf gegen den bolschewistischen Weltfeind.* Als Ziel gibt Hitlers Adlatus Himmler an, »die Volksgrenze um 500 Kilometer herauszuschieben« und in diesem Siedlungsraum »den Pflanzgarten germanischen Blutes im Osten« zu errichten. Nicht wenige träumen bereits davon, nach dem Kriege auf einem eigenen Gut mit Blick auf den stillen Don durch blühende Kirschgärten zu wandeln. Hier an der »Ostfront«, einem Begriff, der sowohl Faszination als auch Schrecken auslöst, suspendieren in der Folge Einzelpersonen oder ganze Truppenteile ihr Gewissen und lassen sich zu schrecklichen Befehlen und Taten hinreißen. Nicht wenige leben ihre sadistische, rassistische Ader aus.

Siegfried leistet eine Zeit lang Dienst auf dem Hauptverbandsplatz in Prilepy. Schneider ist noch bei ihm, Köpke und Mangold kämpfen auf der Krim.

Die russische Armee, der Regen im Herbst, der die Wege in Schlamm verwandelt, die Schneemassen und der klirrende Frost im Winter stoppen schließlich den Vormarsch. Die Wehrmacht ist gezwungen, sich zurückzuziehen – eine gänzlich neue Erfahrung.

Beim Überqueren des zugefrorenen Flusses Okra bricht Siegfried im Eis ein. Die plötzliche Kälte schlägt ihm wie ein Hammer in die Rippen, dass ihm der Atem stockt. Statt eines Schreis entweicht nur ein tierisches Krächzen seiner Kehle. Panisch krallt er sich an der Abbruchkante fest, Stiefel, Mantel und Marschgepäck ziehen ihn wie Blei in die Tiefe ... so wie damals die Skier im Eis der Havel. Das Eis knirscht und ächzt, unter ihm gurgelt unheilvoll der Fluss. Die Strömung droht ihn unter die Eisfläche zu drücken. Verzweifelt strampelt er mit den Beinen. Schneider reagiert schnell. Trotzdem dauert es eine Ewigkeit, bis es ihm und den anderen gelingt, Siegfried mit einem vor einen Schlitten gespannten Pferd aus dem eisigen Wasser zu ziehen. Die durchnässte Kleidung verwandelt sich in kurzer Zeit in einen Eispanzer. Er ist leichenblass, die Lippen blau, der Atem flach. Hinter der Uferböschung ein Haus. Sie tragen ihn hinein, entzünden ein Feuer, entkleiden ihn, hüllen ihn in Decken. Als er allmählich auftaut, das Blut wieder durch die Adern schießt, explodiert sein Körper vor Schmerz – ein Zeichen, dass er noch lebt. Lebt, wofür? Zunächst, um zu erfahren, was einen russischen Winter ausmacht, dessen Höhepunkt noch bevorsteht.

Über die Weiten peitscht der Wind, heult im Labyrinth der Schützengräben und Unterstände. Vom blassgrauen Himmel treibt er unendliche Mengen Schnee über das Land, deckt die Fahrzeuge zu. Unaufhörlich, lautlos fallen die Flocken. Ein schwerer, weißer Vorhang schließt sich. Schließlich verschmelzen Land und Himmel zu einer ununterscheidbaren weißen Endlosigkeit. Die meterhohe Schneedecke begräbt jegliche Fahrspuren, sämtliche Wege und Straßen. Die Kälte ist höllisch, minus dreißig Grad. Wie ein wütendes Tier greift sie die Männer an. Eiskristalle schneiden wie Nadeln ins Gesicht, das sie mit Schals und Motorfett schützen. Scharf wie ein Messer dringt die eingeatmete Luft in die Lungen. Eis hängt in den Bartstoppeln, zu gefrorenen Klumpen werden die Füße. Die Hände ... taub und blau, trotz oder besser gesagt wegen der zerfetzten Handschuhe. Die Haut der Hände reißt bei jeder Bewegung auf und blutet. Als Desinfektionsmittel dient Urin, Fett als Salbe. Das Metall seines Eherings ist so kalt geworden, dass er an der Haut festklebt. Seit Tagen haben sie kein Dorf passiert, in keiner ordentlichen Unterkunft geschlafen. Sie stecken fest. Treibstoff und Motoröl der Fahrzeuge gefrieren. Nur einige Panzer kommen noch vorwärts. In Fahrzeugkabinen, zwischen Pferdeleibern, in Tarnnetze und Decken eingewickelt, in

Höhlungen zwischen Munitionskisten oder Verpflegungskartons versuchen Siegfried und sein Gefährte Schneider die Nächte lebend und ohne Erfrierungen zu überstehen. Väterchen Frost fordert erste Opfer. Drei aus seiner Batterie erkranken an Lungenentzündung, viele leiden an Kältebrand und Frostbeulen. Ein Landser verschwindet im Wahn eines Nachts in der weißen Unendlichkeit, ein anderer schießt sich eine Kugel in den Kopf. Selbst Schneider, sonst ein Mann mit unerschütterlicher Lebenslust, versinkt in tiefe Resignation. Siegfried muss sich von einem Arzt Spritzen geben lassen, weil vier seiner Zehen gefühllos und grau geworden sind. Die Kälte schwebt wie ein gigantischer Sargdeckel über dem Land.

Wenn er Wache geht, wartet das Grauen auf ihn, muss er ständig in Bewegung bleiben. Die Dunkelheit, die er früher geliebt hat, empfindet er jetzt als bedrohlich. Wie ein ferner Traum scheint ihm die Erinnerung an hell erleuchtete Räume und den Widerschein des Lichts auf Kristallgläsern, silbernem Besteck und lachenden Gesichtern oder an den warmen Lampenschein in seiner Landsberger Wohnung. In solchen Momenten beginnt er, mechanisch mit tonloser Stimme Gedichte und Balladen zu deklamieren: »Die Glocke«, »Die Bürgschaft«, die »Tristien« von Ovid, oder er sagt das Periodensystem der chemischen Elemente im Geiste auf. All sein bisheriges Bestreben, seine Ausbildung sind hier ohne Bedeutung. Ihm scheint die Welt ein verlorener Ort zu sein, aus dem sich das Leben zurückgezogen hat. Was für ein verdammter Krieg!

Die bittere Kälte zwingt ihn, seine Kleidung durchgehend zu tragen. Dadurch vermehren sich Kleiderläuse ungehemmt. Die Biester lieben den Krieg. Sie können ihre winzigen, weißgrauen Eier in Ruhe in den Uniformnähten ablegen. Apropos Uniformen – die Soldaten hinterfragen heimlich die seherischen Gaben des Führers. War denn nicht vorherzusehen, dass der russische Winter kalt würde? Die gesamte Winterbekleidung der deutschen Soldaten ist unzureichend. Die Kleider Gefallener müssen herhalten, nicht selten nehmen deutsche Soldaten Kriegsgefangenen ihre Uniformen weg und überlassen diese dem frostigen Tod. Jedes Haus wird nach Wollsachen durchkämmt: Tücher, Schals, Pullover, Hemden, Handschuhe – alles wird zusammengerafft, obwohl Plünderungen offiziell verboten sind.

Gefragt sind ferner Stiefel, besonders die Filzstiefel der russischen Soldaten. Auch Frauen und alten Männern werden sie auf offener Straße von den Füßen gerissen.

Wieder einmal schiebt Siegfried nachts Wache, als er ein Geräusch hört. Jemand scheint sich zu nähern. In dem Licht, das aus einem der Fenster fällt, kann er nur Beinkleider und Stiefel des Ankömmlings schemenhaft erkennen, Stiefel, die verdreckt, speckig und abgenutzt aussehen. Er entsichert das Gewehr.

»Parole?!«, ruft er hastig, nimmt hinter der Hausecke Deckung.

Der Landser nennt das richtige Losungswort und kommt über den knirschenden Schnee langsam näher. Er stammt von einer Einheit in der Nähe. Siegfried atmet auf. Der Mann stinkt bestialisch. In der Unterkunft erzählt er, er sei bei der Ausgabe der Filzstiefel leer ausgegangen. Daher habe er diese mitsamt den Beinen von einer gefrorenen russischen Leiche abgehackt und in einem Ofen aufgetaut.

Brauchbare Handschuhe sind Mangelware. Der Gefreite Kaul schreit laut auf, als die Haut seiner bloßen Hand beim Abprotzen und Ausziehen des Rohres der Heeres-Flak am Metall festklebt. Blutige Fetzen bleiben am Rohr der Kanone haften, die Wunden frieren zu, ehe das Blut gerinnt.

Während Goebbels zu Kleiderspenden für die Ostfront aufruft, rüsten die Amerikaner die Sowjetunion im Rahmen eines Pacht- und Leihabkommens mit Lebensmitteln, Flugzeugen und Waffen aus. Nichts ahnend sitzen am Mittag des Heiligen Abends 1942 Siegfried, Schneider und weitere Kameraden um einen selbst geflochtenen Adventskranz, zu dem ihnen russische Mütterchen die Kerzen schenkten. Sie sitzen in ihrer »russischen Lehmbude«, einer dunklen Gruft aus gefrorener Erde und Brettern und singen so viele Weihnachtslieder wie noch nie. Da nähern sich Flugzeuge im Tiefflug. Sie staunen: Aircobras, US-amerikanische Jagdbomber mit sowjetischen Piloten im Cockpit. Schon trudeln Bomben herab, Schnee- und Erdfontänen mit Splittern schießen in die Höhe. Durch die Decke ihres Erdbunkers prasseln Steine und gefrorene Erdbrocken auf ihre Stahlhelme. Volltreffer für einen Lkw mit Weihnachtsgaben. Von den tausend netten Sachen und den vielen Tafeln Schokolade bleibt keine Spur mehr. Mit diesen »Piratenstreichen« erreicht »der Iwan« bei den Landsern wenig, reden sie sich zumindest ein.

Oft bleibt im Winter lange Zeit der Nachschub aus. Dann benehmen sich die ausgemergelten Landser wie hungrige Wölfe. Schneider, dieser Brocken von Mann, scheint besonders unter dem Hunger zu leiden. Er ist meist der Erste, der mit der Waffe in der Hand in Häuser eindringt und auf Russisch schreit:

»Milch, Eier? Honig, Brot, Hühner?!«

Die Requirierung von Schlafplätzen läuft ähnlich brutal ab. Brauchen sie eine Unterkunft, klopfen sie an die Tür oder treten sie gleich ein und beanspruchen das Schlaf-, das Kinderzimmer oder das ganze Haus. Für alles findet sich Verwendung: Stroh brauchen sie für das Nachtlager oder für die Pferde, Frauen und Kinder zum Kartoffelschälen, Wasserholen, Pferdetränken, Feuermachen und -bewachen. Alle Flüche, Tränen, Bitten der einheimischen Bewohner helfen nichts.

Trotz des unerwarteten Widerstandes der Roten Armee beruhigt der Führer seine Soldaten: »Das Schlimmste haben wir geschafft!« Doch Siegfried hat seine Zweifel. Das riesige Russland zu besiegen, das würde wohl noch etwas dauern und ihnen einiges abverlangen. In den mondhellen Nächten greift jetzt fast täglich der »Schwarze Tod« an, russische IL 2-Maschinen, einmotorige, stark gepanzerte Schlachtflugzeuge der Russen.

Während Siegfried die Härten des russischen Winters fürchten lernt, beschwört ein Brief Wöpkes von der Krim ganz andere Bilder herauf:

4. Januar 1942. Wir befinden uns am Schwarzmeer, an der Riviera. Die trägt allerdings jetzt ihr Winterkleid. Von unserer Unterkunft haben wir einen herrlichen Blick. Links stößt eine massige schneeglitzernde Bergkette weit ins tiefblaue Meer hinaus, in der Bucht liegt der Kurort der Großfürsten, ein hübsches, südlich anmutendes Städtchen mit einem geschützten Hafen. Das Zarenschloss, die prächtigen Villen sind von weißen Hauben bedeckt, nur die dunklen immergrünen Zypressen, Zedern, Mammutbäume lassen noch Sommer, Sonne und Badezeit erahnen. Die Brandung rollt am Strand auf groben Kies und bricht sich an großen Blöcken schwarzen oder roten, hell geäderten Lavagesteins.

Um unseren Speiseplan zu bereichern, haben wir ein paar Enten geschossen, die wir mit einem Paddelboot einsammeln.

›Dieser Schlawiner‹, denkt Siegfried neidvoll, ›macht sich eine schöne Zeit im Süden, während wir uns hier den Arsch abfrieren.‹ Am 29. März bricht ein Schneesturm los. Sie hören Wölfe heulen.

Im April 1942 schreibt Wöpke:

Das Auffallendste ist, wie nahe hier Krieg und Frieden beieinanderliegen. Wir halten uns gerade in einem lang gestreckten Gebirgstal auf, frühstücken im Glanz der Morgensonne auf der breiten Veranda eines Tatarenhauses und schauen in Sommerfrischlerstimmung das Tal hinab und den Berg hinauf bis zu den schneebedeckten Gipfeln, hinter denen Jalta liegt. Vorgestern saßen wir schon morgens um neun im Kino.

Die Bewohner sind uns freundlich gesinnt. Die sowjetischen Kommissare hatten die Leute schwer drangsaliert und ihnen geweissagt, die deutschen Soldaten würden ihnen Zunge und Ohren abschneiden. Nun sind sie angenehm überrascht.

In dieses friedliche Dorf schlug noch keine Granate ein. Dafür gibt es hier einen anderen Schrecken: Partisanen.

Vorgestern schlugen wir uns bei strömendem Regen und im Stockfinstern auf schlüpfrigen, für uns kaum erkennbaren Pfaden durch den Wald, bergauf, bergab. Im unwegsamen Gebirgswald ist der Kampf schwierig und gefährlich. Die Partisanen kennen ihr Gelände im Schlaf, wissen um jeden Schlupfwinkel und haben gut getarnte Stellungen. Wir aber entdecken die Räuber oft erst in letzter Minute, manchmal auch zu spät. Gestern im Morgengrauen peitschte plötzlich ein gegnerisches MG auf. Nicht alle von uns konnten schnell genug die schützende Deckung erreichen. Heute Morgen krachten Ehrensalven über die frischen Gräber, aber erst in Wochen dringt die grausame Kunde an die Angehörigen ... Die Lager, die Bunker der Partisanen gingen in Flammen auf, was wir aufgriffen, wurde gerichtet, aber restlos wird die Pest wohl erst durch Hunger ausgerottet, wenn der Nachschub auf dem Luftwege ausbleibt.

Siegfried, wir müssen in der Gegenwart leben, die all unsere Kräfte fordert. Im Gedenken an unsere gefallenen Kameraden wird unser Kampf nur grimmiger und härter. Soeben dröhnten im tiefen Bass 20 Stukas mit Jagdschutz über uns hinweg in Richtung Sewastopol. Du kannst dir denken, dass wir ihnen unsere heißen Wünsche mitgeben.

Am Abend des 1. Juli 1942 gibt das Oberkommando der Wehrmacht nach achtmonatigem Kampf die Eroberung dieser Stadt bekannt, die als stärkste Festung der Welt gilt.

Auch für Siegfrieds dezimierte Einheit werden die Partisanen allmählich zu einem Albtraum. Ihr geachteter und beliebter Batteriechef Hauptmann L. befindet sich auf dem Weg zu einer Lagebesprechung. Drei als Landser verkleidete Untergrundkämpfer halten seinen Pkw an und feuern ihm aus kurzer Entfernung zwei Kugeln in den Kopf. Sie töten auch den Fahrer. Nur die mitfahrende Truppenbetreuerin bleibt am Leben und kann so den Ablauf bezeugen. Schon vorher gab es in der Gegend Tote und Verletzte durch Minen, wurden in vielen Nächten Telegrafenleitungen gekappt.

Die Soldaten sind außer sich, wollen Rache. Sie machen sich sofort auf ins nächste Dorf und scheuchen die Menschen aus den Häusern.

Der Spieß schreit:

»Alle Männer links raus!«

Ihre Befragung führt zu nichts.

Wutentbrannt brüllt er:

»Unser Hauptmann hat sein junges Leben lassen müssen für unser großes Vaterland. Durch einen infamen, feigen Mord. Es darf kein Pardon geben für seine Mörder. Sind das noch Menschen? Nein, das sind Untiere!« Sein Kopf färbt sich dunkelrot, seine Kiefer mahlen. »Milde oder gar Mitleid haben hier nichts zu suchen. Wenn wir nicht durchgreifen und unsere verdammte Pflicht tun, kann das den Tod Hunderter deutscher Soldaten bedeuten. Nur durch absolute Härte unsererseits kriegen wir diese Schweinereien in den Griff.«

Dann gibt er den Befehl, alle männlichen Dörfler in den Wald zu treiben und zu erschießen. Die Männer schreien, bitten um Gnade, einige beten. Die Erde färbt sich rot vom Blut.

Als die Gewehre schweigen, kreischt der Spieß:

»Und jetzt sind die Frauen und Kinder dran.«

Verstörte Blicke, ziellose Bewegungen, überdrehtes, schrilles Gelächter. Siegfried zittert. Diesmal kommt es zu Krawallen innerhalb der Mannschaften. Schneider weigert sich. Schließlich setzen sie das Dorf in Brand. Vor den Augen der restlichen Dorfbewohner verschütten Siegfried und die anderen Benzin in den Häusern, werfen beim Rausgehen eine Handgranate über die Schulter. Die Frauen kreischen, drohen mit erhobenen Fäusten, bespucken sie.

Bei der ersten Explosion fliegt unter lautem Jiepen eine Amsel aus einem Busch auf. Siegfried zieht weiter die Dorfstraße hinunter zum nächsten Haus. Ein Kamerad kommt gerade heraus, zieht die Hose hoch und schließt seinen Gürtel. Da ist sie wieder, die Amsel, und auch beim übernächsten Gebäude. Der Vogel, für ihn die Verkörperung von Unschuld und Verletzlichkeit, verfolgt ihn, stumm und vorwurfsvoll.

Abends lässt der Spieß einen Viertelliter Alkohol an jeden ausschenken.

Die Batterie zieht weiter. Alle versuchen zur Tagesordnung überzugehen, auch Siegfried. Doch das Essen schmeckt ihm nicht. Albträume suchen ihn heim. Immer wieder taucht der schwarze Vogel auf, dreht ruckartig den Kopf zur Seite und schaut ihn stumm mit dunkelbraunen, gelb geränderten Augen an.

In einem Brief an Elsa schreibt er: *Wie können wir die gefallenen Kameraden anders ehren, als sie zu rächen!?*

Jeder aus der Batterie reagiert anders auf das Massaker. Zwei Leute scheinen regelrecht euphorisiert, als genössen sie das Töten. Ein anderer schlägt seinen Kopf so lange gegen eine Wand, bis ihm das Blut von der Stirn läuft.

Siegfried spricht später von diesen Exekutionen als Exzessen. Es ist üblich, Partisanen »umzulegen«, da sie aus dem Hinterhalt deutsche Soldaten töten. Bei einigen Truppenteilen gilt die Regel, für einen getöteten Deutschen zehn Partisanen oder wen man dazu zählt. Doch alle Männer eines Dorfes zu töten oder gar die gesamte Dorfbevölkerung, ist denn doch für viele aus der Batterie eine »große Schweinerei«, eine »Kulturschande«, eine »schauerliche Sache«. Jeder fremde männliche Erwachsene in einem Dorf, manchmal auch jede Frau, scheint in diesem »Krieg ohne Fronten« potenziell verdächtig. Hat man sich erst einmal gegenseitig eingeredet, dass es sich um Partisanen handelt, wird nicht lange gefackelt.

Unmittelbarer Bezugspunkt für Soldaten aller Kriegsparteien ist das, was die Kameraden der jeweiligen Truppeneinheit denken und tun. Deshalb kommt Siegfried sein Verhalten im Krieg völlig normal vor. Hätte man ihm vor wenigen Jahren prophezeit, zu was er nun fähig ist, er hätte es grob von sich gewiesen. Er, der

Bildungsaristokrat ... Ein Gewehr in der Hand aber verwandelt einen Menschen. Ist erst einmal durch Konformitätsdruck und Autoritätsgläubigkeit eine Grenze überschritten, wird das Töten zur Normalität. Im Mittelpunkt des Handelns stehen das eigene Überleben, das Streben nach Sicherheit und die Befriedigung biologischer Bedürfnisse: Essen, Schlafen, Sex. Die Soldaten nehmen extreme Entbehrungen auf sich, sind bereit zu sterben, müssen zusehen, wie ihre Freunde zu Tode kommen. Diese Männer sind in der Regel keine Monster, sondern psychisch normal und sehen sich selbst als »anständige, gute Kerle«. Das Töten von Feinden erscheint ihnen als vollkommen logisch und notwendig.

Und wollen wir den Gott, von dem dies alles herkommt,
besingen, so gebührt es, den Eros zu besingen, der uns jetzt
schon so viel Gutes tut, indem er uns zu dem,
was uns verwandt ist, führt …
Platon, Das Gastmahl oder Gespräch über die Liebe

28 Das Zwitterwesen, der Kampf gegen Seuchen und jede Menge Kaviar

Juni–September 1942

Schwankende, schaukelnde Bahnwaggons – wie viele Tage, ja Wochen, hat Siegfried darin schon zugebracht? Er weiß es nicht. Diesmal klingt das Rattern wie Musik in seinen Ohren. Er ist auf dem Weg ins Standort-Lazarett Wahn bei Köln. Eine durch Granatsplitter verursachte Handverletzung und tiefe Höhlungen in Füßen und Beinen, ausgelöst durch Wundrose, sollen ausheilen.

Anschließend wird Siegfried zur Erholung nach Brieg in Schlesien befohlen. Elsa quartiert sich dort bei einer Offizierswitwe ein. Wenn sein leichter Dienst endet, steht sie wie »einst Lili Marleen« vor dem Kasernentor. Er isst mit Appetit, hat er doch seinen Gürtel in der Zwischenzeit um zwei Löcher enger schnallen müssen. Aber es fällt ihm schwer, das Glück zu genießen. Ist er in den Monaten an der Front, nur unter Männern, zu grobschlächtig geworden, findet er nicht mehr den richtigen Ton, fasst er Elsa zu hart an? Manchmal schaut diese ihn erschrocken an. Aber wie soll er ihr von dem Grauen erzählen, das er erlebt und mit angerichtet hat? All der Dreck und das Blut könnten auf sie abfärben. Seine ruhelosen Gedanken wandern zu den Kameraden seiner Einheit, die noch in den Weiten Russlands kämpfen … Er erhält Post aus

Charkow. Schneider und die anderen schreiben ihm, dass sie ihn vermissen. Sie bedauern in ironischem Ton, dass er keine Grammofonplatte besprochen habe, damit sie wenigstens seine Stimme hören könnten.

Elsa und Siegfried schlendern durch die Stadt an der Oder, sitzen in der Sonne auf dem Balkon und trinken schlesischen Wein. Das Wetter ist fast tropisch, abends messen sie noch siebenundzwanzig Grad in ihrem Zimmer.

Vom Bett aus genießt es Siegfried morgens, Elsa zu beobachten, wenn sie wie in einer feierlichen Zeremonie bedächtig ihren Körper eincremt, sich frisiert. Dann liegen sie nebeneinander, Elsa hat ihren Kopf in seinen Arm gebettet. Durch die offene Balkontür streicht der warme Sommerwind herein. Endlich kommen seine Gedanken zur Ruhe. Die Welt da draußen, der Krieg, alles verschwindet, wird bedeutungslos in der Leichtigkeit des Augenblicks.

In solchen raren Momenten kommt Siegfried Platon in den Sinn und er stellt sich vor, Elsa sei der weibliche Teil des Zwitterwesens, das er mit ihr einst bildete. Er erzählt ihr, wie der Philosoph in seinem »Gastmahl« die Entstehung der Liebe erläutert: Zuerst gab es auf der Erde Doppelmenschen. Wegen ihres Übermuts teilten die Götter sie in der Mitte, um ihnen Demut beizubringen. Seitdem suchen die Teile sehnsüchtig das zu ihnen gehörende Pendant, um sich wieder ganz, als Einheit fühlen zu können. Siegfried ist überzeugt, seine und Elsas Seele haben sich irgendwann jenseits aller oberflächlichen Unterschiede erkannt und berührt. Er selbst ist, vor allem als Soldat, vielen Versuchungen ausgesetzt und wird es auch nach diesem Sonntag sein. Doch sie beide bilden das Zwitterwesen, von dem Platon sprach, so glaubt er, sie sind die aus einem weiblichen und männlichen Teil vereinigte Doppelperson. Elsa ist seine Heimat, sein Zuhause, und wird es immer bleiben.

Als er am Morgen der Abreise erwacht, atmet er noch mal ihren Duft ein, küsst ihre geschlossenen Lider. Sie öffnet die Augen und schaut ihn an. Tränen rinnen über ihre Wangen. Er sieht sie erschrocken an, umschließt ihren Kopf mit den Händen und trocknet ihr Gesicht mit den Lippen. Die Tränen schmecken warm und salzig. Dann nimmt er Abschied. Wer weiß, für wie lange?

Auf dem Weg zum Bahnhof fragt er sich, ob ihm je wieder ein normales Leben mit Elsa vergönnt ist.

Seine Vorgesetzten beordern ihn zunächst zur Flak-Artillerie-Schule in Schongau, um endlich zu erkennen, wie sie Dr. Siegfried Jaeckel am sinnvollsten einsetzen können. Und zwar nicht an der Flak.

Vom Oktober 1942 bis April 1943 wird er als Armeezoologe zur militärärztlichen Akademie Berlin, tropenmedizinische Abteilung, abkommandiert. Dort erhält er eine Spezialausbildung in Mikrobiologie und kann Forschung betreiben: »Die Bedeutung der Gambusen als Mückenlarvenfresser bei der Bekämpfung der Malaria und des Gelbfiebers«.

Den vierten Kriegswinter verbringt er in Berlin. Dort erzählt man sich in letzter Zeit sogenannte KZ-Witze, ohne allerdings genau wissen zu wollen, was in den Konzentrationslagern geschieht. Doch in Berlin ist es schwer, ahnungslos zu bleiben.

Zwar hat die Wehrmacht große Teile Europas besetzt. Doch immer häufiger greifen jetzt alliierte Bomber nachts die Hauptstadt des Reiches an. Die Propaganda stößt an ihre Grenzen. In Nordafrika, erzählt man sich, zwingen amerikanische und britische Truppen die bisher so siegesverwöhnten deutschen Verbände zum Rückzug. In der »Wochenschau« steht das Weihnachtsfest im Zeichen von Durchhalteparolen und Opferbereitschaft. An Silvester heißt es: »Wir trinken auf unsere frierenden und hungernden Helden im eingeschlossenen Stalingrad.« Als die 6. Armee Ende Januar aufgibt, trifft es Siegfried wie ein Keulenschlag. Nun melden sich auch bei ihm erste Zweifel: ›Ist das die Kriegswende? Ist der große Sieg überhaupt noch möglich?‹ Noch einmal kann der

Meister der Verführung diese Fragen beiseiteschieben. Goebbels Sportpalastrede im Februar 1943 elektrisiert die Massen. Der Minister spricht die Anwesenden als Repräsentanten der gesamten Nation an und stellt die Frage »Wollt ihr den totalen Krieg?«, worauf ihm aus 15 000 Kehlen entgegenschallt: »Jaaa!« Er schließt die Rede mit den Worten: »Nun Volk, steh auf und Sturm, brich los!«

Ab Mai 1943 arbeitet Siegfried als Armeezoologe, ist »Beratender«, mit der Aufgabe, sich um die Hygiene in der Truppe und die Bekämpfung von Seuchen, Epidemien und Krankheiten zu kümmern. Die Relevanz dieser Aufgabe hatte er schließlich am eigenen Leib erfahren. Er besitzt die Berechtigung, das Genfer Abzeichen zu tragen und berät die Armee-Sanitätsstäbe der Heeresgruppe Süd in Dscheinkoy, auf der Krim und der Tamam-Halbinsel.

In der flachen Steppenlandschaft im Nordteil der Krim und im Jaila-Gebirge im Süden geht es vor allem um die Bekämpfung von Malaria, Sandfliegenfieber und Typhus. Dazu erforscht er die Mückenrassen und deren Verbreitung. So manches Mal kommt er zerschunden, zerkratzt, zerstochen mit erdschweren Stiefeln von seinen Exkursionen ins Lager zurück. Die Diagnostik bei Bandwurmerkrankungen beschäftigt ihn ebenso wie Flöhe, Läuse, Krätze-Milben – alles, was ihn selbst schon an der Front geplagt hatte.

Ihm ist zu Ohren gekommen, dass Impfversuchsreihen gegen Fleckfieber an Insassen des Konzentrationslagers Buchenwald und an Kriegsgefangenen vorgenommen werden. In Dachau erproben Biologen mit Malaria infizierte Mücken als biologische Waffe. Das findet er unglaublich.

Wann immer das Wetter, seine Tätigkeit und die Gefechtssituation es zulassen, sammelt er Mollusken und schickt sie nach Landsberg. Siegfried schweben umfangreiche, bedeutende Veröffentlichungen vor. Seine ohnehin ansehnliche Sammlung wird nun durch seltene Exemplare ergänzt. Auf der Krim birgt er aus

Felsen einen seltenen Fund. Er klettert eine steile Wand hoch, um in den Felsritzen nach Schnecken Ausschau zu halten. Und tatsächlich direkt vor seiner Nase erblickt er eine unbekannte Art. Das Dumme ist nur, wie soll er sie greifen, wenn er sich mit beiden Händen an den Fels krallen muss. Was bleibt ihm anderes übrig: Er schiebt seinen Kopf so weit wie möglich in die Spalte vor, löst in äußerster Anstrengung mit Zunge und Zähnen das Schnecklein von der Wand und trägt es im Mund nach unten.

Siegfried kann sich mit solcherlei Aktivitäten ablenken und sich einreden, etwas Sinnvolles zu tun. Andere Kameraden betrinken sich angesichts des Stumpfsinns in der Etappe. Der Schriftsteller Heinrich Böll etwa beklagt sich bei seiner Frau, seine Gedanken seien inzwischen so flach wie die Oberfläche eines Margarinekartons. Seine Fantasie sei so lahm wie ein altes Pferd. Er habe Angst vor seiner eigenen Stumpfheit, fühle sich unendlich alt und verliere alle seine Kraft. Siegfried stattdessen ist in seinem Element. Während seine Kameraden über die primitiven Erdlöcher schimpfen, in denen sie hausen müssen, jubelt er, wenn er aus einer gelben Lehmschicht eine fossile Schnecke aus dem Mesozoikum herauspulen kann. Die Biologie ist sein Rettungsanker, sein Trost. Ihre Tatsachen und Gesetzmäßigkeiten werden nicht durch die Umstellung auf ein anderes politisches System oder den Krieg hinfällig. Ein Irrglaube, wie er noch erfahren wird.

Die meiste Zeit auf der Krim lebt Siegfried viele Kilometer hinter der Front, den Angriffen feindlicher Flugzeuge ausgesetzt, nicht aber einer ständigen Gefahr. Einerseits hat das Vorteile, Unterkünfte und Verpflegung sind besser, andererseits merkt er schnell, falscher Ehrgeiz und Empfindlichkeiten gedeihen in diesem Milieu prächtig. Die Front scheint ihm ehrlicher. In der Etappe gibt es mehr Streit um Privilegien, Hierarchien, geht es um Demütigung und Kränkung. Bei einigen Offizieren hat er das Gefühl, dass sie mit ihren Machtbefugnissen überfordert sind.

Sein Freund Schneider, der an vorderster Front in Russland kämpft, fehlt ihm, aber Wöpke und Mangold sind in der Nähe stationiert. Er kommt wieder mehr zum Lesen, kann sich dabei in ein anderes Leben flüchten. Die mobilen Frontbuchhandlungen liefern Nachschub. Siegfried liest Ernst Jünger, Rilke, Bergengruen, E. T. A. Hoffmann, Augustinus. Doch manchmal fragt er sich, was ihm Bücher hier draußen überhaupt sagen können. Was nutzen alle Schönheit der Kunst und alle Weisheit angesichts der Wirklichkeit des Krieges?

Im Tross dudeln die neuesten Schlager aus dem Radio oder vom Grammofon: »Ich weiß, es wird einmal ein Wunder gescheh'n ...«. Was er aber vermisst sind Meeresrauschen und Möwengeschrei. Abends, wenn er sich zum Schlafen niederlegt und zur Ruhe kommt, überwältigt ihn das Heimweh.

Die Etappe besitzt eine feste Bühne für Kino, Fronttheater, Musik, Varieté und Kabarett. Manchmal werden Wochenschauen und Filme gezeigt. Für zwei Stunden der Welt entkommen. Die Soldaten sehen über Wochen, Monate kein weibliches Wesen. Wenn dann eine schöne Schauspielerin, Tänzerin oder Sängerin auf der Bühne steht, sind sie hingerissen. Selbst einfache Darbietungen werden mit begeistertem Jubel und Beifall bedacht.

Nach der Einnahme von Sewastopol fallen der Truppe Tausende Flaschen Krimsekt in die Hände. Wie man hört, schmausen und feiern die Herren Offiziere, lassen Prostituierte heranschaffen. In ihren Kasinos tritt die »Rose von Jalta«, eine bekannte russische Revuetänzerin, auf. Siegfried erfährt aufgrund seines niedrigen Dienstgrades zu seinem Bedauern nur gerüchteweise davon.

In öffentlichen Tanzlokalen machen die Mädels eher den höheren Dienstgraden schöne Augen. Er ist zwar verheiratet und liebt seine Frau, aber ein wenig flirten ist ja nicht verboten. Wöpke und Mangold dagegen nutzen, wenn sich die Gelegenheit bietet, die »Puffwagen« und Bordelle, die die Wehrmacht in einigen größeren Orten eingerichtet hat, oft mit »rassisch geeigneten« Zwangsprostituierten unter ärztlicher Kontrolle. Wenn die Situation es erlaubt, lassen sie sich von Frauen mit entblößtem Oberkörper bedienen, reiben deren Brüste mit Melkfett ein. Offiziere sperren Strandabschnitte, um mit ihren Gespielinnen nackt zu baden. In einigen Gegenden bieten sich Mädchen und Frauen für ein Stück Brot an. Von der Machtfülle gegenüber den einheimischen Frauen wird schamlos Gebrauch gemacht. In solchen Augenblicken findet Siegfried das erzwungene Zusammenleben mit diesen Männern zum Kotzen, hasst ihre plebejische Primitivität, ihre Plattheiten, ihre mangelnde Bildung. Da Siegfried nicht zu den Bordellgängern gehört, bleibt ihm nur die Onanie oder, wie er es nennt, die »Selbstbefleckung«. Er schämt sich ein bisschen. Unterwegs trifft er gelegentlich attraktive Frauen, die eine Sünde wert wären. Eine Natascha, die er kennenlernt, als er an der Save in der sommerlichen Dämmerung Jagd auf Najaden, große Süßwassermuscheln, macht. Sie lädt ihn zu einem Tanz im Generalssaal eines Schlosses ein. Oder Alexandra Bojko-Rayon, eine Bibliothekarin, die ihn sprachlos macht mit der Frage, warum überhaupt Krieg sei und was er hier in ihrem Land suche.

Mitte August 1943 auf der Krim. Zwei Unteroffiziere feiern Geburtstag. Auch Wöpke und Mangold sind dabei. Siegfried und den Kameraden ist es gelungen, Krimsekt, Wodka und sogar Kaviar als Marketenderware zu erstehen. Nun schmücken sie die lange, weiß gedeckte Tafel mit Efeu. Die letzte Blumenpracht, die der scheidende Sommer zu bieten hat, prangt in riesigen Sträußen auf den Tischen. Getränke sorgen für die nötige Stimmung, die durch launige Vorträge, Akkordeonmusik und einige bekannte Arien eines ehemaligen Opernsängers gehoben und vertieft wird.

Dann singen sie alle. Das Lied vom »Soldaten am Wolgastrand« hallt durch den festlich geschmückten Raum. Ihr Herz krampft sich zusammen, in Gedanken weilen sie in der Heimat, da schlägt nicht weit entfernt krachend eine Fliegerbombe ein. Das Licht erlischt. Nach einer kurzen Zeit der Stille, stimmt einer in der Dunkelheit an: »Das kann doch einen Seemann nicht erschüttern« – und alle fallen begeistert ein. Bald brennt auch das Licht wieder und die Soldaten nehmen sich die hart gekochten Eier vor, häufen den Kaviar darauf. Als Siegfried beim Essen einige Kaviarkugeln vom Ei auf den Fußboden herunterfallen und er sich danach bücken will, ruft Wöpke:

»Mensch, Jaeckel, die kannst du doch für die Kellerasseln lassen! Die sollen doch auch mal was zum Feiern haben.«

Alle lachen. Siegfried ist bester Laune, schenkt Wodka aus. Sie heben ihr Glas an die Lippen.

»Und ... runter mit dem Rattengift!«

Eine Feuerwalze rollt durch Mund und Speiseröhre in den Magen. Siegfried stößt mit Wöpke und Mangold, seinen vertrauten Brüdern, auf Schneider im fernen Charkow an. Sie feiern ihr Wiedersehen und die Tatsache, wie durch ein Wunder alle noch am Leben zu sein. Am Ende des Bacchanals spielen sie quer durch den Raum Fangball mit Tellern und Gläsern.

Wir sind der Krieg. Weil wir Soldaten sind.

Willy Peter Reese, 1943

29 Der zerschmetterte Himmel, der Schrecken aller Kakerlaken und ein kleiner Reichsparteitag

Ausgestreckt in einem geräumigen Post-Gepäckwagen warten Siegfried und Mangold darauf, dass der Zug weiterfährt. Sie werden wieder einmal verlegt. Hinter der Landenge von Perekop, die die Krim mit dem ukrainischen Festland verbindet und das Schwarze vom Asowschen Meer trennt, stoppt ihr Zug. Es heißt, man müsse auf einen Sonderzug warten. Alfred Rosenberg, der Chefideologe der Nationalsozialisten und Leiter des Reichsministeriums für die besetzten Ostgebiete, inspiziert seine Territorien. Ein Plattenwagen vor der Lok sichert den Zug gegen Minen, auf den Dächern der drei Waggons wurden Flaks arretiert. Solch ein Leben muss beschützt werden! Der subalterne, unbedeutende Soldat Siegfried Jaeckel nutzt den Aufenthalt zum Sammeln von fremdartigen Mollusken mit reicher Ausbeute. 1950 wird er eine Arbeit über die Populationen auf der Krim veröffentlichen.

Immer mehr Namen müssen aus den Listen der Batterien und Divisionen an der Ostfront gestrichen werden. Mangold und Siegfried als Armeezoologe sollen die 2. Armee der Heeresgruppe Mitte auffüllen. Dort treffen sie Schneider wieder. Der ist noch ganz der Alte. Unentwegt schwärmt er von einer schönen Russin, die er gerade kennengelernt hat. Von September 1943 an dienen sie bei der schweren Artillerie – ausgerechnet Siegfried, der schon mit leichteren Geschützen so seine Schwierigkeiten hatte. Und jetzt steht er vor den motorisierten Fünfzehn-Zentimeter-Haubitzen, 10,5-Zentimeter-Langrohrgeschützen und 8,8-Zentimeter-Heeres-Flugabwehrkanonen. Einsatzgebiet: Mittelrussischer Landrücken, Orel, Briansk, Bachmatsch, Voronesk-Kursk, nördliche Ukraine, Tschernigow, Nowgorod-Sewerski, Weißrussland, Polen.

Friedvolle Tage wie in Sorotschin am Ufer des Flusses Ukra bilden die Ausnahme. Dort führt Siegfried die Untersuchungen zur Fleckfieberbekämpfung fort. Er fängt in friedvollster Umgebung – bei gutem Wetter mit freiem Oberkörper – Insekten, nimmt Gewässerproben.

Russland bedeutet ungeheurer Raum, riesige Entfernungen, schlechte Straßen. Jeder Meter muss erkämpft werden. Im Frühjahr nach der Schneeschmelze und im Herbst kämpfen sie gegen die »Rasputiza«, die Schlammperiode. Der Regen fällt schwer und hässlich, tagelang. Er setzt die Bombenkrater auf den Wegen, die Schützengräben und Erdbunker unter Wasser. Wege, Straßen verwandeln sich in grundlose, unwegsame Pisten. Viele Fahrzeuge versinken im Morast. Nur Panzer fahren noch, ziehen Lkw oder Geschütze hinter sich her. Pferde brechen zusammen, verenden. Der regennasse, raue Stoff der Uniform klebt schwer am Körper, eine Lehmkruste bedeckt Gerät und Mensch. Geschwollene, entzündete Füße, Hauteiterungen sind die Folge. Trotzdem: Ist doch mal ein Konvoi möglich und Bomber greifen an, bleibt nur der Hechtsprung in den Graben, in die kalte, braune Matsche. Manchmal dauert es Wochen, ehe sie den Schmutz von Körper, Kleidung und Gerät abwaschen können. Im folgenden Winter deckt der Schnee dann wie ein Leichentuch alles wieder gnädig zu: den Dreck, den Schlamm, die Stahlgerippe der Fahrzeuge an den Wegrändern, die zerstörten Gebäude, die Toten.

An der Front ist in der Morgen- und Abenddämmerung jederzeit mit russischen Angriffen zu rechnen. Die Polikarpov Po-2, die »Nähmaschinen« genannten Doppeldecker, hinterlassen mit ihren Vierzentnerbomben und der MG-Leuchtmunition eine Spur der Zerstörung. Vorbei die Zeiten, in denen stets Me 109 oder Focke-Wulf zur Stelle sind, sie abzuschießen oder in die Flucht zu schlagen. Inzwischen geht es nach Siegfrieds Einschätzung weniger darum, weitere Gebiete zu erobern, als die eigene Verteidigungslinie zu halten.

Eines Tages in der Dämmerung zeigt Schneider aufgeregt auf eine ununterbrochene schwarze Linie, die sich entlang des Horizonts erstreckt. Siegfried begreift nicht. Was ist das? Sie hören ein Grollen. Lange starren sie wie gebannt hin. Schwillt die Linie an? Dann der Schock: Was da über die von Geschossen zerwühlte Ebene wie eine Flutwelle auf sie zurollt, ist die Rote Armee. Das Grollen der Geschützmotoren, der Panzer, das Gebrüll aus hunderttausend russischen Kehlen wird immer lauter. Zugleich nähern sich mit tiefem Brummen niedrig fliegende Iljuschin-Schlachtflugzeuge, darüber Douglasbomber. Siegfried ist starr vor Angst. Schneider und Mangold stürzen an ihr Geschütz. Wumm! Die Erde erzittert. Die Druckwelle wirft Siegfried zu Boden, presst ihm die Luft aus den Lungen. Pfeifen, dumpfes Heulen. Achtung! Wumm, wumm! Die Geschützbesatzungen müssen sich Gasmasken aufsetzen vor lauter Pulverdampf. Die leichteren russischen Flugzeuge kreisen jetzt wie Wespen über der Stellung, stoßen im Tiefflug auf sie herunter. Ein Inferno, ein Sturm aus Feuer und Eisen rast über sie hinweg. Die Verteidiger schießen aus allen Rohren, richten ein unvorstellbares Massaker unter den stetig anbrandenden Infanteristen an. Schneider und Mangold, außer sich vor Angst, Wut und Anspannung, schreien sich die Seele aus dem Leib, lassen die Flak hämmern. Tausend helle Lichtblitze, Mündungsfeuer, Explosionen erschüttern die Erde. Siegfried flüchtet in einen überfüllten Unterstand, zittert, brüllt, krallt seine Hände in den verfluchten Boden. Ihre Körper fliegen hoch, Stahlhelme schlagen aneinander, die Decke bricht ein, Erde prasselt auf sie herab. ›Elsa, ich verrecke! Elsa! Werde dich nie wiedersehen!‹, schießt es ihm durch den Kopf. Als er hochschaut, flackern die weißen Lichter der Leuchtkugeln durch Staub und Pulverdampf. Oben ist die Hölle los, ohrenbetäubender Krach. Die Detonationen der Granaten vermischen sich mit dem Stakkato der 17,2-Zentimeter-Schnellfeuergeschütze, dem infernalischen, mehrstimmigen Jaulen der Stalinorgeln zu einem unheimlichen Tosen. »Der Iwan» gönnt ihnen keine Pause. Vorne bei der Infanterie füllen sich die Schützengräben mit Leichen. Tierische Schreie der Verwundeten. Von den 2800 Männern der Division sterben in dieser Nacht 700. Die dezimierte Einheit zieht sich gezwungenermaßen zurück, die Verwundeten werden ihrem Schicksal überlassen. Der ununterbrochene Totentanz wütet mehrere Tage, ehe der Gegner eine Pause einlegt. Eindrucksvoll demonstrieren die Sowjets ihre zahlenmäßige und materielle Übermacht, ungeachtet der unzähligen Opfer dieses Angriffs, des mit Flugzeug-, Geschütz- und Panzerwracks übersäten Schlachtfeldes auf ihrer Seite.

Mit grauem Gesicht und fiebrigen Augen kommt Siegfried wie ein Gespenst aus seinem Erdloch, der Ohnmacht und dem Wahnsinn nahe. Bleierne Müdigkeit und Schmerz konkurrieren miteinander. Rauchschwaden ziehen über die Stellung. Es stinkt entsetzlich nach Verwesung, Tod, Exkrementen und überhitztem Stahl. Der Himmel gleicht einer schwärenden Wunde. Seine Uniform ist mit Blut und Fleischfetzen besudelt. Der nächste Blick gilt den Freunden. Sie leben noch. Hinter der Flak liegt Schneider mit blutiger, rußgeschwärzter Uniform auf dem Rücken. Ein Granatsplitter hat seinen Hals gestreift. Mangold hockt daneben. Der leblose Blick in die Leere wird durch ein kurzes Lächeln unterbrochen. Siegfried holt einen Sanitäter, der Schneider ärztlich versorgt, worauf alle bis auf die Wachhabenden in einen totenähnlichen Schlaf fallen.

Fast jeden Tag gibt es Verluste. Krähen hocken auf den zerborstenen Bäumen oder kreisen unheilvoll über ihrer Stellung. Täglich werden es mehr. Ihr raues Krächzen ist nervtötend. In den Feuerpausen bergen Siegfrieds Leute die schreienden Verwundeten und die Toten, auf deren Augen und Münder sich Fliegen sammeln.

»He Jaeckel, was soll auf deinem Grabstein stehen?«, fragt ihn eines Morgens unvermittelt Schneider, als sie sich vom Lager erheben.

»Halt bloß die Klappe, Schneider«, entgegnet Siegfried übellaunig und müde.

In der Tat, sein Leben kann in jedem Augenblick zu Ende sein. Schicksalsergebenheit ist noch das beste Mittel, um diesen Gedanken ertragen zu können. Abends beim Essen sagt er zu Schneider, nun schon besser gelaunt, in lautem Tonfall:

»Ich kann dir sagen, was auf meinem Grabstein stehen soll.«

Die anderen Kameraden schauen neugierig herüber.

»Hier liegen meine Gebeine, ich wollte, es wären deine.«

Die Zuhörer stimmen in Siegfrieds kehliges Gelächter ein und nicken heftig. Schneider tut beleidigt, kann sich aber eines Grinsens nicht enthalten.

Siegfried fährt leiser fort: »Nein im Ernst, nicht das Übliche: ›Er fiel für Führer, Volk und Vaterland‹, sondern: ›Hier ruht der Schrecken aller Flöhe, Mücken, Kakerlaken‹.«

Einfache Soldaten wie er wissen nicht, wie es um den Krieg insgesamt bestellt ist. Er hat es aufgegeben, die Logik der militärischen Bewegungen verstehen zu wollen. Doch sinkende Personalstärken in der Truppe, Nachschubschwierigkeiten für Waffen, Munition und Treibstoff sind offensichtlich. Wahrscheinlich wird der Krieg noch lange dauern, oder läuft es auf ein Remis mit den Russen hinaus? Und wie könnte das Ende des Krieges aussehen? Doch es hat keinen Zweck, darüber nachzudenken. Schon lange stellt er sich die Frage nach Sinn und Berechtigung des Krieges nicht mehr. Die Macht der Ereignisse bestimmt sein Leben.

Dann schreckt eine Ungeheuerlichkeit die gesamte Truppe auf: Nachts fliegen russische Leichtflugzeuge über die deutschen Stellungen, drosseln den Motor und fordern über Lautsprecher zum Überlaufen auf. Flugblätter flattern herab mit der Botschaft:

»Deutsche Soldaten, der nächste Kriegswinter steht euch bevor«. Danach ertönt das Lied von »Lili Marleen«. Kameraden der Frontlinie berichten mit schreckgeweiteten Augen, dass zu den Salven der Stalinorgeln, dem Explodieren der Geschosse und zu dem Röcheln der Verwundeten neuerdings aus riesigen Lautsprechern Walzermusik erklingt:

»Wiener Blut, Wiener Blut, voller Schmiss, voller Schwung, voller Glut …«

Siegfried hält Russland für unkultiviert, aber schließt zum ersten Mal nicht aus, dass Stalin siegen könnte.

An Elsa schreibt er: *Einmal kam mir der Gedanke, wie es dem Russen als Eroberer in unserer Heimat wohl zumute wäre, ich glaube, wie im Himmel!*

Hermann Göring beschwört seine Division, dem »Gesindel der russischen Infanterie«, verdammt noch mal, endlich »in den Arsch zu treten«. »Sieg oder Sibirien« prangt in großen, weißen Lettern als Motivationshilfe auf Eisenbahnwaggons. Und eine Parole macht die Runde: »Genießt den Krieg, der Frieden wird fürchterlich!« Aber es hilft nichts, die zahlenmäßige und materielle Überlegenheit des Gegners ist zu groß. Auf dem Rückzug der deutschen Armeen versinkt Dorf auf Dorf in Schutt und Asche. Sogar die Backöfen werden gesprengt. Pioniere zerstören schöne, alte Brücken und stürzen die Standbilder von Lenin und Stalin.

Etwa um diese Zeit wird Elsa verhaftet, aber kurz darauf wieder freigelassen. Siegfried, relativ nah stationiert, eilt sofort zu ihr. Er spricht umgehend mit einem hohen Parteifunktionär der NSDAP, der im Nachbarhaus wohnt.

»Alles ein Irrtum«, beschwichtigt der und lädt ihn für den nächsten Abend, Hitlers Geburtstag, zum Essen ein. Siegfried möchte nicht hingehen, wagt es aber nicht abzulehnen. Der »Goldfasan« hat zu allem Überfluss auch noch ein paar Parteifreunde eingeladen. Siegfried verachtet diese sogenannten Heimatkrieger in ihren goldbraunen Uniformen, die zu Hause bleiben und nicht wie er Tod, Kampf und Gefahr ins Gesicht sehen müssen, denen das Entsetzlichste und Schwerste erspart bleibt.

Die Damen und Herren begrüßen sich mit Hitlergruß. Nach dem Essen werden im Salon Zigarren und Weinbrand gereicht. Schnell dreht sich das Gespräch um den Krieg. Es besteht in der Runde kein Zweifel, dass der Führer siegreich sein werde, aber der Herr Doktor solle doch mal berichten.

»Was, meinen Sie, ist der nächste Schachzug des Generalstabs? Sie bekommen in der Etappe doch einiges mit«, dringt sein Gastgeber auf ihn ein.

Siegfried lächelt.

»Tja, ich könnte es Ihnen verraten. Aber es ist so geheim, dass ich Sie anschließend auf der Stelle erschießen müsste.«

Für ein paar Sekunden verschlägt es seinem Gegenüber und den anderen Herren die Sprache. Dann prusten die Männer los, klopfen sich vor Vergnügen auf die Schenkel.

»Das ist gut, Dr. Jaeckel, da spricht der Frontkämpfer!«

Als Siegfried aber mit vorsichtigen Worten die schwierige Lage an der Ostfront beschreibt, auf die vermutlich großen menschlichen und materiellen Reserven des Gegners hinweist, erntet er bei den Zuhörern eisiges Schweigen. Er ist erschrocken: Die Zensur der Nachrichten und der Feldpost hat ganze Arbeit geleistet. Frontsoldaten und Menschen in der Heimat sind sich fremd geworden. Schilderte er die monströsen Einzelheiten, spräche er seine Zweifel aus, würde er auf der Stelle verhaftet werden. Deshalb weist er pflichtschuldig auf ein paar Erfolge der Wehrmacht hin.

Kurz vor Mitternacht stellt die Hausfrau einen Kuchen auf den Tisch. Sie hat sich nicht entblödet, auf dem rechteckigen, mit einer goldbraunen Kuvertüre aus Vollmilchschokolade überzogenen Kuchen auf jeder Seite eine Doppelreihe niedlicher kleiner Hakenkreuzfahnen aufzustellen. Siegfried ist sprachlos.

»Liebling, kannst du mal das Licht löschen?«, lässt sich der Hausherr vernehmen und strahlt seine Gäste spitzbübisch an.

Kaum ist es dunkel im Raum, gleitet der dünne Strahl einer Taschenlampe in einem langsamen Rhythmus über den Kuchen. Nacheinander hebt sich das Rot der Fahnen mit dem schwarzen Kreuz aus der Dunkelheit, huscht der Scheinwerfer durch den Fahnenwald. Die Gäste klatschen kichernd.

Sie hören die stolze Stimme des Hausherrn:

»Der Lichtdom, wie auf dem Reichsparteitag, nicht wahr, liebe Freunde!«

Siegfried schüttelt innerlich den Kopf. Die Leute erkennen den Ernst der Lage offenbar nicht. Für sie scheint alles ein Spiel zu sein.

Bei Elsa läuft inzwischen den ganzen Tag der Volksempfänger, nicht nur, um die Sondermeldungen zu hören, sondern vor allem, um bei Fliegeralarm gewappnet zu sein. Heulen dann die Sirenen los, weiß sie, der Angriff steht unmittelbar bevor.

Manchmal hat Siegfried trotz Elsa das diffuse Gefühl, nicht mehr in dieses Leben in der Heimat zu passen. Wenn er nur an diese Spießer in Uniform denkt, diese wohlgenährten Männer, die vor Selbstgefälligkeit und Denkfaulheit strotzen. Wie kommt es, dass er sich mitten in Russland oft mehr zu Hause fühlt und auf seltsame Art und Weise glücklicher ist, trotz all der Schrecken, Entbehrungen? Er erschrickt über sich selbst, seine extremen Stimmungsschwankungen. Es ist seltsam: Der Krieg ist barbarisch, er leidet im und am Krieg und gleichzeitig geht von ihm eine Faszination aus. Steckt er in einem Erdbunker, in einem Panzerloch oder auf Wache, verlaust, dreckig, beinahe verrückt vor Kälte, Schlafmangel und Hunger, sehnt er sich schmerzlich nach Elsa und Landsberg. Ist er dann auf Heimaturlaub, findet er das Leben dort nach einiger Zeit fade. Was ist so faszinierend an der Gefahr, dem Pfeifen der Geschosse, den Detonationen der

Granaten, der weißen Winterhölle, der Gemeinschaft der Kameraden, der Nachbarschaft des Todes? Es ist die Intensität des Lebens, die fast schmerzhafte Wachheit im Hier und Jetzt. Der Krieg kann wahnsinnig aufregend sein. Der extreme Nervenkitzel eines Gefechts und das gesteigerte Lebensgefühl, wenn die eigene Gruppe überlebt hat, ist vielleicht mit nichts anderem zu vergleichen und lässt den Alltag des Zivillebens mit seiner Schönheit, Bequemlichkeit und Friedfertigkeit banal, blass und nichtssagend erscheinen. Wenn er an sein Leben vor dem Krieg zurückdenkt, fällt es ihm schwer, sich Situationen ins Gedächtnis zu rufen, die ähnlich überwältigend waren, die ähnlich tief in sein Gedächtnis eingedrungen sind. Und er hat Kameraden, Freunde gefunden, die besten Freunde, die er wahrscheinlich je haben wird, denen er sein Leben anvertrauen kann, ja muss. Man ist einander so nahe wie sonst nie im Leben. Die Kameraden geben Verlässlichkeit, Halt und Anerkennung und teilen eine Erfahrungswelt, die anderen verschlossen ist. Stolz erfüllt ihn, einer der ihren zu sein. Das Glaubensgebäude der Nazis spielt dabei nur eine Nebenrolle. Geradezu verlogen und oberflächlich kommt ihm die Nettigkeit der Studenten aus seiner katholischen Sängerverbindung vor. Und die Runde mit den Parteibonzen – lächerlich!

Siegfried fragt sich zum ersten Mal, ob er für das »normale Leben« verdorben ist, ob es ihm noch genügend geben kann. Hat ihn der Krieg so verändert, dass er mit Frieden und Freiheit nichts mehr anfangen kann? Mit wem kann er darüber sprechen und wer würde ihn verstehen?

Siegfrieds nächster Marschbefehl lautet: zweimonatiger Kampfeinsatz auf dem Balkan, in sieben Tagen anzutreten. Da ergreifen Elsa und er spontan die Gelegenheit, gemeinsam ein paar Tage in Wien zu verbringen. Für Elsa, die bisher noch nie im Ausland war – und Wien ist für die beiden trotz des »Anschlusses Österreichs« Ausland –, werden es Tage der Seligkeit, von denen sie noch lange zehrt. Sie begleitet Siegfried anschließend noch ein Stück des Weges und verabschiedet sich in dem niederösterreichischen Ort Bruck an der Leitha nahe der ungarischen Grenze.

In diese Idylle platzt die Nachricht, dass sein Freund Konstantin Wöpke durch Partisanen ermordet wurde. Siegfried ist für einen Augenblick wie betäubt, unfähig irgendetwas zu denken. Sie hatten sich blind verstanden, Wöpke und er, ohne viel darüber reden zu müssen, waren sich nahe wie Brüder. Mit tiefer Wehmut und Tränen in den Augen erinnert er sich an ihr letztes Gespräch. Konstantin berichtete ihm:
»Ich bin neulich nachts aufgestanden und vor die Unterkunft getreten. Der Himmel war übersät mit Sternen. Da habe ich mich gefragt, was machst du eigentlich hier im Osten? Ich trage dazu

Siegfried als Soldat mit Elsa im niederösterreichischen Ort Bruck an der Leitha nahe der ungarischen Grenze

bei, andere Menschen zu töten, die wiederum versuchen, mich umzubringen. Ist doch verrückt, oder?«

Auch viele andere ihm lieb gewordene Kameraden »fallen«. Der Satz von Horaz, »Süß und ehrenvoll ist's, für's Vaterland zu sterben«, hat schon lange keine Bedeutung mehr für ihn. Einmal wird direkt neben ihm ein Kamerad Opfer eines russischen Scharfschützen, der in der Dunkelheit wohl die glühende Zigarettenspitze erspäht hat. Der Mann zuckt kaum merklich, schaut ihn an, die Augen weit geöffnet, mit einem fragenden Gesichtsausdruck. Er öffnet den Mund, als wolle er etwas sagen, aber kein Laut kommt heraus. Dann kippt er ganz sacht zur Seite weg. Blut rinnt aus dem Hinterkopf. Hätte der Schütze nur ein Zehntel Millimeter nach links gezogen, wäre Siegfried getroffen worden. Das Ereignis löst keine Gefühle der Angst, Trauer oder Verunsicherung aus.

An Elsa schreibt er: *Mich hat gestern eine wunderbare Fügung gerettet und ich glaube, auch weiter durchzukommen.*

Seit Dezember 1941 trägt er wie viele seiner Kameraden zwei Schriftstücke in seiner Uniformjacke bei sich: *Nur wenn ich falle, bitte diese Briefe an Eltern und Ehefrau absenden.*

Wenn er ehrlich ist: Was hat ihn bisher überleben lassen? Ist es sein Mut, seine Tapferkeit, seine Geistesgegenwart, seine Vorsicht oder sein über die Jahre gewachsener Instinkt für Gefahr? Nein, muss er sich eingestehen, ob er den Tod findet oder weiterlebt, schwer oder leicht verwundet wird, liegt nicht in seiner Hand. Bisher hatte er Glück, unglaubliches Glück. Gottes Wille und das Schicksal meinen es gut mit ihm. Tief in seinem Inneren spürt er das. Wann immer es möglich ist, entzündet er in einer Kirche eine Kerze, kniet nieder und dankt Gott.

Angst ist die Voraussetzung des Überlebens.

Peter Scholl-Latour

30 Testamentsentwürfe und Todesangst

Die Idylle Heikendorf ist keine mehr. Elsa bleibt dank ihrer Mutter auf dem Laufenden, wie es um ihren Heimatort steht. In einem Bericht eines Lehrers, der bei der Familie untergebracht wurde, heißt es:

Von Juli bis September 1944 gab es 84-mal Alarm, dem manchmal schwere Angriffe folgten. Der Feind griff das Dorf in der Nacht vom 23./24. Juli eine halbe Stunde nach Mitternacht erneut an. Welle auf Welle der großen Bomber schwebte laut und drohend über uns. In dieser Nacht wendete der Feind eine neue Taktik an: die ununterbrochene Bombardierung mit Minenbomben in Verbindung mit Spreng- und Brandbomben – 42 Minuten lang. Wir hatten uns alle im Keller verkrochen, aneinandergeklammert, zusammengekauert, die Hände auf unsere Ohren gepresst. Es half nichts, zu laut war das Geheul der sich nähernden Flugzeuge, das Rauschen und Pfeifen der fallenden Bomben, das anschließende Bersten, Krachen und Explodieren. Die Erdstöße ließen das Haus in seinen Grundfesten erzittern. Die Bombardierung wollte nicht enden. Wir haben begonnen, laut Lieder zu singen. Als wir schließlich unser Kellerloch verlassen konnten, war die Nacht hell erleuchtet. Fenster waren geborsten, einige Wände zeigten Risse, ein Teil des Daches war abgedeckt und der Anbauschuppen zerstört. Die schöne Linde hinterm Haus war abgedreht, das Nachbarhaus getroffen. Wir halfen, so gut wir konnten. Die Strohdachhäuser in unserer Straße brannten alle nieder. Einigen Hausbesitzern war es indes gelungen, die Brandbomben rechtzeitig aus dem Fenster zu werfen.

Die Angriffe häuften sich, jede Nacht wurde zur Belastungspro-
be. Beim nächsten Mal sah man nach Ende des Angriffs gewaltige
Feuerhauben auf den Häusern, die groß und schnell brannten ...
Phosphor! Wieder rasten die Feuerwehren heran. Einige Keller wa-
ren eingedrückt und Familien verschüttet worden. Wir waren in
unserem Keller nicht mehr sicher.

Wir versorgen die Tiere und reparieren, so gut es geht, die Schä-
den am Haus. Jeden Abend beteiligen sich jetzt die letzten arbeits-
fähigen Männer, zehn bis zwölf Leute, auch ältere Schüler, am Bau
eines Erdstollens in der Hexenkuhle am Heikendorfer Weg. Verbis-
sen und oft schweigend treiben wir ihn tiefer in den feuchten Berg,
stützen ihn mit Hölzern ab. Unsere einzige Chance!

Bei der nächsten Angriffswelle am 15./16. September konnte schon
ein Teil der Heikendorfer in dem Stollen sichere Zuflucht finden.
Als an diesem Tag die Dämmerung kam und der Friedrichsorter
Leuchtturm kein Licht mehr aussandte, wussten wir, dass ein feind-
liches Geschwader im Anflug war. Fischkutter waren schon auf die
Förde rausgefahren und entzündeten ihre Nebeltonnen, ebenso die
»Nebelsoldaten« ihre Behälter in den Straßen des Dorfes. Die Stadt
Kiel und die gesamte Förde einschließlich Heikendorf waren bald
vollständig künstlich vernebelt. So mussten wir uns mit unserem
Gepäck vorsichtig vorwärts tasten, aber wir kannten ja den Weg.
Dabei trafen wir die Sekretärinnen aus dem Rathaus, ihre Schreib-
maschine und die Melderegister unter dem Arm.

Die Nacht war taghell. Stahl und Feuer fielen vom Himmel her-
ab. In Schwärmen gingen die Brandbomben nieder. Der Luftdruck
der explodierenden Minen zerrte an unseren Kleidern, presste den
Brustkorb voll Luft und drückte sie wieder heraus. Der Phosphor
schoss zu Feuerfontänen empor und sank dann langsam in schwe-
ren Gluttropfen herab, je nach Hitzegrad in allen Farben leuchtend.
Heikendorf stand in dieser Nacht in Flammen, an 150 Stellen. Ein
Feuerregen und Funkensturm fegte durch die Straßen, schwarzer
Rauch verpestete die Luft. In der Fritz-Lau-Straße bildeten die

Nachbarn eine Wassereimerkette bis zur Förde und versuchten, mit Salzwasser zu löschen. Vergeblich. Nach dem Angriff standen alle Einwohner auf der Straße. Wohin jetzt, wohin mit der Bleibe, im Haus lassen oder rausschaffen, fragten sich viele. Andere, deren Haus vollständig niederbrannte, besaßen nur noch das, was sie auf dem Leib trugen.

Die Bäcker können nicht mehr backen, die Bauern nicht mehr melken, die Handwerker haben keine Werkstatt und kein Werkzeug mehr.

Die Mutter fügt kurz hinzu:

Bisher haben wir überlebt, liebe Elsa. Im Moment bist du vielleicht in Landsberg besser aufgehoben, obwohl die Russen näher rücken. Besprich alles mit Siegfried, sobald ihr Gelegenheit dazu habt! Wir hätten dich natürlich gerne bei uns. Ich hoffe und glaube, dass wir im Stollen sicher sind.

Vom Malaria-Lehrtrupp in Belgrad wird Siegfried am 28. 8. 1944 per Fernschreiben zum Sanitätsstab in Zichenau nahe Danzig beordert. Die vertrauten Freunde fehlen ihm. Wöpke ist tot, Schneider kämpft noch irgendwo im Osten, von Mangold hat er lange nichts mehr gehört. Aber er weilt jetzt wieder in der Nähe von Elsa. Die Nachrichten aus ihrem Heimatdörfchen setzen ihr gehörig zu. Ihr Gemütszustand oszilliert zwischen Gereizt- und Niedergeschlagenheit.

Im November treffen sich beide für ein paar Tage in Strasburg bei Marienwerder. Elsa trägt jetzt eine dunkle Hornbrille und hat die Haare länger wachsen lassen und Locken hineingedreht. Ihre Gesichtszüge sind kantiger geworden. In Landsberg konnte ihr nicht entgehen, dass immer mehr Familien Tote zu beklagen haben. Verwundete von der Front tauchen zum Genesungsurlaub in der Stadt auf. Sie erzählen von Geschehnissen, die man nicht in Feldpostbriefen liest. Sie macht sich große Sorgen. Gleich zu Beginn der Zusammenkunft bittet sie Siegfried, von dunklen Vorahnungen erfüllt, ihr ein Testament zu seinen Gunsten zu entwerfen. Er will lieber die kostbaren Stunden unbeschwert genießen. Sie insistiert, er könne bei Kriegsende der überlebende Partner sein. Sie spricht von »eschatologischen Fragen«, für die sie noch Antworten von ihm bekommen möchte.

Sie reden den ganzen Tag miteinander. Das Gespräch endet schließlich bei der Befürchtung, dass alles Bisherige nur die Ruhe vor dem Sturm war. Die Reste deutscher Divisionen drohen, von zahlenmäßig überlegenen, gut ausgerüsteten amerikanischen GIs im Hürtgenwald an der belgischen Grenze überrannt zu werden. Der Krieg scheint einer Entscheidung entgegenzugehen. Schließlich nehmen sie so schmerzlich Abschied voneinander wie nie zuvor. Es ist seltsam, an welche Details dieser Trennung er sich im Nachhinein erinnert. Sie trinken Benediktiner Likör aus Fécamp, ein Geschmack, der beiden für immer im Gedächtnis bleiben, unauslöschlich mit diesem Moment verbunden sein wird.

Heiligabend 1944: Elsa ist allein. Sie legt sich die Bernsteinkette um, die Siegfried ihr zu ihrem ersten Rendezvous geschenkt hatte. Fotografien von ihrem Vater Heinrich, ihrer Mutter Amanda, Siegfried und Ekkehard, dem Sohn ihrer Schwester Hedwig, stehen auf der Anrichte, mit Tannengrün geschmückt. Ekkehard, der eigentlich in der zehnten Klasse des Gymnasiums die Schulbank drücken sollte, war als Siebzehnjähriger eingezogen worden. Er war zwar in der Hitlerjugend gewesen, aber ohne jegliche militärische Ausbildung. Nun soll er als letztes Aufgebot an der Westfront den Vormarsch der Yankees stoppen. Für die beiden Soldaten entzündet sie Kerzen. In Gedanken ist sie bei ihnen. Sie macht sich Sorgen, mit Wut gepaart, um »Ekke«, den armen Jungen, und fragt sich, wo er gerade sein mag, ob er am Weihnachtstag Post von seiner Familie und genügend zu essen bekommt. Zwei Briefe schreibt sie noch, an ihre Mutter und an Siegfried, dann geht sie mit einem Buch ins Bett. Das Radio mag sie nicht anstellen – die traurigen Soldatenstimmen von der Front, die zu ihren Familien sprechen, kann sie nicht ertragen. Ihr Essen besteht aus einem Stück Brot. Das Kuchenbacken kann sie sich nicht leisten. Eine Fettmarke will sie noch aufsparen, falls sie bis zum Jahreswechsel die Genehmigung für eine Reise zu Siegfried erhält.

Ich fahre nach Polen rein, wo ich schon die Kanonen hören werde, aber ich nehme es auf mich ... Wie war es im Frieden doch alles anders, das weiß man nun erst zu schätzen, schreibt sie an ihre Mutter.

12. Januar 1945

Elsa sehnt zwar das Ende des Krieges herbei, zieht aber eine Niederlage Deutschlands trotz der sich nähernden russischen Front nicht ernsthaft in Betracht. Ein solcher Kriegsausgang ist undenkbar, nicht möglich.

Siegfried versucht, Elsa durch ein fingiertes Telegramm ohne Dienststempel zu einer Reise zu ihm zu animieren. Sie fürchtet jedoch, mit diesem durchsichtigen Manöver aufzufliegen. Die Nervosität ist überall mit Händen zu greifen, die Polizei versteht auch bei solchen Lappalien keinen Spaß mehr. Sie beschwört ihn, auf den nächsten Urlaub zu warten. So muss sie ein weiteres Mal ihren Geburtstag allein verleben, zum Feiern ist ihr nicht zumute.

Ihre ganzen Sorgen, auch ihre Frustration schlägen sich im nächsten Brief an Siegfried nieder: *Ob er nicht etwas zu viel trinke,* fragt sie. *Außerdem sorge sie sich um seine »körperlichen Nöte«, dass ihm etwa »die Selbstbefleckung« nicht reiche und er bei all den Anfechtungen schwach werden könne.*

Sie weiß aus Beispielen in ihrer Nachbarschaft, dass die Nazis zur Erhöhung der Geburtenrate »arischer« Kinder durchaus außerehelichen Beziehungen Vorschub leisten.

Doch dass wir so lange getrennt sind, ist ganz furchtbar! ... Es war alles sehr, sehr schön, was wir im letzten Jahr gemeinsam erlebt haben. Auch Wien konnten wir doch nicht besser ausrichten, als

wir es getan haben. Ich möchte nur ganz bei Dir sein und alle Erin-
nerungen auffrischen … Mein geliebter Mann, was auch kommen
mag, meine Erlebnisse mit Dir reichen für mein Leben aus, aber wir
haben doch noch so viel vor, schreibt sie.

Am 14. Januar ist er wieder in Zichenau.

Das Heulen der Sirenen kündigt sie an. Kurze Zeit später hört
Siegfried in der Ferne das Brummen der russischen Flugzeuge, die
rasch näher kommen. Panik bricht aus, Menschen versuchen sich
in Sicherheit zu bringen. Die ersten Detonationen. Schon stehen
Häuser in Flammen. Rauchschwaden verdunkeln den Himmel,
wälzen sich durch die Straßen, verbreiten stechenden Geruch,
erschweren das Atmen. Aus einem mehrstöckigen Haus dringt
dicker, schwarzer Qualm aus dem Dach. Er bindet sich sein Drei-
eckstuch vor den Mund, geht vorsichtig hinein. Alle Bewohner
sind auf den Beinen, schreien durcheinander. Ihre Bunkerkoffer
stehen fertig gepackt vor den Wohnungstüren. Mit Wassereimern,
Feuerpatschen und Decken hasten sie die Treppe zum Dachboden
hoch. Dankbar registrieren sie, dass sich ihnen ein fremder Soldat anschließt. Tatsächlich gelingt es ihnen nach kurzer Zeit, den
Brand zu löschen.

Wieder auf der Straße sieht er, wie Fahrzeuge hastig beladen
werden. Lkws mit Zivilisten – Frauen aus der Zuckerfabrik und
Verwundete – rollen Richtung Westen. Seit gestern Mittag hat er
nichts gegessen. Er biegt in das Kasernengelände ein. Auch hier
herrscht hektische Betriebsamkeit. Die Kasernenblöcke sind schon
geräumt, die verbliebenen Fahrzeuge abfahrbereit. Das Opera-
tionsgeschirr des Lazaretts wird gerade verladen. Glockengeläut
von den Kirchtürmen der Stadt kündigt heranrückende Panzer
an. Zudem nähert sich die nächste russische Bomberstaffel. Aber
es nützt alles nichts, er braucht etwas zu essen. In Windeseile rafft
er aus Küche und Vorratsraum Verpflegungsreste zusammen,
trinkt. Das tiefe Brummen wird immer lauter. Iljuschins. Er stürzt

aus dem Haus. ›Wohin jetzt? Im Gebäude bleiben?‹ Der Platz vor ihm ist leer. Er ist allein, ganz auf sich gestellt. Alle anderen scheinen inzwischen geflohen zu sein. Es kommt ihm vor, als sei er auf einem fremden, verlassenen Planeten gelandet. Nein, hier im Kasernengelände ist es zu gefährlich. Er spurtet los. Kaum hat er die Hälfte des Hofs überquert, taucht ein Bomber über dem Dach des Kasernenblocks auf, wirft im Tiefflug für zwei, drei Sekunden seinen Schatten über den Platz und feuert Maschinengewehrsalven ab, die ihm gelten. Adrenalin schießt wie eine heiße Welle durch seinen Körper. Wahnsinnig vor Angst presst er das Gesicht aufs Steinpflaster. Als der Flieger abdreht, sieht er den verhassten roten Stern und die geöffneten Bombenschächte. ›Jetzt ist es aus!‹ Und richtig: Im nächsten Augenblick detonieren links und rechts Bomben mit ohrenbetäubendem Krach. Gesteinsbrocken prasseln auf ihn herab, Mauern stürzen ein. Das Lazarett und das Kasino hat es erwischt. Sein Herz hämmert. Er hebt den Kopf: Fünfzig Meter vor ihm hat eine Bombe einen Krater in den Platz gerissen, ein Dachstuhl brennt. Aber er lebt. Doch hier ist er ohne jede Deckung, ein ideales Ziel. Einen weiteren Angriff würde er nicht überleben. Da, die flache Mauer, die den Platz begrenzt. Er rennt los, wirft sich dahinter. In der Luft ein Brausen. Eng an die Mauer geduckt, erinnert er sich an ein verrücktes Gerücht. Auf Geheiß Stalins säßen an den Steuerknüppeln der Flugzeuge »Nachthexen«, Frauen, die auf diese Weise den Tod ihrer Männer rächen wollen. ›Welch zusätzliche Demütigung!‹ Infernalisches Mahlen und Quietschen kündigen den ersten Panzer an. Röhrend rollt der Koloss näher. Der Boden vibriert. Der Motor heult auf, als sich das Ungetüm aufbäumt und über die Trümmer klettert. Jetzt scheint er unmittelbar hinter der Mauer zu stehen. Die Stahlglieder der Ketten kratzen an der Mauer entlang, wirbeln grauroten Staub auf. Steine knacken und brechen. Siegfried sitzt in der Falle. Als er hochschaut, schwenkt das Panzerrohr über die Mauer. Alles in ihm ist zum Zerreißen gespannt. Direkt neben ihm feuert der Tank eine Granate ab. Die Detonation lässt die Erde erzittern. Siegfried hält sich die Ohren zu, aber es ist zu spät, er ist taub.

Nun widerfährt ihm Erstaunliches. Inmitten dieses Infernos – als sei sein Reservoir an Angst und Verzweiflung erschöpft, als sei sein Gehirn an eine Grenze gelangt – steigt er aus der Situation aus, wird ganz ruhig, hat das Empfinden, nicht mehr Teil dieser Szene zu sein, sondern ein Zuschauer, der sachlich und ungerührt, aber fasziniert das Geschehen von oben beobachtet. Als sein Gehör sich wieder erholt, vernimmt er wieder die rasselnden Panzerketten, die ihn aus seiner Lethargie reißen. Er will, er muss hier lebend rauskommen, seine Mutter und Elsa wiedersehen! Aber es wird Glückssache sein, was immer er jetzt macht, es könnte das Ende sein. Das Mahlen und Knirschen der Panzerketten auf der anderen Seite der Mauer wird leiser. Er registriert einen bitteren, metallischen Geschmack im Mund. Der Panzer scheint sich entfernt zu haben. Er robbt die Mauer entlang. Schweißtropfen rinnen in die Augen, brennen. Der Tank steht schon achtzig Meter entfernt, bewegt sich auf die Lücke zwischen den Häusern zu, die Kanone zeigt in die entgegengesetzte Richtung. Er wartet noch einen Augenblick, dann löst er sich aus seiner Erstarrung, taumelt hoch, läuft mit bleischweren Beinen geduckt los. Er hechtet gegen den zweieinhalb Meter hohen, oben mit Stacheldraht bewehrten Zaun. Krallt sich mit den Händen fest, verkeilt einen Stiefel in den Maschenlöchern, zieht das andere Bein nach, rutscht ab, gewinnt doch Höhe und rollt sich schwerfällig mit der gesamten Ausrüstung über die Dornen. Drahtspitzen bohren sich in Hände und Hosenbeine. Er bleibt mit dem Mantel hängen, muss sich losreißen. Dahinter bricht er ausgepumpt zusammen, verliert für einen Moment das Bewusstsein. Dann humpelt, schlurft er über eine gefrorene Wiese den Hang zur Flussbrücke hinunter. Wieder stoßen Flugzeuge auf die Stadt nieder. Wieder wirft er sich auf den harten, eisigen Boden. Der Schnee unter ihm färbt sich rot. Die letzten Wehrmacht-Lkws rasen über die Brücke. Ein Toter mit weit aufgerissenen Augen im blauvioletten Gesicht liegt vor ihm. Siegfried registriert alles, teilnahmslos wie eine Kamera. Er knickt die untere Hälfte der Erkennungsmarke des Soldaten ab, steckt sie ein. Ein weiterer Lkw taucht aus einer Senke auf, fährt den Hang herauf und poltert auf die Brücke zu. Siegfried reißt sich hoch, versucht zu schreien, bekommt aber nur ein heiseres Röcheln heraus, schwenkt die Arme und hinkt los. Alles tut ihm weh. Nach ein paar Metern fällt er, rafft sich wieder auf, stolpert, läuft weiter, rudert mit den Armen. Der Lkw hält an. Nur noch wenige Meter. Er bekommt die seitlichen Verstrebungen des Wagens zu fassen. Hände strecken sich ihm entgegen und zerren ihn auf die Ladefläche. Er ist am Ende seiner Kräfte. Zum ersten Mal sehnt er den lebensrettenden »Heimatschuss« herbei, selbst der Tod hat jeden Schrecken für ihn verloren. Ruhe – er will endlich seine Ruhe.

Es ist inzwischen dunkel geworden. Der Lkw jagt ohne Scheinwerfer durch die Nacht. Leuchtkugeln steigen auf und tauchen die Umgebung beiderseits der Straße in ein zuckendes, aschfahles Licht. Keiner auf der Ladefläche sagt ein Wort. Jeder, so scheint es, ist stumm mit seinen eigenen, unheilvollen Gedanken beschäftigt.

Er übernachtet in einem geräumten Ort. Es ist nicht ungefährlich, ohne entsprechende Befehle entfernt von der Front allein angetroffen zu werden. SS-Angehörige oder fanatische Feldpolizisten, die »Kettenhunde«, könnten ihn für einen Deserteur halten. In Soldau trifft er schließlich auf den Armee-San-Stab, dem er sich anschließt. Dort versuchen Infanteristen, das Bahnhofsgelände zu halten. Mit Panzerfäusten schießen sie einen russischen Panzer ab. Ein nächtlicher Spähtrupp, angeführt von einem jungen Ritterkreuz-Leutnant, bleibt verschollen.

Später schreibt er in einem Brief von *Schicksalsfügungen, die mehrmals fast an Wunder grenzten und mich immer wieder aus den Händen der Russen entwischen ließen.*

Der Winter mag scheiden, der Frühling vergehn,
Der Sommer mag verwelken, das Jahr verwehn;
Du kehrest mir zurücke, gewiss du wirst mein,
Ich hab' es versprochen, ich harre treulich dein.
Gott helfe dir, wenn du die Sonne noch siehst.
Gott segne dich, wenn du zu Füßen ihm kniest.
Ich will deiner harren, bis du mir nah'
Und harrest du dort oben, so treffen wir uns da!
Siegfried Jaeckel

31 Ausharren, Bangen und Hoffen

Laut Wehrmachtsbericht stehen die Russen kurz vor Zichenau. Siegfrieds letzte Post kam von dort, was Elsa stark beunruhigt. Hoffentlich konnte er sich rechtzeitig aus dem Staub machen. Es ist auch für sie nicht mehr zu leugnen: Die Bedrohung rückt näher, Tag für Tag.

Unterdessen benehmen sich die jungen Frauen in ihrer Betriebsabteilung ausgelassen und unbekümmert wie eh und je. Elsa irritiert und ärgert das, geradezu unanständig kommt ihr das vor, zumal der Mann einer der Frauen als vermisst gemeldet ist.

Jeden Brief begleitet jetzt die Angst, ob der Adressat noch am Leben ist. Am 18. 1. 1945 schreibt Elsa ihrem *geliebten Mann:*

Zichenau in Ostpreußen ist in Feindeshand, wo bist Du? Deine letzte Post von dort ist noch vom 14. Januar. Drei Tage später sind dort schon die Russen gewesen ... Die Ereignisse der letzten Tage sind überwältigend.

Es ist so furchtbar, in dieser Zeit so alleine zu sein und nicht zu wissen, was das Richtige ist. Was nützt alles Packen, wohin soll ich flüchten, sollte es so weit kommen? ... Ich wäre lieber in Heikendorf. Hier habe ich jetzt Angst vor den Russen. Man weiß nicht, was tun, und raten kann einem keiner ... Ich warte erst deine weitere Nachricht ab. Vielleicht bist du ja in der Nähe?

Ich male mir alles Schreckliche aus, was sicher verkehrt ist. Man soll warten, bis es an einen herankommt ... Hier gab es auch viel Alarm. Wir standen mit unseren Koffern bereit, aber es ist nichts passiert. Wir sind hilflos, wenn wirklich ein Angriff kommt, keine Abwehr und kein Bunker und dann in dem großen Haus gefangen. Meistens ist es Berlin, das alles abkriegt, aber überall wird nun bombardiert, der Russe ist jetzt in Schlesien, so kommt es von allen Seiten ... Ich bin froh, dass ich einen halben Tag aus dem Haus bin. Man wird ja sonst verrückt. Ich habe keinen Menschen hier, mit dem ich vertraut bin, und grübele zu viel.

Feldpostbrief an Siegfried, 18.1.1945

In einem Brief an die Mutter heißt es:

Man kann sich doch nicht damit abfinden, dass alles aus sein könnte: Die Männer alle zum »Aufbau« in Russland und wir unser Leben lang in einer russischen Fabrik. Aber der Endsieg ist ja unser ...

Am 23. Januar ist Siegfried in Marienwerder. Die Nacht verbringt er bei der Kälte im Stroh eines Pferdewagens. In letzter Zeit träumt er fast jede Nacht, dass jemand eine Handgranate unter seinen Schlafplatz rollt. Zu ihm ins Stroh gesellt sich ein etwa zehnjähri-

318

ges »Wolfskind«. Der Junge erzählt ihm, dass er seine Eltern verloren habe und nun im Winter Arbeit gegen Kost und Logis bei einem Bauern suche. Obwohl Siegfried sonst mit Kindern nicht viel anfangen kann, tut ihm der Junge leid, der den Sommer im Wald verbracht hat und sich von Früchten, Pflanzen und verendeten Tieren ernährte.

Post von Elsa trifft ein. Mit dabei ist ihr Testament, auf das sie so viel Wert legt, und das dennoch kurz drauf zusammen mit Siegfrieds gesamtem Dienstgepäck auf dem eiligen Rückzug verloren geht.

Am 26. Januar schreibt Elsa an Mutter und Schwester:

Von Siegfried habe ich noch keine Nachricht. Wo mag er nur sein, so frage ich mich den ganzen Tag. Wenn Siegfried in Deutschland wäre, müsste seit dem 14. 1. doch mal Post kommen! Heute will ich zur Kommandantur und zum Feldlazarett. Was kann in zwei Wochen Kämpfen alles geschehen? Diese Kälte, dieser Schnee und die Strapazen ... Dabei kann man unmöglich Ruhe bewahren, wenn man an den geliebten Menschen denkt. Ich irre umher in der Wohnung und komme vor Aufregung nicht zum Packen. Ich kann ja auch nichts tragen, nur einen Koffer. Alles muss hier bleiben.

Gebt noch keine Wäsche weg, denn wir müssen uns vielleicht aus den Bezügen noch Kleider machen.

Habt ihr Post von Ekkehard?

Hier strömen ständig Flüchtlinge aus dem Osten mit Pferdegespannen und Autos durch, trostlos in der schneidenden Kälte.

Daß ich lieber bei euch wäre, könnt ihr euch wohl denken. Doch bis jetzt kommt hier noch keiner raus, außer dem, der die Genehmigung hat. Alles möchte ich retten und kann doch nichts tragen. Wenn ich Landsberg verlassen muß, so werde ich mich sicher dem großen Schub anschließen und dann versuchen, zu euch zu gelangen. Möge es nicht dazu kommen ... Da ich noch keine Nachricht von S. habe, könnte ich mich bei euch auch nicht beruhigen. Kom-

me ich von hier nicht weg, dann bleibe ich eben hier, das ist mir dann auch egal. Keiner kümmert sich um mich, jeder sorgt für sich. Das ist ja auch menschlich zu verstehen, aber jetzt möchte man sich auch irgendwo anklammern können bei denen, die ein Auto haben.

Elsa zögert weiterhin. Zichenau ist seit Tagen von Russen besetzt. Sie darf nur noch Postkarten schicken, keine Briefe. Die Karten sind bedruckt mit den Zeilen: *Der Führer kennt nur Kampf, Arbeit und Sorge. Wir wollen ihm den Teil abnehmen, den wir ihm abnehmen können.*

Wo bist Du nun? Es ist ein furchtbarer Zustand, nichts zu erfahren und in unserer bedrohlichen Situation zu sein. Die Front rückt immer näher. Hier ist alles voller Flüchtlinge. Noch bin ich in Landsberg, kann ja auch nicht raus, bin dienstverpflichtet als Abteilungsleiterin in unserem kriegswichtigen Betrieb und an eine private Reise ist nicht zu denken. Was aus mir wird, muß ich abwarten.

Weiterhin keine Nachricht von Siegfried. Auf der nächsten Karte steht:

Lieber Gott, was soll werden? Meine größte Sorge bist doch Du, geliebtes Herz. Warum bekomme ich keine Post? … Ich packe Koffer ein und aus. Kann doch nur den Rucksack und einen Koffer tragen. Alles andere muß an Ort und Stelle bleiben. Ob ich die Arbeiten [seine noch nicht veröffentlichten wissenschaftlichen Abhandlungen und seine angefangene Habilitationsschrift] *im Koffer in den Keller bringe, oder zerfallen sie dort? Oh, diese Sorgen und so alleine.*

Flüchtlinge aus dem Osten werden in Landsberg einquartiert. Elsa muss einer Mutter mit drei Kindern Unterschlupf gewähren. Sie räumt das Schlafzimmer aus. Die Zimmer mit Siegfrieds Archiv und den Sammlungen schließt sie ab. Die Frau will von furchtbaren Gräueltaten russischer Soldaten gehört haben.

Andererseits beschwichtigen der Gauleiter des Warthelandes und die Behörden die Bewohner. Sie erfassen weder den Ernst der Lage noch die Schnelligkeit des russischen Vormarsches. Zu flüchten ist strengstens verboten, selbst die Evakuierung der Zivilbevölkerung wird nicht in Erwägung gezogen. Jeder solle dort bleiben, wo er wohne, und seine Heimat bis zum Letzten verteidigen. Gott werde Deutschland nicht untergehen lassen. Doch der Zug rast auf den Abgrund zu, immer schneller.

Elsas letzte Mitteilung an ihren Mann ist datiert auf den 24. 1. 1945. Die letzte Nachricht an ihre Mutter in Heikendorf trägt das Datum vom 28. Januar. Als ahne sie, was auf sie zukommt, notiert sie:

Ob und wie ich zu euch gelangen soll, weiß ich noch nicht. Somit muß ich bleiben und alles Leid auf mich nehmen. Sollten wir uns nicht wiedersehen und ihr hört etwas von Siegfried, so grüßt ihn herzlichst von mir. Man steht ja ganz allein und hofft, hofft. Macht euch noch keine Sorgen, dies schreibe ich nur für alle Fälle und ich schreibe, solange ich kann, an euch. Ich nehme an, daß Siegfried bei einer kämpfenden Truppe ist. Wenn er wüßte, in welcher Lage ich mich befinde! Lebt wohl!

Zu diesem Zeitpunkt haben die ersten russischen Panzer bereits die Landkreise Landsberg und Soldin erreicht und sind zur Oderstadt Küstrin vorgestoßen. Sie befinden sich also westlich von Landsberg. Nun ist es für die meisten Zivilisten zu spät. Es fährt kein Zug mehr. Russische Einheiten blockieren die Schienenwege gen Westen. Die durch Landsberg ziehenden deutschen Soldaten rufen den Unentschlossenen zu: »Kein Zögern mehr, Leute, flieht!«

Am 29. Januar gibt Siegfried in Kolberg ein Telegramm an Elsa auf. Allein, ohne Ausrüstung irrt er weiter umher, auf der Flucht vor den Russen. Am 30. Januar 1945 findet er Unterkunft im Keller eines Gymnasiums in Belgard. Während seine Hände und Füße unter Schmerzen auftauen, sind seine Aufmerksamkeit und die der anderen Erwachsenen auf den Volksempfänger gerichtet, aus dem der Führer spricht. Heute feiert man den zwölften Jahrestag der »Machtergreifung«. Siegfried wundert sich. Hitler redet anders als sonst. Ernst, im Gegensatz zu seinen sonstigen Brüll- und Schreitiraden geradezu gezähmt, eher wie ein leidenschaftlicher Pastor. Der »Führer« malt das Gespenst des »asiatischen Bolschewismus« an die Wand, spricht von der »asiatischen Sturmflut« und den »Kreml-Juden«. Die Vorsehung habe das Großdeutsche Reich dazu erkoren, diesen Horden Einhalt zu gebieten und damit die europäische Zivilisation vor dem Untergang zu bewahren. Wenn jeder all seine Kräfte diesem Kampfe widme, sei der Sieg zu erringen. Wer nicht kämpfe, falle dem deutschen Volke feige und charakterlos in den Rücken.

Als die Rede endet, schütteln zwei der Zuhörer verhalten den Kopf, keiner sagt etwas, doch als sie im Begriff sind sich zu zerstreuen, ruft einer:

»Haltet aus, Leute, der Führer ist ein genialer Mann. Der findet sicher noch einen Ausweg, der haut uns raus!«

Hitler, der im Ersten Weltkrieg als Gefreiter diente? Sind das nicht reine Durchhalteparolen? Ist jetzt bald alles aus, geht es uns an den Kragen? Eins ist klar, sein Eid auf Adolf Hitler gilt noch immer. Auf Fahnenflucht steht die Todesstrafe, auf »Wehrkraftzersetzung« ebenso. Allein Zweifel am »Endsieg« zu äußern, gilt als Verrat. Als »Otterngezücht« bezeichnet Hitler diese Menschen, sie gelte es auszurotten, ihre Familien in Sippenhaft zu nehmen.

Während Siegfried in Belgard noch einige Tage festgehalten wird, löst sich in Landsberg/Warthe seine frühere Arbeitsstätte, die Versuchs- und Forschungsanstalt für Landwirtschaft, auf. Die Mitarbeiter fliehen westwärts. Schon seit Tagen beherrscht alle nur ein Gedanke: Die Russen kommen!

Elsa kauft sich zwar an diesem Tag eine Fahrkarte nach Kiel, aber sie zögert immer noch, diese auch einzulösen.

»Ich kann doch nicht abfahren, wenn mein Mann unverhofft kommt! Und was mache ich mit seinen Sammlungen?«, äußert sie gegenüber einer Nachbarin. Außerdem ist alles dermaßen durcheinandergeraten, dass keiner genau weiß, wo sich gerade Freund oder Feind befinden.

Von diesem Zeitpunkt an verliert sich ihre Spur ...

Am selben Tag erfährt Siegfried im Wehrmachtsbericht, dass Landsberg geräumt wird. Deshalb geht er davon aus, dass Elsa schon auf der Flucht ist, und schickt seine Feldpostbriefe an die Heikendorfer Adresse.

Unser Heim mit allen lieb gewordenen Schätzen, Büchern und Sammlungen werden wir wohl nie wiedersehen. Wir können noch froh sein, wenn wir uns alle in Heikendorf treffen und das kleine geschmähte Altenteilerhäuschen beziehen können.

Von Belgard marschiert er auf der Chaussee unter dem Schutz von Panzern nordwärts. Neun Tage weilt er in Schivelbein im Hotel Monopol, schläft in einem Bett mit weißen Laken und Decken, hört vom Großangriff auf Berlin. Permanent denkt er an Elsa. Sie ist in Gefahr! Konnte sie sich und seine Sammlungen retten? Noch weiß er nicht, ob die Russen die Stadt schon eingenommen haben.

Von der Armee-San-Abteilung (ASA) wird er ins Kriegslazarett in Hela-Heide beordert. Dort gewinnt er allmählich an Gewicht, kann sich rasieren, waschen, seine Wäsche wechseln. Er lebt wieder am Meer, an der geliebten Ostsee. Gleich nach der Ankunft schlägt er den Weg zum Strand ein. In einem Hochgefühl hebt er das Haupt, schließt die Augen und saugt die frische, salzige Seeluft ein, riecht Fisch und angespülten Tang. Der Wind zerzaust die Haare. Das Herz weitet sich. Von einer kindischen Freude erfüllt, beginnt er zu laufen, bis er außer Atem ist. Am Meeressaum hält er inne, lauscht den Wellen, lässt den Blick schweifen bis zum Horizont und denkt an seine Liebste in Landsberg.

Er schreibt:

Bis jetzt bin ich durch alles noch sehr glimpflich durchgekom-
men, nur dass man die Sorgen nicht loswird, was aus dir geworden
ist. Mit dem Verlust unseres Heims gehören wir jetzt zu den Aller-
ärmsten. Wenn alles noch gut geht, fangen wir ganz klein wieder
in Heikendorf an. Vielleicht bleibt uns noch das Altenteilerhäus-
chen erhalten, wo wir unsere unbeschwerten ersten Ehewochen ver-
brachten. Ich hatte ja schon früher davon gesprochen und du fingst
an, das letzte Mal es einzusehen. Dein treuer Mann

Einige Soldaten im Lazarett sind der Ansicht, nicht mehr an
den Eid auf den Führer gebunden zu sein. Zum ersten Mal erlebt
Siegfried eine Meuterei. Ein Kommunist aus Berlin weigert sich,
zu seinem Truppenteil zurückzukehren. Provozierend fragt der,
wann denn nun der große Gegenschlag mit der »Wunderwaffe«
erfolge. Oder war das alles nur Propaganda, ein gewaltiger Bluff?

Siegfried hat noch ein Fünkchen Hoffnung, dass Hitler einen
Ausweg findet. Wie die meisten ist Siegfried anfällig für die fan-
tastischen Gerüchte, die zwischen den Landsern kursieren, zum
Beispiel, dass Fehler oder falsche Befehle hinter dem Rücken des
Führers und gegen dessen bessere Absichten zu dem Schlamassel
geführt hätten. Eine stehende Redewendung ist: »Wenn das der
Führer wüsste!« Ist doch »der Führer« gerade in dem zunehmenden Chaos immer noch eine unantastbare Instanz, die vom Klein-
klein des täglichen Geschehens enthoben ist. Siegfried klammert
sich an Meldungen über erfolgreiche Gegenstöße und vereinzeltes
Zurückweichen des Gegners, dem man »schwere Verluste« zuge-
fügt habe. Noch wagt er nicht, an das Undenkbare zu denken: an
die Niederlage und dass er womöglich auf den falschen Führer und
das falsche System gesetzt hat. Das kann, das darf nicht sein! All
die jahrelangen Strapazen und Opfer sollen umsonst gewesen sein?

Am 7. 2. 1945 schreibt er:

Ich möchte sehnlichst hoffen, daß du heil in Heikendorf ange-
kommen bist. Vielleicht hast du noch einige wichtige Sachen mit-
nehmen und retten können … Mir geht es sonst einigermaßen.

Schlafe nach langer Zeit mal wieder im Bett, esse auch im Casino, wie ich auch ein Privatquartier bewohne. Inzwischen habe ich mir auch wieder die wichtigste Ausstattung an Wäsche und dergleichen beschafft. Mein zerrissener Mantel als Andenken an die Flucht über den Zaun in Zichenau ist geflickt. Fehlen nur noch Stiefel. Ich will diese eintauschen, sonst müssen sie repariert werden. Eine Pistole habe ich auch wieder, außerdem einen Karabiner, beides gefunden ... Hoffentlich ist es uns vergönnt, uns noch mal in die Arme schließen zu können.

Am 12. 2. 1945 schickt er ein Telegramm nach Heikendorf:

032   Telegramm   Deutſche Reichspoſt
       Kiel   ein 13 " 7. 1 Uhr

Else Jäckel Dorfstr. 16

Heikendorf bei Kiel

sofort Nachricht hierher ob do dort eingetroffen

Siegfried

325

Erst eine Woche später trifft die Antwort ein:

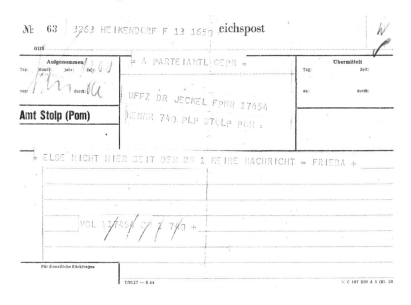

... und Fleckfieber, Ruhr und Erfrierungen, Krüppeln und
Toten, an zerstörten Dörfern, geplünderten Städten, Freiheit
und Frieden. Es lag am wenigsten an einzelnen Menschen.
Wir konnten unbesorgt sterben.

Willy Peter Reese, 1942

32 Kapos, der verschlossene Raum und die Soldatenpflicht

Die deutsche Wehrmacht kämpft weiter. Der »Endsieg« ist unbeirrt das erklärte Ziel, obwohl jeder ahnt, dass eine Niederlage kaum noch abzuwenden ist. So ist Siegfried nach wie vor Soldat, jedoch keinem festen Truppenverband zugewiesen, eher Einzelkämpfer, der mal hierhin mal dorthin beordert wird.

Im überfüllten Eisenbahnwaggon auf dem Weg nach Putzig denkt er an den Hochzeitstag, der sich zum achten Mal jährt. Inständig hofft er, dass Elsa glimpflich davongekommen ist und sie sich in dem kleinen Dorf an der Kieler Förde unversehrt wiedersehen können. Jeden Tag aufs Neue denkt er sich überzeugende Gründe aus, weshalb er so lange keine Post und kein Telegramm von ihr erhalten konnte.

Möge es ein gütiges Schicksal weiterhin so gut mit mir meinen. Dann will ich mich gar nicht beklagen, schreibt er ihr voller Zuversicht nach Heikendorf.

Zum 1. März 1945 kommandiert man ihn nach Lauenburg, 65 Kilometer nordwestlich von Danzig, ab. Zunächst bezieht er Quartier bei einer Frau in einem Siedlungshaus unterhalb des Bahndamms. Sie verwöhnt ihn zum Frühstück mit einer Kanne Bohnenkaffee und selbst gebackenem Brot und erzählt, während

327

Siegfried genüsslich isst, von ihren Söhnen. Zwei seien gefallen, einer sei verwundet worden und jetzt in Gefangenschaft, einer sei seit Längerem vermisst. Siegfried sucht nach Worten des Trosts, findet keine. Er bedankt sich herzlich und reist nachdenklich weiter per Pferdewagen nach Lauenburg.

Dort soll er an Maßnahmen zur Seuchenbekämpfung im Bereich der SS-Transportkommandantur mitwirken. Diese SS-Leute in schwarzen Uniformen und dem Totenkopf auf den Schirmmützen sind ihm unheimlich. Er hatte davon gehört, dass sie sich in die Achselhöhle die SS-Runen und ihre Blutgruppe tätowieren lassen. Das Konzentrationslager Stutthof scheint riesengroß zu sein, denn das Lager in Lauenburg fungiert lediglich als eine der vielen Außenstellen. Zehntausende Gefangene, schätzt er, hauptsächlich Juden und Intellektuelle. Die weiblichen Häftlinge schuften als Sklaven im Straßenbau, die Männer in der Landwirtschaft und in SS-eigenen Betrieben. Siegfried erlebt die letzten Tage vor der Auflösung des Lagers. Es dient jetzt auch als Auffangstelle für die vom Vormarsch der Roten Armee bedrohten Lagerhäftlinge aus dem Baltikum, aus Ungarn, auch aus Auschwitz.

Wie Siegfried erfährt, hatte der Lagerkommandant in der ersten Evakuierungsphase eineinhalb Monate vorher etwa 11 000 Gefangene von Stutthof auf einen Marsch gen Westen geschickt. Die Wachen trieben damals die Insassen durch die kaschubische Schweiz Richtung Lauenburg. Die geschwächten, ausgehungerten Häftlinge, die zurückfielen, bekamen eine Kugel in den Kopf. Verpflegung gab es kaum. Der Marsch, der normalerweise sieben Tage dauert, zog sich bei Schneetreiben und scharfem Frost über zehn Tage hin. Am Strand von Palmnicken hetzten die SS-Schergen rund 3000 jüdische Häftlinge mit Maschinengewehrsalven in die kalte Ostsee, ermordeten sie vor Ort oder im Hof einer nahe gelegenen Bernsteinfabrik. Nur fünfzehn von ihnen überlebten.

Siegfrieds Aufgabe im Außenkommando Lauenburg ist es, sich um die Überlebenden des »Todesmarsches« und die Kranken zu

»kümmern«. Das Lager wurde ursprünglich nur für 250 bis 300 Häftlinge konzipiert. In dieser Phase des Krieges will die SS vor allem eins: die Häftlinge verbergen, verschwinden lassen, loswerden. Die Hygiene in den Baracken und der körperliche Zustand der ausgemergelten Menschen sind katastrophal. Siegfried registriert die Wachtürme, den Stacheldrahtzaun, hört von Hinrichtungen. Vielleicht nimmt er auch im Frost erstarrte Leichenberge wahr, die bei zu erwartendem Tauwetter ein ernsthaftes Problem bedeuten. Andererseits: Man sieht nur das, was man sehen will. Natürlich möchte er helfen, aber wie und mit welchem Auftrag? Was kann er mit seinem Dienstgrad und als Einzelperson hier bewirken? Die Gesundheit der Häftlinge ist wohl die letzte Sorge der SS.

Am 4. März laden ihn jüdische »Hilfspolizistinnen« im Lager Goddentow zu einer geselligen Runde ein. Sie tragen zu ihren gestreiften Anzügen schwarze Mützen und gelbe Armbinden mit der Aufschrift »Kapo«. Er ist hin- und hergerissen. Eine gespenstische Situation. Was bedeutet er für diese Frauen? Er steht zwar auf der anderen Seite, aber von ihm geht wohl keine Gefahr aus. Er gehört nicht zur SS und er ist ein Mann. Siegfried fühlt sich in gewisser Weise geehrt und geschmeichelt, als Hahn im Korbe.

»Müssen wir Sie jetzt mit Herr Unteroffizier oder Herr Dr. Jaeckel ansprechen, oder dürfen wir Siegfried zu Ihnen sagen?«

Die Frauen scherzen und necken ihn, fragen ihn aus, was er erlebt hat im Kriege. Sie trinken. Er ist sich bewusst, dass die Kapos eine zwielichtige Rolle spielen. Diese Weiber konnten sich durchsetzen, im Kampf ums Überleben strategisch wichtige Positionen erringen. Im Gegensatz zu ihren Mitgefangenen sehen sie wohlgenährt aus, haben Zugang zu Zigaretten und Alkohol. Harte Augen mustern ihn. Er sieht ihre Schlagstöcke an Haken an der Wand. Heiser klingt ihr Lachen, wenn jemand einen Witz macht. Sie fragen sich und ihn, wie es weitergehe mit ihnen. Das Lager werde demnächst aufgelöst. Alle Augenpaare richten sich auf ihn. Da schießt ihm für Sekunden das Bild einer Karikatur durch den Kopf, symptomatisch für die Absurdität der Situation: Wie ein Weißer sitzt er, umringt von Kannibalen, im »Negerkral«, während Wasser in einem für ihn bestimmten großen Topf erhitzt wird. Er muss lächeln.

Was weiß er von den Kapos? Dass die SS bevorzugt sogenannte Berufsverbrecher als Vorarbeiter und Hilfsaufseher einsetzt, dass sie, wenn sie nicht zufriedenstellend arbeiten, sofort zurückgestuft werden, was unter allen Umständen zu vermeiden ist, da sie dann Gefahr laufen, in der ersten Nacht von den Drangsalierten getötet zu werden. Sind diese Frauen Sklaven und sadistische Sklaventreiber zugleich? Opfer und Täter? Vielleicht wollen sie nur wie er irgendwie überleben in einer unheimlichen, brutalen Welt. Wie die meisten Soldaten hat er schon früh aufgehört zu fragen.

Neue Befehle erreichen ihn. Er führt sie aus. Befehl ist Befehl. Welche Alternativen hat er denn als gemeiner Soldat in dem komplexen, schwer durchschaubaren Geschehen? All seine Kraft, sein Können, seine Vorstellungen und Hoffnungen hat er in diesen Krieg investiert. Er hat vielfach sein Leben aufs Spiel gesetzt, liebgewonnene Kameraden verloren. Was liegt da näher, als den einmal eingeschlagenen Weg zu Ende zu gehen? Alles andere bedeutet Verrat. Entweder man kämpft als Gruppe und kommt zusammen durch oder man geht gemeinsam in den Tod oder ergibt sich als Einheit dem Feind. Entweder du tust deine Pflicht, so lautet das Credo dieser Zeit, oder du bist verantwortungslos, ein Feigling, ein Judas. Doch immer dringender stellen sich die Fragen: Wem nützt seine Opferbereitschaft? Ergibt das, was er tut, irgendeinen Sinn? Ist er zu naiv mitgelaufen, hat er zu wenig nachgedacht?

Nur bruchstückhafte Nachrichten dringen zu ihm durch. Er lebt in Unruhe und Ungewissheit von Tag zu Tag. Mit wem kann Siegfried über seine Zweifel und Ängste sprechen? Wer kann einem raten, was jetzt richtig ist? Letztlich bleibt ihm nur, sich zu beherrschen, gute Miene machen zu einem verwirrenden, bösen

Spiel. Am 8. März 1945 muss er eine Erklärung des Führers unter-
schreiben:

*Wer in Gefangenschaft gerät, ohne verwundet zu sein oder bis
zum letzten Einsatz gekämpft zu haben, der hat seine Ehre ver-
wirkt. Die Gemeinschaft der anständigen Soldaten.*

Hitler will sie alle zu »Helden« machen – zu toten. Aber haben
seine Befehle noch Macht über die Truppen? Oder offenbaren sie
nicht vielmehr die nahezu aussichtslose Lage? Warum wird der
Krieg nicht endlich beendet, sind nicht schon genug Soldaten ge-
opfert worden? Und ein anderer Gedanke setzt sich in ihm fest:
Wie sähe die Welt aus, wenn Hitler den Krieg tatsächlich gewän-
ne?! Selbst Lektüre bietet ihm inzwischen keinen Zufluchtsort
mehr, zu viel Platz nehmen diese Fragen ein.

Am 12. März 1945, dem »Heldengedenktag«, reist er über Jurata
nach Helaheide auf der Halbinsel Hela, die wie ein langer, schma-
ler, leicht gekrümmter Finger parallel zum Festland in die Ostsee
ragt. Dort liefert er sich selbst in ein Lazarett ein. Vor den Fenstern herrscht kaltes, stürmisches Wetter. Dunkle, tief hängende
Wolken verspritzen Regentropfen wie sich schüttelnde, nasse
Hunde. Um das Gebäude heult der Wind. Scharfer, würziger Kie-
fernduft dringt von draußen herein. Siegfried leidet an Fieber,
Schüttelfrost, Löchern in Füßen und Beinen und Verletzungen
an der Hand. Jetzt liegt er in einem Bett, braucht nicht mehr zu
frieren, zu hungern, kann sich ausruhen und schlafen. Menschen
kümmern sich um ihn. Ein Oberfeldwebel versorgt ihn mit Unter-
wäsche, Rasierzeug, dem Allernotwendigsten. Doch noch müssen
alle um ihr Leben fürchten. Ein plötzlicher russischer Luftangriff
kostet etwa – so genau zählt man nicht mehr – 25 Leuten das Leben, darunter eine junge polnische Hilfsschwester, mit der er sich
gerade angefreundet hatte. Man stattet Siegfried mit einem Ge-
sangbuch aus, bittet ihn, die Beerdigung zu übernehmen. Die im
Massengrab beigesetzten Toten sind mit Zeltplanen überdeckt,

die vor dem Zuschaufeln weggezogen werden. Wachsbleiche Gesichter, aus denen die Nasen spitz hervorragen, kommen zum Vorschein. Er fällt, vom Fieber geschüttelt, fast selbst in die Grube.

Siegfried erfährt, dass am 17. und 18. März – nicht weit entfernt bei Danzig – mehrere russische Panzerverbände die Heeresgruppe Weichsel angreifen. ›Was ist mit Elsa!?‹

An den langen Tagen auf der Krankenstation erzählen die Patienten ihre Kriegserlebnisse. Siegfrieds Bettnachbar berichtet, er sei als Mariner zunächst nach Bengasi, dann zur U-Boot-Waffe in die Bretagne, in die Gegend von Lorient, abkommandiert worden. Sein U-Boot sei versenkt worden, die Besatzung konnte aber in einer Luftblase im Bug des Stahlkolosses überleben. Es folgen weitere U-Bootfahrten, auch längere Törns. Kurz vor Weihnachten streicht der Inspekteur der U-Bootflotte der Besatzung den Weihnachtsurlaub und befiehlt: »Fertigmachen zum Auslaufen.« Der Kapitän bleibt in der Messe seines Bootes, trinkt und raucht. Die Besatzung – Offiziere und Mannschaften – macht erst einmal einen Kneipenbummel. Indes erscheint der Admiral zur Abnahme und Verabschiedung, findet aber allein den Kapitän auf dem Schiff vor, hinter dem blauen Zigarrendunst kaum zu erkennen. Als der Rest der Mannschaft mit Hallo, singend und grölend an Bord eintrifft, werden Strafen angekündigt, an die angesichts des anstehenden Törns niemand glaubt – fälschlicherweise. Kurz darauf findet sich die Besatzung in einer Strafkompanie wieder und muss Wälle aufschaufeln, gedemütigt von den Wachen. Andererseits könnte sich dieses verbotene Besäufnis auch als lebensrettend herausgestellt haben. Denn von den U-Boot-Einsätzen kommen sehr viele nicht wieder.

Sein anderer Bettnachbar spricht in seinen Delirien und schreit laut auf. Vorher dem Verhungern nah, greift er zwanghaft nach Siegfrieds Speiseresten und verschlingt sie. Nachts bekommt er Tobsuchtsanfälle, wirft mit Gefäßen, Geschirr und Besteck um sich.

Ein SS-Angehöriger aus Dessau spricht Siegfried an. Er kenne sich doch gut in der Gegend aus. Könne man nicht nachts zu zweit die Bucht bei Putzig durchwaten oder durchschwimmen?

Siegfried lehnt ab. ›Was denkt sich der Kerl?‹

Die Tage im Lazarett wird er nicht so schnell vergessen. Die Ausdünstungen der vielen Leiber, der Gestank von Eiter aus offenen Wunden, von vollen Urinflaschen und Bettpfannen vermischen sich mit dem Duft der Desinfektionsmittel und des Mittagsessens, schwer, feucht, faulig, süßlich. Dann der scharfe Geruch des Äthers, den die Schwestern den Kranken durch kleine Löcher in die Gipsverbände sprühen, um die dort nistenden Wanzen und Läuse für einige Stunden zu betäuben, ehe sie die Kameraden wieder in den Wahnsinn treiben. Noch viele Jahre später durchziehen dieser Geruch und die Schreie, das Stöhnen der Verwundeten seine Träume. Er beobachtet, dass einer der Patienten regelmäßig seine Tabletten in den hohlen, metallenen Bettpfosten gleiten lässt. Andere, die entzündete, offene Beine wie Siegfried haben, kratzen heimlich die Stellen wieder auf. Die Ärzte wundern sich, dass die Wunden nicht heilen, obwohl sie Puder und Verbände einsetzen. Schließlich kennzeichnen sie die Verbände durch Kreuze, um weiteren Missbrauch zu verhindern. ›Siehe da, feige Simulanten‹, denkt Siegfried, ›die sich vor dem Fronteinsatz drücken‹. Er ist empört, verpfeift die Kameraden aber nicht.

Man munkelt, es gebe hier in diesem Behelfslazarett einen Raum, der außer für die Ärzte und Schwestern streng tabu sei. Dort sollen die liegen, die keiner sehen darf, die, die der Krieg furchtbar zugerichtet hat: Menschen, denen Flammenwerfer das Gesicht zerfressen hatten, denen Teile des Gesichtes oder des Kiefers weggeschossen worden waren, Kameraden ohne Augen, ohne Gliedmaßen. Dort liegt die Ernte der Schlachten, unsichtbar, weggesperrt. Würden sich ihre Frauen vor ihnen ekeln, ihre Kinder vor ihnen fürchten, wenn sie so entstellt nach Hause kommen?

Nach 21 Tagen wird Siegfried entlassen.

Wenn ich mein Leben noch einmal leben könnte,
würde ich die gleichen Fehler machen.
Aber ein bisschen früher, damit ich mehr davon habe.

Marlene Dietrich

33 Mit dem letzten Schiff westwärts

Auf dem Festland sind die Orte inzwischen hoffnungslos überfüllt und die Straßen mit Fahrzeugen aller Art verstopft. Versprengte Soldaten suchen ihre Einheiten. Die einheimische Bevölkerung teilt – meist widerwillig – Dach und Nahrung mit den vielen Tausend Flüchtlingen aus den Ostgebieten. Diese tragen ihre Sonntagskleider, jederzeit bereit, auf Anordnungen oder Weisungen hin aufzubrechen und weiterzuziehen. Hunderte von Milchkühen, mühselig den ganzen Weg hierhergetrieben, stehen auf den Wiesen und brüllen vor Schmerz, weil keiner sie melkt. Das erinnert Siegfried mit Schauder daran, dass er in Frankreich Zeuge war, wie eigene Einheiten die wehrlosen Tiere zum Minenräumen einsetzten.

Die russische Armee ist inzwischen – südlich an ihnen vorbei – bis kurz vor Berlin vorgerückt. Der Weg nach Westen führt also nur über das Meer. Zu diesem Zweck liegen auf der Reede von Hela mehrere Großschiffe vor Anker. Nahezu ununterbrochen transportieren Fischkutter und Marineprahme die Menschen vom Festland hinüber in das kleine Fischerdorf, das längst aus allen Nähten platzt. Primitivste Lagerplätze entstehen in den Dünen und im Wald zwischen den Orten Hela und Heisternest. Hunderte von kleinen Rauchsäulen steigen abends zwischen den Bäumen empor. Auf dem feuchten Waldboden lagern außerdem, bewacht von Polizisten, 750 Menschen aus dem gerade aufgelösten Konzentrationslager Stutthof.

Die Welt geht unter und Siegfried ist immer noch brav im Einsatz, erfüllt seine Aufgaben und ruht nicht eher, bis das Oberkommando der Wehrmacht entsprechende Befehle herausgibt. Er wohnt im Waldlager oder Bunker der Sanitätskompanie 500. Angesichts der drohenden Niederlage verlangt es ihn nach der Nähe der Kameraden. Doch jeder sucht beim anderen vergeblich Sicherheit, Orientierung. Niemand hat sich so ein Ende träumen lassen. Alle fragen sich dasselbe: Soll man bis zum letzten Mann, bis zur letzten Patrone kämpfen, für die Heimat den Heldentod sterben – oder doch besser desertieren? Aber tut das ein guter Deutscher? Lieber die Waffen wegwerfen und in sowjetische Gefangenschaft geraten? Was aber erwartet einen beim »Iwan«? Sind die Russen nicht Bestien in Menschengestalt? Haben sie, die deutschen Soldaten, sich nicht zu sehr schuldig gemacht, als dass sie noch mit Barmherzigkeit rechnen könnten?

Die Kameraden betrinken sich, auch die Offiziere. Trotz der nahezu ausweglosen Lage scheint der Alkoholnachschub kein Problem zu sein. Im Suff und kindischen Spielen suchen sie Zuflucht. Sehr beliebt: das Kakerlakenrennen. Sie bauen Rennbahnen, geben den Tieren Namen, schließen Wetten ab.

Mitten in eine solche Sause platzt die Nachricht, der Oberste Befehlshaber der Wehrmacht, der Führer und Reichskanzler, sei im Kampf an der Spitze der Verteidiger der Reichshauptstadt am 30. April gefallen. Siegfried – eigenartig unberührt – spürt sofort, das ist die Zäsur. Jetzt löst sich bei ihm wie bei allen anderen die soldatische Lebensform auf. Die vorher fest gefügte Ordnung zerbricht. Die Kameraden trinken, wanken nach draußen, kotzen und trinken weiter. Sie lassen das Nazireich und den Krieg noch einmal auferstehen in all den Kampf-, Marsch- und Zotenliedern und beerdigen dann das »Tausendjährige Reich« ein für alle Mal, indem sie ihre letzte Munition wie Silvesterkracher verballern.

Zur gleichen Zeit ein paar hundert Kilometer weiter westlich verbreitet die marodierende Rote Armee in dem kleinen vorpommerschen Städtchen Demmin Angst und Schrecken, die in einem der größten Massenselbstmorde der Geschichte enden. Mehr als tausend Bewohner, vor allem Frauen, nehmen sich aus Verzweiflung das Leben.

Als Siegfried von einer »Inspektionsfahrt« zurückkommt, hat sich sein Trupp abgesetzt. Da endlich fühlt auch er sich nicht mehr an seinen Eid, seine »Pflichten« gebunden und besitzt den Mut, einen eigenständigen Entschluss zu fassen. Ein SS-Mann, der einen mit Pferden bespannten Proviantwagen lenkt, nimmt ihn dorthin mit, wo die Prahme die Flüchtlinge zu den Dampfern übersetzen. Russische Flugzeuge haben zwar ein paar von den Großschiffen versenkt oder in Brand geschossen, doch die deutsche Flak auf Hela funktioniert noch und vermag viele Angriffe abzuwehren.

Am 7. Mai 1945 sticht er – mit dem letzten Schiff und als einer der letzten Soldaten der Nehrung – um neunzehn Uhr mit dem Frachter »Weserberg« in See, einen Tag bevor die Russen die Halbinsel einnehmen.

Der Kurs der Kompassnadel ist auf das große W gerichtet. Einige Kameraden legen Orden, Rangabzeichen und Waffen schon an Bord ab, um ihr Soldatendasein zu verschleiern. Wegen der Minen- und U-Boot-Gefahr meidet der Kapitän die Wasserstraßen und fährt auf einer nahen Küstenroute von Hela über Bornholm nach Kopenhagen. Vor der Stolpmünder Küste kreisen russische Flugzeuge. In derselben Nacht, während Siegfried auf See ist, erfolgt um 0.16 Uhr die bedingungslose Kapitulation der Wehrmacht. Der Kampf der Überlebenden der ehedem 17 Millionen deutschen Soldaten ist zu Ende. Nach fünf Jahren, acht Monaten und sieben Tagen Krieg kommt er nicht in einem Sarg oder auf einer Krankenbahre, sondern äußerlich weitgehend unversehrt nach Hause. Er selbst nennt die Rückkehr eine Kette wundersamer Fügungen.

Am 10. Mai fährt das Schiff bei ruhigem, sonnigem Frühlingswetter in die Kieler Förde ein. Jetzt wirft auch Siegfried seine Waffen über Bord. Sie passieren Heikendorf. Überall liegen Schiffe auf Reede. Die »Weserberg« ankert in der Nähe des Kieler Bahnhofs. Siegfried erblickt britische Soldaten auf der Bahnhofstreppe. Der Krieger kehrt heim, Kriegsgefangener im eigenen Land, geschlagen, demoralisiert, mit kariösen Zähnen, Frostbeulen und Schmerzen in der Brust. Circa achtzig Krankenwagen stehen am Bahnhof bereit. Von den Hafenanlagen und Kais steigen Feuer und Qualm vom letzten Luftangriff auf. Viele Zivilisten warten hinter den Absperrungen und winken, suchen nach ihren Männern, Brüdern, Vätern, Söhnen.

Als ein Kamerad neben ihm über die Reling steigen will, bleibt der mit dem Klappspaten an der Kante hängen. Siegfried hört, wie der englische Soldat, der an Bord gekommen ist, mit entwaffnender Liebenswürdigkeit sagt:

»Please, throw it away, you don't need it anymore!«

Diese Worte prägen sich für immer in Siegfrieds Gedächtnis ein. Nutzloses wegwerfen, da fiele ihm auch so einiges ein, vor allem Bilder und Erinnerungen in seinem Kopf könnte er gut und gerne entbehren. Aber so einfach ist das nicht. Dennoch durchströmt ihn ein Gefühl des Glücks: Der Krieg ist endgültig aus. Jetzt beginnt eine neue Zeitrechnung. Auch er kann es kaum abwarten und klettert an der Strickleiter die Bordwand hinunter, um sich von einem kleinen Kahn zum Kai übersetzen zu lassen.

Doch die Freude währt nur kurz. Die Herren in Kiel sind jetzt die Briten und er ist ihr Gefangener. Den Ehering hat er schon auf dem Schiff in seinen Uniformkragen eingenäht, da er hörte, die »Tommies« würden Uhren und Schmuck einkassieren. Andere geraten angesichts ihres Dienstranges in Panik, vergraben ihr Soldbuch oder essen es Seite für Seite auf. Da er über See aus dem Osten zurückkehrte, teilen die Briten ihn dem Gefangenengebiet F zu, Ostholstein. Diese Sperrzone umfasst alle Ortschaften nordöstlich einer Linie, die von Laboe nach Südosten bis zur Küste bei Rettin in der Lübecker Bucht verläuft. Sowohl Zivilpersonen als auch Wehrmachtsangehörige dürfen dieses Gebiet ohne Passierschein nicht verlassen.

Nach wie vor ist Siegfried von jeglichem Kontakt zu den Eltern und damit auch von Nachrichten zum Verbleib seiner Frau abgeschnitten. Wie vielen seiner Kameraden fällt es ihm schwer, sich in seine neue Rolle als Kriegsgefangener zu fügen. Noch vor ein paar Tagen war er ein deutscher Soldat, der etwas auf seine Ehre hält. Nun, waffenlos, ist er ein Niemand – sein einziger Besitz eine Decke, Kochgeschirr und Besteck – und kehrt zurück in ein kaputtes Land.

Die tadellos gekleideten siegreichen Offiziere schreiten mit einem kurzen Bambusstock unter dem Arm die armseligen Reihen der Feldgrauen ab. Sie treiben die Gefangenen zur Eile an, schubsen sie herum, bezweifeln ihre Aussagen. Er kommt sich ungerecht, herabgewürdigt, »hundsgemein« behandelt vor. Nach der Entlausung marschieren die Gefangenen von Mönkeberg in das Internierungslager Rethkuhl bei Schmoel in der Probstei. Ihm ist elend vor Hunger. Er träumt von seiner Frau, genug zu essen, einem warmen Zimmer mit Bett. Die Kriegsgefangenen dürfen sich ansonsten frei bewegen. Siegfried unternimmt Erkundungsgänge an der Küste bei Sturm, findet etwas zum Essen.

Um sich die Zeit zu vertreiben, hält Siegfried vor den anderen Gefangenen einen Vortrag über pflanzliche und tierische Schädlinge in der Landwirtschaft. Jemand hat ein Schachspiel über den Krieg gerettet. Andere vergnügen sich mit selbst hergestellten Spielkarten. Wieder andere wagen, erste Gedanken zu formulieren, wie man aus dem Nichts und auf welcher Grundlage eine bessere Zukunft aufbauen könne. Auf Zeitungspapier und Kalenderblättern entwirft Siegfried ein Haus mit Bibliothek und Sammlungsräumen. Wenn er nur endlich wieder ungestört und allein sein könnte!

Die Gefangenen marschieren weiter. Kommen sie durch einen Ort, singen sie Volkslieder. Frauen, Kinder und alte Leute versammeln sich am Straßenrand, in den Haustüren oder an den Fenstern. Sie winken den ausgemergelten Gestalten in ihren grauen, abgewetzten Uniformen zu, rufen sie an und stecken ihnen eilig Verpflegung zu. Doch nicht alle blicken heiter. Siegfried sieht Frauen in Trauerkleidern mit Tränen in den Augen, andere mit sorgenvollen Mienen. Wie hat er sich nur so täuschen können? Als der Krieg begann, sah er sich als siegreicher, hochdekorierter Soldat durch das Brandenburger Tor schreiten. Es erfüllt ihn mit Scham, dass er in all den Jahren als Akademiker mit Doktortitel nicht über den Unteroffiziersrang hinausgekommen war und keinen Orden vorweisen kann. Am 8. Mai, dem Tag der deutschen Kapitulation, auf der Flucht mit der »Weserberg« von Hela nach Kiel ließ er sich von einem Armeeapotheker zum Leutnant befördern. Auch ihm selbst kommt das in der Rückschau erbärmlich und lachhaft vor.

»Ich bekam nicht das Eiserne Kreuz, ich bekam das Eisen ins Kreuz!«, kalauert er.

Am 2. Juli 1945 wird er über Eutin nach Bad Segeberg verlegt und dort mit entsprechenden Papieren entlassen.

Ich kehre heim, ein armer Wanderer,
den keiner liebt, keiner kennt.
Ich bin ein Fremdling und ein anderer
als ihr mit eurem Namen nennt.
Willy Peter Reese, 1943

34 Die Rückkehr, Bombenschäden und Plünderungen

In Heikendorf trifft er zu seiner Bestürzung seine Frau nicht an. Amanda Kienbaum, Elsas Mutter, ihre Schwester Hedwig und deren Sohn Ekkehard, der die letzten Kriegsmonate an der Westfront unversehrt überstanden hat, können ihm nicht weiterhelfen. Auch sie sind voller Sorge um Elsa. Siegfrieds an sie in Landsberg adressierte Briefe kommen als unzustellbar zurück.

Nach ein paar Wochen hält Siegfried es nicht mehr aus. Zu wenig vertraut sind ihm doch diese Menschen mit ihren fragenden Blicken. Vielleicht hat es Elsa ja bis Berlin geschafft. Deshalb entschließt er sich, zumal der Postverkehr völlig zum Erliegen gekommen ist, Ende 1945 zu seiner Mutter zu fahren, in den amerikanischen Sektor der Stadt. So könnte er mit seiner Familie das Weihnachtsfest feiern.

Bis Lehrte schlägt er sich mit einem Kameraden durch. Sie bahnen sich am nächsten Morgen ihren Weg durch das Gedränge im Bahnhofstunnel, finden verlorengegangene Schuhe, die Siegfried passen, und besteigen einen Zug Richtung Wolfenbüttel. Die Waggons sind so überfüllt, dass man die Türen nicht mehr öffnen kann. Sie müssen aus dem Fenster klettern. Im Schutz der Nacht überschreiten sie die Grenze zur sowjetischen Besatzungszone. Da die Chaussee gesperrt ist, stiefeln sie querfeldein. Der fallende

Postkarte

Absender zurück
Kein Postverkehr

2579
B/0549

Nachricht aus Landsberg, nicht zustellbar!

Neuschnee schluckt das Knirschen ihrer Schritte. Plötzlich hören sie einen Ruf: »Stoi!« Sofort kauern sie sich auf den Boden. Im Licht der Straßenbeleuchtung gewahren sie große, weiß uniformierte Sibirier. Einen langen Augenblick – schwitzend, das Gesicht auf dem gefrorenen Boden – fürchten sie, entdeckt zu werden. Dann springen sie über einen vereisten Graben und setzen ihren Weg fort. Im Morgengrauen schleichen sie zum Bahnhof und lösen Fahrkarten über Halberstadt. In Magdeburg halten russische Posten sie an und fragen nach Pass und Ausweispapieren, wohl wegen der vielen aus den Sammellagern entwichenen Kriegsgefangenen. Vom Bahnhof Biederitz fährt ein Güterzug weiter nach Berlin. Die Wagen ohne Sitze und Beleuchtung kennen sie noch zu gut, ein wenig Stroh soll gegen die Winterkälte schützen. In Berlin-Wannsee steigen sie aus. Die Stadt ist nicht wiederzuerkennen. Durch dunkle Straßen, gesäumt von Schutt, irrt er zur Tewsstraße 19 in Schlachtensee, der Wohnung seiner Mutter und der Schwester. Erst kurz vor Mitternacht findet er das Haus.

Als auf mehrmaliges Klingeln und Rufen seine Schwester Lisa, schon im Nachthemd, endlich die Wohnungstür öffnet, stößt sie einen Schrei aus. Vor ihr steht, kaum wiederzuerkennen, bärtig, abgemagert und in zerschlissener Kleidung, die beste Weihnachtsüberraschung, die sie sich vorstellen kann. Die Mutter eilt herbei. Minutenlang halten sie sich anschließend in den Armen, die Tränen rinnen. Vor allem Lona kann sich gar nicht wieder beruhigen, so glücklich ist sie, ihren Erstgeborenen, ihren Kronsohn wieder lebendig bei sich zu haben. Doch auch sie haben nichts von Elsa gehört. Da brechen bei Siegfried die Dämme, gibt er sich schließlich seiner Trauer, seiner Wut, seiner Verzweiflung hin, lässt er sich von Mutter und Schwester in den nächsten Tagen trösten und pflegen.

Gemeinsam begehen sie Weihnachten, sich an den Händen fassend im Gebet oder still und in sich gekehrt, Siegfried oft weinend, während der ausgelassene Lärm von in der Nähe feiernden US-Soldaten zu ihnen heraufdringt.

Die Heimatstadt, das große Berlin, liegt im Dunkeln und in Trümmern. Am Reichstag weht die rote Fahne der Sowjets. Welche Schande, unfassbar! Ganze Straßenzüge sind völlig zerstört – trostlose Schuttlandschaften, aus denen Häuserskelette ragen. Einsame Gestalten schleichen wie Gespenster auf Trampelpfaden durch die Steinwüste.

Das Haus, in dem Mutter und Schwester leben, ist arg ramponiert, grauschwarz mit Einschusslöchern und Brandspuren. Handgeschriebene Zettel, Fotos und Kreideaufschriften überziehen Haustür und Wände: Nachrichten an die, die hoffentlich noch leben und ihre Angehörigen suchen. Ihre Bleibe war drei Monate unbewohnbar. Mutter und Schwester verlebten die letzten Bombennächte in einem anderen Stadtteil. Angehörige der Organisation Todt – Zwangsarbeiter aus Osteuropa, Kriegsgefangene und KZ-Häftlinge –, die die Schäden reparieren sollten, plünderten, was übrig war.

Dem Ausgleichsamt schildert Siegfried, der die Hoffnung auf Elsas Rückkehr noch nicht aufgegeben hat, wie die Wohnung im Dezember 1945 aussieht: *Die Küche schwer beschädigt, ebenso das Wohnzimmer, das Doppelschlafzimmer ausgebrannt, der Bücherschrank im Herrenzimmer von einem Granatsplitter getroffen, drei Räume zerstört durch eine Luftmine und Brandbomben. Eine Außenwand fehlt. Seine Mutter hat sie notdürftig mit einer Plane abgedichtet und Wäscheleinen gespannt, damit niemand herunterfällt.*

Erst im November 1946 genehmigt die Militärregierung die Reparatur: *Wintertightening of the flat of Jaeckel, ceilings to be repaired, fitting of partitions.* Da es kein Papier gibt, schickt die Baufirma ihre Rechnung auf der Rückseite eines Vordrucks aus einer anderen Zeit: *Anforderung von Zahnbedarf für Wehrmachtsangehörige.*

Für den Hausrat meldet Siegfried Totalschaden an. Die verschwundene Wäsche listet Lona Jaeckel auf der Rückseite eines Zettels auf, auf dem sich folgende handgeschriebenen Zeilen finden:

Fall' ich im Norden und du in Süd,
auf unseren Gräbern dann die Lilie blüht.
Sieht dich mein Aug' nicht mehr, was ist dabei,
wenn nur mein Vaterland, mein Deutschland frei.

Die Mutter übergibt Siegfried, dem Erstgeborenen, alle persönlichen Unterlagen des Vaters. Auf langen Spaziergängen die Breisgauerstraße hinauf zum Schlachtensee, an der alten Fischerhütte vorbei zur »Krummen Lanke« und durch den von Raureif überzogenen Grunewald zurück teilen sie ihre Sorgen und spenden sich gegenseitig Trost.

Ihr Grundstück in Teltow liegt jetzt in der sowjetischen Besatzungszone. Gartenhaus und Stallgebäude zerstörte 1944 eine
Brandbombe. Ob sie das Anwesen jemals wieder ihr Eigen nennen
können – wer weiß das schon. Wie sie hörten, tragen Nachbarn
bereits die Steine weg. Ein Anwohner soll auf der Brachfläche auf
Anordnung der Behörden Kartoffeln und Gemüse anbauen.

Noch einmal möchte ich dein Flüstern hören,
dein Seufzen neben meinem Ohr,
die Sehnsucht einmal noch des Bluts beschwören,
noch einmal möchte' ich, dass wir uns verlören
tief ineinander wie zuvor.
Manfred Hausmann

35 Eine Orgie der Barbarei

Zurück in Heikendorf. Dort kann Siegfried im Haus seiner Schwiegermutter und Schwägerin ein Dachzimmer beziehen. Er besorgt sich das Notwendigste an Kleidung und neue Papiere.

Seine Frau Elsa bleibt verschwunden. An sie in Landsberg adressierte Briefe kommen zurück. War sie vielleicht Passagier des Unglücksschiffes »Wilhelm Gustloff« und ist unter den 9000 Ertrunkenen? Sehr wahrscheinlich könnte er Genaueres über ihren Verbleib von den Mitbewohnern des Hauses Gartenstraße 4 in Landsberg, den Nachbarn und Kolleginnen erfahren. Doch das ist nicht so einfach, denn die Flucht hat die Menschen in alle Winde verstreut. Aber es gibt Netzwerke, die Leute achten aufeinander, erkundigen sich und nehmen Anteil am Schicksal des Einzelnen. Millionen Menschen befinden sich in einer ähnlichen Situation, auch sie haben Angehörige verloren oder vermissen sie. So laufen bei der Flüchtlingsbetreuerin Else Schmaeling in Berlin-Charlottenburg alle Informationen zusammen, die die ehemaligen Bewohner von Landsberg/Warthe, Stadt und Land, betreffen. Außerdem gründen sich Landsmannschaften, um die politischen und kulturellen Interessen der Vertriebenen zu vertreten. Siegfried wendet sich ferner an den Suchdienst Bethel und den Suchdienst des Caritas-Verbandes, später auch an das deutsche Zentralarchiv in Potsdam.

Frieda Stiller, die in der Wohnung über Elsa wohnte, berichtet in einem Brief an Elsas Mutter, dass sich in der schweren Zeit alle sechzehn Bewohner des Hauses eng zusammengeschlossen hatten und in wechselnden Quartieren beieinandergeblieben waren. Herr Pannek wurde zum Ansprechpartner bestimmt und verantwortlich dafür gemacht, dass keiner der Gruppe abhandenkam. Jeder brachte zum Essen mit, was er sich irgendwie besorgen konnte, zwei Frauen kochten. Geschlafen wurde, wo es eben ging: auf dem Fußboden, im Bett, im Sessel. Die Leute hätten Elsa gerngehabt, sie sei so ein stiller, ruhiger Charakter gewesen, so bescheiden, hieß es. Sie habe ein Bild von der Heimatküste dabeigehabt. In stillen Dämmerstunden, wenn alle um den Ofen saßen, habe sie oft von Heikendorf und ihrem Mann erzählt. Siegfrieds wertvolle Sammlungen habe sie alle in den Keller geschafft.

Trotz gegenteiliger Propagandameldungen verbreiteten sich bald Gerüchte, die allen den Atem verschlugen und Panik auslösten. Die Russen hätten in Ostpreußen Frauen nackt an Scheunentore und Leiterwagen genagelt. Und plötzlich sei es zu spät gewesen. Russische Soldaten tauchten in der Stadt auf, wenig später standen sie vor ihrem Haus.

Sie wirkten auf uns, liest Siegfried in einem Brief von Frieda Stiller, *wie Gestalten aus einer anderen Welt, so undiszipliniert, laut und wild. Sie stürmten in unser Haus, tobten durch alle Räume, rissen alles aus den Schränken, schütteten alles durcheinander, und was ihnen nicht gefiel, zertraten sie mit ihren Stiefeln oder zerschlugen es mit dem Gewehrkolben. Auch der Kronleuchter in Ihrer Wohnung, Porzellan, Gläser, Ihre Bücher und die Sammlung fielen größtenteils ihrer Zerstörungswut zum Opfer.* »Wenn mein Mann das sähe!«, *rief Elsa aus. Es lohnte nicht, alle Sachen wieder einzuräumen, denn der nächste Trupp würde doch nur wieder alles zerwühlen. Die Soldaten standen da und richteten ihre Maschinenpistolen oder Karabiner auf uns. Der Krieg hatte ein männliches Gesicht. Wir lernten sehr schnell, dass die russischen Soldaten drei Dinge brauchten. Ers-*

tens: »Uhri«, das erste russische Wort, das wir lernten. Sie nahmen uns die Uhren ab, hielten sie ans Ohr, nickten und lachten. Dann zogen sie stolz ihre Ärmel hoch und zeigten uns die vielen anderen Armbanduhren. In dieselbe Kategorie fielen auch Ringe, Schmuck. Ohrringe rissen sie uns ohne viel Federlesens aus den Ohrläppchen. Zweitens: Sie schnippten mit den Fingern an den Kehlkopf. Das hieß: »Wo ist der Alkohol, der Schnaps?« Und drittens: »Frau komm!« Was haben wir nicht alles getan, um dieser Situation zu entgehen! Zuerst hieß es noch, draußen sei ein verwundeter deutscher Soldat, der müsse verbunden werden. Schön wär's. Wir zogen uns unsere ältesten und dunkelsten Kleidungsstücke an und setzten uns ein Kopftuch auf. Wir beschmierten uns mit Ruß, mit ausgequetschten Mohnkernen oder sogar mit Kuhmist und bestäubten uns mit Mehl, um alt und hässlich zu wirken und unangenehm zu stinken. Wir taten so, als seien wir gehbehindert. Doch alles das nützte meist nichts, sie leuchteten uns von oben bis unten mit Taschenlampen an. Wir versteckten uns in Schränken und schliefen nachts meist völlig bekleidet, immer auf der Hut vor plötzlichen Überfällen. Ich selbst hatte die Motorradhose meines Mannes an, die in der Taille und an den Fußgelenken mit Lederriemen verschnürt war. Das hat mich aber auch nur einmal gerettet, obwohl ich mich immer nach Kräften wehrte und schrie. Mitunter wirkte auch abschreckend, wenn alle Frauen gleichzeitig schrien, so laut sie konnten. Aber wenn man das kalte Metall einer Pistole auf der Brust spürte oder den Lauf am Hals, war weiterer Widerstand zwecklos.

Einige Soldaten forderten Fotos von den Frauen, auf denen diese abgebildet waren. »Ich zu Hause zeigen und sagen, das alles meine Frauen.« Der Major der Roten Armee und spätere Schriftsteller Lew Kopelew beschreibt die Situation der russischen Soldaten in seinen Kriegserinnerungen »Aufbewahren für alle Zeit« mit den Worten eines Politoffiziers:

Du weißt ja, uns allen steht der Krieg bis hier! Dieser verfluchte Krieg hat uns alle verbittert und verdreckt, uns alle, die Soldaten *im Kugelhagel mehr als die übrigen. Solange wir im eigenen Land kämpften, war alles einfach: Wir kämpften um unsere Häuser, um den Feind zu verjagen, zu vernichten, um das Land zu befreien. Aber jetzt – du und ich, wir wissen, dass man Hitler und dieses ganze giftige Nazigezücht endgültig und mit den Wurzeln ausrotten muss. Aber der Soldat, der schon das vierte Jahr an der Front steht, mehr als einmal verwundet war, der weiß nur, dass er irgendwo sein Zuhause hat, dass seine Frau und seine Kinder hungern. Und immer noch muss er weiterkämpfen, nun aber nicht mehr, um sein Heim, sein Dorf, sein Land zu verteidigen, sondern um im Feindesland anzugreifen – vorwärts! Wir sind Materialisten, wir müssen uns klar darüber sein. Das heißt: Was ist zu tun, damit der Soldat Lust zum Kämpfen behält? Erstens: Er muss den Feind hassen wie die Pest, muss ihn mit Stumpf und Stiel vernichten wollen. Und damit er seinen Kampfwillen nicht verliert, damit er weiß, wofür er aus dem Graben springt, dem Feuer entgegen in die Minenfelder kriecht, muss er zweitens wissen: Er kommt nach Deutschland, und alles gehört ihm – die Klamotten, die Weiber, alles! Mach, was du willst! Schlag drein, dass noch ihre Enkel und Urenkel zittern!*

Was folgte, war ein rauschhafter Rachefeldzug, eine Orgie der Barbarei. Ziel waren nicht nur die »Fritzen«, sondern vor allem deren Frauen. Friedrich Pannek, der Sprecher der Hausgemeinschaft Gartenstraße 4, weiß zu diesem Thema zu berichten:

In den ersten Tagen der Besetzung durch die R. nahmen die Vergewaltigungen kein Ende. Man verschonte keine Altersgruppe. Opfer waren sogar Schulkinder und 70- bis 80-jährige Frauen. Einer Mitbewohnerin des Hauses, Frau Köhler, wurde am zweiten Tag der russischen Besetzung mit einem Gewehrkolben der Kopf gespalten, als sie sich bei einer drohenden Vergewaltigung angeblich mit einer Waffe zur Wehr setzte. Alle Frauen im Haus mussten dran glauben, leider auch Ihre Frau Elsa. Sie war danach lange Zeit seelisch gebrochen. Selbst die 68-jährige Frau Schulte wurde mit Ta-

schenlampe und Pistole durch alkoholisierte Soldaten vom Lager gerissen und nach draußen geschleppt. Eine Frau wollte in ihrer Verzweiflung vom Balkon auf die Straße springen. Durch ihr Geschrei lockte sie die Soldaten in die oberen Stockwerke. An diesem Tag hatte Elsa noch Glück. Ein älterer russischer Offizier mit einem schwarzen buschigen Schnurrbart stellte sich schützend vor sie.

Das hätte eine Möglichkeit, eine Überlebensstrategie für Elsa sein können: Sich für die brenzligste Zeit einem hochrangigen Offizier als Geliebte anzubieten, der sie vor Vergewaltigungen und Deportation schützt. Doch ihre Erziehung, ihre Liebe zu Siegfried und – wie sie annahm – dessen katholische Prägung ließen das nicht zu.

Friedrich Pannek schreibt weiter:

Wenn die Besatzer kommen, lautet die Frage: Wollen sie plündern, wollen sie Frauen oder wollen sie dich?

Elsa sei kränklich gewesen, teilt Frieda Stiller mit, habe unter Gelenkrheumatismus gelitten und öfter über Herzbeschwerden geklagt. Die harte Arbeit sei ihr schwergefallen. Sie sei damals von den Russen zum Trümmerräumen und zu Planierungsarbeiten auf einem Flugplatz in der Nähe abkommandiert worden. Und dann fallen in Friedas Brief die entscheidenden Sätze:

Am Abend des 18. April stoppten plötzlich zwei Autos vor unserer Unterkunft. R. sprangen heraus, drangen in die umstehenden Häuser ein, führten alle jungen Frauen – darunter auch Elsa – heraus, pferchten sie auf der Ladefläche des Lastwagens zusammen und verschwanden mit unbekanntem Ziel.

Siegfried ist geschockt, will Friedas Aussagen nicht wahrhaben. Fieberhaft sucht er nach weiteren Informationen. Mit Schmerz, Neid und Wut liest er die Briefe von Panneks Frau. Die Glückliche war schon vorher aus Landsberg geflohen.

Am 30. Januar '45 brach ich mit zwei Kindern und einem Enkelkind zur Flucht auf. Als alle fertig angekleidet und alle Reisebündel verschnürt waren, bin ich noch einmal durch die Räume

unserer Wohnung gegangen, um Abschied zu nehmen. Ich öffne-
te meinen Kleiderschrank. Da hingen sie, meine schönen Kleider.
Meine Jüngste stand plötzlich neben mir. Sie hatte wohl schon einen
Augenblick im Türrahmen gestanden und mich beobachtet. Jetzt
erfasste sie meine Hand und sagte:
»Mama, deine Hüte!«
Ich musste mich wirklich zusammennehmen, um nicht loszuheu-
len. Als ich mich einigermaßen gefangen hatte, blickte ich sie an
und versuchte ein Lächeln:
»Von jetzt an behütet uns Gott.«
Der Wind trug uns in ein Dorf in der Nähe von Pritzwalk. Hier
fanden wir Unterschlupf bei guten, edel denkenden Bauern. Am
2./3. Mai kamen die R. mit 14 Panzern. Nach drei Schüssen zogen
sie wieder ab, da keine Menschseele sich regte. Ein Teil der Bevölke-
rung war in den nahen Wald geflüchtet, der andere Teil saß in den
Kellern. Am 5. Mai machten wir uns wieder auf nach Landsberg, zu
Fuß. Die 300 Kilometer haben wir in dreizehn Tagen geschafft. Es
waren wie wir viele Leute unterwegs, immer noch hörten wir Schüs-
se, immer war die Angst unser Begleiter. Sieben Nächte haben wir
im Wald geschlafen, die übrigen in Scheunen, einmal sogar im Bett.

Frau Pannek erreichte mit ihren Kindern Landsberg am Freitag
vor Pfingsten. Die Innenstadt war ausgebrannt, die einst schönen
Häuser zerschossen. Pferdekadaver lagen herum, überall Trümmer und zerbrochene Wagen. Russische Soldaten gaben den Ton
an. Ziellos und um Hilfe bettelnd irrten zahlreiche Flüchtlinge,
die von ihren Trecks getrennt worden waren, herum. Vereinzelt
versuchten verwundete deutsche Soldaten, sich unsichtbar zu machen, apathisch ihr weiteres Schicksal erwartend. Und aus den
noch unzerstörten Häusern drangen die Gesänge und das Gejohle
der betrunkenen neuen Herrscher.

Das Haus Gartenstraße 4 stand noch. Das Gebäude, aus dem
alles entfernt, sogar die Herdplatten herausgerissen worden waren, fungierte jetzt als russisches Hospital. Zusammen mit den

verbliebenen ehemaligen Hausgenossen fanden Frau Pannek und ihre Kinder Unterkunft in einem anderen Haus. Der Aufenthalt endete nach nur fünf Wochen abrupt. Die polnische Verwaltung setzte die Hausgemeinschaft im Juni 1945 innerhalb von zwei Stunden mit zwanzig Kilo Gepäck pro Nase vor die Tür … Nach vierwöchiger Wanderung erreichte Frau Pannek, völlig heruntergekommen und erschöpft, Pritzwalk, wo ihr Bruder wohnte.

Sie und die anderen ehemaligen Mitbewohner deuten an, Elsa sei wohl verschleppt worden. In Posen soll es ein Sammellager für 10 000 Deportierte gegeben haben.

Doch Mutmaßungen sind keine Beweise. Jahrelang bleibt Siegfried in einem Zustand nagender, quälender Ungewissheit, die seine Energie lähmt und einen Neuanfang erschwert. Als ein Vertreter der Gemeinde Heikendorf beabsichtigt, einen Flüchtling in seinem Zimmer im Kienbaum'schen Hause einzuquartieren, bekommt er einen seiner gefürchteten Tobsuchtsanfälle.

»Was denken Sie sich eigentlich?«, poltert er los. »Ich habe sechs Jahre für Deutschland meinen Kopf hinhalten müssen, verdammt noch mal … Tausenden von Soldaten das Leben gerettet … Das ist eine bodenlose Unverschämtheit. Habe ich da nicht ein wenig Ruhe verdient? Außerdem kann jeden Tag meine Frau eintreffen, ja?! Hier kommt keiner rein, kapiert?«

Der Beamte ist froh, lebend aus dem Haus zu kommen.

Den Postboten, inzwischen ein guter Bekannter, fragt er jeden Tag nach Post von Elsa. In seinem Zimmer kann er an sie denken, sich der Trauer, dem Schmerz hingeben, sich Hoffnung einreden. Da kann er nun wirklich keinen Zimmergenossen gebrauchen. Manchmal fragt er sich, ob er als liebender Ehemann nicht spüren müsse, ob Elsa tot sei oder noch lebe. Er hat von Müttern und Frauen gehört, die davon berichten, zum Zeitpunkt des Todes ihres Angehörigen eine Botschaft empfangen zu haben. Als Naturwissenschaftler fällt es ihm schwer, das zu glauben, aber wer kann die Möglichkeit einer Gedankenverbindung gänzlich ausschließen? Seine Gefühle geben ihm jedenfalls keine Sicherheit. Hat er im Krieg die Antennen dafür verloren? Ist er so abgestumpft, nur noch Schmerz, Einsamkeit und Wut zu empfinden?

Siegfried korrespondiert eine gewisse Zeit noch mit seinem Kriegskameraden Hans Mangold, einem gewitzten Mann und eine ehrliche Haut. Dieser bezeichnet ihn als besten und aufrichtigsten Kameraden. Im Nachhinein verwundert diese innige Freundschaft, ist Franz doch ein Mann aus dem Volke, einer der sich mit Feuerlöschern sein Geld verdient und später als Motorenschlosser in einer Autowerkstatt arbeitet. Siegfried gesteht ihm: »Es ist furchtbar traurig, dass wir in einer so trostlosen Zeit geboren sind.«

Mangold schämt sich, nach dem Zusammenbruch der viel gepriesenen elenden Wehrmacht »einst für diese Strolche meinen Eid gegeben zu haben. O, Du viel besungenes, armes deutsches Heimatland! Im Zeitraum eines Menschenalters zwei Weltkriege haushoch zu verlieren, ist wirklich etwas viel … In zwei bis dreihundert Jahren wird vielleicht auch das deutsche Volk einmal so weit sein, sich selbst zu regieren. Vorher scheint es mir, noch nicht reif dazu zu sein!«

So reu- und demütig denkt Siegfried nicht. Hans Mangold verließ Ende Mai 1945 seine letzte Einheit, ein Reservelazarett, und floh mit einem Fahrrad und zwei vollen Rucksäcken. Ohne Rad und Gepäck meldete er sich in einem Kriegsgefangenenlager der Amerikaner, erhielt nach vierzehn Tagen die Entlassungspapiere und konnte so seine Heimreise fortsetzen. Im Vogtland wurde er von Russen gefilzt und alle ergaunerten Vorräte waren futsch. Nach einer Radtour von 600 Kilometern traf er bei seinem Vater im Erzgebirge ein. Er fand seine Frau in Naunhof bei Leipzig wieder. Von dort schreibt er:

Soeben bekommen wir Nachricht, dass sich in unserem kleinen Dörfchen vier Vermisste gemeldet haben. So wird auch Deine liebe

Frau sich bald melden, sie hat sich immer tapfer durchgeschlagen und hatte Mut.

Mangolds Wohnung in Berlin überdauert den Krieg nahezu unversehrt. ›Welch geschickter Mann und welches Glück‹, denkt Siegfried.

1946 kehren die ersten Frauen aus Russland zurück. Siegfried nimmt Kontakt zu einigen auf. Eine berichtet, dass sie mit vier anderen Krankenschwestern verschleppt worden und dann die Einzige gewesen sei, die unversehrt zurückkehrte.

Eine Mitbewohnerin aus der Gartenstraße, Anna Augustin, deren Tochter Margret sich in einem russischen Arbeitslager befindet, teilt Siegfried im März 1948 mit, dass sie von ihrer Tochter zwei Karten erhalten habe:

So traurig und voll Heimweh, in so kargen Zeilen und voll Angst und Sorge, weil sie aus der Heimat keine Nachricht erhalten hat.

Anna berichtet ihm auch von Frauen, die dort in der Fremde gestorben seien, von Typhuserkrankungen und dass die Frauen das Klima nicht vertragen hätten und deshalb in andere Gegenden Russlands (Ural, Ukraine) verlegt worden seien. Sie müssten wohl im Straßenbau arbeiten. Um ihn zu trösten, erzählt sie, sie habe von Lagern gehört, in denen die Frauen keine Briefe schreiben dürfen. So könne man sich vielleicht das Ausbleiben einer Nachricht von ihr erklären. Einige Landsberger hielten es aber auch für möglich, dass Elsa sich das Leben genommen oder der gewisse russische Offizier sie beschützt und vielleicht geheiratet habe, »denn er war sehr nett und zart zu ihr«.

Am 26. April 1948 erfährt er endlich Genaueres von Anna Augustin: *Am Abend des 18. März 1945 gegen einundzwanzig Uhr holten Soldaten der Geheimpolizei der Sowjetunion (GPU) mehrere junge Mädchen, darunter Margret Augustin und auch die dreiundvierzigjährige Elsa, aus ihren Wohnungen. Man sperrte sie in den Kellerräumen eines geräumten Hauses mit anderen ein und zwang* sie, dort die Nächte auf dem nackten Steinboden zu verbringen. Bei den nächtlichen Verhören konfrontierten die Geheimpolizisten sie mit absurden Vorwürfen. Es ging darum, ob sie im BDM gewesen seien und welche Funktion ihre Männer in der Armee und in der NSDAP gehabt hätten. Sie wurden aufgerufen in kleinen Gruppen, um dann nach wenigen Minuten, ohne die Möglichkeit, sich zu verteidigen, abgeurteilt zu werden. Nach diesen zweitägigen Verhören schickte man nur zwei Frauen zurück. Soweit Anna das richtig verstanden hatte, wurde Elsa zu fünf Jahren Zwangsarbeit wegen Staatsverleumdung nach § 58 verurteilt. Alle Frauen standen unter Schock. Vor Entsetzen und Fassungslosigkeit konnten sie gar nicht mehr klar denken. Sie zermarterten sich den Kopf, was sie falsch gemacht haben könnten. Erst allmählich wurde ihnen bewusst, dass die Urteile völlig willkürlich gefällt worden waren. Und ein Begriff, ein Wort, Verkörperung des Schreckens, fraß sich in ihre Gedanken: Sibirien.

Ich wollte mit Russen sprechen, wollte ihnen sagen, dass ich dort war und dass ich meine, ich hätte etwas von der deutschen Schuld abgetragen. Das meine ich auch, dass ich einen Anteil daran habe an dieser Schuld, die wir auf uns geladen haben durch die Verbrechen an Russland.
Ursula Seiring, Zwangsarbeiterin in Sibirien, später Bürgerrechtlerin mit zahlreichen Kontakten nach Osteuropa

36 Kryptische Nachrichten

Fünf weitere Tage brachten die Frauen – drei junge, darunter Annas Tochter Margret sowie die älteren, Marianne Dronske, Anke Spielvogel und Elsa – in dem Keller zu. Dann waren genug Frauen eingesammelt, auch aus den umliegenden Dörfern, für einen Transport nach Russland. Am vorletzten Tag durften sie in Begleitung noch einmal für wenige Minuten in ihre Wohnungen, um Kleidung und ein paar Gegenstände zusammenzuraffen.

Ich schreie noch immer auf bei den Gedanken an das Schreckliche, notiert Anna Augustin.

Man stieß die Frauen, etwa dreißig an der Zahl, auf die Ladefläche eines Lastwagens. Es war so eng, dass sie meist nur knien oder auf den Fersen sitzen konnten. Viele hatten die Ruhr, aber der Wagen hielt nicht an. Sie froren, litten Hunger und Durst. Als sie die Sammelstelle in Schwiebus erreicht hatten, konnten sie vor Schmerzen kaum mehr gehen. Aus dem riesigen Barackenlager hatten erst wenige Wochen zuvor Stalins Truppen ukrainische und russische Zwangsarbeiter befreit. Es war schon wieder völlig überfüllt, die Lagerleitung überfordert. Vielfach fehlten die Fensterscheiben, Lungenentzündungen waren die Folge. Auch die Ruhr-Epidemie griff weiter um sich. Viele Menschen starben schon im Sammellager. Elsa blieb zunächst von Krankheiten verschont.

Die Frauen und Mädchen aus Landsberg versuchten zusammenzubleiben, auch am nächsten Tag, als sie zum unendlich langen Zählappell antreten mussten. Immer wieder stimmte am Schluss irgendetwas nicht und es musste von vorn begonnen werden. Allein von Schwiebus aus starteten fünf Transporte mit insgesamt 13 000 Deportierten. Bis hier hatten die Russen inzwischen die Breitspurschienen verlegt.

Bis zu 70 Personen wurden in einen Viehwaggon gepfercht. Als die Türen verriegelt worden waren und sich der Zug in Bewegung setzte, hallte der dunkle Raum vom Wehklagen und Weinen der Frauen wider. Anna Augustins Tochter Margret hatte das Gefühl, dass da schon Elsas Herz gebrochen, sie sich in dieser Situation schutzlos ausgesetzt und völlig hilflos vorgekommen war.

»Werde ich jemals meinen Mann wiedersehen?«, rief sie immer wieder. »Warum, warum bin ich hier?«

Ende März hatte der Winter das Land noch immer fest im Griff und je weiter sie nach Osten fuhren, desto kälter wurde es. Der Waggon war weder mit Stroh noch mit Pritschen ausgestattet, so saßen die Frauen vor Kälte zitternd auf dem nackten Holzboden. In der Mitte des Waggons stand zwar ein kleiner Eisenofen, der aber nur so lange wärmte, bis die wenige Kohle verbrannt war. Zudem drohte er, in den Kurven bei voller Flamme umzukippen. Ihre Notdurft verrichteten sie durch eine Öffnung in einer Wagenecke. Läuse quälten sie Tag und Nacht. Etwas Warmes zu essen oder zu trinken gab es nicht. Geschwollene Gesichter und Wasser in den Beinen waren das Resultat der Unterernährung.

Einmal am Tag wurden auf freier Strecke die Schiebetüren geöffnet, damit die Toten herausgeholt werden konnten. Diese Arbeit mussten stets die Gefangenen verrichten. Die Leichen wurden entkleidet – begehrliche Blicke richteten sich auf Mäntel und Schuhe – und dann im Kohlewaggon oben auf die Kohle gelegt, sodass sie nachrutschten, wenn die Gefangenen unten Kohle für ihre Öfen einsammelten. Bei längeren Stopps war es üblich, für die Toten auf freier Strecke irgendwo im Niemandsland neben den Gleisen Schnee beiseite zu räumen, denn die Erde war zu hart gefroren, um eine Grube auszuheben. Waren auch die Verstorbenen vereist, mussten die Frauen ihre ehemaligen Leidensgenossinnen auseinanderhacken und wie Holzstücke in den Schneelöchern stapeln. Ging das nicht schnell genug, wurde schon mal eine Arbeiterin erschossen, zur Warnung. Für ihre Bewacher waren sie ein Nichts. Ob sie lebten oder starben, war völlig bedeutungslos.

Ein Großteil der Überlebenden der Deportationen konnte viele Jahre, manche Jahrzehnte lang über dieses Grauen nicht sprechen oder schreiben. Die spätere Nachbarin Siegfrieds in Heikendorf, Olga Schäfer, vermochte es nie. Wenn das Thema angesprochen wurde, verließ sie kommentarlos den Raum.

Vor Durst brachen die Gefangenen die Eisdecke von Gräben und Tümpeln in der Nähe der Bahngleise auf, um das braune Wasser zu schlürfen. Oder sie stopften sich Schnee in den Mund, immer umringt von Posten mit dem Gewehr im Anschlag. Durch einen Spalt in der Tür oder ein kleines, vergittertes Fenster, das ständig freigehaucht werden musste, versuchten sie herauszubekommen, wo sie sich gerade befanden. Fuhren sie an polnischen Bahnhöfen vorbei, krachten öfter Steine gegen die Waggonwände. Als sie durch Weißrussland rollten, konnten sie mit eigenen Augen sehen, was deutsche Soldaten auf dem Rückzug angerichtet hatten, was der Ausdruck »verbrannte Erde« bedeutete. Auf ihrem weiteren Weg folgten endlose Wälder und tagelang menschenleeres verschneites Land. Einmal sahen sie russische Arbeiterinnen, die sich beim Gleisbau abschufteten. Da wussten sie, was ihnen bevorstand. Nach dreieinhalb Wochen erreichten sie ihren Bestimmungsort. Die Waggontür öffnete sich, das Tageslicht blendete sie. Wie die Stadt hieß? Es wusste keiner. Nach einem endlos erscheinenden Zählappell schleppten sich die Frauen zu einem Verladeplatz. Die Leute vor Ort hatten ein Spalier am Straßenrand gebildet, blickten sie hasserfüllt an, bespuckten und beschimpften sie, sodass ihre Bewacher schützend eingreifen mussten. Wieder bestiegen sie Lastwagen, standen Körper an Körper auf der Ladefläche, während das Auto heftig durch tiefe Löcher und über Steine schlingerte. Sie froren während der stundenlangen Fahrt und klammerten sich verzweifelt aneinander. Wenn sich der Lkw zur Seite legte und sie vor Angst, alle aus dem Wagen zu fallen, aufschrien, schien der Fahrer seine Freude daran zu haben und das Fahrzeug noch mehr zu beschleunigen. Schließlich hielten sie in einem Lager, das aus Erdbunkern und Zelten bestand. Sie erblickten drei Meter hohe Stacheldrahtzäune und Wachtürme mit Scheinwerfern. Sie waren zu erschöpft, um wirklich zu begreifen, dass sie jetzt in dieser Welt leben sollten: 6000 Kilometer von der Heimat entfernt in einem unwirtlichen fremden Land, ohne Verbindung zu den Angehörigen, wehrlos ausgeliefert der Willkür ihrer Bewacher. Und für wie lange? Ein Jahr, fünf Jahre? Für immer? … Hatten die Nazis bisher das russische Volk und die Kriegsgefangenen gedemütigt, verhöhnt und versklavt, so war es jetzt umgekehrt: Die Deutschen waren nun die Untermenschen.

Margret Augustin berichtet später, dass Elsa sich bis zu diesem Zeitpunkt recht gut geschlagen habe. Sie sei noch bei Kräften gewesen, doch psychisch eher labil, apathisch oder in resignative Verzweiflung versunken. Ihre Freundinnen aus Landsberg wachten über sie, so weit es möglich war. Wer überleben wollte, musste bei der Arbeit mit seinen Kräften haushalten, sich unauffällig benehmen, in der Kolonnenreihe in der Mitte bleiben und schnell Russisch lernen.

Schließlich erreicht Siegfried über Anna Augustin eine Nachricht aus dem Lager 7503 II, die alles verändert. Anke Spielvogel schreibt von dort: *Marianne und Frau Jaeckel sind bei Frau Köhler.*

Das soll wohl übersetzt heißen: Sie waren da, wo Frau Köhler, die mit dem Gewehrkolben getötet wurde, schon ist: unter der Erde.

Siegfried ist geschockt und verunsichert.

›Was sollen in so wichtiger Sache verklausulierte Nachrichten?!‹ Was Siegfried nicht wissen kann: Die Briefe aus den Zwangsarbeiterlagern unterliegen der Zensur. Die sowjetischen Bewacher lassen Briefe nicht passieren, die negative Dinge über die Lager enthalten.

Siegfried erzählt seiner Schwiegermutter zunächst nichts, gibt sich nicht geschlagen. Er will erst den endgültigen mündlichen Bericht abwarten und Bestätigung aus einer zweiten Quelle. Wie oft sind Soldaten für tot erklärt worden, die dann doch zurückkehrten!

Aber Elsa *ist* tot. Im Oktober 1949 kehrt Anna Augustins Tochter nach mehr als vier Jahren aus der Gefangenschaft nach Berlin zurück. Sie überbringt die Nachricht, dass Elsa bereits am 30. Oktober 1945 verstorben sei, ihre Landsberger Gefährtin Marianne Dronske einige Zeit später. Der Suchdienst Bethel bestätigt dies anhand der Erklärungen mehrerer Heimkehrerinnen. Siegfried hat nach viereinhalb Jahren eine Antwort auf seine drängendste Frage gefunden und endlich Gewissheit. Doch die Vorstellung, seine innigst geliebte Frau sei namenlos, teilnahmslos verscharrt worden im Nirgendwo, lässt ihm keine Ruhe.

Er liest die Aussagen der zurückgekehrten Gefährtinnen, führt intensive, schmerzliche Gespräche. Lässt sich berichten von »einer kleinen, blonden Frau, die sich Elsa nannte und erzählte, sie stamme von einem Bauernhof in Schleswig-Holstein«.

Er erfährt, dass Elsa am 20. April 1945 in Nowosibirsk eintraf. Sie musste zunächst für zwanzig Tage in Quarantäne, um sich zu erholen und körperliche Abwehrkräfte aufzubauen. Das erste Lagerjahr sei das schwerste gewesen, das »Höllenjahr«, das nur überlebte, wer psychisch und körperlich robust war. Jeden Tag starben im Lager zwischen fünfzehn und fünfundzwanzig Menschen. Die kamen dann »unter die Birken«. Die Einheimischen mieden schon Birkenwälder zum Pilzesammeln.

Wegen der Kopfläuse wurden den Frauen die Haare geschoren. Doch viel half das nicht, weil die Unterkünfte völlig mit den »Partisanski« verseucht und diese schon dazu übergegangen waren, sich in die Kopfhaut hineinzufressen. Die Gefangenen hausten in Erdbunkern und Zelten, schliefen vollständig angezogen mit den Kleidern, die sie auch am Tag trugen, auf nackten Holzpritschen ohne Stroh und Decken, mit einem Schuh oder einem Brett als Kopfkissen, ihre herausstehenden Hüftknochen wund gescheuert von der harten Unterlage. Als Toiletten mussten die Frauen einen langen, drei Meter tiefen Graben ausheben, darüber wurde ein runder Balken befestigt. Wie ein Huhn hockten sie auf der Stange und mussten aufpassen, benommen vor Schwäche oder Müdigkeit, nicht in die Grube zu fallen. Anfangs machten sich die Posten einen Spaß daraus, zuzuschauen und sie zu verhöhnen.

Als Trink- und Essgefäß dienten ihnen leere Konservendosen, die sie hinter dem Essraum im Schnee fanden, scharfkantig, verrostet und verbeult. Sie richteten sie wieder her, scheuerten sie mit Sand. Einziges Besteck war ein Holzlöffel. Das Essen bestand größtenteils aus überjährigem »Kapusta« (Weißkohl) und sehr schlechtem Schwarzbrot. Ein grüner Tee aus aufgebrühten Kiefernzweigen war die Vitaminration. Vor lauter Hunger sammelten die Frauen Brennnesseln und Melde, kochten sie und aßen sie als Gemüse.

Es gab keine Uhr und keinen Kalender. Die Insassen hatten aber mitbekommen, dass Deutschland kapituliert hatte und der Krieg damit beendet war. Tagelang feierten die Russen, gaben Freudenschüsse ab und veranstalteten Gelage mit Unmengen an Wodka.

Mitte Oktober hieß es: »Skoro Damoi« (bald nach Hause). Ein kleiner Teil, die Frauen, die als Arbeitskraft nichts mehr taugten, fuhr tatsächlich Richtung Deutschland davon. Die Zurückgebliebenen waren zwischen Hoffnung und Verzweiflung hin- und hergerissen. An ihrer Situation änderte sich nichts.

Die Gefangenen wurden im Steinbruch, in einer Betonfabrik, im Sägewerk, im Häuserbau, bei Erdarbeiten, in Kolchosen eingesetzt. Einige arbeiteten unter Tage in Kohleschächten, die zuvor von deutschen Truppen beim Rückzug geflutet worden waren. Sie sollten »wieder aufbauen, was die Faschisten zerstört hatten«. Sie arbeiteten sieben Tage die Woche zehn Stunden am Tag. Lohn gab es keinen. Abends fielen sie hundemüde auf ihre Pritschen.

Elsa war jetzt 13197, eine Nummer in einer Liste, kein Individuum mehr. Sie lernte schnell: Wenn der Aufseher lächelte, war das kein Versprechen, sondern das Signal, auf der Hut zu sein. Sie hatte zunächst Glück. Nach einem Kniff in das Gesäß zur Prüfung von Größe und Konsistenz der Muskulatur und der Begutachtung der Brüste schlug der Lagerarzt sie der Gruppe der Schwächsten, aber noch Arbeitsfähigen zu, Arbeitskategorie III. Statt Häuserbau Arbeit im Kartoffelkeller, einem begehrten Einsatzort, konnte man doch die ein oder andere Kartoffel für sich und seine stets hungrigen Zimmergenossinnen mitgehen lassen. Eine andere Strategie, an etwas mehr Essen zu kommen, war, die über Nacht gestorbenen Barackeninsassen ein paar Tage in ihren Betten liegen zu lassen und deren Essensrationen abzugreifen.

Das Lager 525 in Prokopjewsk befand sich im sogenannten Kusnezk-Becken in der Nähe von Nowokusnezk, circa 350 Kilometer südöstlich von Nowosibirsk in den nördlichen Ausläufern des Altaigebirges in Westsibirien. Die klimatischen Verhältnisse waren für Mitteleuropäer ungewöhnlich hart, die langen Winter geprägt von scharfem Frost und eisigen Schneestürmen. Im Hauptlager und in den zehn bis zwanzig Nebenstellen hausten 22000 Gefangene: 50 Prozent deutsche Zivilisten, darunter 1500 Frauen, und Angehörige der Wlassow-Armee, der Kosaken-Division, der SS-Polizei. Auch ein Lager mit japanischen Kriegsgefangenen gab es in der Nähe.

Im Frauenlager starben aufgrund der miserablen Verpflegung, der Schwere der Arbeit, des Klimas und der hygienischen Verhältnisse im ersten Jahr 40 Prozent der Insassen an Unterernährung, Lungenentzündung, Dystrophie, Typhus, Ruhr, Erfrierungen und Arbeitsunfällen.

Heimgekehrte Lagerinsassinnen berichten Siegfried, dass man sich im Lager nicht voreinander habe verstecken können. Der Charakter jedes einzelnen habe sich sehr schnell offenbart. Die Anständigen überlebten selten. In ihren Erdbunkern hatten volksdeutsche Frauen aus Ostoberschlesien das Sagen. Sie waren zuerst im Lager eingetroffen und bestimmten die interne Organisation. Sie beherrschten die deutsche Sprache, redeten in Gegenwart der Reichsdeutschen aber Polnisch. Wie die Kapos in den KZ wiesen sie den deutschen Gefangenen stets die schwersten Arbeiten zu und nahmen sich die besten Stücke aus der Suppe.

Von Prokopjewsk schrieb Elsa an Siegfried eine Rot-Kreuz-Karte nach Heikendorf, dürre Worte in fünf oder sechs vorgeschriebenen Sätzen, damit er wusste, dass sie noch lebte und wo sie sich befand. Sie schöpfte neue Hoffnung. Die Karte kam indes nie an.

Der Hunger zehrte Elsas Körper aus, und er wurde immer weniger widerstandsfähig. Dann geschah das Verhängnis. In schon geschwächter Verfassung holte sie sich Ende September 1945 einen Abszess am Unterarm, der zwar behandelt, aber nur notdürftig mit einem Handtuch umwickelt wurde. Ein achtundzwanzigjähriger, ungarischer Arzt habe das sich vergrößernde Geschwür geschnitten, erzählt Margret Augustin. Medikamente und chirurgische Instrumente fehlten. Die Entzündung führte schließlich zu einer Blutvergiftung. Am 30. Oktober 1945 erlag sie ihrer Krankheit. Der Mediziner trug in Elsas Lagerakte als Todesursache »Dystrophie« ein, eine Diagnose, die in den Arbeitslagern bei Todesfällen häufig pauschal benutzt wurde. In ihren Mantel hatte sie einen Brief für Siegfried eingenäht. Bis zum Schluss sprach sie von ihm.

Margret versichert Siegfried, Elsa sei in einem Einzelgrab westlich des Lagers auf dem Friedhof in Artyschta bei einem Birkenwäldchen beerdigt worden. Eine Krankenschwester habe die Zeremonie vorgenommen. Auf dem Kreuz stehe Elsas Name, und auf dem Grab habe ein Blumenstrauß gelegen.

Lager

Лагерь № 525   Спецгоспиталь № _____ ОРБ № _____

Национальность _Немка_ Deutsche   В какой армии
противника состоял _Интерниров._

1. Фамилия _Эчиль_ Jaeckel _Экиль_

2. Имя _Эльза_ Elsa 3. Отчество _Гайнурих_ Heinrich Vatername

4. Год и место рождения _1922_ Geburtsjahr

5. Адрес до призыва _____

6. Подданство или гражданство Staatsangehörigkeit _Германское_ Deutsche

7. Партийность _____ 8. Вероисповедание _____

9. Образование:

  а) общее _____

  б) специальное _____

  в) военное _____

10. Профессия _____

рез. дело

Учетное дело № _13197_

Archiv Арх. № _78360_

11. Призван в армию по мобилизации или поступил добровольно и когда _____

12. Род войск _____

13. В какой (последней перед пленением) части служил _____

14. Чин или звание _____ 15. Должность _____

16. Взят в плен или сдался добровольно (нужное подчеркнуть)

17. Дата и место пленения _____

18. Отметки о движении _Умерла_ gestorben im Lager в л.о. _30. 10. 1945_ г. Sterbetag

Диагноз _Dystrophie_ Диагноз: _Дистрофия_ Dystrophie auf dem Friedhof östl. von Zone 1300
захоронена на кладбище в запад. зоны 1300
могила 162 Grab 162

_8. 3._ 1946 года.   Подпись сотрудника,
заполнявшего карточку _Сенная_

Russische Sterbeurkunde von Elsa Jaeckel, Vorder- und Rückseite

Ironie der Geschichte: Vermutlich nur wegen ihrer akuten Erkrankung – transportunfähig – gehörte Elsa nicht zum ersten Kontingent von Lagerinsassen, das sieben Tage vor ihrem Tod in die Heimat zurückgeschickt worden war.

Ihre Landsberger Freundin Marianne Dronske starb später an Erschöpfung und Tuberkulose. Zwei Tote von circa 422 000 Frauen, Kindern und männlichen Zivilisten aus den ehemaligen deutschen Ostgebieten, die bei den Deportationen und in russischen Zwangsarbeitslagern umkamen.

Schon im 19. Jahrhundert zur Zeit der Zaren wurden systematisch und in großer Zahl politische Gefangene und vorgebliche Verbrecher nach Sibirien verbannt, darunter Lenin und Stalin. Die Sowjets verfeinerten das System. Zwischen dem Ende der Zwanziger- und Mitte der Fünfzigerjahre schickten sie 18 bis 20 Millionen Zwangsarbeiter in die menschenleeren und menschenfeindlichen Gebiete Sibiriens, um sie wirtschaftlich zu erschließen. Neben den deutschen Kriegsgefangenen betrachtete Stalin arbeitsfähige deutsche Frauen aus dem Osten Deutschlands und Volksdeutsche vom Balkan als legitime »lebende Reparationen«. Im Durcheinander der letzten Kriegsmonate schuf er mit den generalstabsmäßig durchgeführten Transporten Fakten, bevor überhaupt die Reparationsverhandlungen mit den anderen Alliierten begonnen hatten. Am Tage der militärischen Kapitulation Deutschlands waren nahezu alle Deportationen abgeschlossen.

Stalin verschleierte gegenüber dem Westen die Deportationen ostdeutscher Zivilisten und tat sie – ebenso wie später die DDR – als »böswillige Erfindung westlicher Propaganda« ab. Diesen Kriegsverbrechen ging ein Vernichtungsfeldzug der deutschen Wehrmacht voraus. Speziell Himmlers Polizei- und SS-Einheiten hatten keine Skrupel mit den »slawischen Untermenschen«. Die »Dezimierung bestimmter Völker« (Göring) in Osteuropa war gewollt, um Raum für deutsche »Herrenmenschen« zu schaffen.

Allein bei der Blockade Leningrads zum Beispiel starben circa 1,2 Millionen russische Menschen den Hungertod. Insgesamt hatte die Sowjetunion 27 Millionen Tote zu beklagen – viermal so viele wie Deutschland.

Was ist der Unterschied zwischen Christus und Hitler?
Bei Christus starb einer für alle.
Generalleutnant Friedrich Freiherr von Broich,
Juli 1943

37 Schuld, Verdrängung und ein falscher Richter

Bei Kriegsende ist Siegfried 37 Jahre alt. Bereits vier Tage nach seiner Entlassung aus der Kriegsgefangenschaft meldet er sich beim Arbeitsamt Kiel. Posten sind rar, alles ist noch chaotisch, der Wiederaufbau hat erst begonnen. Und er ist nicht der Einzige, der Arbeit sucht. Mehr als eine Million Flüchtlinge und Vertriebene strömen nach Schleswig-Holstein, dessen Einwohnerzahl sich in kürzester Zeit fast verdoppelt. Man muss Glück oder Beziehungen haben. Ein ehemaliger Kollege rät ihm:

»Die Sache ist eigentlich ganz einfach. Sie geht so: Ich helfe dir, du hilfst mir, er hilft uns, wir helfen ihm.«

Nun muss sich zeigen, ob Siegfried noch Beziehungen hat. Können ihm die ehemaligen Arbeitskollegen in Kiel und Landsberg oder die Korporationsbrüder und Alten Herren aus der Unitas Arminia weiterhelfen? Er spricht sowohl beim Pflanzenschutzamt, beim Tiergesundheitsamt als auch beim Fischereiamt vor. Nur Prof. Remane vom Zoologischen Institut der Universität Kiel macht ihm ein bisschen Hoffnung. Dr. Siegfried Jaeckel sei wohl zurzeit der »einzige Malakologe zwischen Kopenhagen und Nordrhein-Westfalen«. Doch wer braucht in dieser Zeit einen Malakologen? Bauarbeiter, Handwerker – die kommen in Lohn und Brot. Vorerst kann also auch Remane ihm keinen einträglichen Posten in Aussicht stellen. Er überredet ihn, vorübergehend ab Mitte August 1945 im Zoologischen Museum als freiwilliger wissenschaftlicher Mitarbeiter zur Rettung der Bestände und zum

Wiederaufbau der Molluskenabteilung sowie der Fisch- und ornithologischen Sammlung beizutragen.

In den Dreißigerjahren hätte Siegfried freudestrahlend und enthusiastisch die Arbeit aufgenommen, Wissenschaft zu betreiben, wäre ihm Lohn genug gewesen. Aber Siegfried ist nicht mehr die Person, die er vor dem Kriege war. Schaut er in den Spiegel, erblickt er einen gealterten Mann mit tiefen, dunklen Ringen unter den Augen, das Gesicht härter, kantiger, die Haut straff über die Schädelknochen gespannt. Wenn er ehrlich mit sich wäre, sähe er einen gezeichneten, verunsicherten Kriegsheimkehrer, unsäglich enttäuscht und wütend zugleich. Doch diese Gefühle unterdrückt er. Er möchte, er muss dort wieder anknüpfen, wo seine berufliche Karriere Ende August 1939 jäh unterbrochen wurde. Was der Krieg in den Geheimkammern seiner Seele anrichtete, will er nicht wissen. Wie ein Taucher, der mit schnellen Ruderbewegungen an die Wasseroberfläche strebt, versucht er, die vielen unbeantworteten Fragen, die Bilder in den Träumen und die Gespräche mit den Toten in der Nacht wegzuschieben, hinter sich zu lassen. Jetzt wäre es eigentlich an der Zeit, sich nach seinem Verhältnis zum Wahnsystem der Nazis zu befragen und danach, welche früheren Prägungen auch ihn zu einem Verführbaren gemacht hatten: Rassismus in Afrika und in den Erzählungen des Vaters aus dem Ersten Weltkrieg, Nationalismus und falsch verstandene Männlichkeit im Studentenverein und Vergötterung des Soldatentums in seiner Familie. Doch er geht zur Tagesordnung über. Er fühlt sich nicht schuldig, sieht keinen Anlass zu Scham oder Reue, redet sich ein, seine Weste sei persilweiß. Nein, verantwortlich für das zum Himmel schreiende Elend, die Millionen von Toten, all die Schweinereien, das waren die Naziführer. Er war nicht Parteimitglied, hat nicht versucht, im »Dritten Reich« Karriere zu machen und als Soldat sich nichts vorzuwerfen. Vor sich selbst verteidigt er sich, wie so viele auch vor Gericht, er habe nur Befehlen, zu denen er durch Eid verpflichtet war, gehorcht. Er hält das für die Wahrheit.

Mit dem ausgefüllten Bogen, der 128 Fragen umfasst, erscheint Siegfried im September 1945 vor dem Entnazifizierungsausschuss. Nicht in einem neuen Maßanzug vom besten Schneider Londons, wie er noch 1939 in Posen gemeinsam mit seinem gefallenen Freund Wöpke schwadronierte, sondern in abgewetzter, notdürftig ausgebesserter Kleidung.

Siegfried tritt vier Personen gegenüber: Den Vorsitz hat sicher der Sergeant in der Mitte, Arthur McCarrol, ein eleganter, schlanker Mann mit Oberlippenbart in einem langen, schmalen Gesicht. Siegfried bemerkt seine tadellos sitzende Uniform, die messerscharfen Bügelfalten seiner Hose. Rechts neben ihm ein dunkelhaariger Mann, wohl der Übersetzer. Er hat gehört, dass die Briten in solchen Ausschüssen gern nach England geflohene Juden als Dolmetscher einsetzen. ›Ein Jude, muss das sein?‹, geht es ihm durch den Kopf. ›Haben die jetzt das Sagen? Haben die jetzt zu bestimmen?‹

Den linken Tisch nehmen eine Person, deren Gesicht ihm irgendwie bekannt vorkommt, und der Protokollant ein.

Kaum hat Siegfried einen Schritt in den Verhandlungsraum gemacht, die Mütze abgenommen und die Tür geschlossen, bleibt er unvermittelt stehen: Direkt vor dem Stuhl, auf dem er vermutlich Platz nehmen soll, liegt eine große, schon ein wenig abgewetzte Hakenkreuzfahne.

»Na, Dr. Jaeckel, haben Sie so viel Ehrfurcht vor der Fahne des Führers, dass sie nicht darauf treten mögen?«, fragt ihn der Übersetzer herausfordernd.

Alle Augen sind auf Siegfried gerichtet. ›Diese Schweinehunde!‹ Wut steigt in ihm auf. ›Jahrelang hat man uns gelehrt, die verdammten Engländer als Feinde zu betrachten, und nun sagen die uns, was wir denken sollen und führen uns vor. Diese ganze Prozedur ist doch entwürdigend! Reiß dich zusammen, Siegfried‹, versucht er sich zu beruhigen. Doch da ist es bereits zu spät. Festen Schrittes geht er um den Stuhl herum, schnippt mit einer energischen Bewegung des Fußes die Fahne beiseite und lässt sich auf den Sitz fallen.

»Auch wenn ich nie ein Nazi war«, bricht es aus ihm hervor, »den Gefallen tue ich Ihnen nicht. Ich trete auf keine Flagge, schon gar nicht, wenn ein Engländer mich dazu auffordert!«

Einen Augenblick herrscht Stille im Raum.

Siegfried nutzt die Zeit, tief durchzuatmen, versucht, sich zu beruhigen, sich zu konzentrieren. In diesem Moment fällt Siegfried ein, woher er den Mann links von McCarrol kennt. Ja, genau: ein Kollege von der Reichsanstalt in Kitzeberg! Dr. Richard Otto. Siegfried ist nicht mehr zu halten. Erregt springt er auf. Blut schießt ihm in den Kopf, die Adern an den Schläfen pulsieren.

»Das ist doch alles eine Farce hier. Hier wird doch der Bock zum Gärtner gemacht!«, schreit er mit einer Stimme, die in dem kleinen Raum wie ein körperlicher Angriff wirkt. Der Protokollant hört auf zu tippen. Der Sergeant ruckt hoch, kneift die Augen zusammen, schaut fragend zu seinen Nebenleuten.

»Der da«, faucht Siegfried, macht einen Schritt auf Otto zu und deutet mit ausgestrecktem Arm auf den Mann neben dem Sergeant, »ist ein strammes Parteimitglied gewesen.« Sein Blick ist wild, hasserfüllt. Eine scharfe Falte hat sich zwischen seinen Augenbrauen gebildet. »Ich war Kollege von ihm. Ich erinnere mich genau. Der da ist als Erster in die Partei eingetreten, schon 1932. Ein verbohrter Nazi, der am Institut Kollegen bespitzelt und Konkurrenten kaltgestellt hat.« Er fuchtelt mit der geballten Faust. »Ein wahrer Lakai des Systems! Und so einer sitzt hier im Entnazifizierungsausschuss? Was ist das für ein Leben? So einer, der alles mit angezettelt hat, will über mich richten! Die Täter urteilen über die Opfer?«

Siegfried macht Anstalten, auf Otto loszugehen. Ein Tumult bricht los, alle schreien durcheinander. Der Beschuldigte guckt erschrocken. Sein Kopf ist hochrot angelaufen. Der Sergeant, die Hand am Pistolenhalfter, schlägt mit der flachen Hand auf den Tisch und brüllt:

»Sit down, Mr. Jaeckel, immediately! Shut up, everybody!« Und an den Dolmetscher gewandt: »What did that damned Nazi say?« Siegfried setzt sich, jetzt ist es raus, er wird wieder ruhiger.

Der Dolmetscher schaut verwirrt, weiß anscheinend nicht, wie er Siegfrieds Verhalten und seine Anschuldigungen deuten soll. Er versucht, dem Sergeant seine Eindrücke zu erläutern. Der hört angespannt zu, Zornesfalten auf seiner Stirn.

Er wendet sich an Dr. Otto.

»Is that true? You were in the Nazi-Party since 1932?«

Otto breitet die Arme aus und macht eine ausweichende Bewegung.

»Ja schon, aber …«

McCarrol will nichts mehr wissen. Diese Sitzung scheint aus dem Ruder zu laufen. Er erklärt sie für beendet. So endet die Anhörung ohne Ergebnis. Der vorgeladene Dr. Jaeckel verlässt den Raum ohne den dringend benötigten »Persil-Schein«. Das »Sie-hören-von-uns« klingt wie Hohn in seinen Ohren.

Erst im Februar 1946 erhält er das ersehnte Dokument. Er wird in die Kategorie V eingestuft: Persons exonerated, d. h. Unbelastete oder Entlastete. Was mit Dr. Otto geschehen ist, kann er nicht in Erfahrung bringen.

Wieder einmal hat er Pech gehabt, so sieht es der sich stets selbst bemitleidende Siegfried, hat seinen Jähzorn und seinen Stolz nicht bezähmen können, hat nicht getan, was die Lebensklugheit gebietet. Aber wenn es um seine Ehre geht, ist er empfindlich. Und: Er kann sich nicht verstellen. Er hat kein Talent zur Selbstverleugnung. Er handelt nie taktierend, vorausschauend. Er kann nicht anders. Es ist nicht sein Charakter, verlogen oder diplomatisch zu sein. Er sagt, was er über andere Menschen denkt. Schon sein Gesicht verrät seine Gedanken und Gefühle.

Nach 1945 ist fast die gesamte deutsche Bevölkerung traumatisiert, das Volk der Täter durch sich selbst Opfer geworden. Wie umgehen mit diesem Dilemma? Es herrscht stillschweigendes, allgemeines Einvernehmen, die Zeit, die Erinnerung, die Taten tief im Unbewussten zu begraben und eine massive Betondecke darüber zu legen. Wie alle anderen spricht Siegfried nicht über seine Erlebnisse. Er vermeidet alles, was ihn daran erinnern könnte. »Schweigen und verdrängen« heißt die Devise. Es sieht so aus, als sei ein Großteil der Deutschen auf den Untergang des »Dritten Reiches« innerlich nicht vorbereitet gewesen. Verführt, dann im Stich gelassen, schließlich verachtet, bloßgestellt, tief gekränkt und schlimmster Verbrechen überführt. Intellektuelle erinnern an ein Wort Friedrich Nietzsches:

»Das habe ich getan, sagt mein Gedächtnis. Das kann ich nicht getan haben, sagt mein Stolz und bleibt unerbittlich. Endlich gibt das Gedächtnis nach.«

Natürlich muss das Land wieder aufgebaut werden. Die Trümmer sind sichtbares Sinnbild für die Folgen der gemeinsamen Hybris und der Schuld. Man will die Schuttberge schnell weghaben, um wieder »normal« leben zu können. Außerdem hilft es, sich in die Arbeit zu stürzen und den täglichen Kampf um Nahrung, Unterkunft und Brennmaterial aufzunehmen. Da bleibt nicht viel Zeit zum Nachdenken.

Schnell ist man sich einig, dass ein Schlussstrich gezogen werden muss, die Uhren sollen auf die »Stunde Null« zurückgedreht werden. Unbelastet noch einmal von vorn anfangen, das wenigstens sollte Deutschland doch zugestanden werden.

Kaum war der Krieg zu Ende, ist niemand Nazi gewesen. Für die amerikanischen Streitkräfte reist Klaus Mann durch das besetzte Deutschland und gibt sarkastisch zu Protokoll, keinen einzigen Nazi angetroffen zu haben. Die Wandlung vollzieht sich geradezu blitzartig. Die Verstrickten säubern ihren Lebenslauf, vertuschen ihre Taten oder vertrauen darauf, dass ihre Personalakten unauffindbar sind. Sie geben den Unschuldsengel mit blütenweißer Weste, besonders erfolgreich in Schleswig-Holstein, das im Vergleich zu anderen Bundesländern als »braunes Natur-schutzgebiet« gilt. Ehemalige NSDAP-Mitglieder besitzen dort in den ersten Jahren der jungen Demokratie von 1950 bis 1971 rund die Hälfte der Landtagsmandate. Beim Regierungspersonal sind es sogar zwischen 67 und 76 Prozent. Die alten Nazis geben im Land zwischen den Meeren wieder den Ton an.

Doch das Vertuschte kommt irgendwann ans Tageslicht, das Verdrängte kann nicht ewig zum Schweigen gebracht werden. In seiner Novelle »Im Krebsgang« schreibt Günter Grass: *Die Ge-schichte, genauer, die von uns angerichtete Geschichte ist ein ver-stopftes Klo. Wir spülen und spülen, die Scheiße kommt dennoch hoch.*

38 Ein Schiffsfriedhof und die Abneigung gegen niedere Arbeiten

Elsas Verwandte »füttern« Siegfried zwar mit durch, für sie bleibt er aber ein Fremder. Sie werfen ihm vor, Elsa nicht zur Flucht aus Landsberg ermuntert oder verholfen zu haben. Die Vorwürfe weist er brüsk von sich. Ihn plagt eine unendliche Müdigkeit und Mattheit – eine unerkannte und unbehandelte »Kriegsneurose«. Kein Mensch redet damals von Posttraumatischer Belastungsstörung (PTBS). Siegfried hätte zumindest eine Person gebraucht, die ihn vollständig akzeptiert – seine Ängste, seine Trauer und die Erinnerungen eingeschlossen –, einen Menschen, bei dem er sich ausruhen kann, Kraft schöpfen, in sich hineinspüren und im Laufe der Zeit eine ehrliche, selbstkritische Bestandsaufnahme seines Lebens machen kann. Diese Hilfe und Unterstützung bieten ihm Elsas Angehörige nicht.

Verschweigen und verdrängen – damit lässt sich die Seele eines Menschen aber nicht so leicht überlisten. Siegfried isoliert sich von den Mitmenschen. Nachts findet er manchmal nur zwei Stunden Schlaf. Liegt das an den Nachwirkungen der vielen Aufputschmittel, die sie schluckten, oder an den Albträumen, die ihn heimsuchen? Er trinkt viel, weil er es gewohnt ist, weil er vergessen will. Doch der Alkohol vertieft sein Selbstmitleid, seine Trauer. Kriegserlebnisse dringen manchmal auch tagsüber wie ein Blitz in den

Alltag ein. Dann tauchen flackernd vor seinem geistigen Auge die angstgeweiteten Augen der russischen Frauen und Kinder vor ihren brennenden Häusern auf, die gespenstischen, ausgemergelten Gestalten im KZ Stutthof, die Schreie eines sterbenden Kameraden oder der Geruch von verbranntem Fleisch. Seine Wahrnehmung im Alltag ist verzerrt, lässt ihn beim kleinsten Geräusch zusammenzucken. Ohne bestimmten Anlass überschwemmt ihn Angst oder Wut, die er nur schwer zu kontrollieren vermag. Manchmal glaubt er, den Verstand zu verlieren, fühlt sich hilflos. Die Hausbewohner hören ihn in der Dachkammer brüllen, klagen, weinen. Dann schreibt er ein Gedicht für Elsa.

Im Laufe der nächsten Jahre verblassen die Erinnerungen zwar, werden die damit verbundenen Gefühle schwächer, gelingt es Siegfried mehr und mehr im Jetzt zu leben. Von seiner früheren Arbeitskraft ist er aber weit entfernt. Er hat mit sich selbst genug zu tun. Ohne Geld lebt er auf Kosten der Verwandten. Ihm fehlt der Adrenalinrausch des Krieges, er fühlt sich fremd in der ehemals vertrauten und einst so heiß ersehnten bürgerlichen Welt. Elsas Verschleppung und Tod, seine Schuldgefühle lasten wie Felsen auf der Seele. Er empfindet sich als halben Menschen, dem zum Glücklichsein das Gegenstück zu seiner Persönlichkeit fehlt.

Schuld an seiner Misere sind andere: die Nationalsozialisten, die Kollegen im Zoologischen Museum, die Behörden mit ihren Mauern aus Paragrafen und vor allem die »roten Horden«.

»Die tatsächlichen Vorgänge und Vorfälle in Landsberg übersteigen ja jede Vorstellung«, klagt er.

Mit seiner Ansicht über »den Iwan« ist Siegfried kein Sonderfall. Dieser von Hass geprägte Rassismus und undifferenzierte Antikommunismus – viele glauben nach wie vor an die »jüdisch-bolschewistische Weltverschwörung« – speisen sich immer noch aus der Nazi-Ideologie. Verstärkt werden sie in der Nachkriegszeit durch die antisowjetische Haltung des kapitalistischen Westens.

Auch von den Amerikanern, die jetzt den Ton angeben und sich als die Guten aufspielen, hält er nichts. Er macht sie dafür mitverantwortlich, dass die deutsche Wehrmacht im Osten scheiterte, und er wirft ihnen den Atombombenabwurf im August 1945 auf Hiroshima und Nagasaki vor, für ihn einer der Tiefpunkte seines Lebens.

Die geistige Rat- und Orientierungslosigkeit der Bevölkerung nach dem Krieg ist mit Händen zu greifen. Intellektuelle diskutieren, welche Werte das neue Deutschland ausmachen sollten. Nun hat jedes Individuum die Freiheit, selbst nach einer Antwort zu suchen, nach einem gültigen Bild vom Menschen, entrümpelt von den Trümmern der Ideologien. Doch das ist nicht so einfach. Was ist die neue Wahrheit? Was oder wer bietet die ethische Basis für ein neues Leben? Die deutschen Klassiker Schiller, Goethe, Hölderlin? Die griechischen und römischen Philosophen? Vielleicht. Nein, am ehesten könnten für Siegfried die Gebote und Werte des christlichen, des katholischen Glaubens als Richtschnur dienen. Diese müssen ins Zentrum gerückt werden. Doch danach zu leben, erweist sich als schwer im Deutschland der Nachkriegszeit.

Wegen der Bedeutung Kiels als Hafen der Kriegsmarine hatten alliierte Bomber die Stadt furchtbar heimgesucht. Bei 90 Luftangriffen mit etwa 44 000 Spreng- und 500 000 Brandbomben wurden mehr als drei Viertel der Häuser zerstört oder schwer beschädigt und zeitweise 167 000 Menschen obdachlos. Noch wenige Tage vor der Kapitulation, am 2. und 4. Mai 1945, jagten Schwärme von Kampfflugzeugen über Schleswig-Holstein und schossen auf alles, was sich bewegte, auf militärische und zivile Ziele, sei es im Siegesrausch oder aus dem blanken Entsetzen über die deutschen Gräueltaten heraus. Besonders aber hatten es die Flugzeugbesatzungen auf Schiffsansammlungen abgesehen, weil der britische Geheimdienst gemeldet hatte, Nazi-Bonzen würden sich mit Schiffen aus dem Staube machen.

Die Kieler Förde verwandelte sich so zu einem der größten Schiffsfriedhöfe der Welt. Wenn Siegfried von Heikendorf mit dem Fördedampfer in die Stadt übersetzt, passiert er an die hundert Wracks. Schiffsmannschaften hatten zudem unversehrte Boote kurz vor Kriegsende absichtlich versenkt. In der Nähe der Bellevue-Anlegerbrücke liegen zwei große Passagierschiffe und mehrere Großsegler auf der Seite. Als im folgenden Winter die Förde zufriert, strömen die frierenden Kieler über das Eis zu dem mächtigen und luxuriös ausgestatteten Ocean-Liner »New York« und schlachten den Riesen in kürzester Zeit aus. Auch das letzte Stück Mobiliar oder die hölzernen Handläufe der Reling verschwinden in den Brennhexen. Vor Kitzeberg ragen wie Gespenster die Wracks der Kreuzer »Admiral Hipper« und »Emden« und ein Torpedoboot aus dem Wasser. Vor Heikendorf liegen vier Dampfer der Monte-Klasse, vorübergehend auch die arg ramponierte, 147 Meter lange »Jan Wellem«, das erste Walfangmutterschiff unter deutscher Flagge.

Noch jahrelang, jeden Tag gegen sechzehn Uhr, ob Siegfried sich in Heikendorf oder in Kiel aufhält, hört er Detonationen vom Ostufer. Die »Demolition Teams« der Briten zerlegen systematisch den U-Bootbunker und die Kieler Werftanlagen. Die »Jan Wellem« dient dabei als Wellenbrecher, um das gegenüberliegende Ufer vor möglichen Schäden durch die Flutwelle zu schützen.

Kiel ist nicht wiederzuerkennen. Die Stadt ist nahezu planiert worden. Schutthaufen versperren die Straßen, Trampelpfade schlängeln sich durch trostlose, graue Trümmerlandschaften. Wenn Schnee diese Hügel bedeckt, erinnern sie an eine trostlose, vernarbte Mondlandschaft. Im Sommer wuchern rosafarbene Weidenröschen und gelber Rainfarn zwischen den Steinen. Siegfried hat Mühe, sich zurechtzufinden, da alte Orientierungspunkte fehlen. An Orten, an denen früher lebhaftes Treiben herrschte, trifft er kaum eine Menschenseele. Die meisten Fenster der wenigen unversehrten Häuser hat man mit Brettern oder Pappe abgedichtet. Entsprechend dunkel und kalt ist es in den Wohnungen und Diensträumen. Das Zoologische Museum macht da keine Ausnahme. Meist arbeitet er nur wenige Stunden am Tag, da infolge des Mangels an Heizmaterial die Räume stark auskühlen, der Strom kontingentiert ist und Glühbirnen fehlen. Auch um seine Konzentrationsfähigkeit ist es nicht gut bestellt.

In Heikendorf sieht es nicht anders aus. Von 648 Häusern sind nur 25, von 1122 Wohnungen nur 30 unbeschädigt geblieben. Die Menschen leben in Ruinen und schlafen in Hängematten. Siegfrieds Schwiegermutter kann noch von Glück sprechen. Ihr Haus hat zwar etwas abgekriegt, ist aber bewohnbar. Im kleinen Altenteilerhaus müssen zwei Fenster ersetzt und das Dach repariert werden.

Viele Heikendorfer, Arbeiter und Angestellte der stillgelegten Kieler Betriebe, leisten inzwischen Arbeitsdienst für die Gemeinde, um die dringlichsten Kriegsschäden zu beseitigen: Abbau der Panzersperren, Beseitigung des Schutts von den Straßen, Einebnung der Bombentrichter, Bergung und Transport von Baumaterial, Ausschlachtung der Luftschutzbunker, Bau von Wohnbaracken, Anfertigung von Brennöfen … Siegfried beteiligt sich an diesen Gemeinschaftsanstrengungen nicht. Auch für die notwendigen Arbeiten im Hause seiner Schwiegereltern, für die Nahrungs- und Brennholzbeschaffung lässt er sich nur selten einspannen. Es ist, seinem Empfinden nach, für einen Mann mit seinen Fähigkeiten gemäß dem samoanischen Vermächtnis nicht der Sinn des Lebens, seine Zeit mit diesen niederen, gewöhnlichen Arbeiten zu vergeuden.

Der Krieg hat einen langen Arm.
Noch lange, nachdem er vorbei ist, holt er sich seine Opfer.
Martin Kessel

39 Drei Viertel verhungert, ein Viertel erfroren

Es gibt zu wenig zu essen. Schleswig-Holstein ist zwar landwirt-schaftlich geprägt, aber nicht in der Lage, seine Bevölkerung aus eigener Kraft zu versorgen. Die Lebensmittelzufuhren aus den ehemaligen deutschen Ostgebieten östlich der Oder-Neiße-Linie, die ehedem etwa ein Viertel der Versorgung ausmachten, fehlen. Vor allem die Städter müssen sich mit den offiziellen Lebensmit-telkarten begnügen. Die Preise werden staatlich festgesetzt. Nach dem strengen Winter 1946/47 und infolge der außerordentlichen Hitze und Dürre des folgenden Sommers, durch die die Ernte auf den Feldern förmlich verbrennt, sinkt das Angebot dramatisch. Die britische Militärregierung sieht sich gezwungen, den norma-len Tagesbedarf von 2500 bis 3500 Kalorien für den normalen Kie-ler auf 1550 zu senken und schließlich im Juni 1947 sogar auf unter 1000 Kalorien. Viele Menschen erfahren am eigenen Leibe, dass Hunger richtig schmerzt.

Siegfried hat das Glück, in den elenden Jahren 1946 bis 1948 auf einem ehemaligen Bauernhof zu leben. Schwägerin und Schwie-germutter beginnen gegen Ende des Krieges damit, ihren großen Garten intensiv zu bewirtschaften und sich Schweine, Hühner und Kaninchen zu halten. Die Anzahl der Tiere ist den Behörden ge-nauestens bekannt, jedes Huhn registriert. Nur einen geringen Teil der Eier darf die Familie behalten, vor jedem Hühnerstall hängt eine Strichliste. Für die Schweine gelten ähnliche Regeln. Es ist strengstens verboten schwarzzuschlachten. Meistens gibt es Ein-töpfe, nur am Sonntag kommt Fleisch oder Fisch auf den Tisch.

Der Ackerbau im heimischen Garten beschränkt sich hauptsächlich auf Kartoffeln und Steckrüben – die lassen sich leicht einkellern – sowie Bohnen. Der überschüssige Teil wird auf dem Markt verkauft. Besonders anstrengend ist die Zeit kurz vor der Ernte. Alle Erwachsenen im Haus, selbst Dr. Jaeckel, gehen dann vor allem in den Abendstunden und ab fünf Uhr in der Früh Streife in ihrem Gemüsegarten, den Hofhund immer dabei. Zu groß ist die Versuchung für die Hunger leidende Bevölkerung, zu »organisieren«, zu »hamstern« oder zu »kompensieren« in Form von Felddiebstahl oder Mundraub.

Da die Familie sämtliche Waffen abliefern musste, ist an Jagen nicht zu denken. Aber im Heikendorfer Hafen wird Fisch angelandet. Die Mehrzahl der Fischer sind Flüchtlinge wie Siegfried. Sie haben es mit ihren Kuttern, die man während des Krieges für alle möglichen Zwecke einsetzte, aus Pillau hierher geschafft. Es ist immer ein Spektakel, wenn die Fischer in ihren abgerissenen, speckigen Overalls und blutigen Wathosen den Fang ausnehmen, während ein Pulk gieriger Möwen mit mordsmäßigem Kreischen über ihren Köpfen wirbelt. Als Zoologe interessiert sich Siegfried für den Beifang. Er studiert die Anatomie der Fische. Sehr zum Leidwesen der anderen Bewohner liegen am Brunnen auf dem Hof der Schwiegermutter immer viele übel riechende Fischgräten, Muschel- und Schneckenschalen herum.

Siegfried freundet sich mit einem jungen Pillauer Fischer an. Lukas hat einen semmelblonden Haarschopf, ist klein, aber kräftig gebaut, immer guter Laune und redet fast ununterbrochen, während er seinem Vater bei den Tätigkeiten an Bord hilft. Die Briten kontrollieren zwar die Zugänge zu den Schiffen und den Fischfang. Doch das ist kein großes Problem. Auch für Siegfried fällt öfter etwas ab.

Die marktüblichen Preise sind horrend: Ein Hering kostet eine Mark, eine Zigarette sieben bis acht Mark, für acht Zigaretten bekommt man ein Brot.

Die allgegenwärtige Not in allen Lebensbereichen macht erfinderisch. Eine Episode dieser Binsenweisheit behält Siegfried sein Lebtag in Erinnerung. Er steht gerade an der Mole, als Lukas mit drei anderen fünfzehnjährigen Burschen zu dem großen Netzleger hinausschwimmt, der draußen schon seit geraumer Zeit vor Anker liegt. Das Schiff hatte während des Krieges den Kieler Hafen mit einem Stahlnetz gegen feindliche U-Boote schützen sollen, war aber nicht mehr zum Einsatz gekommen. Drei Fischkutter haben sich außerhalb des Hafens längsseits postiert. Sofort versammeln sich Schaulustige. Die bevorstehende Aktion hat sich wie ein Lauffeuer herumgesprochen. Siegfried beobachtet, wie von einem Kutter Seile mit Enterhaken über die Reling des Netzlegers geworfen werden. Die Jungen ergreifen die Tampen und hangeln sich an der Schiffswand hoch. Kaum haben die Piraten das Schiff gekapert, winken sie übermütig und hüpfen über das Deck wie Klabautermänner. Kurze Zeit später bugsieren die Kutter unter dem Beifall der Zuschauer den Netzleger an die Pier neben die Landungsboote. Der Kahn ist fast neu, alle Schlüssel stecken noch in den Schlössern. Die Fischer nehmen sofort das Schiff mit seinen 80 Kammern in Beschlag und stellen Wachmänner am Hafeneingang auf. Und tatsächlich erscheint gegen fünfzehn Uhr dreißig der Jeep der Engländer zur Hafenkontrolle, der Fahrer mit einer Maschinenpistole über der Schulter. Der Netzleger wirkt wie ausgestorben, als läge er schon seit ewigen Zeiten an dieser Stelle. Durch die Fenster ist kein Mensch zu sehen, alle Besetzer liegen flach auf dem Schiffsboden und geben keinen Mucks von sich. Die Briten laufen argwöhnisch herum – zumindest tun sie so. Von der Dampferbrücke aus schauen Siegfried, Lukas und seine Freunde gespannt herüber. Minuten verstreichen. Da schaut der Offizier auf seine Uhr, fordert seinen Fahrer auf einzusteigen und der Jeep braust wieder davon. Es ist inzwischen kurz vor sechzehn Uhr, anscheinend ruft die Teatime. Den Tipp für die Aktion bekamen sie sogar, wie er später erfährt, von einem englischen Offizier, der Mitgefühl mit den Flüchtlingen zeigte.

Die Pillauer jubeln. Spontan laden sie die Umstehenden zu einer Feier auf ihrem gekaperten Schiff ein. Es gibt Dorschleber aus Dosen mit Zwiebeln und Pfeffer, ihr Lieblingsgericht.

Der Netzleger dient dann – unter stiller Duldung der Engländer – mehr als hundert Personen, darunter Lukas und seiner Familie, als Unterkunft. Aus den Bullaugen schauen die Rohre der Kanonenöfen. Nach einem Jahr überführen die Russen das Schiff als Kriegsbeute nach St. Petersburg.

Die Kienbaum-Familie hat selbst nicht viel, aber doch mehr als die meisten Kieler. Sie hält ein eisernes Kontingent an haltbaren Nahrungsmitteln in sicheren Verstecken zurück, da Bauernhöfe öfter überfallen werden. Die staatliche Ordnung hat sich nach der Entwaffnung der deutschen Polizei weitgehend aufgelöst. Auch klopfen Städter bei ihren Hamsterfahrten und Bettelgängen über Land an ihre Tür, um Wertgegenstände gegen Lebensmittel einzutauschen. Man erzählt sich, dass Bauernstuben jetzt mit Klavieren, Orientteppichen und kostbarem Porzellan aus Kieler Bürgerhäusern bestückt seien.

Ab und zu erhält Siegfried von seiner Mutter und seiner Schwester Lisa, die als Krankenschwester in Berlin arbeitet, Geld. Lona verdient sich mit Untervermietung und dem Verkauf von Obst aus ihrem Garten etwas hinzu. Ferner schicken ihm Tante Agnes und Tante Agathe aus Berlin-Spandau Päckchen.

So bin ich nun leider ¾ verhungert und ¼ erfroren bei fünf bis 15° Kälte diese Tage, schreibt ihm Tante Claire aus Görlitz.

Nach der Ernte durchkämmen die hungernden Menschen die Felder nach liegen gebliebenen Ähren, Kartoffeln oder Zuckerrüben, suchen im Wald nach Pilzen und Bucheckern, die man gegen Margarinegutscheine eintauschen kann. In Knicks ernten sie Hagebutten, Fliederbeeren, Brombeeren. Als Gemüse dienen Brenn-

und Taubnesseln, Huflattich, Löwenzahn, Melde, Sauerampfer und Giersch. Wie groß die Ernährungskrise ist, wird auch an den Kochrezepten deutlich, die der »Kieler Kurier« für die Verwendung von Eicheln und Kastanien veröffentlicht. Als Streckmittel schlägt die Zeitung Kartoffelschalen, Eichelmehl und Kaffeesatz vor, als Brotaufstrich Kartoffelmettwurst, Heringskopfkonzentrate oder Fischwurst. Die Menschen nutzen jede Grünfläche im Ort für den Anbau von Gemüse. Hauptnahrungsmittel für viele sind Steckrüben. Siegfrieds Schwiegermutter Amanda kocht sie in Ostseewasser, weil Salz fehlt, brät sie in Gersten-Kaffee-Ersatz und bereitet sie als Suppe oder Pfannkuchen zu. Jeden Tag verabreicht der ebenfalls im Hause lebende Dr. Noh seinen Kindern als Fettersatz einen Esslöffel Lebertran. Wenn Siegfried sieht, wie die Kinder ihr Gesicht verziehen und angeekelt dem Löffel ausweichen, kann er seine Schadenfreude schwer verbergen.

Auf dem Schwarzen Markt gibt es indes alles zu kaufen: Gestohlenes, Geschmuggeltes, offiziell gar nicht erhältliche Waren aller Art. Trotz Razzien, Hausdurchsuchungen und Zugkontrollen gelingt es weder der deutschen Polizei noch den »Redcaps«, den »Rotkäppchen« genannten Militärpolizisten der Briten, den Schwarzhandel zu unterbinden. Lebensmittel, die dort erhältlich sind, werden häufig mit minderwertigen Zusatzstoffen gestreckt. Höhepunkt der Panscherei im Kieler Raum ist ein Speiseöl, das mit Torpedogleitmittel vermischt wurde. Das Torpedoöl der kaiserlichen Marine im Ersten Weltkrieg konnte noch zum Braten zweckentfremdet werden. In der Zwischenzeit war es allerdings zur besseren Gleitfähigkeit der Torpedos bei Frost mit einem synthetischen Stoff versetzt worden – einem schweren Nervengift. Siegfried liest in den Zeitungen von mehr als 250 Vergiftungsfällen. Die Opfer sind für ihr Leben gezeichnet: Lähmungen an Fingern oder der ganzen Hand verbunden mit einer starken Gehbehinderung, die zynisch Torpedo-Gang genannt wird.

Siegfried freut sich diebisch, in Ermangelung von Toilettenpapier Hitlers »Mein Kampf« einer nützlicheren Verwendung zuzuführen. Er besitzt nahezu nichts zum Tauschen, abgesehen von den ihm auf den Raucherkarten zugeteilten Zigaretten, »Stalins Rache« genannt. Also muss er improvisieren und ist für jede Kleinigkeit Stunden unterwegs. Für ein Ei kann man eine Eisenbahnfahrkarte von Plön nach Hamburg und zurück erstehen.

Später treffen Hilfslieferungen aus vielen Ländern der Erde ein, vor allem aus den USA. Wenn auch von den CARE- oder CRA-LOG-Paketen nicht viel im Hause Kienbaum ankommt, ist doch die Freude immer groß. Siegfried mokiert sich über die »milden Gaben« aus dem Ausland. Dr. Noh, den Siegfried als einzigen Gesprächspartner auf Augenhöhe akzeptiert, ist anderer Meinung:

»Sehen Sie's mal so, Herr Jaeckel. Die Menschen in den Vereinigten Staaten oder in Dänemark nehmen wahr, dass es uns schlecht geht. Sie haben Mitleid mit uns. Sind die Lebensmittellieferungen nicht ein erstes Zeichen dafür, dass die ehemaligen Kriegsgegner und die anderen Völker die Deutschen wieder zur menschlichen Gesellschaft zählen und sie nicht für alle Zeit verdammen?«

Siegfried schaut Dr. Noh irritiert und böse an und entgegnet:

»Also, ich hab' nichts Verdammungswürdiges getan! Sie vielleicht?«

Noh denkt sich seinen Teil, sagt nichts. Nach einer kurzen Pause fährt Siegfried erregt fort:

»Ich will Ihnen mal was sagen. Ich glaube nicht an die Hilfe der Briten oder Amerikaner. Die CARE-Pakete vertuschen nur, dass die Alliierten uns planmäßig aushungern wollen.«

Dr. Noh schüttelt den Kopf. Leise fragt er:

»Warum sehen Sie alles immer negativ?« ›Sie leiden wirklich an Verfolgungswahn‹, will er nachsetzen, verkneift es sich aber.

Siegfried macht weiter:

»Möchten Sie einen Witz hören? Habe ich von einem Kollegen aus dem Institut. Wir haben ja sonst nichts zu lachen.

Kommt ein Ehemann nach Hause und fragt seine Frau: ›Was gibt es heute zu essen?‹

Sagt die Ehefrau: ›Steckrüben.‹

Darauf der Ehemann: ›Und was dazu?‹

Antwort der Ehefrau: ›Gabeln.‹«

Siegfried stößt ein kurzes, bitteres Lachen aus und bemerkt: »Ja, mein lieber Herr Noh, so sieht's aus«, wendet sich um und geht.

Wer mit Ungeheuern kämpft, mag zusehn, dass er nicht
dabei zum Ungeheuer wird. Und wenn du lange in den
Abgrund blickst, blickt der Abgrund auch in dich hinein.

Friedrich Nietzsche

40 Dreieinhalb Quadratmeter pro Person, Ludwig der XIV. und der eidetische Fluch

Im Kienbaum'schen Haupthaus wohnen jetzt außer der Schwiegermutter Amanda, der Schwägerin Hedwig Adelsen, ihrem Sohn Ekkehard, der wie durch ein Wunder den Krieg nur leicht verletzt überlebte, und Siegfried noch der Lehrer Dr. Noh mit Frau und drei Kindern sowie zwei junge Frauen, Erika und Olga, die in der Versorgungsstelle in Kitzeberg arbeiten. Die Kinder schlafen im Zimmer der Eltern auf Strohsäcken. Um die Ausgebombten und Flüchtlinge unterzubringen, beschlagnahmt die Militärregierung Wohnraum der Einheimischen und weist jeder Gemeinde eine bestimmte Anzahl von Flüchtlingen zu. Auf 3000 Einheimische kommen etwa 1000 Fremde. Stuben, Esszimmer, Plättstuben, größere Speise- und Vorratskammern, Werkräume, Möbellager – überall werden Menschen untergebracht. Für die Einquartierungen gelten anfangs als Bemessungsgrundlage pro Person zehn, schließlich nur noch dreieinhalb Quadratmeter. Von außen gut lesbar hängt am Haus der Kienbaums eine Liste mit Namen, Geburtsdatum, Geschlecht und Beschäftigung sämtlicher Bewohner.

Siegfried logiert in Elsas ehemaligem Zimmer. Es ist zwar klein, aber – und darauf legt er Wert – im Hause am ruhigsten gelegen. Schlimm genug, dass die Noh-Kinder durch das Haus toben.

Amanda ist – im Rahmen der eingeschränkten Möglichkeiten – eine ausgezeichnete Köchin und Siegfried ein guter Esser.

Zunächst sitzt er allerdings untätig am Esstisch und summt vor sich hin, während die anderen speisen und ihn mit fragenden Blicken mustern. Erst als alle das Mahl beendet haben, beginnt er, seinen Hunger zu stillen und sämtliche Reste hastig und genussvoll hinunterzuschlingen. Die anderen schütteln zwar den Kopf, haben sich aber längst daran gewöhnt, eine wissenschaftliche Koryphäe und einen Sonderling in ihrer Mitte zu haben, der sich merkwürdig verhält und das macht, was ihm beliebt. Im Garten oder Stall rührt er keinen Finger, dazu ist er sich zu fein. Der Diskussionen leid, lassen ihn die übrigen Hausbewohner zähneknirschend gewähren. Zwei Welten leben nebeneinander.

Auch anderen Menschen im Dorf begegnet er gleichgültig bis feindselig. Nur wenige hält Siegfried für würdig, mit ihm in Kontakt zu treten. Hinter seinem Rücken erzählen die Dorfbewohner, er habe noch nie gearbeitet. Im Dritten Reich habe er höchstens Kartoffelkäfer gesammelt oder besser: die Aufsicht beim Kartoffelkäfersammeln geführt.

Nach dem Abendessen zieht er sich meist in Elsas Zimmer zurück. Auf dem Schwarzmarkt und aus der Leihbücherei hat er sich bereits Bücher besorgen können. Dann hält er gedanklich Zwiesprache mit den bedeutendsten Geistesgrößen dieser Welt. Auch einige Mollusken und Fossilien aus den Trümmerlandschaften, aus den nahe gelegenen Seen, von den Feldern und Wäldern der Umgebung leisten ihm Gesellschaft. In diesem Zimmer schreibt er Briefe an ehemalige Landsberger, an die Suchdienste, seine Kameraden, seine ehemaligen Kollegen. Im Winter ist er wegen der Kälte gezwungen, mit Mantel, Schal, Hut und Handschuhen im Schein einer Petroleumlampe im Bett zu lesen oder zu schreiben. Die Eisblumen an den Fensterscheiben glitzern im schummrigen Licht.

Manchmal scheint es ihm, als hülle ihn das Schweigen der Wände in seinem Zimmer ein wie ein Leichentuch. Aus Angst vor Albträumen legt er sich erst schlafen, wenn ihm beim Lesen die

Augen zufallen. Vor der Sperrstunde vagabundiert er häufig mit Grabesmiene umher, geht den Passanten aus dem Weg, obwohl er spürt, dass er sich damit immer mehr von den Menschen entfernt. Wie eine Eisscholle ins offene Meer treibt es Siegfried immer weiter in die Einsamkeit und Isolation.

Die Straßen, in denen er einst mit Elsa schlenderte, haben allen Zauber verloren. Die Welt ist ein freudloser, grauer Ort geworden. In seinem bisherigen Leben hat er sich immer aufrecht gehalten, auch im Krieg, aber was er jetzt an schweren Schicksalsschlägen hat einstecken müssen, das ist einfach zu viel. Gewöhnlich lösen sich Schmerzen irgendwann auf. Sein Schmerz aber bleibt. Er gehört jetzt zu ihm, hat sich bei ihm eingenistet wie unheilbarer Krebs. Unten am Strand, am Meer schreit er seine Verzweiflung hinaus.

Seine Geburt auf Upolu – so erzählten seine Eltern – war eine Verheißung, die hochfliegenden Wünsche und Mutmaßungen der Taufgesellschaft ein Vermächtnis, das sich in der Schule, an der Universität und danach zu bestätigen schien. Er führte ein selbstbestimmtes Leben mit klaren Zielen, war auf dem Wege, ein anerkannter Naturforscher zu werden. Jetzt findet er auf diesen Weg nicht mehr zurück. Er ist lebendig aus dem Krieg zurückgekommen, aber in welchem Zustand und zu welchem Preis? Wie man im Krieg überlebt, das wusste er, aber im Zivilleben kennt er sich nicht mehr aus.

Neben dem Hunger ist in den ersten Nachkriegsjahren das Heizen im Winter ein zentrales Problem. Das ist auch dem Kölner Erzbischof Josef Kardinal Frings bewusst. In seiner Silvesterpredigt 1946 sagte er: »... da in der Not auch der Einzelne das wird nehmen dürfen, was er zur Erhaltung seines Lebens und seiner Gesundheit notwendig hat, wenn er es auf andere Weise, durch seine Arbeit oder Bitten, nicht erlangen kann.« Das wurde als Freibrief für den Kohleklau gewertet, »Fringsen« genannt. Auch Siegfried ist notgedrungen mit Dr. Noh zur Brennholzbeschaffung unterwegs. Aus dem Torfabbaugebiet des Ortes darf sich jeder zur Selbstversorgung zwanzig Zentner abstechen. Siegfried hält es dort nur einen Tag aus.

Die Situation ist so dramatisch, dass nur eine Eintrittskarte für eine Theatervorstellung oder ein Konzert erhält, wer Brikett, Holz oder Torf mitbringt. Ohne etwas zum Heizen kommt man auch beim Dorffriseur nicht an die Reihe.

Im Kienbaum'schen Haus ist im Winter nur ein Zimmer durchgängig warm. So versammeln sich – zu Siegfrieds großem Bedauern – alle Bewohner der Kälte gehorchend abends um den großen Küchenherd. Da häufig schon nachmittags der Strom abstellt wird, fühlt sich die Zwangsgemeinschaft wie eine bäuerliche Familie mit ihrem Gesinde vor hundert Jahren.

Im trübe flackernden Schein von zwei »Hindenburglichtern« stopfen, nähen und stricken Amanda, Hedwig und Dr. Nohs Ehefrau, die Kinder beschäftigen sich mit Karten- oder Brettspielen. Dr. Noh macht sich Notizen für seinen Unterricht, Ekkehard liest, Siegfried schreibt Briefe oder versucht sich vergeblich auf ein Buch zu konzentrieren. Häufig herrscht ernstes Schweigen, nur hin und wieder wird geplauscht und der letzte Klatsch geteilt.

»Ich muss euch unbedingt den neuesten Streich von Manni und Freddi erzählen«, setzt Amanda an.

»Ich hab's von der Nachbarin von gegenüber und die wiederum von einer, die dabei war. Siegfried, du kennst doch die eineiigen Zwillinge aus dem Laboer Weg?«

»Nee.«

Aber er unterbricht seine Lektüre. Auch die anderen lassen ihre Arbeiten sinken.

»Also, letzte Woche hat Manni geheiratet, und als es gegen Ende der Feier zur Hochzeitsnacht gehen sollte, stieg statt seiner sein Bruder Freddi zur Braut ins Auto. Vor der Haustür, als Freddi gerade wieder Luft bekam nach all den Umarmungen und Küssen, fragte er ganz nebenbei: ›Und wo ist eigentlich dein Ehemann abgeblieben?‹ Na, ihr könnt euch denken, was da los war. Freddi hielt die Hände vors Gesicht, um ihre Schläge abzuwehren. Dann fuhren sie wieder zurück zur Gesellschaft, die sich köstlich amüsierte.«

Es sind fast harmonische Abendrunden im Kienbaum'schen Hause, würden sie nicht regelmäßig von den plötzlichen Wuttiraden des Herrn Doktor Jaeckel unterbrochen. Die beiden lebenslustigen jungen Frauen, Erika und Olga, gehen meist zum Tanz ins warme Casino der Engländer. Auch das Hotel »Seeblick«, in dem Elsa und Siegfried früher öfter tanzten, soll wieder geöffnet haben. Am Wochenende spielt dort eine Kapelle amerikanischen Swing.

Die Kinder sind inzwischen zu Bett gegangen. Siegfried grinst vor sich hin.

»Ich muss euch auch etwas erzählen …«, setzt er an. »Gestern war ich auf der Verlobungsfeier eines Institutskollegen. Es ist komisch mit solchen Festen. Man kann sich ja ohne Seife und Zahnpasta gar nicht richtig säubern. Ich komme mir schon vor wie bei Hofe zu Zeiten Ludwigs des XIV.: immer nur Puder drauf und die Reste von Elsas Parfum. Aber wenn alle müffeln, ist es auch wieder egal.«

Die Anwesenden nicken oder lächeln. Sie kennen das Problem.

»Bei der Feier gab es zwar keinen Alkohol, aber echten Bohnenkaffee. Die Damen waren festlich gekleidet.« Ein sardonisches Lächeln umspielt seinen Mund. Alle weiblichen Augen ruhen auf ihm. »In neuen, langen Kleidern!«

Er kostet das Erstaunen und die Neugierde seiner Zuhörerinnen genüsslich aus.

»Ganz raffiniert aus Gardinen und Bettwäsche genäht.«

In Gedanken stellen die Frauen sich vor, wie das wohl ausgesehen haben mag, doch als sie Siegfrieds feixenden Gesichtsausdruck sehen, prasselt ihr ganzer Frust über lang entbehrte Freuden auf ihn ein.

»Sie sind ein unmöglicher Mensch!«, giftet Frau Noh. »Warum haben Sie und ihre Frau eigentlich keine Kinder, Dr. Jaeckel?«, fragt sie anschließend ganz naiv, oder soll man sagen: heimtückisch?

Mit einem einzigen schnellen Hieb schlägt er ihr das Nähzeug aus der Hand. Blut tropft auf das Hemd, das sie gerade ausbessert. »Das spielt hier keine Rolle, Sie verdammte Kröte!«, schreit er.

Frau Noh zuckt zusammen, ist den Tränen nahe, Hedwig und Amanda machen ihrer Empörung Luft.

Doch sie erreichen Siegfried nicht mehr. Sein Blick ist schlagartig abwesend, leer und in eine imaginäre Ferne gerichtet, als erblicke er etwas, was für die anderen unsichtbar bleibt: Elsa frierend, hungrig und völlig verzweifelt in der Dunkelheit ihres Erdbunkers. Mehrere Minuten sitzt er so da. Die anderen schweigen betreten. Als säße Elsa ihm in diesem Augenblick gegenüber, so deutlich sieht Siegfried sie vor sich, sieht ihr ebenmäßiges, liebes Gesicht mit den blonden Haaren, die braunen, vertrauensvollen Augen, die ihn fragend anblicken. In unverminderter Frische erinnert er sich an all die tausend Momente der ehelichen Vertrautheit und Wonnen mit ihr. Wie soll er über diesen Verlust jemals hinwegkommen?

Sein phänomenales Gedächtnis und seine visuelle Vorstellungskraft aufgrund der eidetischen Begabung helfen bei den wissenschaftlichen Arbeiten. Welch elender Fluch aber sind sie im Krieg und bei einer verlorenen Liebe!

»Es sind nicht alle Frauen Legehennen!«, nimmt er den Faden wieder auf. Wütend und voller Verachtung schaut er Frau Noh an. »Ich hasse Kinder. Kinder sind Monster. Sie verstopfen Abflussrohre, stören Erwachsene und machen alles kaputt«, faucht er, wendet sich ab und zieht sich in die Dachstube zurück.

Doch es gibt noch Menschen, von denen er sich verstanden fühlt, mit denen er sich austauschen kann. In der Zeit von Juni 1948 bis September 1950 verkehrt er brieflich mit Dr. Mathilde Meinke, einer ehemaligen Kollegin aus Landsberg. Sie ist jetzt Lehrerin, wohnt im Westsektor von Berlin, arbeitet aber im Berufsausbildungszentrum Lette-Verein im Osten. In dem Briefwechsel begegnen sich zwei einsame Menschen, die sich gegenseitig von ihrem entbehrungsreichen Alltag, ihren Sorgen und wenigen Freuden erzählen, Anteil nehmen am Geschick des anderen und sich trösten. Mathilde berichtet vom ununterbrochenen Brummen der Flugzeuge der Luftbrücke, nennt ihr Leben »ein einziges Dahinvegetieren und Durchwursteln«. Beichtet ihm ihre Angst, in Berlin in einer Mausefalle zu sitzen. Die sowjetischen Besatzer, so ihre Befürchtung, könnten jederzeit die Tür zuschnappen lassen. Er schreibt ihr von seiner Sehnsucht nach Elsa, seiner Trauer. Ende 1949 erkrankt Mathilde. Sie schreibt ihm noch zweimal, dann verliert sich ihre Spur.

Post bekommt Siegfried auch von seiner Schwester Lisa. Sie betreut in der Charité Kriegsversehrte. Ein Patient, Gustav Bellmann, verliebt sich in sie. Kein Wunder – die verschreckten und verletzten Männer begegnen nach langer Zeit wieder weiblichen Wesen, die sich mit ein paar freundlichen Worten um sie kümmern. Auf Lisa wirkt Gustav zurückhaltend, schüchtern, ja manchmal geradezu gehemmt, aber auch liebevoll und gutmütig. Ständig entschuldige er sich. Strahlend verspricht er ihr eine große Zukunft. In Lehrte besitze er ein Haus. Nach seiner Genesung im Jahre 1947 besucht sie ihn dort.

Ende des Jahres heiraten sie. Siegfried ist Trauzeuge. Was mag seine Schwester bloß dazu bewogen haben, diesen Mann zu wählen, der herzensgut, aber schwach ist? Und dann auch noch von Berlin nach Lehrte zu ziehen in ein altes Haus mit Schwiegermutter, Tante und einem schlitzohrigen Bruder! Mit Männern hatte Lisa bisher nicht die besten Erfahrungen gemacht. Sie ist mit 35 Jahren nicht mehr die Jüngste und, so denkt man damals, in Gefahr, eine alte Jungfer zu werden. Was hat sie sonst für Perspektiven? Männer gibt es nach dem Krieg nicht im Überfluss. Im Leben muss man Entscheidungen treffen und bange ist ihr nicht, sie ist eine Jaeckel. Damit beginnt ein erbitterter Lebenskampf, eine traurige Geschichte.

Es fängt schon damit an, dass Gustav kein Haus besitzt. Ihm gehört nur die Hälfte eines großen, heruntergekommenen Fachwerkbaus, dessen andere Hälfte seinem ganz andersartigen Bruder Max gehört, einem Bonvivant. In dem Schuppen wohnen außerdem noch Mutter Bellmann, eine strenge Dame, die mehr auf Max' Seite steht, und Tante Lisbeth, die gern auf großem Fuße lebt. Ein Quartett infernale.

Es kommt alles anders, als Lisa sich das erhofft hat.

Gustav arbeitet zunächst auf dem Bau, ist dann lange Jahre bei seiner Tätigkeit in einer Mühle Staub und aggressiven chemischen Substanzen ausgesetzt. In späteren Jahren ist er als Kraftfahrer und zuletzt in einer Molkerei beschäftigt. Viel Geld bringt er nicht nach Hause. Immer wieder ist der Teilinvalide arbeitslos, muss »stempeln gehen«.

Er ist lieb, aber schüchtern und kann sich im Beruf und gegen seinen Bruder Max nicht durchsetzen, heißt es in einem Brief.

Die Sorge um seine kleine Schwester hat Siegfried gerade noch gefehlt. Er ärgert sich über die britischen Besatzer. Wenn die neuen Machthaber mit ihren Fahrzeugen an dem Haus seiner Schwiegermutter in der Dorfstraße vorbeifahren, steht er, wie einst die Franzosen bei seinem Vorbeimarsch in Flandern, hinter der Gardine. Er beobachtet die wohlgenährten Soldaten in ihren – wie er meint – durchfallfarbenen Felduniformen. Eine Fraternisierung mit den Engländern kommt ihm nicht in den Sinn. Er hat gehört, dass der Commander vom »Frontier Control Service« seine Leute anfangs vor jedem Wochenende mit der Mahnung »And don't forget to hate the Germans« entlässt.

Und ist es etwa deutschen Jugendlichen, die über viele Jahre durch die Mühle der HJ gedreht wurden, zu verübeln, dass sie in der Schule vor Mitschülern ausspucken, die zu den Briten auf die

Fahrzeuge klettern und chewing gum kauen? Doch das Verhältnis zwischen Siegern und Besiegten ändert sich nach und nach. Selbst Siegfried kommt schließlich nicht umhin, den Briten ein wenig Respekt zu zollen.

Auch die Nohs machen ihre Erfahrungen mit den »Tommies«. Es heißt, Vater Noh habe seinem Sohn eine Ohrfeige verpasst, als dieser vom Straßenrand fasziniert das Vorbeirollen der ersten britischen Fahrzeuge beobachtet habe.

»Man gafft nicht, wenn die Sieger den Ort besetzen!«, habe er ihn gescholten. Jetzt tue ihm das leid, berichtet er Siegfried.

Aber neulich habe er eine »funny situation« erlebt. Er sei auf dem Amt gewesen und ein Offizier habe ihn gefragt:

»›What's your name?‹

›Noh‹, antwortete ich.

Der Soldat wurde lauter: ›What's your name?‹

Jetzt hatte ich begriffen, trieb das Spiel aber noch auf die Spitze.

›Noh‹, entgegnete ich ungerührt.

Mein Gegenüber verlor die Geduld und schrie mit hochrotem Kopf: ›I ask you a third and last time, before I call the police: What is your name!!?‹

Das konnte ja nicht ewig so weitergehen. Also hatte ich schließlich ein Einsehen mit ihm. ›My name is Noh. Dr. Erwin Noh. En-ou-eitsch.‹«

Es gibt nun auch Momente, die selbst Siegfried mit ein wenig Zuversicht erfüllen. Eines Morgens kommen ihm auf dem Weg zum Milchmann zwei Kinder mit offenen blechernen Kannen entgegen. Als sie ihn sehen, lassen sie in schnellen Schwüngen ihre vollen Kannen seitlich bis über den Kopf kreisen, ohne einen Tropfen Milch zu verschütten. Unwillkürlich muss er lächeln. Dieses kindliche Spiel scheint ihm ein gutes Omen, ein Zeichen der Normalität, dass ein friedliches, schönes Leben nach dem Krieg doch vielleicht möglich sei. Er stand am Abgrund, jetzt aber muss er sich vorsichtig Schritt für Schritt vom Klippenrand entfernen.

41 Der Kampf gegen Windmühlen, ein perfekter Gentleman und das Michael-Kohlhaas-Gefühl

Der erste Schritt ist eine bezahlte Arbeitsstelle im Sommer 1946 als Selekteur für Pflanzkartoffeln bei der Landesbauernkammer Schleswig-Holsteins in Kiel. Allerdings nur ein Job für drei Monate.

Die ehemaligen Institutskollegen aus Landsberg können ihm nicht helfen. Sie sprechen ihm Mut zu und berichten ihrerseits von vielen Versuchen, eine bessere Wohnung und eine passable berufliche Tätigkeit zu ergattern. Siegfried erfährt, dass das 1944 bei einem Bombenangriff zerstörte »Institut für Pflanzenschutz in Ackerland und Grünland«, Außenstelle Kitzeberg, Anfang 1947 wieder die Arbeit aufnehmen soll. Doch die Bewerbung, von der er sich viel verspricht, bleibt erfolglos. Ein Jahr später wird ihm eine Professur in der Ostzone angetragen. Er lehnt ab. Dahin, wo die verhassten Russen und Kommunisten das Sagen haben, bringen ihn keine zwanzig Pferde. Er wartet weiterhin auf ein Angebot im nördlichen Westdeutschland.

Des Öfteren nutzen indes Kollegen seine Arbeitslosigkeit ungeniert aus, um einen fachlichen Rat zu verschiedensten Problemen zu erhalten – unentgeltlich, versteht sich.

In langen Briefen berichtet seine Schwester Lisa von ihrem Kampf mit den Zumutungen des Alltags. Siegfried besucht sie selten, fühlt sich nicht wohl in Lehrte. Nur zur Kommunion der 1950 geborenen Nichte Ute fühlt er sich verpflichtet anzureisen. Meist geht es in Lisa Bellmanns Briefen um drückende Schulden und das Gefühl, zur »beschissenen Kriegsgeneration« zu gehören. Um das alte Fachwerkhaus erhalten und renovieren zu können, haben sie und Gustav Kredite aufgenommen, die sie unter Entbehrungen und großen Schwierigkeiten Monat für Monat bedienen müssen. Das Haus erweist sich als ein Fass ohne Boden. Außerdem gibt es ständig Ärger mit den Mietern der zwei Wohnungen, die zu dem Anwesen gehören. Es will einfach nichts klappen. 1950 bleiben ihnen für drei Personen 200 Mark zum Leben. Am schlimmsten sind die Winter. Lisas Familie hungert und friert. Sie leiden ständig unter Erkältungen, liegen mit Grippe danieder.

Es ist Nässe in der kalten Wohnung, alles ist schimmelig, ob Kleider oder Lebensmittel, beschwert sie sich einmal.

Lisa bekommt Rheuma. Viele Briefe handeln vom ersehnten Frühling.

Wir leben von der Hand in den Mund. Mein Schuldenkonto ist so angelaufen, dass ich nicht mehr ein und aus weiß. Wenn ich doch nur das in der Nachbarschaft geliehene Geld abzahlen könnte!

So geht es all die Jahre.

Ab und zu schickt Siegfried ihr kleinere Beträge von seinem wenigen Geld. Doch auch diese Zuwendungen können nicht verhindern, dass Vollstreckungsbeamte im Bellmann'schen Haus erscheinen.

Lisa, diese gutherzige Frau, die es immer allen recht machen möchte, kämpft tapfer. Aber es ist ein aussichtsloser Kampf gegen Windmühlen: die alte, kranke Schwiegermutter, die alte, kranke eigene Mutter in Berlin, der zu gutmütige, zunehmend kränkelnde Ehemann, die unterstützungsbedürftige Tochter, der egoistische Schwager, die impertinenten, ewig jammernden Mieter, das marode, reparaturanfällige Wohnhaus, die Forderungen der Banken … Von ihrem Mann kann sie kaum Hilfe erwarten. Sie muss die Starke sein, die sie eigentlich nicht ist. Kein Wunder, dass sie sich oft überfordert, wie eine Getriebene fühlt. Ständig grübelt sie, entwirft Pläne, wie sie sich und ihre Familie aus der üblen Lage befreien könnte. Doch was Lisa auch versucht, um in *dieser blödsinnigen Welt* zu bestehen, es misslingt ihr. *Es ist alles falsch im Leben, was man auch macht!*, notiert sie.

Dazu kommt, dass Ute, das kränkelnde Kind, Schwierigkeiten in der Schule hat. Die Mutter führt das auf die schwere Zangengeburt zurück und auf ihre eigene Angespanntheit und Nervosität. Lisa unterstützt ihre Tochter so gut sie kann. Gustav meint, sie solle nicht wieder im Krankenhaus arbeiten, sonst würde aus dem Kinde nichts.

Ist Lisa überhaupt zu helfen? Kann und will Siegfried das? Er ist der große Bruder, aber letztlich ist sie ihm doch recht fremd. Er hat seine eigenen Probleme. Behörden verhindern die Veröffentlichung einer Arbeit über die osteuropäische Molluskenfauna bei Fischer in Jena.

Wie ergeht es in der Zwischenzeit Siegfrieds Namensvetter? Während der Junior im Krieg als Soldat sein Leben aufs Spiel setzte und danach kaum in das selbige zurückfindet, scheint sein Onkel in Berlin in unverschämter Weise das Glück gepachtet zu haben. Er hatte am Ersten Weltkrieg teilgenommen, um den Zweiten kam er dann irgendwie herum. Seit 1934 leitete er die Schulzahnklinik Berlin-Charlottenburg. Nebenbei vertrat er während des Krieges den Leiter der Molluskenabteilung im Museum für Naturkunde, das bis zum Ausbruch des Zweiten Weltkriegs de facto ein deutsches Nationalmuseum darstellte. Belegstücke von vielen historischen Expeditionen namhafter Naturforscher, unter anderem von Darwin, Humboldt oder Chamisso, Material von unschätzbarem Wert, ist hier deponiert.

Die wertvollsten Objekte lagerte der Onkel aus und rettete sie so vor der Zerstörung. In der Zeit bis Kriegsende konnte er 37 Beiträge in wissenschaftlichen Zeitschriften veröffentlichen. Als Dank für die Verdienste um das Museum bot man ihm im Dezember 1945 die Stelle des Kustos für die Weichtier-Sektion an. Damit ging für ihn ein Lebenstraum in Erfüllung. Sicherlich auch ein Wunschposten für den Neffen, doch der Neid hält sich diesmal in Grenzen. Denn das Museum liegt in der Sowjetischen Besatzungszone. Der Senior steckt unverdrossen seine ganze Energie in den Wiederaufbau des Hauses.

»Es ist sehr tapfer von ihrem Onkel, dass er es dort im Museum in Ostberlin aushält und die Belange der Wissenschaft wahrt«, meint Prof. Boettger vom Zoologischen Institut der Technischen Hochschule Braunschweig zu Siegfried.

Für diesen klingt das wie blanker Hohn.

In den folgenden Jahren führt der Umstand, dass zwei Malakologen namens Siegfried Jaeckel in der Fachwelt auftauchen, zunehmend zu Irritationen. Briefe von Fachkollegen landen öfter an der falschen Adresse. Der Onkel öffnet nichts ahnend an den Junior adressierte Briefe, bemerkt seinen Irrtum, lässt sie dann monatelang liegen. Kollegen schreiben Arbeiten des Onkels ihm zu und umgekehrt, weil beide die Artikel zuvor nur mit S. Jaeckel kennzeichneten. Ab Mitte der Fünfzigerjahre publiziert Siegfried deshalb als Jaeckel jun.

Im Gegensatz zum Onkel schlägt sich der Junior in den Jahren bis Juni 1956 mit gelegentlichen Zeitverträgen mehr schlecht als recht als wissenschaftlicher Hilfsassistent im Zoologischen Museum der Universität Kiel durch, lebt als nahezu mittelloser akademischer Bohemien und versucht vergebens, in die Forscherszene zurückzukehren. Nur gelegentlich wird er mit zusätzlichen Geldbeträgen aus einem Fonds bedacht. Oft bleibt er auf die Unterstützung durch das Arbeitsamt angewiesen.

Im Juli 1953 begleitet er eine Studienfahrt der Zoologen nach Norwegen, auf die Lofoten und über Lappland durch Schweden zurück. Er ergreift die Gelegenheit, zum Landsitz Carl von Linnés in Hammarby in der Nähe von Uppsala zu pilgern, zu dem Mann, der die binäre Nomenklatur schuf, nach dem die biologischen Arten benannt werden. Aus dieser Reise resultieren 1955 und 1961 Publikationen zur Molluskenfauna des nördlichen Schwedisch-Lappland.

Siegfrieds Mutter Lona lebt im Westsektor von Berlin. Zwei-, dreimal besucht sie Anfang der Fünfzigerjahre ihr Enkelkind in Lehrte. Ihr Gesundheitszustand verschlechtert sich jedoch zusehends, sodass sie die Stadt nicht mehr verlassen kann.

Lisa beklagt, nach dem frühzeitigen Tod des Vaters sei es mit der Familie bergab gegangen. Die Mutter sei schon immer schwierig gewesen. Jetzt im Alter habe sich alles durch ihre Verwirrtheit gesteigert. Sie verbringe ganze Tage mit dem Legen von Tarotkarten. Siegfried fungiert als Vormund, regelt die medizinische Versorgung und die Finanzen, bezahlt die Pflegekräfte und kontrolliert die Ausgaben. Fern von Berlin, besuchen die Geschwister die Mutter selten. Ein schlechtes Gewissen plagt sie. Lisa überlegt, solange die Mutter noch lebt, mit ihrer Tochter Ute in die große Wohnung der Mutter zu ziehen. So könnte sie deren Pflege übernehmen und an den Segnungen ihrer Pension von 1.000 Mark teilhaben.

Siegfried bewirbt sich in seiner finanziellen Not nach Gründung der Bundeswehr im Jahre 1955 sogar beim Verteidigungsministerium. Mögliche Verwendung: Armeezoologe im Sanitätsdienst, als Meteorologe, im ozeanografischen Dienst oder bei der ABC-Abwehr. Doch der Ansturm auf die neue Bundeswehr ist bedeutend höher als der Bedarf.

Den Vorschlag, sich doch als Lehrer zu verdingen, lehnt er entschieden ab. Er sieht sich als künftigen Professor. Was soll er sich da mit dummen Schülern herumschlagen?

Parallel zur Arbeitssuche kämpft er erbittert viele Jahre um den Lastenausgleich für die Verluste in Landsberg und um seine Altersversorgung. Depressive Phasen und massive Zukunftsängste sind die Folgen. Er versendet zahllose Briefe an Ämter, ehemalige Kollegen und Arbeitgeber. In den Kriegswirren gingen alle Dokumente verloren. Es fehlen sowohl Quittungen, Listen über sein Hab und Gut als auch das Soldbuch und die Nachweise über die zivilen Beschäftigungsverhältnisse. Ohne Beglaubigungen oder Bestätigungen geht gar nichts. Und die Rolle des Bittstellers, des Bettlers vor den Behördenvertretern liegt ihm gar nicht. Detailliert soll er Beweise für seinen beruflichen Werdegang vorlegen, Referenzen beibringen. Das Schlimmste ist: Sie zweifeln seine Angaben an, als sei er kein Ehrenmann.

Wenn Siegfried in den Nachkriegsjahren mit jüngeren Behördenvertretern aneinandergerät, denkt er manches Mal, ›diese Schnösel wissen gar nichts vom Leben.‹ Für diese Nachgeborenen, diese jungen Schreiberlinge, die den Krieg nicht kennen, hat Siegfried nur Verachtung übrig.

Schon ist es wieder da, das Empfinden der Ungerechtigkeit, des Betrogenseins, der Wut, dieses Michael-Kohlhaas-Gefühl, das auch seinen Vater kennzeichnete. Alle, die mit ihm aus dem Krieg heimkehrten, flohen oder vertrieben wurden, eint diese Erfahrung: Sie besitzen nichts, gehören nirgendwo hin, gelten nichts. Siegfried kommt sich vor wie der Vertreter einer alten, versunkenen Welt, der sich in der neuen nicht mehr zurechtfindet.

Sie glauben gar nicht, wie verhasst ich auf den Staat bin, formuliert er an einen Bekannten in gewohnt larmoyantem Ton. *Unter den Ostvertriebenen gehöre ich zu denen, die beruflich, wirtschaftlich und sozial noch immer nicht in den Volkskörper der Bundesrepublik Deutschland eingegliedert sind. Im Vergleich zu meinen früheren Verhältnissen ist meine jetzige Lage wenig günstig, keinesfalls meiner früheren Stellung angemessen. Aus dem Kriege, der mir außer dem nackten Leben buchstäblich alles genommen hat, vor allem meine Frau, habe ich Verwundungen und eine Rei-*

he gesundheitlicher Schäden davongetragen. Jahrelang erhielt ich nur geringstes Unterstützungsgeld. Ich bin in der BRD der einzige Akademiker, der unter dem Niveau bleibt ... Der Staat hat mir nichts gegeben, nur genommen und mich abgewiesen. Er hat mir den Beamtenstatus verweigert, obwohl ich aus einer Beamtenfamilie stamme. Für meine ungeheuren Verluste (Besitztümer in Landsberg/Warthe, 1309 Quadratmeter Grundstück in Teltow) bekam ich vom Lastenausgleichsamt nur insgesamt 4.000 Mark ausgezahlt. Dabei war ich, schreibt er weiter, *im Kriege in den letzten Jahren Armeezoologe und Beratender auf dem Balkan, der Krim und in Südrussland, zur Hauptsache bei der ruhmreichsten Armee der Welt, der Heeresgruppe Mitte. Viele Tausende von Menschen verdanken mir ihr Leben. Aber heute bin ich eben für die Entscheider auf ihren Amtsstuben ein Nichts!*

Drei politische Systeme hatte er nun am eigenen Leib erlebt. Im bundesrepublikanischen Staat fühlt er sich nicht zu Hause, misstraut den Politikern und ist wenig interessiert am Aufbau einer neuen, demokratischen Grundordnung. So sei Vaterlandsliebe im neuen Staate nachgerade verpönt. Das Kaiserreich ... ja, damals galt seine Familie noch etwas, als er mit seinen Eltern Deutschland in den Kolonien vertrat. Nach ein paar Gläsern Cognac hört man ihn lauthals singen:

»Wir wollen unsern alten Kaiser Wilhelm wiederhamm, wir wollen unsern alten Kaiser Wilhelm wiederhamm, aber den mit dem Bart, mit dem laaangen Bart ...«

Es scheint so, als lebte Siegfried in nicht enden wollender Abhängigkeit von den Bezugspersonen seiner Kindheit: Kaiser, Großvater und Vater. Sein Leben ist zu einer Melange aus Schuldzuweisungen und Selbstmitleid geworden. Er sieht sich als Opfer, als Opfer der Nazis, der Russen, der Kollegen und nun des neuen deutschen Staates.

Einem Jaeckel fällt es schwer, klein beizugeben, sich einzugestehen, dass er seine Kraft an der falschen Stelle einsetzt.

Denn das Meer war doch nicht wie die kleinen,
kurzsichtigen Menschen, das Meer war Gottes
vornehmstes und gewaltigstes Geschöpf, es kam seiner
Allmacht am nächsten, es grenzte schon an seinen
Himmel – es war fast wie Gott.
Gertrud von le Fort, Das Gesicht des Meeres

42 Dunkle Wasser und die Wende am eisernen Adler

In Berlin freundet sich Siegfried mit Herta an, einer verheirateten Kollegin. Wenn er in der Stadt seine Mutter oder seinen Onkel besucht, treffen sie sich. Siegfried ist beeindruckt von der selbstständigen, unabhängigen Frau, die Reisen in den Orient und nach Paris unternimmt. Sie geht liebevoll und einfühlsam auf ihn ein. Ihr kann er sein Herz ausschütten. Sogar Geld schickt sie ihm manchmal nach Heikendorf, »für eine Flasche Wein, ein Buch, Theater- oder Kino-Karten«.

1956 stirbt Siegfrieds Mutter Lona. In einer kurzen Ansprache vor der Trauergemeinde sagt er:

»Dieses Frauenleben hat in seinen 73 Jahren einen selten bewegten Ablauf gehabt, von höchsten Höhen zu tiefstem Leid und zuletzt geprägt von Krankheit. Meine Mutter wuchs zusammen mit neun Geschwistern in einem behüteten Elternhaus auf, zeichnete sich aus durch ein tugendsames Leben und geistige Aufgeschlossenheit, auch indem sie den Beruf einer Buchhändlerin ergriff. Ihr Kommunionsbild zeigt sie in ihrer ganzen Schönheit.

Es ist mir das Höchste, meiner tatkräftigen, gerade mir gegenüber so liebevollen Mutter in Dankbarkeit zu gedenken. Sie war mir – neben meiner ebenfalls schon heimgegangenen Elsa – mehr als alle anderen Frauen!«

Seine Rede hält Siegfried vor einem nackten Sandhaufen. All die Kränze, mit denen seine Mutter bedacht werden sollte, teilte man irrtümlicherweise einer anderen Beerdigung in Stahnsdorf zu.

Von Juni 1956 bis Oktober 1958 speist man ihn mit einer Stelle als »Präparator« am Zoologischen Institut der Universität Kiel ab. Wieder ist er nur Zuarbeiter und seine Anstellung befristet. 830 Mark bekommt er im Monat. Es geht ihm nicht gut. Er ist ein verbitterter, egozentrischer, wehleidiger »Mann der Vergangenheit« geworden. Sein Schiff ist in schwere See geraten und er, der einstige Himmelszerschmetterer, hat die Kontrolle verloren.

Eines Nachts träumt er:

Er steht in Badehose am Meeressaum. Es ist noch warm. Vereinzelte Spaziergänger auf der Promenade. Gesprächsfetzen und Lachen sind zu hören. Zuerst ein Sandstreifen mit scharfen Miesmuschelschalen. Dann weicher, sandiger Untergrund. Das Meer ist recht kühl. Das Wasser an der Brust, an den Lippen. Er beginnt zu schwimmen. Ruhige, gleichmäßige Züge. Die Nacht ist klar und windstill.

Er schwimmt weiter und weiter, langsam, rhythmisch. In der Mitte der Förde hält er inne. Am Friedrichsorter Ufer die schwarzen Silhouetten der Werftanlagen, die Docks und Kräne. Auf der anderen Seite die Lampen des Möltenorter Hafens, Laternen an der Promenade und das Licht einzelner Häuser an den Uferhängen.

Er hält in seinen Schwimmbewegungen inne, legt Arme und Beine an den Körper und taucht unter, lässt sich einfach sinken, tiefer und tiefer. Dunkelheit umschließt ihn. Schweben in Schwärze und Stille. Frieden. Doch es ist verdammt kalt da unten. Die Luft wird knapp. Er gerät in Panik, kämpft sich mit kräftigen

Arm- und Beinschlägen die lange Strecke hinauf, durchbricht die Wasseroberfläche und saugt begierig die Nachtluft ein.

Er friert, rudert im Kreis. Von der Außenförde nähert sich ein schwarzer, hoch aufragender Schatten. Das Geräusch einer Heckschraube. Darauf schwimmt er zu. Die Nieren schmerzen, die Finger werden steif. Er kann sie kaum noch bewegen, wird schwächer, lässt sich treiben. Das Gurgeln des Schiffspropellers schwillt an.

Das Schiff pflügt heran, eine schwarze Wand, hoch wie ein dreistöckiges Haus. Laut brummen und mahlen Schiffsmotoren und Schraube. Er versucht, seitlich wegzuschwimmen. Doch es ist zu spät, die Bugwelle erfasst ihn, sein Kopf wird unter Wasser gedrückt. Er kreiselt, wird wieder ausgespuckt, kann kurz nach Luft japsen. Alles um ihn herum ist schwarz. Bitterkalt das Wasser. Er trudelt und schrammt an der Schiffswand entlang, wird am Heck von gewaltigen Kräften unter Wasser gezogen, spürt den Sog, droht in einem Wirbel aus Gischt und Schwärze zu verschwinden.

In dem Augenblick wacht er auf, ganz benommen. Schweiß steht ihm auf der Stirn, das Nachtzeug klebt am Körper, und sein Trinkglas ist heruntergefallen, anscheinend als er in den dunklen Wasserwirbeln um sein Leben kämpfte. Und ... er ist froh, am Leben zu sein, fragt sich, wie solche Gedanken und Bilder Macht über ihn gewinnen konnten.

Am nächsten Tag kauert er auf einer Bank vor dem eisernen Adler, dem U-Boot-Ehrenmal in Möltenort, dort, wo man einen guten Blick auf die Außenförde hat, nicht weit vom Schauplatz seines gestrigen Traums. Es ist noch Vormittag, wenige Spaziergänger sind unterwegs. Der Wind weht aus Nordnordost von der offenen See herein. Das Meer ist von schiefergrauer Farbe, die Luft frisch und rein. Sie riecht nach Tang und Salz. Er schaut den Wellen entgegen bis zum Horizont. Lange sitzt er still und unbeweglich da. Gedanken schießen ihm durch den Kopf, Vergangenes und Ge-

genwärtiges, sein gestriger Traum. Sein Atem beruhigt sich, stellt sich ein auf den Rhythmus der Wellen.

In überraschender Klarheit sieht er sein Leben vor sich, all die ungelösten Probleme, die er wie Felsbrocken in einem Rucksack mit sich herumgeschleppt, die ihn niederdrücken, seinen Rücken beugen und ihm die Kraft rauben.

Trotz all der Versehrungen regt sich in ihm die Sehnsucht nach einem normalen Leben. Er muss Elsa loslassen und den Krieg und hoffen, dass die Wunden heilen und nur Narben ihn an die schmerzliche Zeit erinnern.

Wir schreiben das Jahr 1958. Dreizehn Jahre sind seit dem Krieg vergangen, seit dreizehn Jahren ist Elsa tot.

Er schaut aufs Meer.

›Ich bin allein‹, denkt er. Aber letzten Endes ist jeder allein, im Leben wie im Sterben. Er muss endlich eine Entscheidung treffen.

Die Wellen brechen sich gleichmäßig an den Steinen.

Wozu hat er den Krieg überlebt? Doch nicht, um sich jetzt zu verstecken und vor sich hinzudämmern! Jeder Mensch hat nur ein Leben. Es gilt, das Beste daraus zu machen. Er ist Wissenschaftler, und das muss er auch wieder sein. Was verloren ist, ist verloren. Punktum. Zum ersten Mal ahnt er, dass da, wo etwas endet, Raum für Neues entsteht.

Der Wind ist ein wenig aufgefrischt, hat auf West gedreht. Es ist ihm, als trete plötzlich alles überdeutlich vor ihn. Der Himmel wirkt wie frisch gewaschen. Fasziniert beobachtet er, wie sich über ihm Silbermöwen auf den Wind legen, sich hochheben lassen wie in einem Fahrstuhl. Er nimmt das Geräusch des Aufpralls der Wellen wahr, hört den kaum merklich anschwellenden Ton und das Glucksen zwischen den Steinen. Schäumend läuft das Wasser in den Spalten zurück. Faseriger, brauner Seetang hebt und senkt sich mit der Brandung. Er entdeckt eine handgroße Feuerqualle zwischen den Felsen. Ihre rotgelbe Gallertmasse hockt da wie in einem Nest. Er fühlt sich mit allem verbunden: mit dem eng umschlungenen Paar, das an ihm vorbeigeht und vielleicht über gemeinsame Zukunftspläne spricht, mit der alten Dame, die ihre Jacke vor der Brust zusammenhält und sich Sorgen um ihre Enkel macht, mit dem bärtigen Mann da auf der Bank, der zu den vorbeifahrenden Schiffen hinüberguckt und von einer Seereise träumen mag. Zum ersten Mal seit Langem spürt er die erotische Ausstrahlung der jungen Frauen, die an ihm vorbeischlendern. Siegfried staunt über diese alltäglichen Szenen: faszinierendes, wimmelndes Leben um ihn herum. Wie kann das Leben doch wunderbar sein, voller Schönheit und unendlicher Fülle, wenn man das Leben denn wahrnimmt! Es scheint ihm, als habe ihn bisher eine Milchglasscheibe von der Realität getrennt, als habe er Menschen und Dinge nur verschwommen und schemenhaft wahrgenommen. Gischt spritzt auf den Gehweg. Die Veränderung der Windrichtung hat sich den Wellen draußen noch nicht mitgeteilt. Sie rollen nach wie vor in gleichmäßigem Rhythmus auf die Steinmole zu. Siegfried fröstelt. Aber er ist erleichtert, er hat eine Entscheidung gefällt.

Als er am nächsten Morgen aufsteht, gehen ihm Bilder durch den Kopf, wie ein halbwegs zufriedenstellendes Leben aussehen könnte: Er braucht eine Frau, er braucht eine eigene Wohnung oder besser ein Haus, er braucht eine feste, besser dotierte berufliche Anstellung und einiges an Geld. Was er hat, sind ein zerschlissenes Jackett, eine ausgebeulte Hose, schief getretene Schuhe und ein speckiger Hut. Er zieht sich an, drückt mit einer energischen Bewegung seinen Filzhut in die Stirn und verlässt voller Tatendrang sein kleines Dachzimmer.

Am Nachmittag desselben Tages strengt er das Verfahren zu Elsas Todeserklärung an.

Für Elsas Familie stellt das eine große Belastung dar. Klammert sie sich doch immer noch an die Hoffnung, dass Elsa eines Tages wieder auftaucht. Für Elsas Mutter Amanda ist das zu viel, sie verstirbt darüber. Auch Hedwig sträubt sich dagegen, ihre geliebte Schwester für tot erklären zu lassen. Erst nach Monaten und langem Bitten des Schwagers unterschreibt Hedwig schließlich im September 1958 die Erklärung.

Als Nächstes bemüht Siegfried sich um sein Erbe. Elsas Testament war im Chaos des Krieges auf dem eiligen Rückzug in Zichenau verloren gegangen. Siegfried versichert der Familie hoch und heilig, auch in einer eidesstattlichen Versicherung, dass sie in Landsberg ihren Letzten Willen niedergeschrieben und ihn als Alleinerben eingesetzt habe. Das Erbe beinhaltet das vermietete Altenteilerhaus und zwei Koppeln im Zentrum von Heikendorf, die inzwischen als Bauland ausgewiesen sind. Die Verwandten sträuben sich. Alte Konflikte brechen auf. Man gibt ihm erneut eine indirekte Mitschuld an Elsas Tod. Hedwig und Ekke argwöhnen, dass er die Todeserklärung nur beantragt habe, um an das Erbe zu kommen. Außerdem empfinden sie es als ungerecht, dass diesem in ihren Augen seltsamen Mann, diesem Sonderling, der sie verhöhnt und im Haushalt keinen Finger krümmt, nun die Hälfte ihres Familienbesitzes zufallen soll. Vor allem Ekkehard versucht mit allen Mitteln, Siegfried den Erbteil streitig zu machen, er braucht gerade Geld für sein neues Geschäft. Siegfried wiederum erinnert seine Verwandten daran, dass Elsa und er, was sie doch sicher wüssten, eine liebevolle Ehe geführt hätten und dass er nur Elsas Willen befolge. Es fallen in diesem Streit böse Worte. Siegfried hasst seine Verwandten. In seinen Augen sind sie tumbe Kleinbürger. Er beleidigt und demütigt sie. Sie ihrerseits legen seine Schwächen bloß. Umso mehr verabscheut er sie.

Auch diesmal setzt Siegfried sich durch. Nach seinem Auszug aus dem Haus der Schwägerin sprechen sie nie mehr ein Wort miteinander.

Mit der inneren Kehrtwendung, die am eisernen Adler in Möltenort begann, scheinen sich auch Siegfrieds berufliche Belange ins Positive zu wenden. Schon seit Längerem bemüht er sich, seine etwas eingerosteten Fachkenntnisse auf Vordermann zu bringen und sucht Anschluss an die wissenschaftliche Gemeinschaft. So tritt er etwa der Directory of Conchologists (Los Angeles), der Unitas Malacologica Europaea, der Deutschen malakozoologischen Gesellschaft sowie der Faunistisch-Ökologischen Arbeitsgemeinschaft Schleswig-Holsteins bei.

Der Leiter des Zoologischen Instituts, Prof. Remane, erteilt ihm nun neben seiner Arbeit als Präparator den Auftrag, für die Reihe »Die Tierwelt der Nord- und Ostsee« eine Abhandlung über Tintenfische zu schreiben, wobei er auf Material aus den Fängen des Forschungsschiffes »Poseidon« von Fahrten in den Jahren zwischen 1902 und 1912 zurückgreifen kann.

Das Buch soll Anfang 1958 erscheinen. Dankbar und mit Elan stürzt er sich in die Arbeit. Während er noch die Präparate sichtet und sich durch die Fachliteratur wühlt, punktet sein Onkel Ende 1957 mit einer Publikation. Thema ausgerechnet: Tintenfische. Auf der Titelseite reißerisch die Zeichnung eines Pottwals, der einen Riesenkalmar verschlingt. Beginnt schon wieder das Rennen von Hase und Igel? Doch Siegfrieds Ärger verfliegt rasch. Die Arbeit umfasst nur 81 Seiten, entspricht eher einem populärwissenschaftlichen Heft. Siegfried feixt:

»Ejaculatio praecox, ha ha ha, zu wenig und zu früh gekommen, Onkelchen.«

Das Werk ist leicht zu übertrumpfen. Er zieht nun auch französische, englische, niederländische, belgische, norwegische, schwedische, dänische und isländische Fachliteratur heran. Sein Text mit geballten Informationen bringt es schließlich auf 246 Seiten inklusive 86 Abbildungen! Er ist stolz auf diesen Kraftakt aus Fleiß und Beharrlichkeit.

Siegfrieds Monographie entpuppt sich als Meisterwerk. Er hat es den Skeptikern gezeigt, kann es also doch noch. Er gilt jetzt auch als Tintenfisch-Fachmann. Die Besprechungen der Fachkollegen sind voller Hochachtung. Eine hymnische Rezension erscheint im »Biologischen Zentralblatt«. Es wird erwogen, den Band ins Englische zu übersetzen.

Siegfrieds alter Optimismus kehrt zurück, auch seine Menschenfreundlichkeit. So hätte er es bis vor Kurzem nicht für möglich gehalten, voller Begeisterung dem »Pastorenklub«, einem vom Geistlichen der evangelischen Gemeinde in Heikendorf geleiteten Gesprächskreis, beizutreten.

Nach Erscheinen des Buches ist Siegfried von November 1958 bis Juni 1959 wieder arbeitslos und gezwungen, von seinem kargen Autorenhonorar zu leben. Doch die arbeitsfreie Zeit kommt diesmal seinen Plänen entgegen.

Die Natur nur der genießt,
der des Vogels Flug ergründet,
der des Wurmes Schlupfnest findet,
sieht, wie's Schnecklein Pfeile schießt.
Aus den Tafelliedern, siebter Vers des zweiten Liedes
»Die Sektionen«, 44. Versammlung der Naturforscher von
Sachsen und Thüringen in Nordhausen am 18. Mai 1880

43 Die Favoritin und der Schneckendoktor

Siegfried wird im Oktober 1958 51 Jahre alt. Zu seinem Geburtstag dichten zwei Bekannte etwas unbeholfen:

> *»Ja – dass sich endlich wendet mal das Blatt,*
> *dieweil Du dieses Leben hast wohl satt.*
> *Fortuna mög' Dich einmal küssen,*
> *dass man erfährt von deinem großen Wissen …*
> *Wir wissen, dass das Leben wirklich schwer,*
> *denn Du stöhnst täglich mehr und mehr …*
> *So schuftest Du schon viele Jahre –*
> *verlierst dabei die letzten Haare.*
> *Für wen?! Ja – hätt'st Du wenigsten ein Weib*
> *So ab und zu voll Zärtlichkeit …«*

Ja, er braucht endlich eine Frau an seiner Seite. Eine Personenbeschreibung könnte so lauten: Sie soll sympathisch und vertrauenswürdig sein, so aussehen und sich benehmen können, dass er sich mit ihr auch in akademischen Kreisen blicken lassen kann. Und – ganz wichtig – sie soll ihm den lästigen Alltagskram abnehmen, damit er sich seinen eigentlichen Aufgaben widmen kann. Letztlich heißt das für ihn als überzeugten Katholiken: erneute Heirat.

Er hat auch schon eine Favoritin: »Fräulein Dora«, Dora Lehmann, seine und Elsas ehemalige Jugendfreundin aus den Dreißigerjahren, die Leidtragende der damaligen kurzen Ménage-à-trois. Längst weiß er, dass sie nach wie vor in Heikendorf wohnt und noch immer ledig und alleinstehend ist. Verehrer hat sie, wie man hört, genügend gehabt, aber die kehrten nicht aus dem Krieg zurück. Wenn das nicht ein Wink des Schicksals ist! Natürlich bleibt es nicht aus, dass sie sich in dem kleinen Dorf über den Weg laufen. Sie ist mit 55 Jahren nach wie vor eine hübsche, schlanke Frau. Die beiden treffen sich immer öfter. Ihm scheint, als habe sie ihm seine damalige Zurückweisung verziehen, als sei ihr der Herr Doktor nicht gänzlich unsympathisch.

Bis 1943, als die Meierei einem Bombenangriff zum Opfer fiel, besorgte Dora Lehmann die Buchhaltung dort. Anschließend arbeitete sie in einem Gemischtwarengeschäft, führte die Bücher und half im Verkauf. Seit 1950 pflegt sie ihre kranke Mutter. Diese ist strikt dagegen, dass Siegfried, der ihre Tochter damals so schmählich verließ und stattdessen deren Freundin Elsa zur Frau nahm, Dora ehelicht. Aber das Paar ist geduldig, hat schon so lange gewartet, nun kommt es auf ein paar Monate auch nicht mehr an.

Dora genießt es, die Umworbene zu sein. Sie sehnt sich danach, endlich einen Ehemann zu haben wie ihre Freundinnen, auch wenn die nicht nur Schönes von ihren Männern erzählen, einen Gatten, mit dem sie die Dinge des Alltags besprechen und mit dem sie ab und zu lachen kann, der sie manchmal in die Arme nimmt, sie beschützt. Vielleicht warten doch noch ein paar Abenteuer auf sie. Schade, dass sie keine Kinder mehr bekommen können.

Doch zunächst müssen sie sich wieder trennen. Denn ein finanziell wichtiger Auftrag führt Siegfried von Juli 1959 bis März 1960 ins Laboratorium Cuxhaven, das zu der Bundesforschungsanstalt für Fischerei in Hamburg gehört. Resultat dieser Arbeit sind zwei Publikationen: »Untersuchungen über den Kochvorgang an Bord von Krabbenkuttern« und »Beziehungen von Fang-Erträgen zu einigen Umwelteinflüssen im Vorkommen von Garnelen« (beide 1960).

Von Cuxhaven aus besucht er seinen Kriegskameraden Schneider. Nach dem Krieg nahm der sein Medizinstudium wieder auf und betreibt jetzt in Bremerhaven eine florierende Praxis. Der blond gelockte Hüne ist in dritter Ehe mit einer temperamentvollen Schwarzhaarigen verheiratet. Die beiden Männer spüren sofort, die lange Trennung hat ihrer inneren Verbundenheit nichts anhaben können.

In Cuxhaven, aber auch in Heikendorf erreicht ihn das Lamento seiner Schwester Lisa in Briefform.

Manchmal bedauert sie, überhaupt geheiratet zu haben, vor allem unter ihrem Niveau. Gustav sei zwar rührend und sie freue sich, dass sie ihn habe und auch ihre Tochter Ute, aber die Sorgen seien einfach zu viel. Sie klagt darüber, dass der Konflikt mit Gustavs Bruder Max und dessen »unmöglichem Weib« Amanda ihr fortdauernd die Energie raube. Die permanenten Reibereien eskalieren, als Wasser von einem Wischeimer durch die Decke in Amandas Küche tropft. Der Vorwurf: Lisa, das faule Stück, habe das mit Absicht getan.

Der Feind wohnt im eigenen Haus!, schreibt sie.

Auslöser für die Querelen ist vermutlich der sich schon lange hinziehende Prozess, den Gustav, auf Drängen Lisas, gegen den Bruder führt. Es geht um 20.000 Mark, die Gustav Max geliehen hatte. Das Geld verwendete Max teilweise für eigene Zwecke und der Rest löste sich in Luft auf, als er für seine Firma Konkurs anmeldete. Gustav, der Ängstliche, der Pessimistische, fürchtet sich insgeheim vor dem Gerichtsverfahren. Er soll recht behalten. Der Prozess endet nicht mit dem erhofften Ergebnis.

Lisas Version: Max hocke ja mit dem Staatsanwalt eh immer zusammen in der Kneipe. Zudem habe die alte, böse Schwiegermutter und Tante Lisbeth zugunsten der Gegenseite ausgesagt.

Gustav schweige ja ohnehin nur vor sich hin und sie könne ihre Berliner Schnauze nun mal nicht halten und habe auch noch lautstark den Richter beschimpft. Ja, sie handele oft impulsiv und aus dem Bauch heraus, ohne die Konsequenzen zu bedenken.

Der Richter, ein ehemaliger Nazi-Jurist aus Berlin, billigt Gustav gerade mal eine Abfindung von 1.000 Mark zu, von der gleich 350 Mark für den Anwalt draufgehen.

Lisas Fazit: *Schon etwas, aber mit den kleinen und armen Leuten wird es so gemacht, die großen bereichern sich weiter.*

Ihr Mann kann inzwischen nur noch bedingt beruflich tätig sein. Die Atembeschwerden nehmen zu. Der Arzt diagnostiziere zwar keinen Krebs, aber eine starke Verengung und Veränderung der Bronchien als Folge seiner jahrelangen Arbeit in der Mühle mit Mahlstaub und Beizmitteln. Wieder einmal finden sich die Eheleute auf der Verliererseite wieder.

Im Januar erreicht Siegfried die Nachricht, dass Gustav die rechte Lungenhälfte entfernt wurde. Außerdem sei er an Galle und Leber erkrankt. Er muss vorzeitig in Rente gehen. Sechs Monate später stirbt er.

Lisa klagt Siegfried in ihrem Schmerz:

Wen ich umgebracht habe, dass das Schicksal mich mit derartigen Keulenschlägen niederwalzt, weiß ich nicht.

Während Siegfrieds Abwesenheit in Cuxhaven verstirbt Doras Mutter. Dora und Siegfried bestellen gleich nach der Beerdigung das Aufgebot, und am 26. März 1960 können sie endlich heiraten. Zur standesamtlichen Trauung sind allein seine Schwester Lisa, noch ganz in Schwarz, und sein Freund Günter Wummsiede geladen, niemand aus der Familie seiner neuen Frau. Vor dem Gebäude sieht man eine glücklich lächelnde Dora in einem hellbeigefarbenen Kostüm mit einer Nerzstola und einem Tulpenstrauß. Der stolze Bräutigam mit vorgewölbter Brust trägt alle Insignien der Würde, Ernsthaftigkeit und Bedeutsamkeit: einen geliehenen

Cutaway mit Stehkragen, eine weiße Fliege, eine weiße Weste, den Zylinder wie eine Tiara auf dem Haupt.

Nach der Trauung zieht er sofort zu Dora in die Rosenstraße, um den zermürbenden Konflikten im Hause der Schwägerin zu entfliehen. Die beiden mögen sich, sicher lieben sie sich auch. Doch was die beiden verbindet, hat wenig mit romantischer Liebe zu tun. Dora ist Realistin und Siegfried weiß, das erste Verliebtsein und seine ersten Ehejahre mit Elsa lassen sich mit Dora nicht wiederholen. Dennoch, hoffnungsvoll schauen sie in eine gemeinsame Zukunft.

Siegfried schenkt Dora Schmuck, sie kauft sich ein Kleid aus Seide. Er führt sie in akademische Kreise ein, was ihr schmeichelt. Sie blüht regelrecht auf in diesem neuen, anregenden und erlebnisreichen Leben.

Es gelingt ihm, die geerbten Ländereien recht zügig zu verkaufen. Mit diesem kleinen Vermögen und dem Geld seiner zweiten Frau Dora baut er auf dem Gelände eines Obstgartens ein Haus mit Blick auf die Kieler Förde. Dort lebt und arbeitet er fortan mit seiner neuen Frau als freier Zoologe, als »Schneckendoktor«, wie ihn seine Nachbarn nennen. Von seinem Schreibtisch im Wohnzimmer aus können sein Blick und seine Gedanken nun aufs Meer und in die Ferne schweifen.

Er kauft sich eine Matratze mit Seegrasfüllung, wie sie früher an der Küste allgemein üblich war.

»Sie isoliert gut gegen Kälte, und der hohe Salzanteil wirkt als Brandschutz und hält Schimmelpilze und Insekten fern«, pflegt er sie anzupreisen. Außerdem liebt er den dezenten Geruch nach Strand und Meer und das Knistern, wenn er sich nachts darauf zur Ruhe bettet. Das Bettlaken ist an manchen Tagen morgens nach wie vor zerwühlt, wenn er mit Nachtmahren gekämpft hat.

Mit der Heirat und dem Hausbau hat sich Siegfried ein gutes Stück von der quälenden, lähmenden Vergangenheit befreit. Er richtet den Blick nach vorn, gestaltet sein Leben wieder selbst. Er liebt dieses Haus und seinen Garten und ist stolz, Verwandte, Bekannte und Kollegen dorthin einladen zu können. Anders als bei seinen beruflichen Bemühungen ist es ihm hier mit Beharrlichkeit und Findigkeit gelungen, ein seinen besonderen Ansprüchen entsprechendes, außerordentlich schönes Grundstück zu erwerben.

Jetzt fehlt nur noch ein Auto, ein Fiat 770 S soll es sein. Der Fahrlehrer behauptet, Siegfried sei sein schlechtester Schüler. Dora hat Angst, mit ihm zu fahren. Er missachtet Verkehrsschilder und hat Schwierigkeiten, in Verkehrssituationen den Überblick zu behalten.

Siegfried im Arbeitszimmer seines Hauses in Heikendorf

It's perhaps a more fortunate destiny to have a taste for
collecting shells then to be a millionaire.
Robert Louis Stevenson

44 Der Rivale und Zettel's Albtraum

Eines Tages, Dora arbeitet gerade im Garten, hört sie, wie Siegfried pfeifend aus Kiel zurückkehrt. Sie stutzt. Lange hat sie ihn schon nicht mehr pfeifen hören. Sein Kopf wippt zum Takt der Melodie auf und nieder. Entweder ist er verrückt geworden oder irgendetwas höchst Erfreuliches ist geschehen.

Schon stürmt er auf sie zu. Sein Gesicht strahlt. Er wirbelt Dora im Kreis herum und ruft:

»Dora, Dora, denk' nur, ich habe einen ganz dicken Fisch an Land gezogen, der Geld bringt und vielleicht auch Ruhm!« Er ist kaum zu bremsen. »Ach, Dora, ich kann noch mal meine Flügel ausbreiten. Ist das nicht schön!«

Erst allmählich versteht sie, um was es geht. Der »Ehrmann«, 1933 erstmals in Leipzig erschienen, soll neu aufgelegt werden: der Band »Mollusca« aus der Reihe »Die Tierwelt Mitteleuropas«. Und er, Siegfried Jaeckel aus Heikendorf, nicht der aus Berlin, hat die Ehre, den Nachtrag mit dem neuesten Stand der Forschung zu schreiben. Paul Ehrmanns Buch gilt als das klassische Standardwerk für die Erforschung der mitteleuropäischen Weichtiere, ein Markstein in der Conchologie. Siegfried hörte von Malakologen aus dem Ausland, die angefangen hätten, Deutsch zu lernen, nur um den »Ehrmann« im Original lesen zu können. Paul Brohmer, im Dritten Reich ein Verfechter der Biologie nationalsozialistischer Prägung und deswegen gleich nach dem Kriege aus der Hochschule entlassen, fungierte damals neben Ehrmann und Georg Ulmer, dem Insektenfachmann, als Herausgeber. Trotz seiner

Vergangenheit ist Brohmers Kompetenz als Universalzoologe und Wirbeltierkenner unbestritten. Er wohnt jetzt in Kiel, sucht Leute für sein Projekt und da er mit Siegfried gut bekannt ist, bekommt dieser den Auftrag. Die alten Druckplatten des »Ehrmann« wurden über den Krieg gerettet. Der soll jetzt nachgedruckt werden und zusätzlich ein Nachtragsband mit Berichtigungen und neuesten Erkenntnissen erscheinen.

Nach einer Einarbeitungszeit in das Thema reist Siegfried mit gemischten Gefühlen nach Ostberlin, um noch einiges Material aus der Molluskenabteilung des Naturkundemuseums einbeziehen zu können. Er wohnt bei seinem Onkel.

Es ist nicht zum Aushalten: Seinem wissenschaftlichen Doppelgänger gelang inzwischen der nächste Karrieresprung. Der war in den Fünfzigerjahren ungeheuer produktiv gewesen und hatte mehrere Bücher populärwissenschaftlicher Art in der Reihe »Neue Brehm-Bücherei« veröffentlicht. Siegfried musste zähneknirschend und gelb vor Neid mit ansehen, wie dem Senior 1955 in Anerkennung »seiner besonderen Kenntnisse und Erfahrungen auf dem Gebiete der Zoologie« und der »Verdienste um den Wiederaufbau des Museums« der Professoren-Titel verliehen wurde. Zwar ist der Onkel kein ordentlicher Professor mit Lehrstuhl. Aber nach außen stellt er eben doch den Universitätsprofessor der berühmten Humboldt-Universität zu Berlin dar.

Schon droht Siegfried der Jüngere wieder in alte Verhaltensmuster zurückzufallen. Er, der Leidgeprüfte und Gedemütigte, gegen Onkel Siegfried, ein vom Schicksal begünstigter Mann, der früher promoviert wurde, sich früher einen Namen in der Fachwelt verschaffte, der den Krieg weitgehend unbeschadet überstand, der dank Fürsprechern und Gönnern den Posten seiner Träume bekommt und am Schluss als Krönung seines beruflichen Wirkens den begehrten Professorentitel. Der Onkel ist international vernetzt und präsent in der Fachwelt. Er wohnt in Berlin-Dahlem, einem Villenviertel der Wohlhabenden mit Alleen und vielen kleinen Parkanlagen. Mild lächelnd, mit professoral vergeistigten Gesichtszügen, in Kleidung und Benehmen aristokratisch schildern ihn seine Mitmenschen. Nach außen wirkt er wie ein perfekter Gentleman. Er ist etwas größer als sein Neffe, schlank, geradezu hager mit einer kerzengeraden Haltung. Im Freien trägt er auf dem vollen Haupthaar gewöhnlich eine Baskenmütze als Hinweis auf seine Vorliebe für die französische Lebensart. Die Maßstäbe in ihrem Zweikampf setzt zunächst er. Daher stellt dieser Mann geradezu eine Provokation für den temperamentvollen, gebeutelten Heikendorfer Siegfried dar. Ist dieser Mann mit dem Gesicht eines Pfarrers in Wirklichkeit ein eiskalter Karrierist?

Seinerseits verfolgt auch der Senior argwöhnisch den Werdegang und die Arbeiten des Jüngeren. Die Rivalität der ungleichen Siegfried Jaeckels ist den Fachkollegen bekannt und ist immer wieder Stoff für amüsanten Klatsch. Der Ältere stellt den souveränen Professor dar, wirkt aber auch knochentrocken und blass. Dieselben Kollegen schildern Siegfried jun. dagegen als temperamentvoll. Er sei kein spröder Schreibtischmensch, eher einer mit heißem Blut, der, auch wegen seiner Verschrobenheit, nie langweilig wirke. Von dem Jüngeren gehe eine Aura aus, die viele seiner Kollegen, aber besonders die Studenten fasziniere: eine Mischung aus Genialität, Größenwahn und Verletzlichkeit. Er lässt niemanden kalt. Die einen fühlen sich von ihm angezogen, die anderen lehnen ihn strikt ab. Eine schillernde Figur eben, mal Elefant im Porzellanladen, mal witziger, charmanter Gesprächspartner oder gerissen wie ein Fuchs. Im Gegensatz zum Onkel ist er kräftiger gebaut, neigt zur Korpulenz, hat eine frische Gesichtsfarbe und ist im Sommer immer braun gebrannt.

Derselbe Name, dasselbe Fachgebiet, derselbe Ehrgeiz – das kann nicht gut gehen. Doch, wie in ihren Kreisen üblich, sprechen die beiden Konkurrenten die unterschwelligen Aggressionen zwischen ihnen nicht offen aus. Comme il faut: Man geht höflich miteinander um, schreibt, besucht sich und hat beruflich miteinander zu tun. Der Onkel lässt sich während Siegfrieds Berlinaufenthalt sogar zu einem Kompliment hinreißen. Mit seiner dünnen Fistelstimme meint er anerkennend:

»Im Vergleich zu dir bin ich ein Banause.«

Siegfried fragt sich, ob der Onkel dabei den gönnerhaft herablassenden Professor gibt, oder ob es ehrlich gemeint ist.

Der »Mollusca«-Band in der Reihe »Die Tierwelt Mitteleuropas« erscheint 1962. Siegfrieds Teil vorangestellt ist ein 23-seitiger Abschnitt von Dr. Adolf Zilch, dem Leiter der Molluskenabteilung des Senckenberg Museums in Frankfurt und Herausgeber von zwei wissenschaftlichen Zeitschriften auf dem Fachgebiet.

Den mehr als 200 Seiten Text folgen 24 Seiten Literaturverzeichnis, sieben Seiten »Errata zu Ehrmann« und neun Tafeln mit grafischen Abbildungen, insgesamt also eine enorme Fleißarbeit.

Über den Entstehungsprozess dieses Textes kursieren unter Fachkollegen bald wilde Gerüchte. Einige sprechen von einer Katastrophengeschichte. Siegfried habe es nicht geschafft, ein vernünftiges Skript auf die Beine zu stellen, das man in die Druckerei zum Setzen geben konnte. Die Kollegen lästern, das alles sei zusammengestückeltes Flickwerk – Handschriftliches vermischt mit zusammengeleimten Typoskripten.

Die Produktion des Buches gerät zum Teil chaotisch. Das Problem ist, dass Siegfried seine Notizen, seine Texte auf einer Vielzahl von Zetteln und Schnipseln zu Papier bringt. Er schreibt auf abgeschnittenen Rändern von Buchfahnen oder auf Makulaturpapier. Regelmäßig sucht er die Druckerei »Schäfer und Klaunig« in der Kieler Ringstraße auf und holt sich dort Packen von übrig gebliebenem Papier ab, das nichts kostet. Er besitzt zwar eine alte Adler-Schreibmaschine, doch die meisten seiner Artikel gibt er handschriftlich auf kleinen Zettelchen in die Druckerei. Eine Zeit lang lässt Peter Bauer sie im Zoologischen Museum für ihn tippen. Eines Tages gibt er ihm ein ganzes Paket Schreibmaschinenpapier mit nach Hause und fleht ihn an:

»Bitte, bitte schreiben Sie doch auf dieses Papier!«

Aber das ist Siegfried zu kostbar, die Zeiten der Papierknappheit nach dem Krieg stehen ihm noch vor Augen. Er hortet die makellosen Bögen. Im Wohnzimmer steht ein großes, dunkles Buffet. Er öffnet die Türen und zeigt seinen Gästen stolz Stapel auf Stapel des wertvollen Gutes. Dort liegen auch seine Aufzeichnungen: Häufchen von Zetteln, verklebt oder mit Büroklammern zusammengehalten.

Wie ihm die Zettelwirtschaft zum Verhängnis wird, davon zeugt eine legendäre Anekdote. Siegfried pflegt die Notizzettel auf einer großen Unterlage vor sich auszubreiten, um einen Überblick zu bekommen und neue Zusammenhänge zu erkennen. Bei schönem Wetter setzt er sich dazu auf die Terrasse vor seinem Arbeitszimmer im Souterrain. Er verteilt die Kärtchen sorgfältig auf dem Tisch. Von der Mitte aus in konzentrischen Kreisen werden die Zettel angeordnet, bis geradezu ein Gesamtkunstwerk entstanden ist. Dann umkreist Siegfried den Tisch, stellt Überlegungen an und füllt neue Zettelchen aus, auf denen er seine Erkenntnisse vermerkt. Plötzlich ein einziger, unerwarteter Windstoß – und alle Schnipsel tanzen in der Luft und fliegen davon. Die Arbeit von Wochen dahin.

Er geht von Haus zu Haus zu den Nachbarn und jammert. Die können ihm einiges wiederbringen, aber etliches ist verloren. Wie soll er dieses Malheur den Kollegen erklären? Er kann nicht alles, was er schon erarbeitet hat, nach dem Windstoß noch einmal zusammentragen. Das hätte ihn noch weiter in Verzug gebracht. Er hinkt ja ohnehin schon Jahre hinter den gesetzten Fristen hinterher. Einige halten Siegfrieds Geschichte für eine Schutzbehauptung, glauben, dass er einfach mit seiner Arbeit nicht zurande kommt.

Die Unzufriedenheit von Auftraggeber Brohmer wächst. Er bittet um die Mithilfe von Adolf Zilch. Das trifft Siegfried sehr. Brohmer zwingt ihn schließlich, das Skript, so wie es ist, abzugeben. Das schlägt sich im späteren Buch entsprechend nieder. Siegfrieds Nachtrag für den »Ehrmann« gilt unter Kollegen inhaltlich gesehen als ungeheuer reich und wertvoll. Einige Abschnitte lesen sich in aller Ausführlichkeit gut, in anderen fallen die Informationen lediglich knapp, schlagwortartig und verwirrend aus. Die Kollegen ärgern sich manches Mal über das Chaos. Aber wenn man einmal Siegfrieds System erkannt habe, sei es eine außerordentliche Fundgrube.

Durch die Veröffentlichung dieses Bandes und auch des »Cephalopoden«-Buches ist der Name Siegfried Jaeckel international präsent, zumal er schon während der Bearbeitung eine umfangreiche wissenschaftliche Korrespondenz pflegt.

Dr. A. C. van Bruggen, der Leiter des Natal Museums in Südafrika, teilt Siegfried brieflich zu den »Mollusken Mitteleuropas« mit:

Es ist wirklich eine epochemachende Arbeit und sie wird sicher unter den europäischen Malakologen erneut für Furore sorgen.

Insgesamt finden sich in Siegfrieds Publikationsliste 85 wissenschaftliche Arbeiten, Abschnitte in Standardwerken der Zoologie und Artikel in Fachzeitschriften.

Sachen machen, die man gerne macht,
an einem Ort, den man mag,
mit Menschen, die man liebt
… darum geht's im Leben.
Don Winslow, Pacific Private

45 Das Haus, das Meer und der Himmel

Siegfried hat sein Haus aus rotem Backstein in den Hang auf einen Platz mit ganz eigenem Zauber bauen lassen. Es ist von drei Seiten umschlossen und geschützt. Rechter Hand, jenseits einer schmalen Straße, erhebt sich ein Wald mit schlanken, hohen Buchen. Unmittelbar neben der Straße fällt das Gelände zunächst steil ab in eine zum Meer geöffnete schmale Senke, um dahinter wieder anzusteigen. Aus jedem Fenster des Hauses fällt der Blick auf sonnengesprenkelte Blätterdächer, auf strotzendes Grün.

Siegfried liebt das ruppige Klima hier im Norden. Kündigt sich Sturm an, sorgen ausgedehnte Felder von Cirrocumuluswolken dafür, dass der Himmel schuppig wie ein Fisch aussieht. Makrelenhimmel nennt er das. Zunächst fällt der überwiegend aus Südwest wehende Wind in die höheren Lagen des Wäldchens ein. Die Bäume fangen an zu tanzen und winden sich ächzend. Hat er dann seine volle Stärke erreicht, erfüllt er die Luft mit einem gedämpften, vielstimmigen Brausen und Rauschen wie bei einer gewaltigen Brandung. Von seinem Wohnzimmerfenster aus sieht er, wie die Böen über die Förde peitschen. Manchmal geht Siegfried, mühsam nach Atem ringend, die paar Schritte hinunter ans Ufer der Bucht, stemmt sich dem Wind entgegen. Die Jacke knattert, der Stoff seiner Hose klatscht heftig um die Beine. Sandkörner kribbeln im Gesicht. Der Sturm schiebt mit seiner Kraft das Wasser aus der Förde und bringt feucht glänzende Sandbänke und flache Wasserbecken zutage, in denen sich der Himmel spiegelt. Zwischen den Steinen der Buhnen und in den Salzwasserlachen findet er allerlei Meeresgetier. Kommt er dann mit gerötetem Gesicht erfrischt und erschöpft zugleich nach Hause, ruft er:

»Dora, machst du mir einen Grog, nein besser: heißen Kakao mit Rum?«

Unmittelbar hinter der Front des Hauses steigt der Hang steil an, bewachsen mit niedrigem Gebüsch, Farnen und Frühlingsblumen. Auf der linken Seite schmiegt sich die Anhöhe halbkreisförmig um das Haus. Im Sommer biegt sich hier Chinarohr mit seinen bis zu drei Meter hohen, dicken Stängeln und großen Blättern dschungelartig über den Weg.

Nach hinten aber öffnet sich das Haus zum Meer. Wie geschmolzenes Silber sieht es aus, wenn der Wind bei Sonnenschein aus Osten bläst, schiefergrau mit Schaumkronen bedeckt, wenn der Südwest weht. An manchen Tagen liegt die Ostsee handzahm da, sind Himmel und Meer von gleicher Farbe, einem blassen, fast durchsichtigen Hellblau-Grau, nur zerteilt von dem sich auflösenden, zart hellbraunen Strich des Horizontes. Meist jedoch segeln selbstvergessen Wolkenschiffe über den Himmel. An Sommerabenden, wenn eine beleuchtete Fähre gravitätisch durch hellgrünes Wasser vorüberzieht und die Passagiere auf den Decks den Spaziergängern am Ufer zuwinken, wähnt man sich in der Südsee. An windstillen, sonnigen Herbsttagen wirkt das Wasser wie ein goldener Spiegel, nur an einigen Stellen durchbrochen von hellblauen Streifen.

Morgens dringen die ersten Sonnenstrahlen durch das Blattwerk des Waldes, mittags steht die Sonne über der Anhöhe, am späten Nachmittag ist ihr für kurze Zeit eine mächtige Eiche im Wege und abends versinkt sie oft in glutroten Farben.

Man hört die Schiffe, wenn sie vorbeifahren. Schon bevor man sie sieht, schiebt sich bei großen Dampfern wie eine Welle ein flüsterndes Brausen heran, ein vielstimmiges Vibrieren erfüllt die Luft, das allmählich anschwillt. Dann gleitet sie majestätisch vorbei – die »Kronprins Harald«, weiß mit gelbem Schornstein, die zwischen Kiel und Oslo verkehrt, oder die »Stena Germanica«, weiß mit rotem Schornstein, die Kiel mit Göteborg verbindet.

Fast jedes Schiff hat einen eigenen Sound. Bei einer bestimmten Frequenz zittern leise die Fensterscheiben, die auf die Förde gerichtet sind. Er vernimmt das Umschlagen der Segel auf die andere Schiffsseite, wenn Yachten in Ufernähe eine Wende fahren. Nachts, wenn er wach liegt, dringen die Geräusche gedämpft herauf. Das verhaltene, rhythmisch dumpfe Pochen oder Wummern der Dieselmotoren eines Frachters hört sich an, als ob in der Ferne ein urzeitlicher Dinosaurier durch die Nacht trottet.

Kiel ist das Mekka der Segler. Besonders im Juni während der Kieler Woche gleiten die weißen Segel zahlreicher Yachten vorüber. Imposante Drei- und Viermaster tauchen auf. Fern vor Schilksee und Strande oder weiter draußen Richtung Kieler Feuerschiff ballen sich Pulks von Jollen auf den Regattafeldern. Am Tag der Windjammerparade säumen Schaulustige das Fördeufer. Vom ersten Stock seines Hauses aus verfolgt er gelassen das Geschehen.

Wie 1936 finden 1972 die olympischen Segelwettbewerbe vor Kiel statt. In Schilksee brennt die olympische Flamme. Einmal fährt er mit Dora mit dem Hafendampfer von Laboe hinüber. Im Hafenvorfeld oder auf den Bootsstegen tummeln sich Segler aus aller Herren Länder. Junge, braun gebrannte, wache Gesichter.

Nachts funkeln vom jenseitigen Ufer die gelben und weißen Lichter der Kaianlagen und der Lindenau-Werft herüber. Weiß blitzen in unterschiedlichem Rhythmus die Strahlenbündel des Friedrichsorter und des Bülker Leuchtturms durch die Dunkelheit und werfen Lichtfinger auf die Wasserfläche. Fahrwassertonnen blinken rot oder grün. Frachter wandern als dunkle Silhouetten vorbei, nur an Heck und Bug beleuchtet.

Manchmal zieht sich die Welt zusammen, verschmilzt die Luft mit der See, umschließt Nebel wie eine graue Wand das Haus.

Die Fahrgeräusche der Schiffe und ihre Signalhörner dringen wie durch Watte zu ihm.

Im November ersaufen Wald und Garten im Regen. Weht der Wind aus Nordwest, treibt er das Wasser gegen die zum Meer gerichtete Fensterfront. Hört der Regen auf, weicht das düstere Dunkelgrau des Himmels einem gefleckten Hellgrau. Über Garten und Pappeln am Meer ziehen keilförmige Formationen von Singschwänen. Jedes Mal von Neuem betören ihn ihre nasal klingenden Rufe.

Auch den Winter hier genießt er: die Klarheit und Frische der Luft nach dem Schneefall, das makellose Weiß, das alles bedeckt, die vermehrte Durchsichtigkeit des Meerwassers, die Stille … Alles Überflüssige verschwindet. Die Welt ist entrümpelt und rein, wie neu erschaffen. Das Licht spielt auf den weißen Flächen. Die Dämmerung taucht seinen Garten, den Wald, die gesamte Szenerie in samtenes Blau.

Kennzeichnend für diesen Ort ist das Gekreische der Möwen. Wenn sie oben im Luftstrom schweben, hört man ihr gellendes Kiu, ihr lang gezogenes, klagendes Gä-Gä-Gäg oder Schreie, die wie spöttisches Lachen klingen. Den Garten durchstreifen dagegen Schwanzmeisen, Gartenrotschwanz, Rotkehlchen, Zaunkönig und Kleiber. Dort herrscht wegen der geschützten Lage oft nahezu Windstille, als schlafe alles und atme nur. Raubvögel kreisen am Waldrand. In der Dämmerung vollführen Fledermäuse ihren Zickzackflug. 32 Vogelarten zählt er in der Umgebung des Hauses.

Manchmal geht er in dem kleinen Wald nebenan spazieren.

Oder er sammelt Strandgut, erntet, was das Meer durch Zufall an Land spült, schaut den vorbeifahrenden Frachtern und Fährschiffen zu, liest ihre seltsamen Namen und entziffert ihre exotischen Herkunftshäfen am Heck.

Im Sommer genießt er das Baden, wenn Gäste und Einheimische den Strand schon verlassen haben. Bei Siegfried ist es indes nicht das Schwimmen, das ihn reizt, sondern das Getragenwerden, das Umschlossensein, das Toter-Mann-Spielen. Manchmal denkt er, gäbe es hier eine Strömung, wie wäre es, sich einfach aufs offene Meer hinaustreiben zu lassen.

Das Meer ist ein gleichgültiger Gott, zeitlos, ohne Seele, einem nah und fremd zugleich, Objekt tiefster Sehnsucht und erbarmungslose Wildnis, es urteilt nicht und doch hilft es oft, Fragen zu klären.

Er ist ein Apostel der Wissenschaft, ja. Aber ist er auch ihr Märtyrer, ein Sklave seines vermeintlichen Lebensplanes, des samoanischen Vermächtnisses? Bei seiner Taufe in der Kathedrale von Apia verhießen ihm die Taufgäste ein Leben von Bedeutung und Außerordentlichkeit, prophezeiten ihm, er werde ein bedeutender Wissenschaftler. Dieses Vermächtnis hat er bisher nur teilweise erfüllt. Aber muss man vom Leben alles erwarten? Warum kann er nicht sein wie andere Menschen, denen das Leben selbst genügt, um glücklich zu sein, die mit wenig zufrieden sind? Diese Leute haben keine besonderen Gaben, sie haben keinen Ehrgeiz und keinen Anspruch, aber sind anscheinend sorgloser und meistens guter Dinge. Vielleicht ist es die bessere Idee, demütig zu sein, sich selbst zu bescheiden. Hier in diesem Haus an der Förde kann er ein ruhiges Leben führen und seine Interessen verfolgen. Zufriedenheit reicht doch als Lebensziel, Glücksmomente sind Zusatzgeschenke.

Aber es ist so schwer, aus sich selbst herauszutreten, auf Höhenflüge, auf noch mehr Anerkennung in der Fachwelt zu verzichten und seinen verpassten Chancen nicht mehr nachzutrauern.

Wie schon sein Vater neigt Siegfried zur Großbürgerlichkeit. Viel Geld haben die Eheleute nicht. Aber irgendwie reicht es doch für geschmackvolle Orientteppiche, Gemälde, Goldschmuck mit Edelsteinen und Brillanten für Dora, für silberne Leuchter und natürlich immer für Bücher.

Wie seinen Vater Fritz beeindrucken und faszinieren Siegfried Kunstgegenstände aus der Südsee und aus Südwestafrika. Durch den Krieg verlor er die stattliche völkerkundliche Sammlung in Landsberg und auch einige Stücke aus dem Berliner Elternhaus waren zerstört oder verbrannt. In einem Laden in der Nähe des Kieler Hafens, in dem die Seeleute ihre exotischen Mitbringsel versilbern, kauft er sich wieder die Gegenstände zusammen, die zu seinem Lebensweg passen. Sie sollten im Laufe der Jahre seinem eng möblierten Haus eine eigenartige Anziehungskraft verleihen.

Eine dunkle asiatische Maske, der Schutzgeist des Hauses, mit aufgerissenen, hervortretenden Augen, mephistophelischem Grinsen und Haaren aus Emufedern schaut auf die Eintretenden herab. Insbesondere auf Kinder wirkt dieser Geist angsteinflößend. Nachdem der Besucher durch den »Wächter« eingelassen worden ist, betritt er auf knarrenden Dielen eine fremde Welt.

Im Eingangsbereich und an den Treppenaufgängen ins Ober- und Untergeschoss bedecken Speere, Pfeile und aus Palmenblättern geflochtene Fächer die Wände. Die Spitzen der Speere von den Admiralitätsinseln sind aus schwarzem Obsidian gefertigt und an den Schäften kunstvoll mit Samenkapseln des Tränengrases verziert.

Seinen Schreibtisch hat Siegfried im Wohnzimmer direkt hinter dem großen Erkerfenster mit unverstelltem Blick auf die Kieler Förde platziert, in seinem Rücken Atlanten, Nachschlagewerke, Fachliteratur. Daneben seine belletristischen und philosophischen Lieblinge und prächtige Bildbände. Seitlich davon in einem niedrigen Regal lagern ausgewählte Raritäten: eine achtbeinige, kunstvoll aus einem Stück Tropenholz geschnitzte Kawa-Schale aus Samoa, die imposante, weiß schimmernde Schale einer Mördermuschel, die in der Südsee auch als Taufbecken dient, ein Tritonshorn, eine große Trompetenschnecke, mit der sich die Polynesier Signale geben und im Hause Robert Louis Stevensons zum Essen gerufen wurde, Früchte vom afrikanischen Baobabbaum, ferner der knöcherne Gehörgang und die Barten eines Blauwals.

An der Stirnseite des Regals hängt ein Malanggan, eine 60 Zentimeter hohe, filigrane Totenerinnerungsfigur von der Insel Neumecklenburg aus dem Bismarckarchipel. In dem freien Wandstück zwischen Regal und Schornstein prunken die mächtigen Hörner einer Oryxantilope. Auf der Fensterbank: eine große, pilzförmige Steinkoralle und zwei hölzerne Imponierkeulen aus Samoa.

Im vorderen Wohnraum hängt links neben der Tür ein längliches Kriegsschild mit aufgemaltem Augen- und Zähnemuster von den Vitu-Inseln, einer Gruppe von acht Vulkaninseln nördlich von Neupommern aus dem Bismarckarchipel. Daneben befindet sich das Jugendbildnis seines Vaters Fritz und rechter Hand das Bild einer sonnengebleichten Savannenlandschaft mit Schirmakazien. Gegenüber der Tür an der zentralen Wand des Raumes erblickt der Besucher über einem Ottomanen ein großes Ölbild, das die Zwillingskegel der 2286 Meter hohen Omatako-Berge in Südwestafrika darstellt, die sich aus einer wüstenhaften, spärlich mit Dornbüschen und Fächerbäumen bewachsenen Ebene erheben. Die anschließende Wand ziert, gefertigt aus 16 Reihen Nassa-Schnecken, der Brustkragen einer Dorfjungfrau aus Samoa.

Im Souterrain, seinem zweiten Arbeitsplatz und Aufbewahrungsort der Molluskensammlung, empfangen den Besucher weitere exotische Schilde, Bögen, Pfeile, Geweihe, diverse hundert Jahre alte Schneckenketten von den entlegensten Südseeatollen. Neben dem Schreibtisch hängt eine Fotografie der alten Mole von Swakopmund.

Für Siegfried sind die ethnologischen Artefakte auch Reliquien seiner Vergangenheit und seines Forscherlebens und füllen die Räume des Hauses mit Geschichten, erzählen sie den Besuchern, aber vor allem ihm selbst. Sie berichten von fernen Orten, von kleinen Inseln in der Unendlichkeit des Pazifischen Ozeans, vom Tosen der Brandung, vom Wispern der Palmblätter im Passatwind, von betörenden Düften, von Menschen, die mit Kunstfertigkeit und Behutsamkeit diese Objekte bearbeitet haben.

Dr Iwao TAKI
48 Nakayamacho, Kamikamo
Kitaku, Kyoto, Japan

Dr. Siegfried G. A. Jaeckel

2305, Heikendorf-Möltenrot bei Kiel,

Kolonnenweg ▪▪

Schleswig-Holstein,

West-Deutschland

AIR MAIL

西ドイツ国 シュレスウィヒ・ホルシュタイン州 宛

クリスマス カード

Brief aus Japan, 1979

Siegfried lässt seine Finger über diese Gegenstände gleiten, ertastet ihre Form und fremde Textur, erahnt die Hingabe und Sorgfalt ihrer Schöpfer. Er spürt den Geschichten ihrer Entstehung und Verwendung nach: dem Einsatz für einen Kanuwettkampf, für einen Tanz, der den Regen herbeilocken soll, oder der feierlichen Inszenierung einer Kawa-Zeremonie durch eine samoanische Dorfjungfrau. Ein Augenblick, eine Erinnerung wird materialisiert. Auch die Gehäuse und Schalen der Schnecken und Muscheln sprechen zu ihm, von Lebensräumen, Ernährung, Fortpflanzung, ebenso wie die Mineralien Informationen für ihn bereithalten über Erdgeschichte und Vulkanologie.

Alles in den Räumen des Hauses atmet Geschichte, Bedeutung, Abenteuer und Geheimnisse, die sich nicht jedem erschließen. Er hat sich sein eigenes Museum geschaffen, eine Inszenierung seiner selbst. Dies ist sein Haus, dies ist seine Welt, aber auch die seiner Frau Dora?

Über Objekte lässt sich leichter verfügen als über die Herzen, Gefühle und Schicksale der Menschen. Ist er auch deshalb ein so besessener Sammler?

Schon bald nach dem Einzug beginnen die Eheleute, den zur Förde abschüssigen Garten anzulegen, zum Teil mit Pflanzen aus fernen Ländern. Die Ausführung und vor allem die Pflege obliegt hauptsächlich Dora. Zwei Bäume aber pflanzt der Hausherr höchstpersönlich: eng zusammen neben dem Haus einen weiblichen und einen männlichen Ginkgobaum, Herrn und Frau Jaeckel. Die zwei Teile des Ginkgoblattes, die sich zum Stängel hin vereinen, gelten von jeher als Symbol des männlichen und des weiblichen Prinzips oder des Platon'schen Doppelwesens. Für Siegfried ist das Pflanzen der Ginkgos eine liebenswerte, romantische Geste.

Doch mit über fünfzig Jahren ist die Sicht auf die Welt eine andere als mit dreißig. Er muss erkennen, dass er zu den Menschen gehört, die nur einmal im Leben eine tiefe, innige Beziehung zu einem anderen Partner aufbauen können. Diese Person ist für ihn zweifellos Elsa. In seiner zweiten Ehe spielen praktische Erwägungen die entscheidende Rolle. Er braucht jemanden, der ihm den Haushalt führt. Er hat sich vorgenommen und versucht es auch, Dora ebenso zu lieben. Doch es gibt schon bald Situationen, in denen sein aufbrausender, schwieriger Charakter sichtbar wird. Er muss sich eingestehen, dass etwas in ihm abgestorben ist, seit er aus dem Krieg zurückkehrte. In Gesellschaft kann er charmant, gut gelaunt und witzig sein. In der alltäglichen, intimen Beziehung zu Dora jedoch treten Arroganz, männliche Dominanz, Egozentrik und rücksichtslose Wutausbrüche hervor. Von Einfühlungsvermögen, Freundlichkeit, Aufmerksamkeit und emotionaler Wärme seinerseits spürt diese in späteren Jahren wenig. Sie ist loyal, gibt sich aber keinen Illusionen hin. Ihr Blick auf Siegfried bleibt – trotz vieler schöner gemeinsamer Erlebnisse und Stunden – stets distanziert. Als ihre Freundinnen aus dem Dorf sie neugierig fragen:

»Dora, nun hast Du ja deinen Doktor bekommen. Na, wie isses?«

Da antwortet sie lapidar und trocken: »Tja, nu sitt ik damit an.«

Als sie wiederum Siegfried fragt, weshalb er in jungen Jahren ihre Freundin Elsa und nicht sie geheiratet habe, entgegnet er, das sei wohl Schicksal gewesen. Und fügt hinzu, dann wäre sie und nicht Elsa verschleppt worden und zu Tode gekommen. Dora entgegnet in diesem Augenblick nichts, sagt aber später zu ihrer Nichte:

»Das denkt auch nur er! Ich wäre nicht so dumm gewesen und hätte wegen der Sammlungen mein Leben aufs Spiel gesetzt. Ich wäre mit den anderen Institutsmitarbeitern aus Landsberg geflohen.«

Der Mensch, der die Natur nicht liebt,
ist mir eine Enttäuschung, fast misstraue ich ihm.

Otto von Bismarck

46 Køkkenmøddinger, ein Ritterschlag und eine vierjährige Zeitüberschreitung

Siegfried ist ständig auf der Suche nach Themen für neue Veröffentlichungen. Während des Baus der Umgehungsstraße in Eckernförde fährt er mit dem Bus ans angrenzende Windebyer Noor und wühlt dort in Køkkenmøddingern. Der liebenswerte, lautmalerische Begriff aus dem Dänischen bezeichnet prähistorische Haufen von Küchenabfällen. In diesem Falle stammen sie von Jägern und Fischern, die in der Nähe des Noors um Christi Geburt lebten. Siegfried findet Schalen von Herz- und Miesmuscheln, Austern, Gehäuse von Napfschnecken, Holzkohle und Abschläge von Feuerstein.

Notgedrungen arbeitet Siegfried als Privatgelehrter, als freier Malakologe. Die Veröffentlichungen dienen dem Broterwerb, aber auch der Kommunikation mit Kollegen, der Vergewisserung des eigenen Könnens, der eigenen Bedeutung und des Wertes in der Gesellschaft.

Als Privatier ohne feste Anstellung muss er täglich mit sich selbst den Kampf zwischen selbst auferlegter Arbeit und Nichtstun führen. Er hat durchaus einen Hang zum Ausweichen. Auf einem Foto sieht man ihn lachend in seinem Garten unter einem Baum mit einem Schnapsglas in der Hand. Auf die Rückseite notiert er: *Arbeit oder Genuss?* Dieser Kampf zwischen seiner apollinischen und seiner dionysischen Seite ist nicht immer leicht und wird ihm noch einige Probleme bescheren.

Eine Nachricht aus Berlin erreicht ihn. Diesmal hat es den vom Glück begünstigten, erfolgsverwöhnten Onkel, Jaeckel sen., getroffen. Die Gefühlslage des Jüngeren changiert zwischen Mitleid und Schadenfreude.

Der Ältere leitet seit 1952 den »Arbeitskreis der Berliner Malakologen«, einer Gruppe von Molluskenfreunden aus der Ost- und Westzone der geteilten Stadt, beamtete Wissenschaftler und naturforschende Laien. Die Treffen finden in seiner Wohnung im Westen statt. Das letzte am 13. August 1961, dem Tag, an dem Polizei- und Militärkräfte der DDR die Westsektoren Berlins mit Straßensperren und Stacheldraht abriegeln und mit dem Bau der Berliner Mauer beginnen. Von einem Tag auf den anderen ist Siegfried sen. der Zugang zum Museum versperrt. Obwohl seine Wirkungsstätte nur hundertfünfzig Meter hinter der Mauer liegt, ist es dem Onkel nicht mehr möglich, zu seinem Arbeitsplatz zu gelangen, mit dem er über vier Jahrzehnte so stark verbunden war. Auch später, als diese Regelung aufgehoben wird, betritt der Senior, obwohl er politisch eher als links einzuordnen ist, bis zu seinem Tode das Naturkundemuseum nicht mehr.

Auch Siegfried jun. muss Enttäuschungen verkraften. Er stellt im Juli 1962 einen Antrag an die Deutsche Forschungsgemeinschaft auf die Gewährung eines Forschungsstipendiums für die Dauer von zwei Jahren.

Als Schlusssatz des Antrags schreibt er:

Die Persönlichkeit des Bearbeiters gibt Gewähr, dass die Untersuchungen mit gut brauchbaren Ergebnissen abgeschlossen werden.

Den Antrag übergibt er Prof. Gauthier, Kiel, der sich bester Beziehungen in Bonn und zu maßgebenden Leuten rühmt, das Schreiben jedoch nicht weiterleitet. Auch in einem anderen Fall hat er Pech. Ein Dr. Hubendick aus Göteborg, mit dem er »biogeografische Probleme in Skandinavien« erörtert, verwendet sich für ihn beim Übersee-Museum in Bremen, da dort ein Molluskenspezialist fehlt. Doch die Museumsleitung wechselt gerade und Siegfried hat inzwischen das Alter überschritten, das für eine staatliche Anstellung infrage kommt.

Paul Brohmer meldet sich wieder bei ihm. Trotz der Probleme bei der Mitarbeit an »Die Tierwelt Mitteleuropas« engagiert er ihn für das Molluskenkapitel des Bandes »Fauna von Deutschland«, einem bis heute relevanten Bestimmungsbuch für die heimische Tierwelt, was einem weiteren Ritterschlag gleichkommt und gutes Geld einbringt. Auch in diesem Fall hat Siegfried die schwierige Aufgabe, Ehrmanns sehr gute Darstellung zu verbessern und auf den Stand der Forschung zu bringen. Sein Abschnitt enthält 46 Seiten geballte Informationen über nahezu alle in Deutschland vorkommenden Schnecken und Muscheln, außer den Meerestieren, mit präzisen Beschreibungen, Maßangaben und zum Teil schwarz-weißen Zeichnungen.

Siegfried ist mit zahlreichen Anfragen von Kollegen aus nah und fern beschäftigt und ist auch publizistisch weiterhin rege tätig, für namhafte Wissenschaftsreihen und Sammelbände. Und wie ein roter Faden durch sein Schaffen ziehen sich heillos überzogene Abgabefristen. Kein Wunder: Liefert man ihm beispielsweise Mollusken aus Russland an, eingewickelt in eine russische Zeitung, lernt er zunächst die kyrillischen Buchstaben und Russisch, ehe er die Schnecken untersucht.

Von der Verzweiflung der Herausgeber in einem anderen Fall zeugt ein Brief aus dem Jahr 1969:

Vom zweiten Band des Buches »Biogeografie und Ökologie in Südamerika« liegen die ersten 300 Seiten fertig ausgedruckt vor. Bis zum Kapitel Jaeckel ist alles fertig. Das Erscheinungsdatum des zweiten Teiles hängt jetzt ganz allein von Ihnen ab. Ich wäre Ihnen auch im Namen aller Herausgeber dankbar, wenn Sie Ihr Manuskript möglichst umgehend an den Verlag schicken würden. Sie können es auch mir zukommen lassen, nur warten Sie bitte nicht mehr. Ihre Arbeit ist wunderbar. Legen Sie alle Skrupel beiseite, es gibt keinen, der mehr über Mollusken weiß als Sie. Das sage ich nicht, um Ihnen zu schmeicheln, sondern weil ich weiß, dass es die Wahrheit ist.

Ein Dr. Schmitz teilt ihm mit, nachdem er den Text gelesen hat: *Übrigens, meine Frau lässt Sie grüßen. Sie bedankt sich herzlich für die Art und die Form Ihres eingereichten Artikels. Meine lautstarken Wutausbrüche angesichts dieser Arbeit würden endlich Leben in unser sonst so stilles Haus bringen.*

Mitte 1969 – mehr als vier Jahre lang hatte Siegfried an seinem Beitrag herumgedoktert – kann das betreffende Buch endlich erscheinen.

Die Reaktionen der Fachwelt sind gemischt: Eine Leipziger Kollegin bezeichnet Siegfrieds Abhandlung als »Witz«, andere äußeren sich wohlwollend.

Es sollte Siegfrieds letzte Publikation werden.

Und was treibt derweil sein »profilierter« Onkel, der Namensvetter in Berlin? Aus den Mitteilungen der »Deutschen malakozoologischen Gesellschaft« erfährt Siegfried, dass Prof. Siegfried Jaeckel, Mitglied seit 1918, zum Ehrenmitglied ernannt worden ist. Auch diese Ehrung wird ihm wohl verwehrt bleiben.

Menschenkenntnis dämpft die Menschenliebe,
Tierkenntnis erhöht die Tierliebe.
Bernhard Grzimeck

47 Grzimeks Tierleben, sanfte Resignation oder der Menschenfresser kehrt zurück

Seine körperlichen Beeinträchtigungen beginnen 1968. Nach einer Reise in die Schweiz fühlt er sich elend, klagt über Schmerzen und zum Teil in Todesangst gipfelnde Attacken. Die Hausärztin lässt ihn ins Krankenhaus bringen, Diagnose: Diabetes mellitus, eine Erkrankung der Harn- und Gallenwege und ein Herzleiden. Er muss Diät halten – eine Tortur für den Genussesser, auch für Dora. Regelmäßig erscheint er nun zu weiteren Untersuchungen. Er verliert Gewicht. Seine frühere Leistungsfähigkeit ist dahin. Eine geplante Reise muss er absagen.

So vergeht das Jahr.

Er ist unzufrieden, fühlt sich unausgefüllt, Resignation überwältigt ihn. Es fehlt ihm die Beschäftigung: Wo bleibt das Molluskenmaterial von Kollegen, die seine Hilfe brauchen? Von den Malakologen, besonders den Kieler Zoologen, fühlt er sich ausgeschlossen. Er sieht sein Lebenswerk in Gefahr.

»Ich werde Stöße von unabgeschlossenen Manuskripten hinterlassen. Meine Sammlungen werden ebenfalls dem Untergang geweiht sein. Keiner erahnt den Wert, der in den über 300 Schubkästen in mehr als zehn Schränken liegt!«, klagt er Dora.

Doch Körper und Geist gesunden, die Kollegen vom Zoologischen Institut nehmen wieder den Kontakt auf. Im heißen August 1968 lockt Peter Bauer ihn zu Katalogisierungsarbeiten in den Keller des Instituts, da sei es schön kühl und Freibier gäb's auch.

Ist ein Etikett verloren gegangen, bestimmt Siegfried das Material kurzer Hand neu:

F. O. der Lophohelia (Augenkoralle) aus der kalten Tiefsee um 530 Meter des »Rosengartens« zwischen Faröer und Island.

Er fühlt sich manches Mal wie ein aussterbender Dinosaurier. Die jungen Kollegen sind nicht mehr in der Lage, Tiere exakt zu bestimmen. All die schönen Sammlungen konservierter Tiere im Hause, alle Bibliotheken sind doch nutzlos, wenn das Wissen über die Regeln der Bestimmung und Einteilung verloren geht. Bildet nicht die Taxonomie das Fundament, mit dem die beschriebenen Arten einer weiteren Erforschung durch andere Wissenschaftsdisziplinen zugänglich gemacht werden? Ein Arzt kann doch einen Kranken nur dann gezielt behandeln, wenn der Krankheitserreger richtig identifiziert wurde. Ohne eine Bestandsaufnahme durch Taxonomen und ihren Sachverstand kann auch Naturschutz nicht sinnvoll betrieben werden. Außerdem warten vermutlich Millionen von Tier- und Pflanzenarten noch darauf, beschrieben zu werden. Aber die Taxonomie gilt jetzt als verstaubt, außer Mode und er, als ihr Vertreter, als kauziger Sonderling. Einerseits fühlt er sich durch die Anfragen des Instituts geschmeichelt, andererseits ärgert er sich über die geringe Wertschätzung seiner Kompetenzen, seiner Person und die Ignoranz der Kollegen. Ihr Hauptinteresse gilt jetzt der Ökologie. Seine Praxis des Isolierens, Sammelns und Klassifizierens sei zu einseitig, behaupten sie. Er weiß ja, Zusammenhänge, Kreisläufe sind wichtig. Aber er ist nun mal ein Sammler. Ein Sammler, der davon überzeugt ist, dass jede Art ihren speziellen Sinn und Wert im Gefüge der Natur besitzt.

Ein Kollege von früher macht Siegfried noch einmal Hoffnung, an einem großen Nachschlagewerk mitarbeiten zu können. Er bewirbt sich um eine Autorenstelle für »Grzimeks Tierleben«, das das umfangreichste Tierlexikon weltweit werden soll. Noch einmal winken Ruhm und Geld. Vergebens – die Bewerbung ist erfolglos. Die mit Amüsement erzählten, abschreckenden Geschichten von Siegfrieds Zettelchaos bei früheren Arbeiten haben weite Kreise gezogen.

Bis 1970 bleibt er wieder arbeitslos.

Frustriert zählt er zusammen, dass er von Anfang 1954 bis März 1966 lediglich 66 Monate in offiziellen Arbeitsverhältnissen stand. Andere Männer, auch weniger begabte, erhalten irgendwann eine unbefristete Anstellung. So gern hätte er als gestandener Wissenschaftler renommiert. Doch sein Traum, Professor zu werden, mit all den damit einhergehenden Privilegien, ist ein Traum geblieben. Was hätte er alles erreichen können – das Erforschen exotischer Gebiete: Arktis, Dschungel oder Wüste.

Warum schafft er es nicht?

Ein Doktortitel ist damals etwas Besonderes. Viele promovierte Biologen gibt es zu der Zeit nicht. Er ist Spezialist. Irgendwo muss es doch einen Posten für ihn geben, ein Labor, ein Museum oder sonst irgendwas! Aber die im Höchstfalle zehn guten »Schneckenstellen« in Deutschland sind alle besetzt. Eine davon schnappte ihm sein Onkel und Rivale weg. Die Konkurrenz im wissenschaftlichen Bereich ist groß. Sind die anderen ihm etwa doch in gewissen Bereichen überlegen? Oder liegt es an seinem Auftreten? Vielleicht können Mitbewerber sich besser präsentieren.

Er hätte gleich nach dem Krieg einen Posten ergattern müssen. Jetzt sind die wenigen Stellen in Kiel vergeben und für die nächsten 30 Jahre blockiert. Das Zeitfenster für eine Neueinstellung schloss sich Anfang der Fünfzigerjahre. In der Nachkriegszeit ist Prof. Hansen der entscheidende Mann in der Kieler Zoologie. Es macht Siegfried rasend vor Zorn, als er hört, der Herr Professor spotte gegenüber Kollegen, Jaeckel trage sein Schicksal – seine Teilnahme am Krieg, seine wissenschaftlichen Verluste und den Tod seiner Frau in Russland – wie eine Monstranz vor sich her.

Für ihn sieht es so aus, als habe der gesamte akademische Kieler Zoologenklüngel sich gegen ihn verschworen. Er glaubt sich ausgenutzt. Die werten Kollegen schanzen sich die kostbaren Stellen zu, wenn man etwas von Jaeckel braucht, wird man es schon bekommen. Sie halten ihre Reihen geschlossen, verteidigen mit Zähnen und Klauen ihre Pfründe.

Die für ihn entscheidenden Jahre raubte ihm der Krieg. Er gehört zu einer verlorenen Generation.

Aber es gibt noch eine Erklärung, eine, die Siegfrieds Blutdruck in ungeahnte Höhen treibt. Mehr durch Zufall entdeckt der eher apolitische Siegfried einen alten Bekannten, den er nicht vermisst hat: Klaus Haag, der Mann aus seinem Berliner Studentenverein, der humorlose Langweiler, der »Paragraph«, der eiskalte Kerl mit der Menschenfresservisage, der ihn beim Bierjungen bezwang. Als er ihn auf einem Foto in den »Kieler Nachrichten« entdeckt, geht ihm ein Stich ins Herz. Selbst auf dem kleinen Foto kann man die Spalten zwischen den Zähnen erkennen. Er trägt immer noch seine schwarze Hornbrille. Der Holzkopf hat es tatsächlich zum Ministerialrat gebracht. Einer seiner Malakologen-Freunde steckt Siegfried, dass Haags Zuständigkeitsbereich die Hochschulen sei. Außerdem sei er bestens mit Prof. Hansen bekannt, beide Rotarier. Siegfried könnte wetten, dass der ewige Haag Stimmung gegen ihn gemacht hat. Er ist sich sicher, dass der die letzten Jahre seine berufliche Laufbahn behindert hat. Er spricht die Zoologen direkt auf diese Vermutung an, ohne eine befriedigende Antwort zu erhalten. Irgendwann hält er es nicht mehr aus, er greift zum Hörer und ruft Haag an.

Der sagt ganz ungerührt:

»Salve Siegfried, altes Haus!«

Er meint richtig zu spüren, wie Haag, der gemachte Mann, ihm jovial auf die Schulter klopft, zu sehen, wie er seine Zähne entblößt, und zu registrieren, wie sich die Temperatur seines Fischbluts um ein Grad erhöht.

»Ja, ich hörte schon von deinen Problemen.«

Er gibt es also zu!

»Darauf habe ich natürlich keinen Einfluss, Siegfried, Verbindungsbruder! Die Institute entscheiden da selbstständig, das weißt du ja.«

Das ist ja klar. Nie wird er den wahren Grund erfahren, warum die Kieler Zoologen ihn wie einen Leprakranken behandeln.

Im April 1970 stirbt sein Onkel. Bei der Todesnachricht denkt Siegfried tatsächlich an den familiären Verlust, nicht an den Wegfall des Rivalen.

Der Onkel reiste in den letzten Lebensjahren noch viel, brachte reiche Molluskenbeute aus vielen Ländern mit. Bis in sein Todesjahr hinein publizierte er fleißig, insgesamt mehr als 120 wissenschaftliche Arbeiten. Dabei führte er, teils mit Kollegen, 113 Neubestimmungen von Arten/Unterarten ein. Neue malakologische Taxa werden, sofern von anderen Wissenschaftlern anerkannt, auf lange, vielleicht ewige Zeit mit dem Namen des Autors verbunden bleiben und ihn damit in gewisser Weise unsterblich machen. Etwa: Cochlodina laminata albanica JAECKEL, 1956.

Siegfried Jaeckel jun. ist dagegen keine einzige Neubenennung gelungen. Seine neue Bezeichnung für eine Variation, die Unterart einer Muschel aus einem Quellbach der Bille östlich von Hamburg (Crassunio crassus pseudomargaritana JAECKEL, 1966) hat sich nicht durchgesetzt.

Die Witwe des Onkels bedankt sich für die Anteilnahme an seinem Ableben bei allen, die ihn geliebt haben. Als Siegfried, nun wieder in seine Verbitterung versunken, die Karte liest, streicht er den Text energisch durch und schreit:

»Kein Mensch hat ihn je geliebt!« Siegfrieds übliches Lamento: »Er hat mir Steine in den Weg gelegt. So sollte zum Beispiel meine umfangreiche Molluskensammlung, wie bereits vereinbart, an das Senckenberg-Museum gehen. Aber mein nicht wesentlich älterer Onkel Prof. Dr. Dr. Siegfried H. Jaeckel kam mir zuvor. Ich zog mein Übergabeangebot an das Museum daraufhin zurück, da eine klare Unterscheidung unserer beiden Sammlungen nicht möglich gewesen wäre. Man stelle sich vor: Da hätten dann unsere Glasröhrchen mit den Schnecken und Muscheln nebeneinander gelegen! Mit der Schenkung seiner Kollektion an das Senckenberg-Museum hat er mich so um möglichen Ruhm und Ehre gebracht«.

Wie Meteoriten auf Kollisionskurs haben sie sich zeit ihres Lebens unausweichlich aufeinander zubewegt. Sich benommen wie siamesische Zwillinge, die sich nicht ausstehen können, und doch aufeinander angewiesen sind. Warum bloß anerkannten beide nicht die Leistungen des jeweils anderen, steckten gemeinsam neue, unterschiedliche Terrains ab, koordinierten ihre Vorhaben? Sie hätten sich in ihren Forschungen ergänzen oder als »die Jaeckels« die wissenschaftliche Bühne betreten können. Es ist wohl eher Siegfried jun., der nicht über seinen Schatten springen konnte. Bei dem Kräftemessen der beiden Männer prallten ferner zwei gegensätzliche Charaktere aufeinander. Auf der einen Seite der stille, penible, extrem zielstrebige, zum Erbsenzählen neigende Forscher, auf der anderen der unkonventionelle, laute, unbeherrschte, stimmungslabile und eher ingeniöse Kopf.

Und der Heikendorfer Siegfried, wird gemutmaßt, hat womöglich die bedeutenderen Werke geschrieben, wird in der Literatur häufiger zitiert. Einige Zeitzeugen sagen, Siegfried jun. habe etwas Genialisches, das vielleicht seinem älteren Namensbruder fehlte: Er ahne aus wenigen Indizien schon Dinge voraus, die erst später verifiziert werden. Dem steht die deutlich höhere Anzahl an Publikationen des Onkels gegenüber und dessen eindeutig bessere Fähigkeiten als Taxonom. Bei den Neubestimmungen steht es zwischen Senior und Junior 113:0.

So kann man versöhnlich sagen: Das Duell endet unentschieden.

Regelmäßig, fast alle vierzehn Tage, trudeln weiterhin Lisas Briefe bei Siegfried ein. Für sie ist er das Familienoberhaupt, dem sie ihre Sorgen und Nöte vorbehaltlos anvertrauen kann und muss. Der große Bruder, der zwar manchmal selbst in Strudel gerät, erweist sich in ihren Augen immer noch als ein verlässlicher Fährmann. Und sie kann sich trotz ihrer eigenen unendlichen Misere mit ihm freuen, als er sein neues Haus bezieht oder wenn er von seinen Reisen durch Europa erzählt.

Sie berichtet ihm, dass ihre Tochter nach acht Jahren die Schule verlässt. Ute mache eine Ausbildung als Helferin in einer Arztpraxis und wolle später im Krankenhaus arbeiten.

Lisa selbst leistet, um die Schulden zu reduzieren, Nachtdienst im Krankenhaus. Doch sie wird selber krank. Die Ärzte diagnostizieren: schwere Diabetes, zu hoher Blutdruck, ein schwaches Herz. Sie erleidet einen leichten Schlaganfall. Ihren Dienst im Krankenhaus muss sie aufgeben. Mehrfach verreist sie ab 1960 mit dem Müttergenesungswerk oder zur Kur.

Im Jahr darauf kommt sie für zehn Tage nach Heikendorf. Siegfried bemerkt ihre Erschöpfung und Nervosität, die durch das Gefühl hervorgerufen wird, sie müsse auf der Hut sein, als befürchte sie jederzeit einen Schlag von ihren Mitmenschen.

Als sie dann im nächsten Jahr wieder zu ihm kommen möchte und der liebe Bruder ablehnt und finanzielle Gründe anführt, vergisst sie ihre übliche Zurückhaltung und schreibt Siegfried einen gepfefferten Brief:

Ich habe mich niemals gut eingekleidet, geschweige denn flott leben können. Ich glaube, wenn auch du so vegetieren müsstest ohne Kino, ohne Buch, ohne auch nur einmal auszugehen, dann wärest du entsetzt, wie bescheiden wir sind.

Doch sie kann ihm nicht lange böse sein. In einem seiner Briefe sagt Siegfried, der in dieser Sache im Glashaus sitzt, sie solle nicht immer so schrecklich jammern. Sie versucht es vergeblich, sie hat ja sonst keinen, bei dem sie sich ausheulen kann. Sie will es doch auch mal schön haben, nur ein kleines Stück vom Kuchen, sich und ihrer Tochter etwas gönnen, auch mal leichtsinnig sein dürfen.

Als sie einmal ganz verzweifelt ist, fragt sie ihn, ob er schon einen Mieter für die obere Wohnung in seinem Haus habe.

So nimm mich doch bei dir auf! Denn hier ist kein Auskommen mit den dicken Köpfen der Westfalen.

Rücksichtslos gegen sich selbst arbeitet sie wieder, als sei nichts geschehen, tagsüber im Altersheim und abends von 19 bis 22 Uhr als Reinigungskraft für die Büroräume einer Fabrik. Sie ist zehn bis zwölf Stunden auf Trab. Das hat Folgen.

Ich bin wieder total fertig. Es ist zu viel Arbeit und dies furchtbare Jagen und Rennen um das tägliche Einerlei bringt mich wohl bald auf den Friedhof. Ich bin vollkommen auf! Am besten: Umfallen und dann ist Schluss.

Mit 60 Jahren geht sie in Rente, weil sie einfach nicht mehr kann. 1976, vier Jahre später, »ist Schluss«.

*Mr. Lonsdale theilt mir mit, daß er einmal ein Paar Landschnecken
(Helix pomatia), von denen die eine schwächlich war, in einen
kleinen und schlecht versorgten Garten gethan habe. Nach
einer kurzen Zeit war das kräftige und gesunde Individuum
verschwunden und konnte nach der schleimigen Spur, die es
hinterlassen hatte, über die Mauer in einen benachbarten gut
versorgten Garten verfolgt werden. Mr. Lonsdale folgerte daraus,
daß es seinen kränklichen Genossen verlassen habe; aber nach einer
Abwesenheit von vierundzwanzig Stunden kehrte es zurück und
theilte offenbar das Resultat seiner erfolgreichen Entdeckungsreise
seinem Gefährten mit, denn beide machten sich nun auf denselben
Weg und verschwanden über die Mauer.*

**Charles Darwin,
Die Abstammung des Menschen**

48 Saurier-Kot, ein Dieb und ein Grandseigneur mit Bettelattitüde

Mit großen Muscheln und Schnecken dekoriert Siegfried mehrere Räume in seinem Domizil. Die eigentliche Sammlung la-
gert in zwei Räumen im Souterrain. Er bewahrt seine Schätze in
Schränken auf, in flachen Schubladen, in Tausenden von Behält-
nissen, Schachteln, Tüten und Glasröhrchen, Pillendosen. Da liegen, gebettet auf Watte, Preziosen aus allen Meeren und Ozeanen
der Welt, aus Gebirgen, Wüsten, Sümpfen, Steppen, Wäldern,
Äckern, Flüssen, Seen und Teichen. Hauchzarte, kalkfarbene,
sandkorngroße Schnecken, nur mit dem Mikroskop zu erkennen,
neben schlanken spindelförmigen Arten mit kammartigen Aus-
wüchsen und wunderschön geformten Kauris aus tropischen Ge-
wässern mit einer gesprenkelten farbigen Porzellanhaut.

Besucher finden den Privatgelehrten – wovon lebt der eigentlich? – im Sommer meist im Garten vor dem Arbeitszimmer. Dort schlämmt er stundenlang mit seinen großen Händen die Bodenproben und Sammelstücke oder siebt mit einem speziellen Gerät Proben aus, um auch Kleinformen zu finden, die er dann bestimmt und katalogisiert.

Ein Besucher zeigt ihm einmal zwei seltsam geformte, kleine Steine aus der marokkanischen Wüste: schwarz, wie geschmolzen, die Oberfläche leicht strukturiert wie bei einem kleinen Gehirn. Der eine Stein weist eine Ausstülpung auf, als sei er hier abgetrennt oder abgeklemmt worden. Nachdem Siegfried die Steine kurz, aber sorgfältig untersucht hat, leuchten seine Augen. Mit diebischem Grinsen schlägt er vor:

»Die müssen Sie einer vornehmen Dame in die Hand drücken und sie dann aufklären.«

»Wieso denn das?«

»Das ist versteinerter Saurier-Kot!«, antwortet er, als sei es das Selbstverständlichste von der Welt.

Siegfried korrespondiert rege mit Dutzenden von Wissenschaftlern und Sammlern aus aller Welt, Mitgliedern einer Bruderschaft von Gelehrten jenseits von politischen Grenzen und Ideologien.

Zu seinen häufigen Briefpartnern zählen neben dem bayerischen Malakologen Gerhard Falkner, der Wiener Walter Klemm und der Muschelforscher Hans Modell in Weiler im Allgäu. Als Neujahrsgruß zeichnet Falkner eine Kutsche für seine Familie, die von vier Schnecken gezogen wird, die auf einen steinernen Torbogen zukriechen, hinter dem ein Schneckenchor auf sie wartet. Zur Geburt seiner Tochter schickt derselbe eine Karte, auf der ein Storch in seinem Schnabel ein Schneckengehäuse trägt, aus dem ein kleines Kind hervorschaut. Taufbecken für das kleine Wesen ist natürlich eine Mördermuschel. Schon damals berichtet Siegfried seinen Kollegen, in vielen Gegenden, die er zum zweiten

Siegfried im Wilden Moor bei Hollbüllhuus auf der Jagd nach Mollusken

Mal besuche, finde er weniger Molluskenexemplare und weniger Arten als zuvor.

Der Briefwechsel zwischen den Wissenschaftlern läuft stets in ritualisierter Form ab, wenn sich die Schreiber schon ein wenig kennen. Immer wird die Achtung, die Ehrerbietung vor dem anderen zum Ausdruck gebracht.

Stets ist man hocherfreut über die Sendung von Material, Separaten, Büchern und entschuldigt sich, dass man erst jetzt antworte. Die vielen Verpflichtungen, Reisen ... In antiquiertem Gelehrtenstil – dafür hatte Siegfried seit seinen Tagen in der Burschenschaft eine Schwäche – werden Fragen diskutiert, Publikationen besprochen. Auch nach der Familie, dem »Wohlergehen der lieben Frau Gemahlin« erkundigen sich die Doctores und Professores pflichtschuldig. Ebenso darf das niemals eingelöste Versprechen, sich bald mal zu besuchen, nicht fehlen.

Gerade in der Nachkriegszeit spielt der briefliche Austausch zwischen den Malakologen, wie in der Bevölkerung überhaupt, eine sehr große Rolle.

Seit 1962 veranstaltet die Deutsche Malakozoologische Gesellschaft Frühjahrstagungen. 1978 findet diese in Malente-Gremsmühlen statt. Die Veranstalter bitten Siegfried, die Führung der Exkursionen zu übernehmen.

Erstens bürgt ihr Name für Qualität, denn Sie waren es ja, der 1938 die erste zusammenfassende Veröffentlichung der Molluskenfauna dieses Gebietes herausgebracht hat, in der die interessanten Angaben über seltenere Arten gemacht wurden.

Letztlich leitet er nur eine Exkursion, interessiert sich mehr für das Gesellige.

Mit seinem braun gebrannten Gesicht, der schwarzen Hornbrille vor den buschigen dunklen Augenbrauen und der sonoren Stimme ist er eine imposante Erscheinung und in Gesellschaft amüsant. In der Gruppe um ihn herum geht es lebhaft zu, wird gelacht. Er trinkt Wein, isst mit Freude, zum Kaffee am liebsten Schwarzwälder Kirschtorte, und klimpert mit Aphorismen und Schätzen aus seinem Bildungsfundus. Er tut das mit gravitätischer Würde, gibt den Grandseigneur, für viele hat er schon Legendenstatus. Auch die Jüngeren kennen alle sein Handbuch aus der Reihe »Die Tierwelt Mitteleuropas«. Deshalb freuen sie sich, ihn auf der Tagung zu sehen und kennenzulernen. Und da sind die alten Freunde, die von ihm gelernt haben und von ihm gefördert wurden. Im Kreise der Malakologen fühlt er sich wohl, sie sind ganz nach seinem Geschmack: konservativ, ein wenig steif und doch familiär. Ihre Uniform ist der schwarze Anzug – auch beim Sammeln im Gelände. Wenn es erforderlich ist, in einen Bach zu steigen, werden eben die Hosenbeine hochgekrempelt. Die guten Stellen, wo etwas zu holen ist, verrät man nicht, und wenn es um die Übernahme von frei gewordenen Sammlungen – etwa durch das Ableben des Besitzers – geht, sind die feinen Herrn nicht gerade zimperlich.

Und dennoch: Obwohl Siegfried um seine Kenntnisse und Fähigkeiten weiß, empfindet er sich selbst gesellschaftlich als Randfigur. Auf den Tagungen müssen sich die Kollegen das alte Klagelied anhören. Alle wissen, den gebeutelten, selbstmitleidigen Kollegen – der sich in der Rolle des Einzelkämpfers gefällt – gilt es immer ein bisschen zu streicheln. Speziell den Professoren gegenüber verhält er sich devot, innerlich vor Wut bebend, ihnen nicht auf Augenhöhe begegnen zu können. Er reist meist schnell wieder ab, bleibt nicht über Nacht.

Exkursionen unternimmt er fast immer allein. Er knöpft sich meist ein Gebiet vor, besorgt sich die entsprechenden Wanderkarten, in die er dann die Fundorte einträgt. Die Höllbachschlucht im Bayerischen Wald beispielsweise wandert er systematisch ab, mit einem Augenmerk auf die unterschiedlichen Biotope. Seine Notizen hält er auf Karteikarten fest und ordnet sie auf großen

Bögen. Siegfrieds Interesse richtet sich in erster Linie auf die unterschiedlichen Arten und deren Verbreitung, weniger auf deren Lebensraum. Ein klassischer taxonomischer Ansatz also. Aber in den Wäldern und Wiesen ist nicht nur der Wissenschaftler unterwegs, sondern auch der Naturfreund, der sich dem Zauber und den Wundern der Schöpfung hingeben kann.

Die Besuche von Kollegen, die um Rat fragen, genießt Siegfried besonders. Eine Anfrage von Werner Hinz lautet:

Da ich sehr viel Material mitgebracht habe, bitte ich um die Erlaubnis, Sie am kommenden Freitagnachmittag aufsuchen zu dürfen. Ich fahre etwa gegen ein Uhr mit dem Schiff los ... Ich bringe Material aus dem Raurisertal, dem Neusiedler-Gebiet, dem Schwarzwald, dem Duisburger Raum, dem Kreis Höxter sowie subfossiles Material aus Lippe-Sedimenten bei Ahsen/Krs. Recklinghausen mit. Außerdem habe ich für ihre Sammlung Spitzbergenmaterial bereitliegen. Schließlich möchte ich Ihnen gerne noch marine Schnecken zeigen. Einige Proben sind in Formol oder Alkohol fixiert. Es erwartet uns also ein großes Arbeitspensum.

Sie ziehen sich dann in seine Arbeits- und Sammlungsräume im Souterrain des Hauses zurück und verschwinden in ihrer Welt.

Einmal übernachtet ein schwedischer Wissenschaftler und Sammler bei ihm im Wohnzimmer auf dem Sofa. Am nächsten Morgen fehlt zu seinem Schrecken eine von drei wertvollen Schnecken in einem Glasröhrchen, das auf dem Schreibtisch gelegen hatte. Verschwunden ist außerdem ein Schneckenkönig, den er am Schlossberg in Plön fand. So nennt man eine Weinbergschnecke mit einer links gewundenen Spirale, einer Abweichung, wie sie nur bei einem von 20 000 Exemplaren vorkommt. Siegfried bezichtigt den Schweden des Diebstahls und wirft ihn unter lauten Beschimpfungen aus dem Haus. Später erfährt er von Kollegen, dass sie mit diesem Herrn ähnliche Erfahrungen gemacht haben.

Siegfried beschränkt sich aber nicht auf die Zusammenarbeit mit seinen Fachkollegen. Richtige Freude bereitet es ihm, Abiturienten oder Biologiestudenten hilfreich zur Seite zu stehen und sie auf Prüfungen vorzubereiten. Hoffnungsvolle Talente wie den jungen Sterzenbach fördert er besonders. Der fragt ihn einmal, wie er sich malakologisch weiterbilden könne.

»Literatur, Literatur, Literatur! Sie müssen immer schauen, dass Sie an Literatur herankommen, sie erfassen und sich eine Bibliothek aufbauen«, rät Siegfried.

Vom Kopieren in den Instituts- und Uni-Bibliotheken können Studenten und Dozenten damals nur träumen. Mühsam gilt es zu exzerpieren oder aufwendig Bücher über die Fernleihe zu besorgen. Siegfried hat seine große Bücherei in Landsberg verloren und deswegen eine gewisse Bettelattitüde den Kollegen gegenüber entwickelt, die ihm dann ihre Dubletten abtreten. Ihm fließt sehr viel Literatur aus Mitleid zu. Das, was Sterzenbach später für viele Tausende Mark im Antiquariatshandel kauft, bekommt Siegfried geschenkt. So baut er zum zweiten Mal eine beachtliche, beneidenswert gute und recht vollständige Bibliothek auf.

Als Sterzenbach sich 1967 anlässlich einer archäologischen Ausgrabung in Spanien mit Schnecken beschäftigt, nimmt er wieder Kontakt zu Siegfried auf. Der hilft mit Informationen, Literaturhinweisen und mit seinen eigenen recht außergewöhnlichen Dokumentationen. Ein anderer Kollege fragt an, ob er Literatur zu siamesischen Zwillingen bei Vögeln besitze.

Unter den Briefen, die Siegfried erhält, befindet sich zu seiner Freude auch ein in lateinischer Sprache abgefasster, abgeschickt von einem Bekannten aus Laboe:

Respectabilissimo Domino	*An den sehr verehrten Herrn*
Dr. Jaeckel	*Dr. Jaeckel*
Carissime!	*Lieber Freund!*
Sumus inter faunam mesopsam-	*Wir sind mitten in der Tierwelt,*
monalem.	*die im Sand lebt.*
Possidemus nominato in loco	*Wir besitzen an besagtem Platz*
castrum arenale.	*eine Sandburg.*
Canastram arenalem etiam	*Einen Strandkorb haben wir*
occupavimus.	*auch besetzt.*
Veni, vide!	*Komm, sieh's Dir an!*
Exspectamus te.	*Wir erwarten Dich.*
Oramus te, ut nobis des consili-	*Wir bitten Dich, uns einen Rat*
um.	*zu geben.*
Ego paraturus sum potationem	*Ich bin dabei, ein weinähnliches*
similem	*Getränk zuzubereiten*
vino ex fructu, cui nomen es	*aus einer Frucht, die Stachelbee-*
ribes grossularia	*re heißt.*
Veni, tu omnisciens.	*Komm, Du Allwissender.*
Tibi, venerabilissimo, salutes	*Indem ich Dir, Verehrungswürdi-*
optimasmittens	*ger, beste Grüße*
reman[e]o semper	*schicke, bleibe ich immer der*
tuus ...	*Deine ...*

Dieser nicht ganz ernst gemeinte Brief weckt bei Siegfried nostalgische Gefühle, Erinnerungen an seine Studentenjahre und die Zeit in der Arminia.

Ein einziges Mal sucht sein Kriegskamerad Schneider Siegfried in Heikendorf auf. Trotz des Aufbrechens einer alten Kriegsverletzung, die ihn zunehmend in seinen Bewegungen einschränkt, sprudelt der Freund über vor Lebensfreude. Er musste seinen Beruf aufgeben, hat gerade sein Segelboot verkauft, schwingt aber noch regelmäßig den Golfschläger, reitet, singt im Chor, spielt wieder Cello und lebt mit einer jungen, zierlichen Estin zusammen, die zudem noch den Vorteil besitzt, eine Ausbildung zur Krankenschwester abgeschlossen zu haben.

Siegfried besitzt keine Schallplatten und hört keine Musiksendungen im Radio. In den Bücherregalen dominieren neben der Fachliteratur die 25 Bände »Meyers enzyklopädisches Lexikon«, mehrere andere Lexika und Nachschlagewerke. Die gesammelten Werke fast aller deutschen Klassiker – unentbehrlich in ambitionierten Bürgerhäusern – reihen sich meist ungelesen daneben. Auf seinem Nachttisch liegt immer ein Lexikonband, aus dem er abends kurz vor dem Einschlafen ein, zwei Kapitel liest.

Sein Interessenspektrum ist beeindruckend. Er befasst sich neben der Zoologie mit Philosophen (Nietzsche, Augustinus, Marc

Das Resultat abendlicher Lektüre

Aurel), den Biografien bedeutender Männer, geschichtlichen Werken, Büchern zur Kunst- und Erdgeschichte, der Anthropologie und Religion. Romane zeitgenössischer Autoren oder gar avantgardistische Literatur sucht man vergebens.

Gegen Ende seines Lebens nimmt er sich als Sofalektüre »Marktplatz der Eitelkeit« (Vanity Fair) von William Makepeace Thackeray vor. Um den 900-Seiten-Wälzer mit seinen altersschwachen und krampfanfälligen Händen längere Zeit bändigen zu können, schneidet er das Buch der Länge nach auf und zerlegt es in handliche Portionen.

Das geliebte Lesen gibt ihm die Möglichkeit, Rendezvous mit den interessantesten Persönlichkeiten und Geistesgrößen aller Länder, aller Zeiten zu haben. Er weiß, dass selbst Zwerge auf den Schultern von Riesen weit ins Land schauen können. Wobei er sich natürlich nicht zu den Zwergen zählt, sondern zu den Koryphäen.

Ein Kollege bezeichnet Jaeckel als einen der letzten Universalgelehrten.

Wir sind Gefangene in Ketten.
Die Ketten sind unablegbar.
Aber wir können mit ihnen Musik machen.
Theodor Lessing

49 Der Tyrann von Syrakus, kreisförmige Ruinen und der Glöckner von Notre-Dame

Wie seinem Vater liegt Siegfried das Reisen im Blut. Zusammen mit seiner zweiten Frau Dora unternimmt er zwanzig Jahre lang malakologische und kunsthistorische Fahrten nach Italien, Frankreich, Griechenland, Spanien, Portugal, Österreich, der Schweiz, Belgien, den Niederlanden und nach Süddeutschland. Länder Osteuropas betritt er nie wieder.

Die Jaeckels schließen sich meist den Busreisen der evangelischen Kirchengemeinde Heikendorf an, die Pastor Foerster organisiert: sechzehn Tage für 400 Mark. Wer kann da widerstehen, zumal Siegfried dabei das Sammeln von Schnecken mit der Besichtigung berühmter Kunstwerke, von Sehenswürdigkeiten und schönen Landschaften verbinden kann!

Obwohl der Pastor für Siegfried in seiner geistlichen Stellung eine Respektsperson darstellt, kommt es – wenig überraschend – zu Reibereien. Denn Siegfried bestimmt die Reiseroute mit und ist der Führer bei den naturkundlichen und kulturhistorischen Sehenswürdigkeiten. Nach Meinung des Pastors lässt der Herr Doktor den Bus allzu oft aufgrund seiner Privatinteressen stoppen, sodass die Reiseplanung immer wieder in Verzug gerät.

Im Jahre 1962 ist Sizilien das Ziel. Mit einer Fähre überqueren sie vom italienischen Festland aus trotz Skylla und Charybdis ohne

Zwischenfall die Straße von Messina. Vor ihnen erhebt sich aus der Ebene der mächtige Kegel des Ätna. Sie klettern ein Stück hinauf. Siegfried lässt es sich nicht nehmen, trotz der Hitze zwischen den Lavabrocken Jagd auf seine Lieblinge zu machen. Anschließend besichtigen sie Catania, eine Stadt von geheimnisvoller Schönheit mit Gebäuden aus schwarzem Stein.

Im Uferbereich des Flusses, der bei Syrakus ins Meer mündet, bewegen sich lange, schlanke Schilfrohre im Wind. Siegfried sitzt vorn neben dem Busfahrer. Er steht auf und wendet sich an die Mitreisenden.

»Was Sie da rechts sehen, ist etwas ganz Seltenes. Das ist wilder Papyrus. Dies ist der einzige Ort in Europa, wo diese Pflanzen vorkommen. Können wir mal kurz anhalten, Herr Pastor? Vielleicht gelingt es uns, noch näher heranzufahren.«

»Aber höchstens zehn Minuten, Herr Doktor.«

Als sie weiterfahren, stimmt dieser die anderen auf das nächste Ziel ein:

»Wie schon Goethe sagte: ›Italien ohne Sizilien macht gar kein Bild in der Seele.‹ Wir nähern uns jetzt Syrakus. Sie werden sehen, alles in dieser Stadt atmet Geschichte. Entschuldigung, ich muss mal eben in meine Aufzeichnungen schauen. Ja, gegründet wurde die Stadt 734 v. Chr. von dorischen Siedlern aus Korinth. Unter den Griechen entwickelte sich Syrakus zur größten Stadt der damals bekannten Welt, größer noch als Athen. Wir werden morgen das riesige Theater besichtigen. Es wurde fast völlig aus dem Fels geschlagen. 15 000 Zuschauer fieberten dort mit bei den Tragödien des Sophokles oder amüsierten sich in den Komödien von Aristophanes. Die Griechen verteidigten Syrakus in den 500 Jahren ihrer Herrschaft gegen Angriffe der Karthager und der Etrusker. Meist herrschten Tyrannen über die Stadt.«

Er steht auf, dreht sich zu seinen Zuhörern, streckt einen Arm wie ein Heldentenor auf der Opernbühne aus und deklamiert laut:

»Zu Dionys, dem Tyrannen ...«

Schon antwortet es ihm aus den Sitzreihen:

»Schlich Damon, den Dolch im Gewande ...«

»Ihn schlugen die Häscher in Bande«, fährt ein anderer schnell fort.

»Was wolltest du mit dem Dolche? Sprich! – Kartoffeln schälen, verstehst du mich!«

Der Witz ist alt, aber alle lachen. Siegfried übernimmt wieder und spricht mit theatralischer Stimme:

»Da schimmern in Abendrots Strahlen von Ferne die Zinnen von Syrakus ...«

Die Mitreisenden klatschen. Er lacht, begibt sich wieder auf seinen Sitz und fährt fort:

»Ja, wir alle erinnern uns noch an unseren Schiller. Ob auch unsere Kinder und Kindeskinder noch solche Gedichte aufsagen können? Übrigens, Dionysios, Vater und Sohn, gab es wirklich ... Die Griechen wurden später abgelöst durch die Römer, die 700 Jahre in Syrakus herrschten. Auch von ihnen werden wir zahlreiche Zeugnisse sehen können. Danach geriet die Stadt jeweils für mehrere Jahrhunderte unter byzantinische und arabische Regentschaft, schließlich unter die Kontrolle von Normannen und Staufern. Es war die meiste Zeit eine wohlhabende Stadt. Wenn man auf der richtigen Seite stand und eine gute Position innehatte, ließ es sich in Syrakus wohl trefflich leben. Ich nehme an, einige von Ihnen hatten Griechisch in der Schule und erinnern sich sicherlich an Aischylos. Dieser Dichter lebte hier, ebenso wie Pindar. Der große Platon lehrte hier Philosophie. Archimedes entwickelte in Syrakus verschiedene Kriegsmaschinen zum Schutz gegen die Angriffe der Römer. Die Entwürfe dazu können wir uns morgen an der Stadtmauer und im Museum ansehen. – Noch ein Wort zum Schluss: Wir befinden uns ja hier im Mafia-Land, ihrer Geburtsstätte sozusagen. Dennoch oder gerade deshalb sollten Sie nie in Gegenwart von Sizilianern die Wörter ›Mafia‹ oder ›Cosa Nostra‹ gebrauchen. Und immer schön die Handtasche festhalten.«

Er grinst, dreht sich um und nickt dem Fahrer verschwörerisch zu.

Am Vormittag des nächsten Tages besuchen die Reisenden als Erstes das griechische Amphitheater. Siegfried überlässt bei Besichtigungen im Freien die Gruppe sich selbst oder einheimischen Führern und hat mit dem Herrn Pastor einen Zeitpunkt für die Weiterfahrt vereinbart.

»Na, denn will ick jetze ma' verduften, wa«, sagt er spitzbübisch zu Dora.

Endlich ist er allein. Aufmerksam streift sein Blick durchs Gelände. Der Arena selbst gönnt er nur wenige Minuten. Er wirft einen kurzen Blick auf das von Vegetation überwucherte Oval mit den ansteigenden Sitzreihen. Hier also haben die Römer die Massen mit Theateraufführungen, Wagenrennen und Gladiatorenkämpfen begeistert. Unter den vorderen Sitzreihen kann er noch gut die Zugänge für die Tiere und die Gladiatoren erkennen. Er versucht sich vorzustellen, wie die Römer den Innenraum mit Wasser fluteten, um Seeschlachten nachzustellen, und wie es den Gefangenen erging, die das tödliche Spiel mitspielen mussten.

Oben am Rand der Arena blühen Oleanderbüsche, dahinter das Grün der Pinien. Die Luft flimmert, ist gesättigt vom herben Duft der uralten Bäume und von den Aromen der Macchia-Kräuter, dazu das Sirren der Zikaden. Schon jetzt am Vormittag ist es heiß in der Arena. Die Sonne füllt den Raum mit schmerzender Helligkeit. Eidechsen sonnen sich und verschwinden in den Ritzen, wenn er näherkommt. Es geht ein leichter Wind, der Scirocco, der sich anfühlt wie ein heißer Föhn. Siegfried hat sein Jackett im Bus gelassen, seinen Schlips abgelegt. Im jägergrünen Rucksack befinden sich Tuchbeutel, die Dora für ihn genäht hat, gefüllt mit leeren Zigarettenschachteln. In der Hosentasche stecken eine Lupe, ein Messer und eine kleine Schaufel. Er steigt weiter die Tribüne hoch. Schon findet er die ersten Exemplare, danach begibt er sich in die kühleren, unterirdischen Gänge. Auch hier wird er fündig.

Er hat diese Schnecken noch nie gesehen, auch nicht in der Literatur: Ihre Form ist nicht spektakulär, vielleicht wie eine flache Weinbergschnecke, etwa daumennagelgroß, von weißlicher Farbe mit einem braunweißen Muster oder braunen Flecken. Die in den unterirdischen Gängen sehen schon wieder anders aus. ›Kann es sein, dass es diese Schnecken nur hier gibt, sind die endemisch‹, schießt es ihm durch den Kopf. ›Murella vielleicht?‹ Allmählich beginnt ihn, das Jagdfieber zu packen. Er tritt wieder ins Helle und wendet sich den Opferaltären von Hieron II. zu. Wieder Murella, aber eine andere interessante Variation. Schnell kritzelt er ein paar Notizen hin: Fundort, Monat, Jahr. Ein Aufseher hat ihn entdeckt, eilt auf ihn zu und winkt mit den Armen:

»Signore! Signore, mi scusi! Eee! Cosa fà lei?«

Er lächelt und zeigt dem Wärter, was er in der Hand und in seinen Beuteln hat.

»Scientia …. Concha? … Helica … mollusca, prego! Scientia!«, versucht er.

»Va bene«, meint der Aufseher schließlich und hebt Schultern und Arme. Im Weggehen grummelt er: »Uffa, questi stranieri!«

Siegfried lässt nun das griechische Theater griechisches Theater sein. Nur zum Ohr des Dionysios muss er noch kurz, wo der Tyrann angeblich durch ein Loch in der Höhlendecke die Gespräche seiner Gefangenen belauschte. Die Akustik ist in der Tat fantastisch. Doch er muss in die Steinbrüche! Da wird er die entscheidenden Sachen finden! Die Steinbrüche – eine ganz eigene, geheimnisvolle Welt, tief eingeschnittene, unregelmäßige Rotunden im Felsen mit vielen Höhlen, von mediterraner Vegetation überwuchert, mit porösen, steilen, weißgrauen Kalksteinwänden, die Hitze ausatmen und in der Sonne blenden. Siegfried ist richtig berauscht und vergisst die Zeit. Er fühlt sich jung und immer noch stark, zwängt sich in die Höhlen, kriecht oder klettert an Wänden hoch, und macht reiche Beute. Eine Vielzahl von Arten und fast in jedem Steinbruch eine besondere Variation, die es nur hier gibt. Welche Kostbarkeiten, welches Sammlerglück! Die Zeit bleibt stehen. Gerade balanciert er auf einem schmalen Sims, pult eine Schnecke aus einer Felsspalte, und erkennt zu seiner größten Freude, dass er einen Schneckenkönig in der Hand hat ... da gerät er ins Straucheln. Er öffnet die Hand, um nicht zu stürzen, der Schneckenkönig kullert heraus, springt über mehrere Felsvorsprünge und verschwindet im Gebüsch. Zu allem Unglück löst sich auch noch die Zigarettenschachtel aus der Hosentasche, die die gesamte Ausbeute dieses Steinbruchs enthält. Fassungslos blickt er seinen Schätzen hinterher. Das wird lange dauern, sie alle wieder aufzulesen. Er schaut auf die Uhr, schon eine Viertelstunde zu spät. Verärgert läuft er zum Bus zurück.

Dora ist die ganze Sache peinlich, sie fühlt sich als Ehefrau mitschuldig für sein Benehmen.

Schon von Weitem ruft Siegfried die Reisegesellschaft an. Wie er nur aussieht! Sein Hemd ist durchgeschwitzt, seine Hose staubig, Schweiß läuft ihm von der Stirn, Hände und Fingernägel starren vor Schmutz.

Des Pastors finsterer Blick trifft ihn, auch die anderen scheinen ihm nicht gerade das Du anbieten zu wollen.

»Tut mir leid«, ruft er, noch um Atem ringend, »es ist etwas Schreckliches passiert!«

Dora ahnt schon, was jetzt kommt.

Pastor Foerster, der ihn noch nicht so genau kennt, fragt: »Na, nun erzählen Sie schon!«

»Ein Schneckenkönig!«

Siegfried schnappt nach Luft.

»Ich hatte einen seltenen Schneckenkönig in der Hand. Der ist mir zusammen mit einer ganzen Schachtel Murellen den Fels heruntergefallen. Nun stehe ich hier mit beinahe leeren Händen. Welch großer Verlust für die Wissenschaft! Das sind Schnecken, die gibt es nur hier auf der Welt. Ich muss diese Kostbarkeiten unbedingt bergen. Tut mir leid. Das geht nicht anders. Ich weiß, ich habe Ihnen Unannehmlichkeiten bereitet, aber ich muss zurück.«

Er sieht sehr energisch aus, der Herr Doktor, wie er da steht, mit rotem Kopf und wildem Blick. Einige murren, da meint einer spontan:

»Also auf, Freunde, helfen wir mit, wenn's denn der Wissenschaft dient!«

Dieser Satz sollte eine stehende Redewendung an den restlichen Tagen dieser Reise werden.

So machen sich schließlich alle fröhlich schwatzend auf und Siegfried führt sie an den Ort seines Missgeschicks. Sie hocken sich hin, teilen das Gras, kriechen unter die Büsche. Nach kurzer Suche finden sich seine Murella und auch der Schneckenkönig wieder ein. Siegfried dankt überschwänglich.

Für ihn war es ein erfolgreicher Tag, am Abend ist er ausgesprochen euphorisch gestimmt. In dem dichten Geäder aus Gassen, Wegen, Tritten und Höfen in Ortigia, dem dem Festland vorgelagerten Inselteil der Stadt, hat die Reisegruppe ein Restaurant gefunden. Siegfried versucht sich mit dem Kellner auf Latein zu verständigen, was ihm auch einigermaßen gelingt. Als ihn ein Mitreisender tadelnd auf seine Verspätung hinweist, meint er nur:

»Ich mach's wie die Sizilianer: Ich komme nie zu spät, sondern immer genau richtig.«

Ausgiebig spricht er einer Flasche Nero d'Avola zu, führt das Wort und gefällt sich in der Rolle des gelehrten Unterhalters, was Dora so gar nicht recht ist. Sie legt ihm die Hand auf den Arm, um ihn zu mäßigen. Er erzählt von Dionysios II.

»Der hat einmal Damokles, einen seiner Höflinge, an seine Speisetafel gebeten. Direkt über ihm«, er macht eine Pause, zeigt mit dem Zeigefinger an die Decke, alle Augen folgen ihm, »hing ein scharfes Schwert an einem Balken, nur gehalten durch ein Pferdehaar. Das sollte ihn und uns lehren, dass wir mitten im Leben immer vom Tode bedroht sind.«

Ein Augenblick Stille, betretenes Schweigen. Einer aus der Reisegruppe löst die Situation, indem er das Weinglas hebt und ruft:

»Wenn's denn der Wissenschaft dient …«

»Sind Sie immer so, Herr Doktor?«, fragt schließlich eine Dame kokett, die ihm den ganzen Abend schon schöne Augen macht. »Ich meine, dass sie andere Leute erst warten und dann noch in der Hitze für sich arbeiten lassen?«

»Was Sie bisher gesehen haben, sind meine positiven Seiten, gnädige Frau. Wollen Sie etwa auch noch die dunklen kennenlernen?«

Siegfried fühlt sich geschmeichelt und reizend ist sie auch noch. Zu fortgeschrittener Stunde stimmt er mit seiner durchdringenden Stimme das Lied von den Rittersleut an:

»Und das Fräulein Kunigunde …«

Alle singen mit. Also war seine Zeit in der Studentenverbindung mit ihrem Liederschatz doch nicht ganz umsonst!

Auf dem Hotelflur bekommt Dora zufällig mit, wie einige Mitreisende über ihren Mann sprechen:

»Der Jaeckel ist ja ein verrückter Kerl. Manchmal die reine Nervensäge!«

»Aber lass mal. Der Mann garantiert dir Abenteuer, oder etwa nicht?«

Dora selbst kann auf solche Abenteuer gern verzichten.

Auch an allen anderen Zwischenstopps kriecht er durchs Unterholz, durchkämmt Böschungen, Geröllablagerungen und watet mit hochgekrempelten Hosenbeinen durch Bäche und Teiche, um Mollusken zu sammeln.

Einmal fährt der Bus ohne ihn ab, um ihm eine Lektion zu erteilen.

Viele seiner Schnecken und Muscheln liest er aber ohnehin nachts auf, weil manche Arten tagsüber nicht zu finden sind. Mehrere Koffer füllt die Ausbeute seiner Reisen. Deshalb bedingt er sich immer die letzte, durchgehende Sitzreihe im Bus aus. Einmal entweichen ihm Schnecken aus einem Beutel und finden sich an den Fensterscheiben des Busses wieder oder – noch schlimmer – unter den Sitzen und auf dem Fußboden. Ein anderes Mal, auf einer Spanienreise, vergisst Dora einen Sammelbeutel an einem Haltepunkt, behauptet Siegfried jedenfalls. Er braucht immer einen Schuldigen, wirft ihr den »Verlust für die Wissenschaft« noch wochenlang vor.

Dora steht diesen Reisen zwiespältig gegenüber. Einerseits genießt auch sie diese Fahrten und ist dankbar dafür, dass sie herauskommt aus Heikendorf, hat sie doch noch nicht viel gesehen von der Welt. Sie lernt nette Leute kennen und kann hinterher ihren Freundinnen und Verwandten berichten, wo sie überall gewesen ist. Aber sie wünscht sich einen einfühlsameren, zuvorkommenderen Begleiter, der sich um sie sorgt und ihr Dinge abnimmt. Stattdessen hat sie ständig für ihn da zu sein. Siegfried behandelt sie wie eine wissenschaftliche Assistentin, die für den reibungslosen Ablauf seiner Exkursionen zu sorgen hat und dafür verantwortlich ist, dass der Herr Doktor all seine Sachen beisammenhat. Wenn etwas schiefgeht, hat sie Schuld daran. Und es gibt eben auch so manche Situation, in der Dora sich schrecklich für ihn schämt. So geben sie für die Mitreisenden ein seltsames Paar ab: Dora, die eher vernünftige, zurückhaltende Frau, und Siegfried, der schrullige, ganz und gar eigensinnige Mann. Dora merkt, wie die anderen Paare zu ihnen herübergucken und tuscheln, meint in ihren Augen verhaltenen Spott und Häme wahrzunehmen. Siegfried indes registriert das gar nicht. Er bleibt allen Mitreisenden als Kuriosum in Erinnerung.

Seine Molluskenfunde verstaut er in recht stabilen Zigarettenschachteln der Marken »NIL« oder »MEMPHIS«. Die schnorrt er sich zusammen. Alle im Bus wissen, leere Zigarettenschachteln gehen an Jaeckel. Was er von den Reisen mitbringt, erweist sich meist als äußerst interessant. Er hat immer noch den richtigen Riecher.

Neben den Busreisen mit der evangelischen Kirche nutzt er Kaffee- und Werbefahrten zum Schneckensammeln, wenn sie ein für ihn relevantes Ziel ansteuern. Er bucht immer das Billigste. Die Werbefahrten gelten meist irgendwelchen Lokalen am Waldrand. Während die Rentner in den Saal strömen, schlägt er sich seitwärts in die Büsche. Auch hier werden die Nerven so manches Busfahrers arg strapaziert.

Er nimmt ebenso an Butterfahrten mit dem Schiff teil, bei denen man auf der Ostsee außerhalb einer bestimmten Zone Waren zollfrei einkaufen kann, auch Spirituosen. Ein mitreisender Kollege amüsiert sich:

»Da hat er die einzigen englischen Worte gesprochen, die er kann: Johnnie Walker.«

Auf einem dieser Ausflüge ersteht er ein spottbilliges Jackett. »Für fünf Mark!«, wie er immer wieder betont. Sein Pech, dass er auf dem Rückweg vom Hafen in einen heftigen Regenschauer gerät. Als er zu Hause ankommt, ist die Jacke eingelaufen, sind die Ärmel um zehn Zentimeter geschrumpft. Noch tagelang läuft er mit dem ausgeleierten Ding herum und weist immer wieder darauf hin: »Für fünf Mark!« Im Nacken des Jacketts bildet sich eine Beule mit Hohlraum, sodass es aussieht, als habe er einen Buckel. Mit gekrümmtem, schiefem Rücken und hochgezogenen Schultern schleicht er sich an Dora heran, die gerade im Garten die Stangenbohnen richtet. Mit unbeholfenen Bewegungen und irrem Blick brabbelt er unverständliche Worte vor sich hin. Dora wird bleich vor Schreck und schimpft.

»Esmeralda! Erinnerst du dich an Notre-Dame in Paris?«, versucht er sie zu beruhigen.

Natürlich erinnert sie sich an die ärgerliche Szene. Auch da hatte er vor den Mitreisenden die Quasimodo-Nummer abgezogen.

Die Schnecke schien sich über alle Regeln der Physik
hinwegzusetzen. Sie kroch über die Spitzen des Mooses,
ohne dass sie sich bogen, und konnte einen Farnstängel
senkrecht hinauf- und dann an der Unterseite des
Wedels kopfüber weiter kriechen.
Elisabeth Tova Bailey,
Das Geräusch einer Schnecke beim Essen

50 Von Göttern, Prytanen und dem Griff nach der Unsterblichkeit

»Introite nam et hic Dii sunt!«
Dieser Spruch ziert den Türrahmen von Siegfrieds Arbeitszimmer. Es ist die lateinische Form eines Zitats, das Aristoteles von dem Griechen Heraklit (um 500 v. Chr.) überliefert, der, als er sich an einem Backofen wärmte, Besucher »eintreten hieß, denn auch hier seien Götter«.

Neben dem Schreibtisch im Souterrain hängt eine schwarz-weiße Fotocollage, die einen kahlköpfigen Mann darstellt, über dessen Schädel ein Dutzend Weinbergschnecken kriechen.

Vollkommen haarlos ist er noch nicht, aber inzwischen 73 Jahre alt und körperlich angeschlagen. Zurückgezogen lebt er mit Dora im Haus am Meer. Er hält die Zeit für reif, schon einmal ein Resümee zu ziehen. Er beginnt, Dokumente und Aufzeichnungen über sein Leben zusammenzustellen. Dabei bleibt er sich treu. Wieder müssen kleine Zettel, gebrauchte Briefumschläge für die Notizen herhalten. Mit Bleistiftstummeln bedeckt er diese in einer krakeligen, nahezu unleserlichen Schrift, die den verschlungenen Schleimspuren seiner Lieblinge immer ähnlicher wird.

Die Aufzeichnungen, die wiederholt, aber völlig unsystematisch um dieselben Themen kreisen, leitet er mit Sätzen ein, die Ovid seinen »Tristia« voranstellt:

Ille ego, qui fuerim, tenerorum lusor amorum,
quem legis, ut noris; aceipe posteritas!
(Von welchem Charakter ich, der ich mich stets mit zarter Liebesdichtung beschäftigte, eigentlich gewesen bin, vernimm, o Nachwelt, damit du weißt, von wem du liest.)
Wenn ich mich auch nicht unter die Dichter rechnen darf, schreibt er weiter, *möge hier in kurzen Aufblendungen der Ablauf meines Lebens in knappen Worten aufgezeichnet sein.*

Zunächst richtet er den Blick auf die familiären Wurzeln. Er breitet die Fotos der Vorfahren und der Eltern auf dem Schreibtisch aus und hält Zwiesprache mit ihnen.

Die polnische Linie seiner Vorfahren mütterlicherseits war bäuerlich geprägt, kam aus dem Südzipfel der Provinz Posen. Der Urgroßvater Balthasar Biniek, mit ungeheuren Leibeskräften ausgestattet, brach sich beim Hochwuchten eines Ackerwagens das Genick. Dessen Sohn Anton, Siegfrieds Großvater, geboren 1847, wuchs nach den polnischen Wirren heran, ging zu den Preußen und wurde Soldat. Die breite Ordensschnalle, die er anlässlich eines Geburtstags während des Ersten Weltkriegs anlegte, imponierte Siegfried als Jungen gewaltig. Er sei korrekt im Dienst gewesen, im Kriege hochdekoriert worden, sparsam und genügsam, und habe zehn Kinder zu ordentlichen Menschen erzogen, notiert er. Siegfried führt seinen Idealismus und ausgeprägten Patriotismus auf das Erbe des Großvaters Anton zurück. Nach den Aussagen seiner Mutter ähnele er diesem neben dem Urgroßvater in Körper, Aussehen, Charakter, Frömmigkeit und Wesen.

Die andere Ahnenlinie bilden fränkische Auswanderer aus der Maingegend. Wie viele andere vom Bischof von Breslau gerufen,

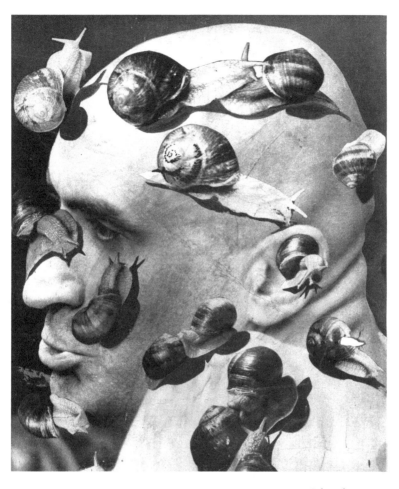

Schneckenmann

siedelten sie sich in den schlesischen Bergen an. Gottfried Bittner, ein Freibauer aus dem Glatzer Bergland, vermählte sich mit einer von Ceswicz, einer verarmten Adeligen. Ihr Sohn Siegfried war zwar seiner Berufsbezeichnung nach Tischlermeister und Vergol-

465

Siegfrieds Aufzeichnungen

der, arbeitete aber auch als Herrgottsschnitzer und baute verschiedene Altäre in Hirschberg und Umgebung. *Eine Charaktergestalt*, hält Siegfried fest, tief religiös, wobei er, wie sein Vater Fritz behauptete, auch auf schlesische Mundart tüchtig fluchen konnte. Dieser Siegfried Bittner war der Urgroßvater Siegfried Jaeckels, sowohl väter- als auch mütterlicherseits, da seine Eltern ja Cousin und Cousine waren.

466

Seine Eltern hatten diesen Mann vor Augen, als sie in Samoa einen Vornamen für ihren Sohn suchten. Der Urgroßvater sei fortschrittlich und liberal gewesen, geachtet, und habe es zu etwas gebracht. Mit sechs Rappen wurde er von der Sedanstraße in Breslau zu Grabe gefahren. Siegfried bezweifelt, ob er es im Ansehen seiner Mitmenschen so weit gebracht habe wie sein Vorfahr.

Er legt ferner eine Liste mit Frauen an, die ihm wichtig sind und waren. Sie bekommen ein bis drei Kreuze je nach Bedeutsamkeit. Caroline Jaeckel, seine jüngste Schwester, erhält drei Kreuze. An erster Stelle aber steht Elsa, erst dann kommt Dora. Die zarte Rachèle van den Berghe, die feurige Schwester der Wirtin in St. Omer und die süße Tscherkessin im Zarenschloss bei Jalta folgen dahinter.

Er erinnert sich an die Frau eines von Russen erschossenen Oberstleutnants im Generalstab, die er auf einer Eisenbahnfahrt kurz nach dem Krieg kennenlernte. In Uelzen stieg sie aus dem offenen, flachen Kohlenwaggon, um ihr in den Schrecknissen verstorbenes Kind, einen Jungen, auf dem Friedhof aufzusuchen. ›War das, was sie beide verband, nur platonisch, oder hätten sie beide ganz zueinanderfinden können?‹, fragt er sich. In dieser melancholischen Stimmung fällt ihm der »Gesang der Geister über dem Wasser« von Goethe ein:
»Leben des Menschen, wie gleichst Du dem Wasser, Schicksal des Menschen, wie gleichst Du dem Wind!«
Gelegentlich bereut er die Sünden, die er nicht begangen hatte.
Wenn er es recht bedenkt, ist er zwar auch mit Wissenschaftlerinnen ausgegangen, mit Frauen, die es mit ihm aufnehmen können, gleichermaßen gebildet und intelligent, doch geheiratet hat er Frauen, die ihm in diesen Belangen unterlegen sind. Die konnten ihn in seinem Streben nach beruflichen und intellektuellen Höhenflügen, dem Aufstieg in höhere Kreise nur bedingt unterstützen, wurden ihm dafür aber auch nicht gefährlich.

Selbstkritisch notiert er:

Meine Jahresarbeit »Stoa und Christentum« im Gymnasium hat mich in ausgiebigen Studien auf die »Selbstbetrachtungen« des Stoikers und römischen Kaisers Markus Aurelius aufmerksam gemacht und meine Auffassung von Frauen geprägt. Ich war Idealist im wahrsten Sinne, hatte als Leitbilder nur Ideale wie Eid, Ehre, Treue, Jungfräulichkeit. Junge Mädchen, Frauen und ältere Mütter waren für mich Königinnen, Göttinnen. Ich war linkisch und unerfahren, plump Vertreterinnen des weiblichen Geschlechts gegenüber und hatte wenig Erfolg. Es fiel mir schwer, um Frauen zu werben. Hinzu kam mein ursprünglicher Plan, Geistlicher zu werden.

Über mehrere Seiten führt er Titel, Namen, Funktionen und Orte von Menschen auf, mit denen er beruflich oder im Krieg zu tun hatte, sowie von Menschen, die ihn beeindruckten oder ihm bemerkenswert schienen. Darunter sind Naturwissenschaftler aller Richtungen, zum Beispiel *Dr. Erich Osterloh, der deutsche Zoologe mit der besten Kleidung und dem besten Auftreten*, aber auch Ärzte, Generäle, Admiräle, Philosophen, Adelige, Gutsbesitzer, Politiker, NSDAP-Spitzel.

Siegfried fertigt ferner eine Liste von circa 160 Kolleginnen und Kollegen, Bekannten, Sammlern an, von denen er Molluskenmaterial bekam, und vermerkt, von welchen Gebieten der Erde dieses stammt.

Auch Naturphänomene, deren Zeuge er geworden ist, hält er für wert, zu Papier gebracht zu werden: Nordlicht, Halobildungen bei Kometen, Fata Morgana, Elmsfeuer …

Weiter heißt es: *Bis auf Amerika betrat ich alle Erdteile. In Deutschland und Europa kam ich überall herum. Wenn ich von Reisen spreche, meine ich in erster Linie: Molluskensammeln.*

Er kennt sich selbst gut genug, dass er zu seinen Ungunsten aufführt, zu oft naseweis gewesen zu sein. Das habe ihm oft geschadet, weniger in der Schule, eher an der Universität in Berlin, noch

Siegfried Jaeckel im Alter

mehr als junger Doktor in Kiel, zum Beispiel gegenüber Prof. Remane.

Auch beim Militär habe er es sich so mit manchem verscherzt. Remane nennt er eine großartige Persönlichkeit und seinen Meister, der ihm anerkennende Worte gewidmet habe: »Jaeckel, Sie sind der Umfassendste!«

Remane habe ihn gemahnt, es dürften keine ungedruckten Manuskripte nach dem Tode eines Wissenschaftlers gefunden werden, die die Menschheit noch hätten bereichern können. Dabei kommt ihm eine seiner Reisen in den Sinn. 1976 stand er an der Südseite der Agora Athens vor der Tholos, einem Rundtempel, der als Sitz der Prytanen diente, den führenden Mitgliedern der Regierung einer Stadt im antiken Griechenland. Eine Speisung im Prytaneion und andere Vergünstigungen wurden für besondere Verdienste gewährt und entsprachen nach heutigen Vorstellungen der Ehrenbürgerwürde. In den antiken Ruinen erinnert sich Siegfried daran, dass Remane angesichts seiner beruflichen Misere bereits im Frühjahr 1959 zu ihm gesagt hatte:

»Ich kenne Sie seit über 23 Jahren und weiß um Ihre Leistungen. Wegen Ihrer Verdienste hätte der Staat die Pflicht, Sie quasi wie einen Prytanen zu behandeln.«

›Ja, wenn das so ist‹, fragt er sich, ›warum hat mir der Meister dann keine Planstelle verschafft?‹

Siegfried bezeichnet sich selbst als notorischen Pechvogel. Dabei geht es nicht um Geld, zu dem er nie eine rechte Beziehung hatte, sondern um eine längst fällige, wirkliche Anerkennung seiner Leistungen und Verdienste.

Er gesteht sich ein, gewissermaßen ein kleines Licht geblieben zu sein, das hin und wieder in Berührung mit der sogenannten großen Welt gekommen ist. Die Einladungen zum »Sandower Kreis« bei Landsberg, die offizielle Teilnahme an der Schiffstaufe durch Hindenburg – Sternstunden für Siegfried. Aber das waren Ausnahmen, Zufälle – er gehört einfach nicht zum oberen Teil der Gesellschaft.

Je älter er wird, desto schneller rast die Zeit dahin.

Er spürt, dass die Uhr erbarmungslos abläuft. Dabei gibt es noch zu viele ungelesene Bücher, zu viele nicht gesehene Kunstwerke und Landschaften, zu viele Orte mit besonderen, seltenen, bisher unentdeckten Muscheln und Schnecken, zu viele interessante Menschen. Er ergreift nun jede Gelegenheit, von ihm unerschlossene Gebiete zu bereisen. So nimmt ihn ein junger Kieler Zoologe mit seinem Auto nach Erlangen mit.

Obwohl er in der Nacht vor der Abfahrt wieder eine Gallenkolik bekommt, fährt er entgegen dem Flehen seiner Frau ab.

Die Reise führt weiter in den Schwarzwald, in die Höllbachschlucht mit seltenen Schnecken, und zur Teufelsküche, wo sich das Hochwasser der Alb einen Durchbruch durch den Granit geschaffen hatte. Noch klaffende Lücken in seiner Sammlung sollen, ja müssen geschlossen werden. Außerdem plant er ein Treffen mit einem Fachkollegen in Kassel. Das sich selbst auferlegte Pensum übersteigt seine Kräfte. In Kassel bekommt er einen weiteren Anfall. Unter Schmerzen erreicht er zwölf Kilometer vor Erlangen das Nachtquartier. In der Nacht suchen ihn fürchterliche Gallenkoliken heim, sodass er am nächsten Tag als Notfall in die Uniklinik von Erlangen eingeliefert wird, damals eine der besten Kliniken Deutschlands. Dort wird sein Zustand für sehr ernst befunden, und es beginnt ein Wettlauf mit dem Tode.

Er hat hohes Fieber, Gallenblase und Pankreas sind entzündet. Alles läuft auf eine Operation hin. Dora kann ihn vorher noch besuchen und an seinem Bett sitzen. Er hat Todesangst und ist verzweifelt. Er will nicht sterben.

»Dieser verfluchte Mist muss endlich aufhören. Der Tod muss zum Teufel noch mal abgeschafft werden«, jammert er ihr vor.

Als er dann auf dem Operationstisch liegt und seine Bauchdecke geöffnet wird, erschauern selbst die Ärzte. Die Gallenblasenwand zeigt sich in einem jämmerlichen Zustand, sie ist kurz vor dem Platzen. Die Operation gelingt. Es folgen fast sechs Wochen

Krankenhausaufenthalt. Er ist niedergeschlagen. Mit Dora hält er brieflich Kontakt. Sie fehlt ihm wie selten zuvor. Es ist eine harte Zeit für ihn. Schmerzen, Unwohlsein, körperliche Einschränkungen sind Zustände, die er nur schwer ertragen kann. Außerdem hält er es kaum aus, untätig im Bett zu liegen.

Meist ist Siegfried allein. Er hat Zeit, sich auf alles vorzubereiten und vom Diesseits Abschied zu nehmen.

Aber Gott, der mich auf so eigenartige Weise nach Erlangen gelangen ließ, gab mir durch das Wissen und Können der Ärzte das Leben wieder, notiert er hoffnungsvoll.

Ein Pfarrer versorgt ihn mit geistlicher Literatur. Katholische Nonnen pflegen ihn. Er hat das Gefühl, in Gottes segnender, beschützender Hand zu sein. Das führt ihn zu einer erneuten, verstärkten Hinwendung zum katholischen Glauben. Nach seiner Rückkehr hängt er im Wohnzimmer über dem Sofa, auf dem er in seinen späten Jahren viel Zeit verbringt, ein Kruzifix auf. Der Kontakt zur katholischen Gemeinde in Heikendorf gewinnt wieder an Bedeutung. Gegenüber Dora äußert er:

»Sollte ich dich überleben, will ich meinen gesamten Besitz der katholischen Kirche vermachen.«

Er schöpft neuen Lebensmut und schmiedet wieder Pläne.

Kollegen teilt er 1981 brieflich mit, dass ihn die Isolierung hier oben bedrücke und dass er sowohl persönlich wie auch auf fachlichem Gebiet immer weiter herunterkomme. Über seine körperlichen Beeinträchtigungen berichtet er:

In diesem Sommer gerade zu den heißesten Tagen hat es sich für mich nur noch um Stunden gehandelt. Eiltransport nach Preetz! Routine-Untersuchung vom Aufnahmearzt, nur 28 % des Blutsolls und dgl. Mir wurde sogleich das Brustbein aufgemeißelt, ein Loch so groß wie eine Zweimarkmünze, um an das rote Knochenmark zu gelangen. Aus einer schläfrigen Apathie ärztlicherseits wurde mir bedeutet, ich wäre um einen schönen Tod ohne Agonie gekom-

men. Da wurde mir meine äußerst gefährliche Lage bewusst und ich
gab den noch unschlüssigen Ärzten selbst Kommandos. Acht Liter
Blutkonserven und ebenso viele Salz- und Nährlösungen erhielt ich
in knapp vierzehn Tagen. Meine Hände, besonders die linke Hand
und andere periphere Körperteile sind mangels Blutversorgung ge-
lähmt, sodass ich nicht mehr die Schreibmaschine benutzen kann.

Der Adressat des Schreibens meint, wenn Siegfried so lange
Briefe noch so gut schreibe, könnten die Lähmungen nicht gar so
arg sein. Doch die Tiefschläge häufen sich. Nach einem Narkose-
fehler bei einer Leistenbruchoperation im Jahre 1981 leidet er unter weiter zunehmenden Lähmungserscheinungen, großen Problemen mit der Koordination und Feinmotorik seiner Hände. Es ist
ihm kaum mehr möglich zu schreiben, was das wissenschaftliche
Arbeiten naturgemäß erschwert.

Drei Sammlungsschubkästen entgleiten seinen Händen und
fallen zu Boden, was ihn rasend vor Wut über seine körperliche
Hinfälligkeit macht. Dabei harrt noch so viel Material in Schüs-
seln und Kästen der Aufarbeitung. Ihm wird zunehmend bewusst, dass er nicht davonkommen wird. So nimmt er sich vor, in
der Zwischenzeit bis zum Tode so viel wie möglich an Wertvol-
lem zu hinterlassen. Das bedeutet, die Sammlung zu ordnen und
zu überprüfen, ebenso die Druckschriften und den Briefwechsel
und, und, und. Was jetzt zählt, ist sein Werk. Dem ordnet er vie-
les, vielleicht sogar alles unter, auch seine Frau Dora.

Das Schreiben von Büchern ist ein Griff nach der Unsterb-
lichkeit. Welche seiner Schriften werden fortbestehen? Auf die
»Mollusken Südamerikas«, seiner letzten Arbeit, ist er nicht besonders stolz. In der zweiten Ausgabe der »Limnofauna Europaea«
ist er bereits durch jüngere Kollegen ersetzt worden. Als seine
Hauptwerke betrachtet er in erster Linie die Ergänzungen und Berichtigungen einer Arbeit von Paul Ehrmann aus dem Jahre 1933,
»Die Weichtiere Mitteleuropas«, und zum anderen die Cephalo-
podenmonografie in der Reihe »Die Tierwelt der Nord- und Ost-

see«. Beide Arbeiten zählen, wie ihm viele Kollegen versichern, zu den malakologischen Standardwerken des 20. Jahrhunderts.

Aber er gibt sich keinen Illusionen hin. Auch die Arbeiten von zu ihrer Zeit anerkannten und geachteten Wissenschaftlern haben ein Verfallsdatum. Nur das Werk außergewöhnlicher Persönlichkeiten in der Wissenschaftsgeschichte überdauert Jahrzehnte oder gar Jahrhunderte. Er wollte immer zu der Tiefe der Dinge vordringen, eine neue, unanzweifelbare Wahrheit in der Natur finden und hat doch nur an der Oberfläche gekratzt.

Leider gesellt sich zu seinen bisherigen Beeinträchtigungen ein Prostataleiden, das ihn quält und in seinem Aktionsradius weiter einschränkt. Eine andere Frage stellt sich indes immer dringlicher: wohin mit einer der größten und vielseitigsten Schnecken- und Muschelsammlungen in Privathand, mit einer Sammlung von circa 60 000 Nummern? Er gehört zu einer aussterbenden Sammlergeneration, die – heute unter ethischen Aspekten problematisch – auch große Serien von Tieren, fünfzig bis hundert Exemplare einer Art, einsammelt und tötet.

Weiter fragt er sich, wohin mit der dazugehörigen malakozoologischen Bibliothek, die er nach dem Zweiten Weltkrieg neu zusammengetragen hatte.

Sein Onkel Siegfried H. Jaeckel vermachte seine private Sammlung bereits dem Senckenberg-Museum in Frankfurt am Main. Eine Vermischung mit dessen Material kommt für Siegfried jun. nicht infrage – er hat Besseres verdient. Auch die Verhandlungen mit München geraten ins Stocken. Bleibt noch das Zoologische Museum in Kiel. Doch in Kiel ist er die Koryphäe und er bezweifelt, dass sein Material dort angemessen bearbeitet wird.

Eine Zeit lang schicken ihm die Kollegen der Deutschen Malakozoologischen Gesellschaft noch gemeinsame Grußkarten von den jeweiligen Tagungsstätten. Gleichwohl gerät er allmählich immer weiter ins kollegiale und wissenschaftliche Vergessen. Eines

Nachts träumt Siegfried von einem Taxonomentreffen. Alle sind zuvorkommend zu ihm und doch er hat das Gefühl, die Kollegen schließen ihn von Informationen und von neuesten Entwicklungen aus. Und tatsächlich verwandeln sie sich plötzlich in Geier. Krumm mit nackten Hälsen hocken sie da, eine gehässige Bande voller Missgunst und Neid, die sich um die besten Stücke zankt.

Wie soll ich alle meine Arbeit erledigen, wenn ich verpflichtet
wäre, jeden Tag mit meiner Frau spazieren zu gehen?

Charles Darwin

51 Der Erbe, die Schöne und das Biest

1982, etwa dreieinhalb Jahre vor Siegfrieds Tod, meldet sich ein
zwanzigjähriger, aufstrebender Malakologe namens Vollrath
Wiese bei ihm. Dieser hatte wie Siegfried schon als kleiner Junge damit begonnen, alles, was ihm an zoologischen Objekten in
die Finger kam, zu sammeln. Unterstützt von den Eltern wuchs
dessen Sammlung dermaßen, dass sie das Elternhaus zu sprengen
drohte. Mehrere miteinander verbundene Fertiggaragen wurden
in den Garten gestellt, um die Objekte der Öffentlichkeit zugänglich zu machen. Wiese war während seines Studiums aufgefallen,
dass Schleswig-Holstein bezüglich der Molluskenkartierung, also
der Erfassung und Lokalisierung der dort vorhandenen Arten,
ein weißer Fleck war. Die Fachleute verwiesen ihn an Siegfried
Jaeckel, den führenden Malakozoologen in Schleswig-Holstein,
und sein reichhaltiges Material. Gleichzeitig wurde gewarnt: Der
Mann sei schwierig und oft unleidlich, ein misstrauischer, alter
Zausel. Unbekümmert trägt Wiese dem Herrn Dr. Jaeckel seine
Bitte brieflich vor und legt seine bisherigen eigenen Veröffentlichungen bei. Ihm wird eine Audienz gewährt: Ja, er könne kommen, *das wird vielleicht etwas werden.*

Wiese trifft einen einsamen Mann an, der nicht mehr richtig
schreiben kann und von Krankheiten gezeichnet ist. Die beiden
verstehen sich auf Anhieb. Sie teilen vielseitige Interessen, sind
als Kinder und Jugendliche ähnlich in die Biologie hineingewach-
sen und besessene Sammler geworden. Zunächst sieht Siegfried
in Vollrath so etwas wie seinen Schüler, dem er etwas beibrin-

gen kann. Außerdem nimmt der Grandseigneur bei dem jungen Mann echtes Interesse und Begeisterung wahr. Und ganz wichtig für Siegfrieds Ego: Der Jüngere scheint ihm mit Hochachtung zu begegnen, Respekt vor seiner Lebensleistung zu haben. Und beachtliche taxonomische Fähigkeiten besitzt er auch, wie er feststellen kann, als er ihm einige Exemplare seiner Sammlung zeigt und ihn auf eine Exkursion in den nahe gelegenen Wald mitnimmt. Siegfried sieht in dem lebendigen, aufgeschlossenen, Erfolg versprechenden jungen Mann sich selbst damals mit zwanzig Jahren.

Auch Vollrath seinerseits freut sich, endlich jemanden gefunden zu haben, der wirklich etwas von Schnecken und Muscheln versteht, von dessen Wissen er profitieren kann. In Schleswig-Holstein gibt es sonst keinen, den er fragen kann. Wenn sie sich nur zehn Jahre früher getroffen hätten, denkt sich Vollrath, hätte er sich viel Lehrgeld gespart!

Natürlich kann es Siegfried nicht lassen, über seine Lieblingsfeinde zu schimpfen. Sie lästern über den diebischen Schweden Viggo Waldén, der ja auch bei anderen schon als Langfinger verschrien ist. Oder die Kollegen am Museum in Kiel, Peter Bauer und Rudolf Köster – nett, aber untauglich. Gern erinnert er sich an die Forschungsfahrten mit dem Landesfischereimeister Neubaur. Gnade finden auch jüngere Kollegen: Meier-Brook in Tübingen, Fitschen in München und Schütt in Düsseldorf. Stolz ist er auf die von ihm entwickelte Dredge, einem Fanggerät für kleine Meerestiere, die sich auf Forschungsreisen des Kollegen Hinz bewährt habe.

Als Vollrath Wiese ihm auf einem ihrer Treffen euphorisch von einer Neuerwerbung berichtet, gesteht Siegfried:

»Vollrath, ich kann Sie so gut verstehen. Wenn ich bestimmte Objekte haben wollte, haben musste, war ich immer sehr kreativ und hartnäckig. Ich sage Ihnen, hätte mich jemand von meinem Vorhaben abbringen wollen ... Der wäre seines Lebens nicht mehr sicher gewesen.«

Sagt's und setzt sein mephistophelisches Grinsen auf. Vollrath zeigt vollstes Verständnis.

Nach all den Enttäuschungen der letzten Zeit ist diese Begegnung ein Labsal für den verbitterten Alten. Schon vor Jahren gelangte er zu der Überzeugung, eine wesentliche Aufgabe bestehe darin, die Artenvielfalt in Schleswig-Holstein zu dokumentieren und ihre Bedeutung herauszustellen. Er fürchtet die Gier der Menschen und die entfesselten, gewissenlosen, profitorientierten Interessen der Wirtschaft, die alles in eine artenarme Wüste verwandeln können. Sein Alter und seine Krankheit machten diesen Plan zunichte. Mit der Molluskenkartierung rennt Vollrath Wiese deshalb offene Türen bei ihm ein. Er zeigt Wiese die Gebietskarten, die er schon drucken ließ. Nun scheint sich alles zu fügen.

Es war Dora stets verboten, Fremden ohne seine Anwesenheit zu den beiden Arbeitsräumen im Keller Zugang zu gewähren. Zu groß schien ihm die Gefahr, dass etwas durcheinandergerät oder entwendet wird. Schon bei seinem zweiten Besuch überlässt er Wiese seine Molluskenkartei und erteilt ihm nach einiger Zeit sogar die Erlaubnis, die heiligen Hallen alleine zu betreten.

Siegfried staunt, mit welcher Zielstrebigkeit und Tatkraft der junge Mann mithilfe der Informationstechnologie sein Karteikartensystem bearbeitet. Siegfried ist ungeschickt im Umgang mit moderner Technik. Schon die Bedienung eines Kassettenrekorders, um seine Lebenserinnerungen festzuhalten, überfordert ihn.

Was die Sorge um die Zukunft seiner Sammlung angeht, scheint Siegfried mit sich zu ringen: Kann er Wiese vertrauen und ihn als seinen wissenschaftlichen Erben einsetzen? Er kennt ihn ja kaum. Der Mann hat noch keinen Namen, ist noch ein Anfänger. Der erzählt ihm von seinem Traum, in Cismar, einem kleinen Dorf in der Provinz mit ein paar Hundert Einwohnern, ein eigenes Naturkundemuseum zu eröffnen. Ist das sinnvoll, so weit weg von den Metropolen? Und kann seine Molluskensammlung dann den

Kern und das Schmuckstück dieses Museums bilden? Andererseits: Welche Alternativen hat er denn? Wie viel Zeit bleibt ihm noch?

Vollrath Wiese wagt es nicht, Siegfried von sich aus auf die Sammlung anzusprechen, und dieser macht ihm seinerseits keine Versprechungen. Doch mit der Zeit entwickelt sich ein unausgesprochenes Einverständnis zwischen ihnen. Siegfrieds Zweifel schwinden immer mehr. Schließlich ist er überzeugt: Dieses Mal ist ihm das Schicksal gewogen, hat ihm in diesem jungen Wissenschaftler einen würdigen, legitimen Nachfolger geschenkt. Dass sein wissenschaftliches Vermächtnis endlich geregelt ist, erleichtert Siegfried kolossal.

Und er sollte sich nicht getäuscht haben. 1991, fünf Jahre nach Siegfrieds Tod, gibt Wiese den »Atlas der Land- und Süßwassermollusken in Schleswig-Holstein« heraus, den er dem »Senior der schleswig-holsteinischen Malakologen« widmet. Sein »Haus der Natur« in Cismar besitzt heute die größte Privatsammlung an Mollusken in Deutschland und bietet die umfangreichste Präsentation der Exponate in einem deutschen Museum. Im Zentrum: die schönsten und bedeutsamsten Teile aus Siegfrieds Sammlung. Mit dem Landesamt für Naturschutz erstellt Wiese eine »Rote Liste der Land- und Süßwassermollusken« und engagiert sich als Sachverständiger des Bundesumweltministeriums für das Washingtoner Artenschutz-Abkommen. Für seine Verdienste wird Dr. Wiese, inzwischen Vorsitzender der Deutschen Malakozoologischen Gesellschaft, das Bundesverdienstkreuz am Bande verliehen. Zudem benennt er posthum eine kleine, kretische Landschnecke nach Siegfried: Albinaria jaeckeli WIESE, 1989.

Eine beständige Erinnerung an Elsa lebt mit den Jaeckels unter einem Dach. Louisa Schäfer, eine Arztwitwe, wohnt im ersten Stock des Hauses zur Untermiete, mehr als 30 Jahre lang. Frau Schäfer war selbst vier Jahre nach Sibirien verschleppt worden und erst 1949 zurückgekehrt. Über diese Zeit spricht sie nie, was Siegfried allzu gut verstehen kann. Sie ist eine resolute Frau, mag den »verehrten Herrn Doktor«, und ist auch – im Gegensatz zu Dora – in der Lage, den Hausherrn bei ihren täglichen Gesprächen in seine Schranken zu weisen.

1983/84 ist Siegfried, wie er selber sagen würde, körperlich schon recht klöterig. Er legt auf Äußerlichkeiten keinen Wert mehr. Seine Aktentasche, mit der er die letzten Jahre unterwegs war, könne auch als fossil durchgehen, lästern die Kollegen.

Auch sonst lässt er sich gehen, besonders gegenüber Dora. Wie schon zuvor fasst der Herr Doktor keinen Spaten an, verrichtet keine Garten- oder Hausarbeit. Aber er gibt zunehmend gallige Anweisungen, was Dora zu erledigen hat. Im Garten darf sie Blumen, Sträucher und Bäume nicht zurückschneiden. Sie muss rackern bis zum Umfallen, während er sein Junggesellenleben weiterführt, sich seinen Gelüsten und Interessen hingibt.

An einem Tag bleibt er über längere Zeit außer Haus im Wald. Es dunkelt schon. Dora macht sich aus Sorge um ihn auf den Weg und ruft nach ihm. Er hört sie, versteckt sich hinter Bäumen und kehrt erst, nachdem sie aufgegeben hat, nach Hause zurück.

Seine Stimmungsschwankungen sind unvorhersehbar. Er ist zunehmend misstrauisch anderen Menschen gegenüber, leidet unter den gesundheitlichen Problemen und der Einsamkeit. Oft jammert er, klagt über sein Schicksal und macht alle Welt dafür verantwortlich. Plagt ihn ein Zipperlein, geriert er sich, als läge er im Sterben. Doras Ergebenheit dankt er ihr nicht, im Gegenteil, ihre Zurückhaltung befeuert geradezu seine Rücksichtslosigkeit. Stellvertretend für alle Unbill, die ihm widerfährt, lässt er sie büßen. Er brüllt sie in seinem Kasernenhofton an, dass es weithin hörbar ist. Sie verhält sich wie ein Lamm, ist bescheiden, gibt keine Widerworte, so als sei sie erstaunt, wie jemand seine Ehefrau so behandeln kann.

Manchmal kommt sie in Tränen aufgelöst aus dem Haus. Den Nachbarn klagt sie zuweilen ihr Leid. Ihr Resümee lautet jedoch stets:

»Ich kann gar nichts tun. Ich muss damit leben.«

In ihrer Jugend hatte sie viel geweint, weil sie den Mann ihrer Träume nicht bekam. Nun weint sie, weil sie ihn bekam.

Jeder andere, der mit dieser sanften Frau in Berührung kommt, fühlt sich wohl in ihrer Gegenwart. Sie hat die Gabe, Menschen mit sich selbst zu versöhnen. Nur bei ihrem Mann gelingt es nicht.

Dora ist nie ernstlich krank. Allein ihre nachlassende Sehkraft führt zunehmend zu Einschränkungen. Im Gegensatz zu ihm sieht sie in allem eher das Positive, ist trotz seines Verhaltens meist zufrieden und kommt mit ihren Mitmenschen gut aus. Sie ist gastfreundlich, zeigt Interesse an anderen und deren Schicksal und kann zuhören. Siegfried ist sie trotz allem eine liebevolle, verzeihende, tröstende Gefährtin. Aber auch für sie wird seine Pflege in den vielen Monaten seiner Bettlägerigkeit manchmal zu viel. Die Untermieterin Frau Schäfer ist ihr dabei – neben der Familie ihrer Schwester – eine wichtige Stütze. Diese sagt dann, sie solle durchhalten. Nach seinem Tode könnten für sie noch viele Jahre kommen, die sie genießen könne. Dora erschrickt zunächst über diese nüchterne Sicht der Dinge, aber der Gedanke an Siegfrieds Tod bereitet ihr keine schlaflosen Nächte.

Viele Dörfler empfinden Siegfried als unnahbar. Sie fragen sich, ob sie in seinen Augen nur Menschen niederen Standes seien, nicht wert, dass man sich längere Zeit mit ihnen unterhielte. Kaum jemand kenne ihn in Heikendorf, er sei nirgends beteiligt. Er wird eher wie ein verschrobener Einsiedler wahrgenommen, nicht als bekannte, geachtete Persönlichkeit. Den einzigen Heikendorfer, mit dem Siegfried vorübergehend befreundet war, Klaus Wummsiede, lernte er über Dora kennen. Seine Frau dagegen kennt und schätzt man in der Ortschaft. Es ist die Rede von »der Schönen und dem Biest«.

Versiegelt die Tür
und sinkt dann in tiefen Schlaf,
die Schnecke.

Kobayashi Issa (1763–1827)

52 Grabsteinentwürfe und ein reiches Forscherleben

Viel Zeit verbringt Siegfried damit, über die Art seines Begräbnisses nachzudenken. Erste Überlegungen dazu hatte er bereits zwanzig Jahre vor seinem Tode angestellt. Tiefen Eindruck hatten bei ihm die Trauerfeierlichkeiten für Familienmitglieder hinterlassen: legendär der lange Trauerzug hinter dem Sarg des Urgroßvaters Siegfried Bittner, von sechs Rappen durch halb Breslau gezogen, fast unübersehbar die Zahl der Trauernden zur Beisetzung seines Vaters Fritz, darunter »hohe Persönlichkeiten«. Würde sich nach seinem eigenen Exitus eine ebenso große Trauergemeinde einfinden? Wer würde ihn vermissen? Vorsichtshalber sucht er sich eine Grabstelle an einer Weggabelung auf dem Heikendorfer Friedhof aus, damit dort viele Trauergäste Platz finden. Seinen Grabstein wünscht er sich aus unbehauenem, nordischem Granit. Drei silberne Leuchter sollen auf dem Sarg stehen und eine Perlenkette mit in den Sarg gelegt werden – eine Reminiszenz an die Südsee. Ferner wünscht er, dass an seinem Sarg Trompete gespielt werde.

»Ich bin Soldat gewesen und hatte stets eine soldatische Einstellung. Die Trompete als schönstes militärisches Instrument habe ich immer geschätzt.«

In dem Zusammenhang erinnert sich Siegfried an die unvergesslichen Momente bei der Beisetzung John F. Kennedys.

482

Er entwirft mehrere Versionen von Todesanzeigen sowie Grab-
steininschriften. Er sucht nach Worten, die ihn charakterisieren,
seine Bedeutung hervorheben und sein Leben insgesamt abbilden
können.

> *Siegfried A. G. Jaeckel*
> *geb. 23. 10. 1907 auf Upolu, West-Samoa,*
> *als Papalagi lai kiki (kleiner Himmelszerschmetterer)*
> *»Prinz von Lotopa«*
> *reich begabt, philosophisch geschult, religiös*
> *als Fachmann biologischer Fächer tätig*
> *gest. 19…*
> *hat sein schicksalsreiches, aber im Ganzen als glücklich*
> *(begnadet)*
> *empfundenes Leben beendet.*
> *Dereinst wird er auferstehen zum ewigen Leben.*

> *Nisi lectime certaverit (2. Timotheus, 2,5) (Nicht gekrönt [mit*
> *dem Siegeskranz] wird der, wenn er nicht auf rechtmäßige*
> *Weise [in der Kampfbahn des Lebens] gestritten hat)*

> *Einst »des Reichspräsidenten jüngster Promovierter« (Berlin*
> *1929), Frontkämpfer, seit 1942/43 »beratender« Zoologe bei*
> *Sanitätsstäben vor allem der II. Armee (Heeresgruppe Mitte),*
> *Ost- und Südfront und Balkan, ist nach herbem Leben, das*
> *trotz Schicksalsschlägen doch für ihn als Naturforscher und*
> *Kunstverständigem reich war, abberufen worden, um einem*
> *künftigen ewigen Leben entgegenzuschlummern.*

Entgegenschlummern – Siegfried amüsiert sich über seine Non-
chalance. Aber recht zufrieden ist er nicht, die Zeilen erscheinen

ihm unzureichend. Sein Leben, meint er selbstbewusst, das würde doch Hunderte von Buchseiten füllen.

Auch träumt er von einem Siegfried-Jaeckel-Platz in seiner Wahlheimat Heikendorf. Als herausragende Persönlichkeit seiner Zeit, die sich in besonderer Weise um die Gesellschaft verdient gemacht hat, als berühmten Sohn seines Wohnortes – eigentlich stehe ihm das zu.

Im hohen Alter wird noch einmal Heldentum verlangt, um Würde in einem Kampf zu zeigen, den jeder verliert.

Der Hausherr liegt den Großteil des Tages auf seiner Chaiselongue, kommandiert Dora herum und lässt sein Leben Revue passieren, versucht Bilanz zu ziehen und macht sich Notizen: Was ist der Ertrag seines Lebens? Ist er seinen Anlagen, Talenten gerecht geworden? Wie hat er die Herausforderungen gemeistert? Welche Fehler hat er gemacht, welche Chancen vertan, welche Entscheidungen falsch getroffen? Wann war er glücklich in seinem Leben? Welche Menschen haben ihm nahegestanden und ihn bereichert?

Er liest wieder verstärkt in der Bibel, schreibt Stellen heraus:

Denn wer sein Leben erhalten will, der wird's verlieren, wer aber sein Leben verliert um meinetwegen, der wird's finden. (Matthäus 16,25)

Und seine Zitate aus den Klassikern hat er nach wie vor parat, ein Schillerwort kommt ihm in den Sinn, aus »Die Braut von Messina«:

Das Leben ist der Güter Höchstes nicht,
der Übel Größtes ist die Schuld.

Nein, Schuld verspürt er nicht, Bedauern schon eher. Seine Erinnerungen kreisen auch immer um die Leben, die er gerne geführt hätte, die er sich einst vorstellte, von denen er träumte. Doch das lag nicht immer in seiner Hand. Als eine Art Resümee schreibt er:

Nichts ist schlimmer, als wenn unter liebenden Eheleuten die Frau stirbt. Noch fünfzehn Jahre nach der Nachricht von ihrem Tode heiratete ich nicht.

Weil noch viele weitere Verluste – geistiger wie materieller Art, unersetzliche Kostbarkeiten, vor allem meine umfangreiche Bibliothek und meine circa 50 000 Nummern umfassende Molluskensammlung – hinzukamen, konnte ich mich nicht mehr voll erholen und die frühere Spannkraft wiedergewinnen. Wenn ich auch noch einmal heiratete, ein verwahrlostes, aber herrlich gelegenes Grundstück erwarb und ein sehr schönes Haus dicht am Meer und Waldeshang bauen und sehr gefällig einrichten konnte, wenn ich auch im geistigen Bereich wieder eine große Bibliothek zusammentragen, eine wissenschaftlich äußerst wertvolle Molluskensammlung anlegen und auch einiges Beachtliche publizieren konnte, blieb viel Resignation. Ich bin als Mann sehr wehleidig geworden. Allzu oft wiederkehrende Erinnerungen besonders an den Krieg und vor allem die Ereignisse und Eindrücke im Osten bei Kampfhandlungen, im Seuchenabwehr- und Sanitätsdienst, in Lazaretten, an der Front und in Gefangenen- und Konzentrationslagern rufen Tränenströme hervor.

Posttraumatische Belastungsstörung – an so etwas denkt man in jener Zeit noch nicht. Aber gehört Siegfried zu der Gruppe der Erkrankten, bei denen die Symptome chronisch werden und in einer andauernden Persönlichkeitsveränderung resultieren, einer unsichtbaren Wunde, die nicht mehr heilt? Hatten seine Taten, Kriegserlebnisse und Schicksalsschläge dazu geführt, die Welt anders wahrzunehmen und auf Ereignisse ängstlicher und zugleich aggressiver zu reagieren? Sind so auch die beruflichen Schwierigkeiten und das Verhalten gegenüber Dora zu erklären, zumal exaltierte, extreme Stimmungen und Gefühle eine Familienveranlagung zu sein scheinen?

Siegfried neigt dazu, sich der Gruppe der aus der Masse herausgehobenen Künstler oder Wissenschaftler zuzurechnen, die mit besonderen Maßstäben betrachtet werden müssen. Von ihnen ist es zu viel verlangt, ihr Leben möge auf allen Gebieten gelingen. Denn herausragende Begabungen oder Fähigkeiten gehen mit erheblichen Kosten einher – für den Betroffenen selbst und vor allem für die Personen, die ihm nahe sind.

Wie dem auch sei: Jahre-, jahrzehntelang funktionierte Siegfried recht gut, führte er ein fast normales, geregeltes Leben. Doch jetzt im Alter, wo Berufskollegen und Freunde wegfallen, er oft mit seinen Gedanken allein ist, fühlt er sich ausgeliefert, einsam. Auf das Kurzzeitgedächtnis kann er sich inzwischen immer weniger verlassen. Das Langzeitgedächtnis dagegen verbessert sich – wie bei vielen seiner Zeitgenossen – auf tragische Weise. Die »seelische Betondecke«, die er damals über die Vergangenheit gezogen hatte, wird porös. Die psychische Widerstandskraft gegen das Verdrängte lässt nach. Dämonen durchbrechen wie lästiges Unkraut die Risse in der Panzerung. Was vergessen schien, schlummerte nur. Gefühle und Erinnerungen tauchen wieder auf, als habe ihnen die Zeit nichts anhaben können.

So kann es ihm passieren, dass er mitten in einer Kaffeetafel mit Verwandten auf irgendein Stichwort hin Schweißausbrüche bekommt, sich wieder in Russland wähnt – im eisigen Wasser der Okra –, nach Luft schnappt und Todesangst hat ...

Wie ein roter Faden zieht sich das Wehklagen eines narzisstisch Gekränkten durch sein Leben: *Von Mitmenschen bin ich aufgrund meiner Naivität sehr oft ausgenutzt, belogen, betrogen und bestohlen, von Vorgesetzten enttäuscht und von Behörden ungerecht behandelt worden. Ich war wohl zu romantisch eingestellt und verkrampft. Nach dem Tod meiner Frau Elsa: ein Mann der Vergangenheit.*

Wenn er nicht auf dem Sofa liegt, schlurft er ziellos mit dem Stock durchs Haus. Kommen Besucher, versteckt er den Urinbeutel – den er jeden Tag aufs Neue als persönliche Kränkung empfindet – im Hosenbein. Er ist sich bewusst, das Schwert schwebt über ihm. Das Pferdehaar, an dem es hängt, kann in jedem Augenblick reißen. Er hat keine Zukunft mehr.

Er steht am Erkerfenster, blickt auf Garten und Förde. Gegenüber Dora äußert er den Wunsch:

»Begrabe mich dort unter dem Apfelbaum. Dann kann ich immer das Rauschen des Meeres hören.«

Er fragt sich, wie viel Sonnenaufgänge er noch erleben werde, wie oft noch das fröhliche Zwitschern der Vögel und das rhythmische Pulsieren des Meeres, wie viele Male er noch von seinem Haus aus sehen kann, wie die Abendsonne die Förde golden färbt.

Sein Glauben an ein jenseitiges Leben ist fest. Doch noch klammert er sich an das Hier und Jetzt. Die einfachen, scheinbar banalen Dinge besitzen nun elementare Bedeutung: die Wärme der Sonne auf der Haut oder das Streichen des Windes darüber, ein Stück Schwarzwälder Kirschtorte, eine dampfende Tasse schwarzen Kaffees oder ein Glas Wein, der Duft einer Rose oder der Geruch von Erde und frisch gemähtem Gras.

Was waren das für köstliche Tage, damals auf der »Heinrich Schnoor« … als er als junger, vielversprechender Wissenschaftler auf der Ostsee und der Schlei unterwegs war! Das Leben war voller Verheißungen.

›Andererseits‹, denkt er bitter, ›der körperliche Verfall, die Einschränkungen und Leiden im Laufe der Zeit haben auch ihr Gutes, sonst würde man nie Abschied nehmen können.‹ Er findet es erniedrigend, sein Ebenbild im Spiegel zu betrachten: ein krummer Greis mit Hängebauch. Manchmal gelingt es ihm, sich einzureden und damit zu trösten, dass dieser zerfallende Leib nur der Vorhang ist, der seine Seele von der Ewigkeit trennt.

Was im Leben geschehen war, war geschehen. Er muss und kann damit leben. Er, Siegfried, hat seinen Platz im Leben gefunden. Wenn er sein zerfurchtes Gesicht im Spiegel betrachtet, sieht er darin zwar Bitterkeit, Enttäuschungen, Niederlagen und Kämpfe, aber vielleicht noch mehr Triumphe, Gelungenes und schöne Erlebnisse. Er hat ein erfülltes Dasein gehabt, sich mit seinem Leben, mit dem, was er erlitten und erstritten hat, versöhnt. Er hält daran fest, sich nichts vorwerfen zu müssen trotz der Kriegserlebnisse, die zuweilen über ihn herfallen. Das Fatum hat es ihm nicht leicht gemacht, aber Gott war auf seiner Seite. Er, Siegfried, hatte sein Bestes gegeben, das »samoanische Vermächtnis«, ein bedeutender Wissenschaftler zu werden, zu erfüllen. Mit 21 Jahren, nur ein Jahr später als der alles überragende Universalgelehrte Gottfried Wilhelm Leibniz schloss er die Promotion ab. Und wie dieser bemühte er sich, viele Wissenschaftsdisziplinen zu vernetzen, mit Fachleuten aus aller Welt zu korrespondieren, und wie dieser hatte er *schreibend gedacht und schneidend geordnet.* Ja, ihr Spötter, auch Leibniz hatte sich der Schnipseltechnik bedient und Ideen, Anmerkungen aus Texten mit der Schere ausgeschnitten und neu zusammengestellt.

Am Ende seines Lebens wächst um das Haus ein verwilderter Wald. Die Bäume entwickeln mächtige Stämme. Die vorbeifahrenden Schiffe sind nur noch zu erahnen. Dora hat nicht mehr die Zeit, den Garten zu pflegen. Sie kümmert sich Tag und Nacht um ihren Mann.

Nach langer Krankheit stirbt Siegfried Jaeckel, der Mann, der einst den Himmel zerschmetterte, im Alter von 78 Jahren am 27. März 1986 in seinem Hause.

Es weht ein frischer, eisiger Wind aus Ost, der das Wasser der Förde aufraut und gegen das nördliche Ufer treibt. Die Sonne leuchtet von einem klaren, wolkenlosen Himmel und verleiht allen Dingen Schärfe und Glanz. Sonst ist es ein Tag wie jeder andere.

Eine einfache Todesanzeige in den Kieler Nachrichten erscheint nach der Trauerfeier. Dora ist erschöpft. So findet die Beerdigung »im engsten Familienkreis in aller Stille« statt und ist zeremoniell schlicht, ohne Perlenkette, ohne Silberleuchter und ohne Trompete. Dora drückt der Beerdigung ihren Stempel auf. Aber er bekommt sein Grab an einer Weggabelung und einen Grabstein aus nordischem Granit, schlicht beschriftet mit seinem Namen, Geburts- und Sterbedatum. Eine kleine postmortale Spitze gegen Siegfrieds Renommiersucht: Es fehlt der Doktortitel. Doras Begründung:

»Vor Gott sind alle Menschen gleich.«

Den Tod ihres Mannes empfindet Dora als Befreiung, sie ist erleichtert, ja geradezu erlöst. Sie wundert sich, dass sich das schlechte Gewissen gar nicht regt und dagegen protestiert, sich das einzugestehen. Laut aussprechen jedoch würde sie es nie.

Dora überlebt ihren Mann um achtzehn Jahre – fast bis zuletzt aktiv und selbstbestimmt. Nur wenige Monate fehlen und sie hätte die Hundert erreicht.

Jedes Menschenleben ist in allgemeine Gesetzmäßigkeiten und historische Zusammenhänge eingebettet, aber doch im Kleinen ein unermesslicher, einzigartiger Schatz an Erfahrungen, Gedanken, Gefühlen und Träumen. Siegfried Jaeckel war ein Mensch, ein Jedermann, voller Widersprüche, und er blieb, wie die meisten von uns, sich selbst und anderen ein Geheimnis.

Anhang

Glossar

Aiga: samoanische Großfamilie

Baas: 1. Herr, Chef, Boss, 2. Besitzer einer Farm

Bambusen: eine in Deutsch-Südwestafrika allgemein eingebürgerte Bezeichnung für eingeborene Diener, besonders für die halbwüchsigen, im Haushalt beschäftigten Farbigen

Bierorgel: Klavier zur Begleitung der Studentenlieder

Bursche: vollberechtigtes Mitglied einer Verbindung

Cephalopoden: Kopffüßer (Tintenfische, Perlboote, Ammoniten, Bactriten)

Colloquium: Unterhaltung, Gespräch, Pause

Conchologie: Erforschung der Schalen von Weichtieren

Corona: die Versammlung

Couleurdame: befreundete junge Frau, die regelmäßig zu Veranstaltungen der Verbindung eingeladen wird

c. t.: cum tempore, 20 Uhr c. t. = 20:15 Uhr, eine Viertelstunde nach der angegebenen Zeit, akademisches Viertel

Endemismen: Pflanzen und Tiere, die nur in einem bestimmten, räumlich klar abgegrenzten Gebiet vorkommen

Entomologen: Insektenkundler

Errata: Druck- oder andere Fehler in einem Buch und deren Korrektur

Fux: neues Mitglied einer Verbindung, das in der zweisemestrigen Fuxenzeit eingeschränkte Rechte und spezielle Pflichten hat

Fuxenstall: Bezeichnung für die Gesamtheit aller Füxe einer Korporation

Fuxmajor: verantwortlicher Chargierter für die Werbung, Ausbildung und Betreuung von Füxen

Gambusen: Moskitofische, kleine, etwa sechs Zentimeter lange Zahnkarpfen, ursprünglich aus Amerika stammend. Sie wurden Ende des 19. Jahrhunderts in anderen Kontinenten angesiedelt, weil sie Stechmückenlarven fressen

glazial: eiszeitlich

Groot Rohr: Geschütz

Halbwichs: schwarze Hose, schwarze Schuhe, Kneipjacke, Studentenmütze, weiße Handschuhe

Inaktiver: ein älteres, aber noch studierendes Mitglied einer Studentenverbindung, das seine Aktivenzeit hinter sich gebracht und die Bedingungen zur Inaktivierung erfüllt hat

Jams: Kletterpflanze mit unterirdischen Knollen; gehört zu den Grundnahrungsmitteln in den Tropen

Kawa: Rauschpfeffer, ein mannshoher, immergrüner Strauch aus der Familie der Pfeffergewächse, aus deren Wurzeln das Kawa-Getränk gewonnen wird

Kneipjacke: Jacke in den Farben der Verbindung mit Kordeln und Besätzen, auch Cerevis genannt

Kommersbuch: Liederbuch der Studentenverbindungen

Konfux: »Leidensgenosse« eines Fuxen

Kopra: das getrocknete Kernfleisch von Kokosnüssen, aus dem Kokosöl gewonnen wird

Korporation: studentische Verbindung

Kosaken-Division: eine nach der Niederlage von Stalingrad sukzessiv entstehende Kavalleriedivision der Wehrmacht, in der Kosaken dienten

Kreissäge: kleiner, runder Florentiner Strohhut für Männer, wegen seiner Kreisform ›Kreissäge‹ genannt

Kuli: chinesischer bzw. ostasiatischer Vertragsarbeiter, Tagelöhner oder Lastträger

Lavalava: Männerrock, Hüfttuch

Leibbursch: Mentor des Fuxes, vom Fux gewählter Bursche, der ihn in Verbindungsangelegenheiten und darüber hinaus berät

Malakozoologie oder **Malakologie:** Weichtierkunde, hauptsächlich Schnecken und Muscheln betreffend

Matai: qualifiziertes Oberhaupt einer Großfamilie in Samoa

Mielipap: aus Maismehl und Wasser, Milch bzw. Omeire (joghurtähnliche Sauermilch) gewonnene Speise, morgens mehr Brei, mittags oder abends eher in fester Konsistenz

Mollusken: Weichtiere, Muscheln, Schnecken, Tintenfische

Netsuke: kleine, geschnitzte Figuren aus Japan aus dem 18. und 19. Jahrhundert

Nomenklatur: eine für bestimmte Bereiche verbindliche Sammlung von Benennungen

Offizium: Offizieller Teil der Kneipe, Inoffizium entsprechend

Ozongombe: Rinder

Pad: Schotterstraße, Weg, Pfad, Wagenspur in der Wildnis; auf Pad: unterwegs sein

Papalagi: der Weiße, der Fremde, wörtlich übersetzt: der Himmelsdurchbrecher. Der erste weiße Missionar, der in Samoa landete, kam in einem Segelboot. Die Eingeborenen hielten das weiße Segelboot aus der Ferne für ein Loch im Himmel, durch das der Weiße zu ihnen kam – er durchbrach den Himmel.

Pauken: Bezeichnung für das Fechten, sowohl für das Üben als auch für das scharfe Fechten in einer schlagenden studentischen Verbindung

Philister: auch Alter Herr genannt, Mitglied einer christlichen Studentenverbindung nach Abschluss des Studiums oder nach Eintritt in das Berufsleben

Pontok: traditionelles Wohnhaus der Einheimischen im damaligen Deutsch-Südwestafrika

Prytanen: führende Mitglieder der Regierung einer Stadt im antiken Griechenland

Prytaneion: Amtssitz der Prytanen

Rivier: Trockenfluss, der in der Regenzeit Wasser führt

Semesterantrittskneipe: ritualisierte Zusammenkunft von Verbindungsbrüdern und Gästen mit Trinkzwang und Freibier

Senior: Vorsitzender, Sprecher einer aktiven Korporation, von studierenden Mitgliedern gewählt

Skylla und Charybdis, zwischen …: in einer Zwickmühle sein, sich in einer schwierigen, ausweglosen Situation befinden. Skylla und Charybdis sind Meeresungeheuer aus der griechischen Mythologie, die in der Straße von Messina lebten und jeweils eine Seite der Meerenge besetzten. Skylla hatte sechs Köpfe mit einer dreifachen Reihe Zähnen in jedem Maul und fraß jeden, der in ihre Nähe kam. Charybdis sog dreimal am Tag das Meereswasser ein, um es danach brüllend wieder auszustoßen. Schiffe, die in den Sog gerieten, waren verloren

Taro: Pflanze aus der Familie der Aronstabgewächse; die Knollen ergeben ein schmackhaftes Gemüse

Taxonomie: Klassifikationsschema, ein einheitliches Verfahren oder Modell, mit dem Objekte nach bestimmten Kriterien klassifiziert, das heißt in Kategorien oder Klassen (auch Taxa genannt) eingeordnet werden

Werft: 1. Wohnplatz der indigenen Bevölkerung in Deutsch-Südwestafrika, 2. Siedlung

Wlassow-Armee: russische Befreiungsarmee bzw. Freiwilligenverband, organisiert vom früheren Generalleutnant der Roten Armee Andrei Wlassow, die/der auf deutscher Seite gegen die Sowjetunion kämpfte

Zweitchargierter: zweiter Mann im Vorstand der Verbindung

Danksagung

Dieser Roman ist eine »nonfiction novel« (Truman Capote). Die Orte in diesem Roman existieren, die Hauptfiguren haben wirklich gelebt. Siegfried Jaeckel, sein Vater Fritz, seine Mutter Lona, der gleichnamige Onkel und einige Wissenschaftler (Adolf Zilch, Paul Brohmer, Adolf Remane, Vollrath Wiese) behielten ihre wahren Namen. Bei allen anderen Personen habe ich die Namen verändert. Siegfried Jaeckel jun. hinterließ Aufzeichnungen, Briefe, Dokumente und Fotos, an denen ich mich orientiert habe. Insofern beruht die Geschichte auf Tatsachen. Ich habe versucht, so nah wie möglich an den Ereignissen zu bleiben. Die realen Geschehnisse sind allerdings nur der Sockel, der Rest entspringt meiner Imagination.

Bei der Entstehung dieses Buches hatte ich wertvolle Hilfe durch Frieder von Sass, der im Oktober 2016 in Thailand verstarb. Er war ein Gentleman, führte ein unabhängiges, mutiges Leben und zeichnete sich durch nie versiegende Neugierde auf die Welt aus.

Ferner halfen mir Anton Gusinde von Wietersheim, Member of Parliament Republic of Namibia, Besitzer der Swakopmunder Buchhandlung bei der Oase-Goanikontes-Szene; Manfred Kauke bei der Übersetzung des lateinischen Briefes; Bernhard Mey, Ingeborg Lüttjohann, Elisabeth Licht und Herbert Hasenbein mit Informationen zur Heikendorfer Geschichte; Karl-Heinz Groth bei den plattdeutschen Passagen; Dr. Vollrath Wiese, Dr. Bernd Sahlmann, Margrit und Gerhard Falkner bei malakologischen Fragen; Elena Hauf bei der Übersetzung des russischen Dokumentes; Ekkehard Schröder, Tim Janowitz mit wertvollen Hinweisen; Gerhard Gilbert, Giede Eichner, Ursula Hartung und Ruda Töbelmann durch Sichtung und Erörterung des gesamten Textes; PD Dr. Matthias Glaubrecht, Museum für Naturkunde

Berlin, mit Materialien zur Person des Onkels Siegfried Jaeckel sen.; Dr. Dieter May bei der Durchsicht der Südsee- und Afrika-passagen und der Schüler- und Studentenzeit des Protagonisten und meine Schwester Mechthild Siedenburg mit einem Interview eines Malakologen-Ehepaares.

Besonderen Dank schulde ich meinen beiden Lektoren Petra Müller (Klaretto) und Burkard Miltenberger, beide Berlin, für ihre durchgehend intensive, engagierte Zusammenarbeit.

Liebevolle Begleitung der Arbeit, Ermutigung und konstruk-tive Kritik erhielt ich vor allem durch meine Frau Ilse und meine Tochter Ann Katrin, die auch den Buchumschlag gestaltete.